Jørn Riel

Zu viel Glück auf einmal

Zu diesem Buch

Kälte und Einsamkeit im Polarwinter sind nicht leicht auszuhalten. Aber zum Glück ist da Herr Joensen, der die Kunst des Tätowierens beherrscht. Während eines langen Winters lassen sich Valfred, Fjordur, Lasselille, der Graf und viele andere ihre Sehnsüchte unter die Haut malen. In einem anderen Jahr erteilen die Jäger und Fänger einem Leutnant eine Lektion fürs Leben, nachdem sie die Lust am Exerzieren verloren haben, und feiern ein würdiges Totenmahl, bei dem beinahe der Falsche die letzte Reise antritt. Wir erfahren, wie man mit Hunden Gespräche führt, wie wertvoll ein Stück Bleistift ist und wann die Liebe einer Schlange ein Ende hat.

»Jørn Riel erzählt so, dass ihm der Leser lustvoll die unglaublichsten Sachen glaubt.« *Angelika Maass, Der Landbote*

»Dass gerade in der vermeintlich weißen Eiswüste Fantasie und innerer Reichtum herrschen und sich ein ganzer Kosmos innerer Welten ausbreitet, das versteht Jørn Riel dem Leser wunderbar eindringlich zu vermitteln.« *3sat, Denkmal*

Der Autor

Jørn Riel, geboren 1931 in Odense, verbrachte sechzehn Jahre in Grönland. Von 1962 bis 1965 reiste er durch Westindien, Nordafrika und Südostasien und arbeitete später im Dienst der UNO im Vorderen Orient, in Syrien und Jordanien. Heute lebt er abwechslungsweise in Malaysia und Skandinavien.

Im Unionsverlag sind außerdem lieferbar: *Das Haus meiner Väter; Vor dem Morgen; Nicht alle Eisbären halten Winterschlaf; Der Raub der Stammesmutter; Arluks große Reise* und *Gesang des Lebens.*

Mehr über Buch und Autor auf *www.unionsverlag.com*

Jørn Riel

Zu viel Glück auf einmal

Aus dem Dänischen
von Wolfgang Th. Recknagel

Unionsverlag

Die Originalausgabe erschien in zwei Bänden unter den Titeln
Den kolde jomfru og andre skrøner und *Helvedespræsten og andre skrøner*
1974 und 1977 in Kopenhagen.
Die deutsche Erstausgabe erschien 2003 im Unionsverlag.

Im Internet
Aktuelle Informationen, Dokumente, Materialien
zu Jørn Riel und diesem Buch
www.unionsverlag.com

Unionsverlag Taschenbuch 738

Neptunstrasse 20, CH-8032 Zürich
Telefon +41 44 283 20 00
Reihengestaltung: Heinz Unternährer
Umschlaggestaltung: Heike Ossenkop
Umschlagfoto: jojjik/shotshop.com
Druch und Bindung: CPI – Clausen & Bosse, Leck
ISBN 978-3-293-20738-7

Als E-Book erhältlich

Inhalt

Südost

Die dunkle Zeit hatte Anton nichts ausgemacht. Der Übergang vom Hellen ins Dunkle war fast so etwas wie ein Segen gewesen, meinte er. Jegliches Tempo wurde im Takt mit dem schwindenden Licht vermindert, und die Zeit vor Weihnachten war eine Zeit der Ruhe mit kurzen Fahrten zu den Fallen und langen, gemütlichen Abenden mit Valfred in der Hütte.

Als es jedoch im Süden rötlich zu leuchten begann, geschah es auch das erste Mal, dass er ein wenig wunderlich wurde. Das blasse Mittagslicht machte ihn unruhig, er wurde von vielen Gedanken bedrängt. Er behielt sie aber für sich, denn Valfred war schon ein rechtes Rindvieh, der mit solchen Dingen nichts anzufangen wusste. Es waren warme und erhebende Gedanken, aber seltsam genug, machten sie ihn stumm und deprimiert. Er ließ sich leicht durch Kleinigkeiten aus der Fassung bringen, fluchte erbärmlich, wenn die Fallen vom Schnee zugeweht waren, schrie hysterisch die Hunde an und reagierte aufgeregt auf die Raben, die dem Schlitten hinterherflogen, um die Exkremente der Hunde zu fressen. Nachdem Anton zum ersten Mal die roten, sonnenbeschienenen Wolken im Süden erblickt hatte, war alles geradezu wie verhext, schlimmer konnte es nicht sein.

Das neue Jahr war gerade einige Wochen alt, als er zum ersten Mal die Hunde vorspannte und gen Süden jagte, um die Sonne einzufangen. Aber er kam nicht weiter als bis zur Ruther-Insel, als das Licht verschwand. Als er zurückfuhr, war sein Kopf voller Gedanken. Weinen stieg in ihm auf, und Anton war nicht jemand, der es zurückdrängte: Die Tränen liefen durch den Bart und fielen als kleine klare Perlen aufs Eis hinunter. Anton dachte an die Sonne und an alles, worauf sie jetzt schien. Am meisten dachte er an Frauen, denn Anton war ganz jung und auf diesem Gebiet nicht weiter bewandert.

Als er zur Fimbulhütte zurückkehrte, spannte er die Hunde aus und fütterte sie mit getrocknetem Fisch. Und dann ging er hinein und legte sich in seine Koje, starrte auf den Boden der oberen Koje und horchte mit zunehmender Gereiztheit auf Valfreds Schnarchen.

Valfred verstand ihn nicht. Denn Valfred war ein Ochse, der ausgezeichnet im Dunkeln gedieh. Er spürte keine Sehnsucht nach dem roten Licht im Süden. Wenn er nur essen und in Frieden schlafen durfte, war er glücklich. Im Grunde liebte Valfred die dunkle Zeit. Es war eine Zeit ohne belastende Verpflichtungen oder störende Anforderungen von außen. Es kamen keine Schiffe, es gab keine Tiere außer dem Fuchs, die unbedingt gefangen werden mussten, und es trafen nur spärlich Gäste ein. Hatte man Essen, Gesundheit und einen guten Schlaf, dann war die dunkle Zeit ganz nach seinem Geschmack.

Nur ein einziges Mal in seinem langen arktischen Leben hatte Valfred einer dunklen Zeit mit bangen Ahnungen entgegengesehen. Das war, als er in einem Winter gewisse Schwierigkeiten mit der Blase hatte. Ständig musste er aus seiner Koje heraus, um Wasser zu lassen, und der auf diese Weise allzu oft unterbrochene Schlaf bewirkte, dass er nervös und grantig wurde. Aber zum Glück hatte er in jenem Jahr einen erfindungsreichen Arbeitskollegen. Er hieß der Schwarze William und war ein Streuner aus Norwegen. William hat in der Höhe von Valfreds Koje ein Loch in die Wand gebohrt und den Dickdarm einer Mützenrobbe durchgeführt. Und auf diese Weise konnte Valfred sein Wasserwerk in den Dickdarm stecken und laufen lassen, wenn es sehr dringend wurde. So überstand er den Winter. William war ein prächtiger Arbeitskollege, der die tägliche Arbeit mit den Fallen übernahm. Außerdem konnte er ein ganz hervorragendes Rosinenbrot backen, das seinerzeit Mads Madsen in Kap Thompson veranlasst hatte, ihn von Valfred wegzulocken.

Valfred erwachte, als Anton die Tür zuwarf. Er beugte sich zur Hälfte aus der Koje und guckte hinunter.

»Du bist noch zu früh draußen, lieber Anton«, sagte er freundlich. »Sie geht nicht vor einem Monat wieder richtig auf. Dann kannst du sie draußen bei den kleinen Inseln sehen.«

Anton zuckte mit den Schultern. Er sagte nichts. Er war niedergeschlagen und reizbar und wusste, dass es in diesem Zustand das Klügste war, den Mund zu halten. Im Übrigen war Valfred zu dumm, seine Sehnsüchte zu begreifen. Valfred war eine große, dumme Schlafmütze, die sich nicht für seine Umwelt interessierte. Er ahnte nicht, dass es schönere und bessere Dinge im Leben gab als eine muffige Koje in einem kalten Holzschuppen.

»Hähä«, lachte Valfred leise. »Es lohnt sich nicht, der Sonne hinterherzulaufen, lieber Anton. Sie ist wie alle anderen Frauensleute, man kann nicht mit ihnen rechnen, hähä.« Er rieb sich die Augen und war fast ganz wach. »Ich kannte einmal einen Koch, der sich vergeblich abrackerte. Von ihm hättest du einiges lernen können, denn er war ein ausdauernder Kerl.« Er schwang seine Beine über den Kojenrand. »Er war ein richtig halbverrückter Bengel, sie nannten ihn Chinakoch. Aber er war ein mächtig feiner Mann, denn er spielte Mandoline, das kann ich dir aber sagen. Alle, die Mandoline spielen können, die haben etwas Feines an sich, meine ich. Wer Banjo und Mundharmonika spielt, ist so wie ich und der Schwarze William und Lodvig. Aber er, der Chinakoch, war ein richtig feiner kleiner Kerl. Er konnte hinter dem Nebenschuppen sitzen und vor sich hin klimpern, dass man sich schließlich fast um den Verstand geheult hätte.«

Valfred setzte sich auf und sprang auf den Fußboden. Anton starrte genau auf seine langen, grauschwarzen Unterhosen und legte sich zurück in seiner Koje, um diesem Anblick zu entgehen.

»Es wäre bestimmt nicht unklug, etwas Futter zusammenzurühren«, murmelte Valfred, »es ist schon so, dass man mit vollem Magen am besten schlummert. Möchtest du etwas haben, lieber Anton?«

Anton schüttelte den Kopf und antwortete mit Nein. Er verspürte keinen Appetit und wäre am liebsten ohne Valfreds Gesellschaft gewesen.

Valfred stellte den Kocher auf den Tisch und pumpte die Schale unterm Brenner voll mit Petroleum. Als er ihn anzündete, schlug eine Rußwolke bis unter die Decke, und kleine schwarze Flocken begannen, in der Stube herumzutreiben. Der Brenner wurde warm, und der Kocher brummte gutmütig. Valfred gab etwas Moschustalg in die Pfanne und säbelte einen Streifen von der Ochsenkeule ab, die vom Deckenbalken herunterhing.

»Hähä, ja. Dieser Chinakoch, er war ein Teufelsfänger, das kannst du glauben. Mit ihm hättest du überwintern müssen, lieber Anton. Ihr beiden hättet verdammt einen Stafettenlauf hinter Wind und Sonne her veranstalten können. Verstehst du, obgleich er Mandoline spielte und eine schreckliche Menge von Sachen erzählte, die man nicht kapierte, so war es doch gut, ihn in der Hütte um sich zu haben. Ein Fänger wurde er freilich nie, aber Essen kochen konnte der Bursche. Und das ist fast genauso wichtig wie Fangen. Er war irgendwo da draußen im Osten geboren worden, weil sein Vater etwas bei der Gesandtschaft gewesen war oder was weiß ich. Darum haben sie ihn Chinakoch genannt.«

Valfred wendete das Fleisch in der Pfanne. Er nahm eine Flasche aus dem Eisschrank und maß den Inhalt nach Fingerbreiten.

»Hm … das sieht wirklich ernst aus, Anton«, sagte er bekümmert. »Es sind nur noch drei Fingerbreit in der Flasche. Wir müssen wohl wieder brennen. Vielleicht kommt Bjørken zu Besuch, und dann ist der Teufel los, wenn wir nichts anzubieten haben.« Er drückte seinen dicken Zeigefinger auf das Fleisch. »Uh, das hier wäre genau etwas für den Chinakoch gewesen. Er kam auch mit dem zähesten alten Ochsenfleisch klar, das Messer ging einfach durch. Wie er das gemacht hat, darfst du mich nicht fragen.«

Er warf das Fleisch auf die Wachstuchdecke und löschte den Kocher.

»Joho, tüchtig war er, dieser Kerl. Aber dieser arme Bursche hatte auch seine Probleme. Ja, das kann man sagen. Zuerst hat er sich fast zu Tode gegrübelt darüber, wie die Robben im Winter unterm Eis die Atemlöcher finden. Das hat ihn sehr beschäftigt, den Chinakoch, denn es gab bestimmt keinen, der es wusste. Er ging so weit, dass er selbst unters Eis ging und Robbe spielte. Natürlich mit Seil um den Körper und Bambusrohr und allem. Es war verdammt spannend, beinahe ein bisschen wissenschaftlich, kann man sagen.«

Valfred ergriff das Fleisch mit zwei Fingern und begann es zu verzehren. »Es war im Übrigen zu dieser Jahreszeit, ich erinnere mich, denn als wir von zu Hause wegfuhren, war es so hell geworden, dass man den Unterschied bei den Hunden sehen konnte. Wir fuhren hinaus zur Mündung des Vela-Sundes, wo ein Eisberg lag mit etwas offenem Wasser um den Sockel herum. Der Chinakoch war ganz Feuer und Flamme. Er hatte Ölzeug angezogen und es an Händen und Füßen gut zugebunden, um sich einigermaßen trocken dort unten zu halten. Ich hatte, ums genau zu sagen, etwas Bedenken bei dem ganzen Vorhaben, aber man muss sich ja hin und wieder opfern, wenn der Kamerad dabei ist, einen Rappel zu bekommen.«

Langsam und sorgfältig kaute Valfred das Fleisch mit den drei Zähnen, die seine arktischen Jahre überlebt hatten. Es sah genauso aus, als käute er wieder. Er leckte die Finger ab und nahm einen fingerbreiten Schluck aus der Flasche.

»Ahhhhh … ja ja, du, Anton. Mit diesem Chinakoch war nicht so einfach klarzukommen. Er war empfindlich wie der wahre Satan und hatte auch noch eine lange Angelrute aus Bambus mitgebracht, in der sich passende Löcher befanden, sodass er durchpusten konnte.« Valfred genehmigte sich noch einen halben Fingerbreit aus der Flasche.

»Siehst du, draußen beim Eisloch hielt ich die Hunde ein paar hundert Meter von der Tauchstelle, zur Sicherheit. Man weiß nie, was sich die Viecher ausdenken, wenn sie einen zugebundenen Chinakoch im Wasser sehen. Wir tranken dann einige Schnäpse, um das Blut gleichsam in etwas schnellere Bewegung zu bringen, denn es war ein verdammt kalter Tag mit Eisnebel über dem Wasserloch. Und dann sprang der Chinakoch in den Zuber. Ich gab etwas Leine, und bald war er ganz im schwarzen Wasser verschwunden. Keine Blase stieg hinter ihm auf.«

Valfred rülpste ungeniert und guckte wieder betrübt auf die Flasche. »Hör, Anton, wir sollten besser morgen mit dem Brennen anfangen. Verdammte Mühe.« Er lehnte sich behaglich im Stuhl zurück und blinzelte schläfrig. »Weißt du, was dann passierte, lieber Anton? Nein, man kann wohl kaum verlangen, dass du es weißt. Ja, also, als ich einige Zeit dagestanden und ins Wasser gestarrt und mich gewundert hatte, wo der Chinakoch mit seinem Bambusstock Luft geholt hatte, da fingen die Hunde plötzlich an zu kläffen. Und diese Melodie war gut bekannt. Es war dieses hitzige Blaffen, das wirklich jeder Idiot so gut wie seine Muttersprache versteht. Ich drehte mich erschrocken um und sah, dass ich mich nicht geirrt hatte: Denn da, lieber Anton, kamen die Viecher zum Wasserloch gerannt, einem gewaltigen Bären auf den Fersen. Und wenn ich gewaltig sage, dann meine ich gewaltig. Den Bären hättest du sehen sollen. Der war so groß, dass man fast nicht alles auf einen Blick mitbekam. Wenn du zum Beispiel einen ganz normalen Bären nimmst, wie ihn Herbert im letzten Herbst geschossen hat, vielleicht hier und da ein etwas gelberes Fell, und ihn noch mit drei malnimmst, dann hast du ungefähr die Größe. Ein Teufelskerl, wenn ich ehrlich bin. Und was habe ich gemacht? Hähä, ja, das fragt man sich schon. Hier stand ich mit dem Chinakoch an der Leine, und da kommt ein hungriger Bärenteufel mit elf Hunden am Hintern. Ein vertracktes Durcheinander!«

Valfred schloss die Augen und verfiel in Gedanken. Als sein Kinn die Brust berührte, erwachte er ruckartig.

»Dieser Bär damals«, fuhr er fort, »das war ein verdrießlicher Kamerad, der keinen Winterschlaf hielt. Und diese Burschen, mein Junge, haben einen Heißhunger auf alles, selbst auf ältliche Fänger, hähä. Diesen Bären geht es genauso wie uns Menschen, glaube ich. Wenn ich den Winter nicht verschlafen kann, bin ich auch mürrisch und schwer zu ertragen. Es ist wohl das Schlimmste, was einem hier oben zustoßen kann, Tieren und Menschen, wenn sie über Winter nicht schlafen können.«

Er nahm die Flasche und rollte sie zwischen den Handflächen. »Na ja, es blieb ja nicht so schrecklich viel Zeit, um etwas zu planen. Ich klemmte das Seil zum Chinakoch zwischen einigen Eisschollen fest und warf mich zur Seite. Und das hatte der Bär wohl nicht erwartet. Oder vielleicht wurde er auch durch die Hundeviecher abgelenkt, die ihm auf den Fersen waren. Er machte einen gewaltigen Sprung und fiel genau dort zu Boden, wo ich gestanden hatte, aber er vergaß einfach, die Bremse anzuziehen, hähä. Er rutschte genauso schön ins Eisloch hinein wie der Chinakoch, sage ich dir. Die Hunde zerstreuten sich, so gut sie es mit den Leinen konnten, und einige sausten ins Wasser, wo sie herumpaddelten und von ihrem Gegner angeknurrt wurden.

Während ich die Büchse auf den Schlittenwangen postierte und eine Patrone ins Schloss einlegte, dachte ich etwas wehmütig an den

Chinakoch. Selbst wenn er jetzt vielleicht herausgefunden hatte, wie die Robben die Atemlöcher finden, so war doch die Wahrscheinlichkeit gering, dass er es jemandem erzählen konnte.

Der Bär bekam mit der Stahlkappe eins hinter die Ohren und begab sich in den Winterschlaf. Ich dachte ein bisschen darüber nach, wen ich vielleicht zuerst bergen sollte, den Bären oder den Chinakoch, aber da ja sonnenklar war, dass der Chinakoch längst diese Welt verlassen hatte und nun da unten lag mit Wasser in den Kaldaunen, da meinte ich, es wäre am sichersten, all das schöne Fleisch zuerst zu bergen. Also spannte ich die Köter vor den Petz und zog ihn aufs Trockene. Was für ein Bär, Anton. Du hättest ihn sehen sollen. Einer von den Bären, die immer wieder Rückenschmerzen verursachen, wenn man daran denkt, wie schwer er war.«

Valfred versank aufs Neue in Erinnerungen. Er fuhr jedoch fort, bevor er wieder einschlief.

»Die Hunde bekamen die Pfoten unter die Halsbänder, damit sie sich nicht am Fleisch vergreifen konnten, und dann zog ich den Chinakoch aus dem Eisloch. Das tat ich mit schwerem Herzen, du verstehst es sicher, denn er war ein feiner Mann und eine angenehme Gesellschaft.« Valfred lächelte. »Hähä, aber das kannst du glauben, dass das schwere Herz einen gewaltigen Hopser tat, als er auftauchte. Er war putzmunter, kann ich dir sagen, tauchte und schrie. Als er auf dem Eis lag, mit dem Nacken auf dem warmen Bauch des Bären, versuchte er, mir alles zu erzählen, was da drunten im Wasser passiert war. Aber seine Zähne klapperten dermaßen, dass ich kein einziges Wort verstand. Ich hielt es für angeraten, ihm das Gebiss herauszunehmen und in die Tasche zu stecken. Es kann nämlich gefährlich werden, wenn ein Mann seine Zähne nicht in der Gewalt hat, weißt du.«

Mit einem leichten Kopfschütteln blickte Valfred zu seinem jungen Arbeitskameraden hin. Anton lag da und starrte zur oberen Koje hinauf und gab durch nichts zu erkennen, dass er Valfred zugehört hatte.

»Es ist ein gewaltiger Unterschied zwischen dir und dem Chinakoch«, sagte Valfred. »Denn er war trotz allem ein zäher kleiner Bursche, der nicht so ohne weiteres aufgab. Als wir in der Hütte saßen und Bärenfleisch aßen, erzählte er mir eine ganze Menge über schwarze

Flecken unter dem Eis und von Strömung und was weiß ich. Und das Bambusrohr – Mann, das hatte er ganz einfach durch ein altes Atemloch nach oben gestochert und so während der ganzen Bärenjagd Luft geholt.«

Mit dem Daumen drückte Valfred den Korken aus der Flasche und trank die Hälfte des letzten Fingerbreits.

»Ein seltsamer Mann, das war er schon«, sagte er. »Ein Mann mit vielen Ideen. Da gab es die Sache mit den Damen, bei denen er sich nicht so richtig auskannte. Und das machte ihn so schrecklich melancholisch, dass er nichts über diese Sache wusste. Genauso wie du, lieber Anton. Du glaubst, die verstecken sich in der Sonne, was? Aber das ist gelogen, mein Freund. Das ist genau das, was ich immer gesagt habe: Bevor ihr hierher kommt, müsst ihr verdammt erst einmal auf einen Studienbesuch in ein ordentliches Freudenhaus. Guck mal, wie es dem Chinakoch ergangen ist. Mit der Zeit wurde es immer schlimmer mit ihm. Er saß nur da und klimperte auf seiner Mandoline und bearbeitete sie so, dass man kaum schlafen konnte. Und das, was mit ihm los war –, er hat nichts von dem bekommen, du weißt schon, und ich glaube, er hat es auch nie bekommen. Wenn man sich aber in dieser Sache auskennt, kann man so etwas leicht entbehren. Dann ist ein Gläschen Branntwein verdammt genauso angenehm. Aber so ein Bursche, der fantasiert herum und denkt sich eine Menge aus.«

Valfred stellte den Petroleumkocher weg. Er kramte ein wenig im Küchenschrank und fand eine Dose Sardinen. »Das hier ist etwas, das den Magen in Ordnung hält«, sagte er und stach zwei Löcher in die Dose. Die Augen auf die rußige Decke gerichtet, saugte er das Öl aus.

»Da gab es einen Tag«, fuhr er fort, »an dem es mit dem Kerl ganz verrückt war. Er nahm seine Mandoline und knallte sie auf den Herd. Pling! Plang! machte es, und für den Rest des Winters war es mit der Musik vorbei. Aber es war ja seine Sache, ich hatte mich nicht einzumischen. Aber so war es nun, er begann zu heulen wie ein mondsüchtiger Fuchs, und diese Musik mochte ich nicht. ›Zum Teufel‹, sagte ich mir, ›jetzt haben wir den Koller.‹ Ich drückte ihn auf einen Stuhl und sprach mit ihm, wie man mit einer Hündin spricht, die ihre Welpen nicht richtig zur Welt bringen kann, du weißt, so ein bisschen beruhigend. ›Was soll ich machen‹, heulte er. ›Was soll ich machen, Valfred?‹ Und so ging es am laufenden Band.

Und was zum Teufel macht man, wenn man einige tausend Kilometer vom nächsten Frauenzimmer sitzt? Ich klopfte dem Kerl auf die Schulter und sagte, dass wir das bald geregelt haben würden. ›Du musst die Hose ausziehen‹, sagte ich, ›und dann musst du dich genau nach Südosten aufmachen, das Beste, was ich dir raten kann.‹ Das sagte ich ihm, Anton, und ich habe es ihm immer wieder gesagt, bis ich dann merkte, dass es bei ihm angekommen war. Denn es war das einzige Mittel, das ich kenne, das bei dieser Sache hilft. ›Auf nach Südosten‹, sagte ich, ›du bist ein Teufelskerl, wenn du zurückkommst.‹«

Valfred leerte die Flasche. »Wir müssen diesen Mist bestimmt noch einmal zusätzlich brennen«, sagte er. »Dieses Fuselgesöff können wir unseren Gästen nicht anbieten.« Er ließ den letzten kleinen Schluck über seinen harten Gaumen rieseln und seufzte selig.

»Ja, ja, lieber Anton. So kann es gehen. Einige müssen nach Südosten, andere versuchen, die Sonne zu fangen. Und wir, wir können ein bisschen aus der Flasche genießen. Wenn es nur hilft, kann es sicher auch egal sein, wonach man greift. Der Chinakoch bekam jedenfalls sein Rezept, und er verstand es auch anzuwenden. Er ließ die langen Wollunterhosen fallen und sprang zur Tür hinaus. An diesem Tag blies ein kleiner, warmer Südostwind, und als er ihn fühlte, kann es gut sein, dass er Tempo machte. Hinunter durchs Tal, über den Hundefluss und hinauf zum Fimbulberg, so gings, so schnell, dass ich ihm im Halbdunkel gar nicht folgen konnte.«

Nachdem er sein Messer sorgfältig an der Unterhose abgewischt hatte, stellte Valfred die Sardinendose zu späterem Gebrauch zurück und blies den Ruß vom Brenner des Petroleumkochers.

»Hähä, wie er lief. Er sauste davon, um das Teufelszeug aus dem Körper zu treiben. Und als er zurückkehrte, Anton, da war er so gut wie neu. Ich reparierte die Mandoline, und wenn sie auch nie wieder ihren feinen, spröden Ton hatte, so bekamen wir doch eine erträgliche Musik für den Rest der dunklen Zeit.«

Valfred streckte sich und guckte schläfrig aus dem Fenster. »Nein, dunkel, verdammt dunkel ist es draußen. Davon kann man schon deprimiert werden, wenn man kein guter Schläfer ist. Man wird ganz rappelig im Kopf, wenn man da hinaussieht.« Er drehte sich um und schlurfte zur Koje.

»Und geblasen hat es sicher den ganzen Tag, ein kleiner, flotter Südostwind, Anton.« Er seufzte. »Ja ja, es ist etwas Kluges, wenn man sein Bettgestell wieder umarmt und sich für ein paar Stunden für die Schönheit aufs Ohr legt.« Und er kroch zurück in seine Koje und legte sich unter einigen befreienden Seufzern hin. Er war fast eingeschlafen, als er die Koje seines Arbeitskameraden knacken hörte. Als er hinunterschaute, konnte er erkennen, dass Anton damit beschäftigt war, seine Hose auszuziehen.

Valfred hatte gerade eine Viertelstunde geschlafen, als Anton zurückkam. Es war ein schweigsamer und gequälter Anton, der wieder in seine Hose stieg und ins Bett kroch. Er atmete schwer und starrte verloren auf den Boden von Valfreds Koje.

»Na, hmm«, brummte Valfred, »hat es geholfen?«

»Es ... jetzt ist Windstille«, entgegnete Anton mit tränenerstickter Stimme.

Valfred drehte sich auf die Seite. »So sind die Frauen, lieber Anton, man kann nicht mit ihnen rechnen.« Er schmatzte einige Male vor Wohlbehagen. »Ein verdammtes Theater.«

Alexander

Herbert dachte oft an Alexander. Er konnte stundenlang dasitzen und über dessen Verlust brüten und eine schwer lastende Einsamkeit verspüren. Am schlimmsten war es, wenn die großen Winterstürme ihn in der Hütte gefangen hielten. Dann saß er da und lauschte dem unheimlichen Heulen im Giebel und erinnerte sich an die vielen guten Stunden, die er und Alexander zusammen verbracht hatten. Er sehnte sich fast verzweifelt nach dem Kameraden.

Alexander erschien an einem warmen Augusttag in Herberts Leben. Er verließ es in einer eiskalten Vormittagsstunde im Februar. Die beiden hatten zusammen ein halbes Jahr lang auf der Guess-Grave-Station gelebt, bevor sie sich trennten. Und das war an und für sich schon ungewöhnlich. Denn Herbert hatte es noch nie eine so lange Zeit mit einem Arbeitskameraden ausgehalten. Entweder hatte der Betreffende Herbert satt, dessen Seelenleben kompliziert war und recht ermüdend, wenn man es Tag für Tag unter die Nase gerieben bekam, oder aber er war wegen der Hütte weggezogen – sie war wie ein Blasebalg, und der Bezirk Guess Grave war einer der wildärmsten an der Küste.

Die Station war alt und schlicht gehalten. Dies war eine Tatsache, die alle kannten. Wenn es aus Nordwesten blies, musste Herbert Schirme aus Keksdosen um die Stearinlichter setzen, damit sie nicht ausgeblasen wurden. Und wenn der Wind auch noch Schnee mit sich führte, war er genötigt, den Fußboden von Schneeverwehungen freizuschaufeln, und das mehrmals am Tage.

Aber Herbert liebte Guess Grave. Denn er war ein romantischer Mann mit der Seele eines Künstlers. Er sah, wofür die anderen Fänger kein Auge hatten, und er erfreute sich an kleinen Dingen, die die Jäger an der Küste als gegeben hinnahmen und deshalb auch meist gar nicht mehr bemerkten.

Guess Grave hatte eine schöne Lage. Es war ganz außer Zweifel, dass es die am schönsten gelegene Station an der Küste war. Sie befand sich an der Mündung des Silberfjords, in einer kleinen Niederung hinter einem breiten Bach. Aus dem Fenster hatte man die herrlichste Aussicht zum Fjord. Man konnte über das eisbedeckte Meer bis zu einem überhängenden Felsen sehen, Svenssons Buckel genannt, der nach Norden verlief und vor dem vorherrschenden Wind abschirmte.

Viele Jahre hatte Herbert hier allein gelebt. Einige Male hatte er Arbeitskameraden gehabt, aber diese waren, wie schon erwähnt, schnell wieder verschwunden – zu besseren Jagdgründen und weniger gesprächigen Kameraden. Aber dann geschah es, dass er Alexander bekam: Einen hübschen italienischen Hahn mit dickem, feuerrotem Kamm, zwei wippenden Schwanzfedern und orangefarbenen Ringen um die Augen.

Man hatte Alexander mit dem Robbenfänger *Veslemari* in die Arktis gebracht. Er sollte als Stimulator zum Eierlegen auf der Reise nach Ostgrönland dienen und auf der Reise zurück nach Norwegen in die Suppenschüssel wandern. Aber es sollte anders kommen.

Denn als Herbert in einem gewaltigen Rausch aus Skipper Olsens Kajüte wankte, in der Absicht, zu seiner Hütte zurückzurudern, fiel er über Alexanders Käfig, der ganz vorn auf der Back stand. Herbert guckte überrascht auf den Hahn, dieser gluckte genauso überrascht.

»Ach so, du willst reden, lieber Freund«, nickte Herbert. Er stieß etwas nach Whisky auf und setzte sich vor den Käfig. »Dann bist du, Gott seis geklagt, auch der Einzige hier an Bord, der dazu in der Lage ist«, hickste er. »Alle diese Bollwerksmatrosen da unten sind schon längst umgefallen.«

Alexander hielt den Kopf schräg und fixierte Herbert scharf. Dann gluckerte er wieder freundlich.

»Na ja, von diesem Gerede begreift man nicht allzu viel«, räumte Herbert ein. Er schüttelte den Kopf, ließ es aber schnell sein, da ihm schwindelig wurde. Er steckte einen Finger durch den Hühnerdraht und kraulte den Hahn am Hals. »Du zeigst Haltung, kleiner Kerl, du heißt bestimmt Alexander. Man kann es dir beinahe ansehen, dass du Alexander heißt, jedenfalls hast du eine Menge Alexander an dir.«

Herbert schloss die Augen und versuchte, sich zu konzentrieren. Er döste einen Augenblick ein, wurde aber ruckartig wieder wach, als der Hahn pflichtschuldig die Sonne anzukrähen begann.

»Hör mal, was ist das? Kennst du nicht die Uhr?« Herbert zog seine Taschenuhr hervor und betrachtete sie lange. Dann guckte er auf die Sonne, die im Norden stand, und nickte viel sagend. »Es ist bestimmt nicht so einfach, hier oben Hahn zu sein, das kann ich verstehen. Aber du tust deine Pflicht, Alexander, das muss man anerkennen. Du hast eine gute und treue Natur, das glaube ich.« Er blickte sich um. Dann brachte er seinen Kopf näher an den Käfig heran und flüsterte. »Es gefällt mir gar nicht, dass du in diesem dreckigen Käfig stehen musst. Das ist nichts für einen so feinen Hahn wie dich. Du bist falsch gelandet, Kamerad.« Er klinkte den Haken aus der Käfigtür. »Ich meine, du solltest mit mir nach Guess Grave kommen und in der Erde scharren und picken und mein kleiner Augapfel sein. Was meinst du?« Er öffnete die Käfigtür und nahm den Vogel heraus.

»Du bist ein seltener Hahn, das sieht man schon, ohne genau hinzusehen«, murmelte er. »Du sollst verdammt nochmal nicht dieser Truppe betrunkener Nordlandpferdchen dort unten serviert werden, kommt nicht infrage.« Herbert stopfte den Hahn unter seinen Anorak und schwankte zur Reling, wo seine Jolle vertäut lag. »Jetzt halt bloß die Klappe einen kleinen Augenblick, Kamerad, denn jetzt gehts mit dem alten Herbert nach Hause, dort auf Guess Grave wirst du etwas Einmaliges werden.«

Herbert ruderte Alexander an Land und brachte ihn in der leeren oberen Koje unter, die der Schwarze William einmal bei einem zweimonatigen Aufenthalt benutzt hatte. Das war, bevor er zu Mads Madsen nach Kap Thompson reiste.

Der Herbst verlief ganz normal. Alexander ging es prächtig. Er stolzierte vor dem Haus herum und gluckte und scharrte und hatte allmählich so viel Sonne, dass er morgens und abends krähen konnte. Natürlich vermisste er seine kleine Hühnerschar, aber er war ein vernünftiger Hahn, der schnell mit Herberts Gesellschaft zufrieden war. Er lauschte interessiert Herberts langen Darlegungen über alles Mögliche, und er lief hinter ihm her, wenn dieser draußen beschäftigt war, um nichts zu versäumen.

Und dann kam der Winter. Zuerst mit einigen kleinen Stürmen, bei denen Alexander verwundert auf der Kante seiner Koje saß und sich aufplusterte, um die Wärme zu halten. Sein dicker Kamm verblasste in der Kälte etwas, er fiel wahllos auf die eine oder andere Seite, ohne dass Alexander etwas daran ändern konnte. Aber er krähte immer noch, denn die Sonne stand weiterhin über dem Meer zur Freude und zum Segen für Mensch und Hahn.

Es begann kälter zu werden. Zuerst fror der Fjord zu, dann kam der Schnee, und danach war immer mehr Eis auf dem Meer, das allmählich zusammenfror. Herbert ging hinaus und stellte seine Fallen auf, denn jetzt begann seine geschäftige Zeit. Daher war Alexander oft allein zu Hause; doch dies machte ihm nicht so sehr viel aus. Eines Tages entdeckte Herbert, dass er schon etwas fetter geworden war.

»Das geht nicht«, schimpfte er. »Du kannst nicht einfach da oben auf dem Kojenrand sitzen und zunehmen. Bewegung muss man haben, mein lieber Alexander, wenn man in Form bleiben will.«

Und so verschaffte er Alexander Bewegung. Herbert flocht ein Halsband aus Angelleinen und fing an, mit dem Vogel spazieren zu gehen. Sie gingen, Herbert und Alexander, um Svenssons Buckel herum, wanderten über die zugefrorenen Seen im Hochland, legten sich in das niedrige gefrorene Gebüsch ganz oben und schauten auf die Fangstation hinab. Abgesehen davon, dass es Alexander kräftig kalt um die nackten Füße war und dass Herbert ihn im Hinblick auf die Hunde, die jetzt von der Hundeinsel zurückgeholt worden waren, an der Leine führte, schienen diesem die Fußwanderungen gut zu gefallen. Wenn sie so auf den Felsen lagen und hinabschauten, war Herbert immer von dem schönen Blick berührt, und seine Gefühle übertrugen sich auf Alexander, der sich liebevoll an ihn schmiegte.

»Sieh das kleine Haus dort unten, Alexander«, konnte Herbert zu seinem gefiederten Freund sagen, »das ist unser Heim. Ist das nicht ein schöner Gedanke? Wir haben ein Heim. Nicht nur vier Wände mit einem Deckel darauf, nein, ein wirkliches Heim, das für unsere Gedanken und Gefühle und Sehnsüchte Raum bietet.« Solche Gespräche bildeten oft die Einleitung für eine gewaltige Vorlesung, eine Vorlesung, der zu lauschen Alexander liebte – eine dieser vielen Vorlesungen, die damals den Schwarzen William vertrieben hatten. Alexander gluckte heiser wegen seiner kalten Füße und steckte den Kopf in Herberts Anoraktasche, wo sich oft einige Brotstückchen fanden. Sie philosophierten gerne zusammen, die beiden.

»Also, dieser Schwarze William«, erklärte Herbert. »Er war ein Norweger, genauso wie du, Alexander, aber hier drinnen hatte er nicht viel.« Er zeigte auf seinen Kopf. »Nicht dass ich über einen Fortgelaufenen Böses reden will, aber du musst mir doch Recht geben, dass William eigentlich nicht nach Guess Grave gehörte. Es ist eine Station für empfindsame Gemüter. Hier müssen Leute wohnen, die über die Dinge nachdenken und ein Auge für all diese Herrlichkeiten haben. William fehlten vollkommen all diese stillen, frei wachsenden Gedanken, wie wir beiden sie entwickeln können.« Herbert zog eifrig an seiner Shagpfeife. »Aber, wie schon gesagt. Ich darf nicht schlecht über William reden. Er wusste es eben nicht besser, der Arme, und er besaß ja auch seine kleinen Fertigkeiten. Vor allem war er flink mit den Fellen, und außerdem backte er das herrlichste Rosinenbrot, das man sich denken kann. Schade, dass er sich selbst gegenüber solch ein Pfuscher war, innerlich sozusagen.«

Mit der Zeit verging der Winter, und an der Küste verbreitete sich das Gerücht, Herbert in Guess Grave überwintere mit einem Hahn. Das Gerücht war interessant und wurde überall gern erzählt. Man hatte schon von vielen besonderen Partnern gehört, und genauso viele hatte man selbst erlebt – aber ein Hahn, der Alexander hieß, das war schon einzigartig.

In Kap Thompson, wo Mads Madsen und der Schwarze William hausten, wurde man ein wenig nachdenklich. Wenn ein Mann allein mit seinen Eigenarten lebte, so war das eine Sache. Wenn er sie aber auf einen Hahn ausdehnte, so war das etwas ganz anderes. Und wenn er obendrein mit ihm an der Leine herumspazierte und ihn Alexander nannte, war dies genug Anlass für seine Freunde, einzugreifen. Der Schwarze William, der ja unter Guess Graves Dach gewohnt hatte, verspürte eine gewisse Verantwortung, und er schlug Mads Madsen vor, sie sollten hinfahren und sehen, wie schlimm es um Herbert stehe.

Sie fuhren vier Tage durch die dunkle Winternacht bei klirrendem Frost. Sie verkürzten ihren Weg übers Romdal, wo der Wind den Schnee hart und uneben wie ein Waschbrett geblasen hatte, und sie folgten den gefrorenen Flussbetten, bis sie einige hundert Meter hinter Herberts Haus ankamen.

Alexander war eine Enttäuschung. Er blieb auf dem Kojenrand sitzen und interessierte sich nicht im Geringsten für die Reisenden. Herbert dagegen hieß sie begeistert willkommen. Er ließ sie am langen Tisch Platz nehmen, kochte Kaffee und brachte holländischen Genever auf den Tisch. Er war aufrichtig froh über den Besuch. Als sie sich eine Zeit lang über Alltägliches unterhalten hatten, ging das Gespräch zu Alexander über. Der Schwarze William zeigte mit dem Daumen über die Schulter und fragte: »Was soll das da oben vorstellen?«

Herbert ließ Kandis herumgehen und schenkte Genever in den Kaffee. »Das ist Alexander«, sagte er, »eines der begabtesten Tiere, die mir begegnet sind.«

Der Schwarze William drehte sich auf seinem Stuhl herum, um den Vogel näher zu studieren. »Meiner Meinung nach sieht er etwas dümmlich aus«, sagte er, »jedenfalls wirkt er abgestumpft.«

»Haha, dümmlich und abgestumpft, wie?« Herbert lachte etwas angestrengt. »Man kann ja darüber diskutieren, wer hier in dieser Runde diese Eigenschaften hat.« Er blickte liebevoll hinauf zu seinem Schützling. »Alexander strahlt Intelligenz aus, mein lieber William, das sieht man sofort, wenn man nicht selber dümmlich und abgestumpft ist. Was sagst du, Mads Madsen?«

Mads Madsen sagte nichts, er saß da, die Nase dicht über der Kaffeetasse, und schnüffelte die starken Geneverdämpfe.

»Alexander da oben«, fuhr Herbert fort, »hat mehr Verstand als zehn von deiner Sorte, William. Er ist ein Denker, musst du wissen: Er sitzt da oben und grübelt und philosophiert, tage- und nächtelang. Und man kann nun wirklich nicht behaupten, dass du dies jemals getan hast.«

»Ich lag da oben, weil ich schlafen und nicht weil ich spekulieren wollte«, maulte William. Er sah ein, dass es schwer werden könnte, sich in einem Wortgefecht mit Herbert zu behaupten.

»Ja, genau. Du hast da oben gelegen und geschnarcht und gegähnt, dass man deine Polypen sehen konnte. Aber Alexander, der sitzt und denkt all die Dinge durch, von denen du nichts verstehst. Denn weißt du, was Alexander hat? Nein, das weißt du nicht, denn du weißt so gut wie nichts. Alexander hat innere Werte, Kamerad, und genau die fehlen dir.«

Der Schwarze William nahm dies hin, ohne eine Miene zu verziehen. Ihm war nicht an einer Diskussion mit Herbert gelegen, denn Herbert hatte eine Art, die Worte zu drehen und zu wenden, dass einem ganz schwindelig wurde; er konnte sie bis in die Unendlichkeit kneten. William versuchte, das Gespräch in andere Bahnen zu lenken. »Ein Hahn kann die dunkle Zeit nicht überstehen«, sagte er. »Weder das Genie da oben noch irgendein anderer Hahn. Er überlebt die dunkle Zeit nicht. Und ich an deiner Stelle, Herbert, würde dem Kerl den Hals umdrehen und Suppe aus ihm kochen, bevor er völlig ungenießbar ist. Solche alten Hähne, die trocknen aus, weißt du, und sie schmecken dann wie der reinste Hühnerdreck, wenn man sie nicht rechtzeitig isst. Stimmt es etwa nicht, Mads Madsen?«

Mads Madsen grunzte in sein Glas. Ein diplomatisches Grunzen, das sowohl Herbert als auch William zum eigenen Vorteil auslegten. Der Schwarze William fuhr fort. »Man kann ja deutlich sehen, dass ihm die Sonne fehlt. Genau das ist es, was mit ihm nicht stimmt. Wenn man einem Hahn die Sonne nimmt, siecht er dahin, genauso, wie wenn man einem Menschen die Arbeit nimmt.«

»Unsinn«, fertigte ihn Herbert ab. »Alexander befindet sich im Winterschlaf. Er hat sich auf den Winter eingerichtet, ihm fehlt es an gar nichts. Er gebraucht seine Tage vernünftig, denn er nimmt sich die Zeit, alles ordentlich zu durchdenken. Übrigens gibt es gewisse andere, die es genauso halten sollten.« Er blickte viel sagend auf William, aber der war eine ungehobelte und gleichgültige Person, die diese Art Andeutungen nicht verstand.

»Und außerdem ist das Gute an Alexander«, stichelte Herbert weiter, »dass er sich nirgends einmischt. Hier im Hause kann jeder so frei und lange reden, wie er Lust hat, und er geht auf Fang, wenn es ihm passt, und macht im Ganzen genommen das, was er für gut hält. Alexander und ich, wir kümmern uns nicht um die Angelegenheiten des anderen.«

»Er überlebt den Winter nicht«, protestierte William, und ungeachtet der Argumente, die Herbert im weiteren anführte, beharrte er fest auf seiner Meinung.

Der Besuch wurde kein Erfolg. Mads Madsen und der Schwarze William übernachteten nur einmal, was weit unter dem lag, was sonst für Gäste angebracht war. Sie verließen Guess Grave in der sicheren Überzeugung, dass es mit Herberts Verstand ein schlimmes Ende nehmen würde, wenn er sich nicht von dem Hahn trennte. Auf ihrem Weg nach Norden stießen sie auf Valfred und Anton, und William ging mit Anton eine Wette über den Hahn ein; dies wiederum veranlasste die Jäger von der Fimbulhütte, ihre Schlitten in Richtung Guess Grave zu wenden. Anton hatte fünfzehn Kronen verwettet und brannte darauf, den Hahn zu sehen, dessen Leben er so wagemutig verteidigt hatte.

Beim ersten Blick auf den Vogel hatte Anton das Gefühl, dass ihm das Geld zerrinne. Dieser Vogel würde Schwierigkeiten haben, bis zur Rückkehr der Sonne am Leben zu bleiben. Allmählich aber, nachdem Herbert Alexanders zahlreiche positiven Seiten herausgestellt hatte – die prachtvolle Haltung, den Kamm, der sich bei bestimmten Anlässen immer noch mit eigener Hilfe aufrichtete, die schönen orangefarbenen Ringe um die Augen – schöpfte Anton wieder Hoffnung für seine Wette.

Valfred äußerte sich genau wie Mads Madsen weder dafür noch dagegen. Er suchte sich das beste Lager des Hauses aus, welches in diesem Falle Herberts Koje war, und legte sich unter vielem Schnaufen und viel seligem Stöhnen hinein. Die lange Reise erforderte eine lange Ruhe, weshalb er sich nur erhob, wenn gegessen wurde oder er aus einem natürlichen Bedürfnis heraus gezwungen war, nach draußen zu gehen.

Ab und zu, wenn Herbert und Anton auf die Jagd gingen, ließ man Valfred mit Alexander allein zurück. Sie sprachen nicht miteinander. Der eine saß auf seinem Kojenrand und philosophierte, der andere lag in Herberts Koje und erfüllte das Haus mit dröhnendem Schnarchen. Es herrschte ein freundliches Verstehen zwischen den beiden. Wenn Valfred erwachte, nickte er dem Vogel zu, der trotz allem ein Mitgeschöpf und ein angenehmer Stubengenosse war, und zweimal während des Besuches stieg er aus seiner Koje und gab Alexander Wasser und Brotstückchen.

Anton blühte auf in Guess Grave. Er war ein wissbegieriger junger Mann und genoss Herberts Gesellschaft. Auch wenn Herbert vielleicht kulturell nicht so gebildet war, so wusste er sich gut auszudrücken und hatte eigenwillige Gedanken. Sie gingen zusammen auf Fang, überwachten gemeinsam die Fuchsfallen, fuhren hinaus und schlachteten zwei Moschusochsen, um etwas Fleisch im Hause zu haben. Sie redeten ohne Unterbrechung: Am meisten über Alexander – er interessierte Anton, weil er ein kleines Vermögen auf dessen weiteres Befinden gewettet hatte. Sie tauschten Theorien über die Philosophie des Hahns aus, was natürlich Anlass gab, ihre eigenen zu entwickeln. Sie vertieften sich in viele schwere Themen, redeten und hörten zu und fanden sich besonders interessant. Valfred blieb zu Hause und schlief.

Als die Fänger der Fimbulhütte endlich heimfuhren, hatte sich Anton in aller Heimlichkeit entschlossen, den nächsten Winter in Herberts Gesellschaft zuzubringen. Er hatte rote Wangen bekommen und Glanz in den Augen und freute sich schon auf den Tag, an dem er fünfzehn Kronen aus der Hand des Schwarzen William entgegennehmen würde.

Alexander kam richtig gut durch den Januar. Erst gegen Ende des Monats begann er zu kränkeln. Richtig schlimm wurde es in der zweiten Februarwoche. Da legte er sich hin. »Ihm ist schwindlig«, dachte Herbert. »Er hat immer nur da oben gehockt und zu viel nachgedacht, und davon ist ihm schwindlig geworden. In diesem Hahn steckt mehr, als ein Mensch begreifen kann.«

Es war der kälteste Monat des Jahres und Tag und Nacht dunkel. Alexander konnte sein Krähen nicht loswerden, das er Morgen für Morgen, präzise wie ein Uhrwerk, geliefert hatte. Er verlor seine Laune und auch seine beiden wippenden Schwanzfedern. Er deckte seinen Körper über die nackten Füße, die mittlerweile eine Temperatur nahe dem Gefrierpunkt erreicht hatten. Hin und wieder gurgelte er mit brüchiger Stimme aus Überdruss am Dasein. Schließlich begann er die Deckfedern zu verlieren, jeden Tag entdeckte Herbert neue kahle Stellen. »Das sind die Vitamine«, erklärte er Alexander. »Hier in der dunklen Zeit ist es unbedingt notwendig, dass man die Vitamine zu sich nimmt, die man braucht. Sonst bekommt man Skorbut, und dann ists vorbei. Ich werde dir jetzt einige Leckereien mischen, und dann bekommst du deinen Winterpelz zurück.«

Herbert zerquetschte getrocknete Heidelbeeren und Tang in einer Kaffeedose und servierte es Alexander. Aber dieser hatte seinen Appetit verloren – das ist oft so bei schlechter Stimmung: Er lag in einer kleinen Vertiefung in der Seegrasmatratze, es ging ihm richtig schlecht. Herbert legte einige Fuchsfelle über ihn und nahm ihn mit in seine darunter liegende eigene Koje, wenn er zur Nacht hineinkroch.

»Es ist die Wärme, die dir fehlt«, sagte er mitfühlend. »Du bist ja nicht an die arktischen Verhältnisse gewöhnt, lieber Alexander. Es braucht seine Zeit, bis das Blut dickflüssig wird, musst du wissen. Im nächsten Jahr wird alles viel leichter, dann hast du dich daran gewöhnt. Und zum Sommer, glaube ich, werden wir beide uns das Haus ordentlich vornehmen und die größten Spalten und Ritzen abdichten.« Er drückte Alexander an seine warme, behaarte Brust.

»Ein warmer Körper ist nötig«, sagte er freundlich, »sonst steht mans nicht durch.« Er strich zart über den austrocknenden Kamm. »Du bist nicht mehr der, der du warst, mein Freund, aber das geht vorüber«, versicherte er. »Verstehst du, mit dem Frieren, das ist von Mann zu Mann ganz verschieden. Einige können eine Menge Kälte vertragen, wie zum Beispiel ich, andere vertragen fast nichts. Es sind meistens die Mageren, die frieren, und du bist ordentlich abgemagert in der letzten Zeit, lieber Alexander.«

Der Hahn gurgelte einige unverständliche Antworten und blinzelte dankbar, etwas dösig von Herberts Wärme.

Der sechsundzwanzigste Februar war ein Tag von klirrender Kälte. Es herrschte beißender Frost und es war ganz still. Die Luft war so scharf, dass es in den Lungen beim Atmen schmerzte, und die Hunde lagen in kleinen Gruppen im Schnee, ihre buschigen Schwänze über den Schnauzen, um die Atemluft etwas vorzuwärmen.

Am sechsundzwanzigsten Februar, gerade zur Mittagszeit, erhob sich Alexander mit eigener Kraft. Er kroch mühsam aus Herberts Armen hin zum Kojenrand, von dem er sich auf den Fußboden fallen ließ. Das Plumpsen weckte Herbert. Er rieb sich die Augen und guckte verwundert nach Alexander. Mit steifen Schritten war der Vogel auf dem Weg zur Tür.

»Nun sieh sich das einer an«, murmelte Herbert erstaunt, »jetzt will Alexander hinaus ins Vergnügen.« Er schwang die Beine aus der Koje und folgte dem Hahn. »Ist also doch noch Leben in den alten Gliedern«, lachte er, »das geht ja gut, Alexander, obwohl du aus der Übung bist.« Er kniete sich hin und kroch hinter dem Vogel her, um bei der Hand zu sein, sollte dieser fallen. »In einem Monat wird es etwas wärmer«, sagte Herbert, »dann können wir beide wieder ein wenig mit unseren Spaziergängen da draußen anfangen.«

Alexander ging geradewegs zur Tür, und in einer Eingebung öffnete ihm Herbert. Alexander hüpfte auf die hohe Türschwelle, legte den Kopf auf die Seite und starrte hinaus in die winterliche Landschaft. Und da, weit draußen über dem Meer, lag eine ganz stark leuchtende Sonnenscheibe, in Form und Farbe wie ein Stück Blutorange: Die Sonne war zurückgekommen.

Alexander richtete sich auf. Er legte den Kopf zurück, stellte mit einer Kraftanstrengung seinen Kamm auf, öffnete den Schnabel, holte tief Luft und krähte. Dreimal krähte er. Das erste Mal ohne Kraft, das zweite Mal mit einem brüchigen, frostigen Ton, das dritte Mal aber so klar und schön, dass Herbert die Tränen in die Augen traten. Dann überschlug sich seine Stimme, Alexander gurgelte, röchelte und hustete, als ob er alle seine Eingeweide durch den Schnabel erbrechen müsste. Er richtete sich noch einmal auf, stand steif und stramm da und ließ seine unsichtbaren Schwanzfedern wippen, dann sank er auf der Türschwelle nieder und starb.

Zu viel Glück auf einmal

In Herbert entwickelte sich ein gewaltiger Drang, eine Besuchsreise zu unternehmen. So etwas kann einen Menschen zu jedem Zeitpunkt des Jahres überfallen, trifft einen aber am häufigsten im Winter, wenn durch die Dunkelheit gleichsam draußen und drinnen der Horizont verschwindet.

Der Verlust Alexanders war zu groß und zu schwer, um ihn allein zu tragen. Die Einsamkeit nach dem Tod des Hahns war total, schien es Herbert, obgleich er doch ständig die Gesellschaft des Hundes Pjosker hatte. Er verfiel in schwere Grübeleien und bekam Herzklopfen, wenn er Geräusche hörte, die er nicht sofort einordnen konnte. Und so geschah es, dass er Gestalten sah, wo es keine gab. Er hatte das Gefühl, als ob ihn irgendein Idiot anglotzte, als ob er unter ständiger Beobachtung stehe, sobald er sich draußen sehen ließ. Eines Nachts, als er im Zelt lag, hörte er Stimmen flüstern. Es war sehr schlimm, und es gab nur ein Mittel dagegen: Besuchsreise.

Er beschloss, Lodvig in Ross Bay einen Besuch abzustatten, denn Lodvig drängte es genauso wie Herbert, lebendige Menschen zu sehen. Es war in Ross Bay kein Besucher mehr gewesen, seit Lodvig seinen fünfzigsten Geburtstag vor bald zwei Jahren gefeiert hatte. Einige vereinzelte Jäger hatten zwar ihren Weg über Ross Bay genommen, aber sie hatten Lodvig abwesend und menschenscheu vorgefunden und ihn in Frieden gelassen. Weil es nicht der ganz große Koller und Lodvig ganz ungefährlich war, sahen sie keinen Grund einzugreifen.

Skipper Olsen von der *Veslemari* hatte Herbert erzählt, dass Lodvig jedes Jahr, wenn das Schiff mit seinem Proviant ankam, in die Felsen flüchtete. Er wolle augenscheinlich mit keinem Menschen zusammentreffen, meinte der Skipper. Aber Ordnung hatte er in seinen Sachen gehabt. Die Felle aus dem Winterfang lagen akkurat gebündelt vorm Haus, und auf dem Tisch waren der Jahresbericht sowie eine ganze Flasche mit Selbstgebranntem für die Seeleute. Der Skipper erzählte auch, dass er bei mehreren Gelegenheiten gesehen hatte, wie Lodvig sich in den Felsen oberhalb der Station zu schaffen machte. Er lag dort oben und gaffte mit seinem langen Teleskopfernrohr zu ihnen hinunter.

Ja, ja, dachte Herbert. Lodvig hatte ganz bestimmt einen Besuch bitter nötig.

Und so machte sich Herbert auf den Weg. Er hatte Pech und lief direkt in einen Schneesturm aus Nordost. Aber Pjosker hielt ihn auf Kurs, denn Pjosker war Nordostgrönlands stärkster, klügster und schönster Hund. Herberts Ansicht nach. Er war groß wie ein kanadischer Wolf, weiß mit einem schwarzen Stern auf der Brust und hatte Pfoten so breit wie die Deckel der Margarinepackungen. Ein Ohr stand senkrecht hoch, das andere hing nach unten. Pjosker war Herberts einziger Hund. Die anderen hatte er kurz nach Alexanders Ableben bei einer Abfahrt auf dem Rie-Gletscher verloren.

Herbert trabte in der Spur hinter dem leichten Skischlitten her, den Pjosker zog. Das Schneetreiben wurde immer dichter, und schließlich sah er kaum noch die Glut in seiner Pfeife. Er fluchte und tobte gegen das Unwetter und brach die Eiszapfen aus seinem Bart. Er atmete angestrengt, denn der Schnee war tief und einer der Skier gebrochen. Die kalte Luft stach in der Luftröhre und biss in den Lungen. Herberts Nasenflügel wurden weiß, und er verfluchte sich selbst wegen seiner idiotischen Lust, auf Besuchsreise zu gehen.

Nach fünftägiger Fahrt erreichte er Ross Bay. Und da weinte er fast vor Freude, als er die feine, graue Rauchspirale aus Lodvigs Schornstein erblickte. Er fuhr hinauf zur Hundekette, band Pjosker an und ging zur Tür.

»Hallo da drinnen«, rief er laut. »Es sind Gäste da, Lodvig, was sagst du nun?«

Keine Antwort. Er öffnete die Tür, eine herrliche Wärme schlug ihm entgegen. »Keiner zu Hause?«, rief er munter.

Keine Antwort. Lodvig lag da, den Kopf vollständig in den Ofen des Herdes gesteckt. »Lodvig!«, brüllte Herbert. »Du hast Besuch!«

Immer noch keine Antwort. Lodvig lag wie versteinert. Sein Hosenboden glänzte Herbert blankgescheuert entgegen.

Herbert schloss die Tür hinter sich und setzte sich an den Tisch. Er zog seine Seehundstiefel aus. »Suchst du was da drinnen?«, rief er. »Hängst du vielleicht fest zwischen den Blechen?«

Kein einziges Geräusch. Lodvig ging auf die Knie, um den Kopf noch weiter hineinzubekommen.

»Hast du vielleicht etwas gegen meinen Besuch?«, fragte Herbert. »Ja, wenn es so ist, dann kannst dus doch einfach sagen, dann dampfe ich wieder ab.« Er nahm die Innensocken aus den Seehundstiefeln und zog sie als Hausschuhe an.

»Das war eine miese Reise hierher, aber andererseits, wenn du wirklich allein sein willst, dann nehme ich lieber eine unbequeme Rückreise auf mich, als dass ich dich verärgere.«

Stille. Lodvig lag regungslos mit dem Kopf im Dunkeln.

»Bist du vielleicht krank?«, fragte Herbert ängstlich. »Ist mit deinem Kopf etwas nicht in Ordnung, Lodvig, dass du ihn warm halten musst?«

Aber Lodvig blieb schweigsam. Schweiß tropfte von seinem Hals und landete mit kleinen Tropfgeräuschen auf dem Blech vor dem Herd.

Herbert saß ein bisschen traurig am Tisch. Das war nicht gerade der Empfang, den er erwartet hatte. Er dachte an die Reise, die anstrengend gewesen war, und er dachte an die Vorfreude, die ihn durch den Schneesturm getrieben hatte, und was war nun daraus geworden? Schließlich wurde er wütend. Er fing an, von Ungastlichkeit und lausiger Kameradschaft und Koller herumzubrüllen. Aber augenscheinlich reichten seine Worte nie so ganz in den Herd hinein, wo sich Lodvigs Ohren befanden. Also versuchte er, Lodvig herauszuzerren, aber Lodvig stemmte sich dagegen und wollte absolut nicht ans Licht, sondern seinen Kopf um jeden Preis im Herd behalten, das war ganz deutlich.

»Nee, nee, mein lieber Lodvig«, rief Herbert verärgert. »Jetzt reichts aber verdammt nochmal! Das geht nicht! Und wenn ich deinen Zylinder brate, du musst heraus aus dem Ofenloch.« Er entfernte die Herdringe und schaufelte Kohle in den Ofen. Dann öffnete er den unteren Schieber und legte die Herdringe wieder auf. Das gab Zug und Nahrung fürs Feuer. Es dauerte nur wenige Minuten, und man hätte Steaks auf den glühenden Ringen braten können. Und das brachte Lodvig heraus: Unendlich langsam zog er den Kopf ein, wandte Herbert seine aufgeheizten Wangen zu und bedachte ihn mit einem langen, vorwurfsvollen Blick.

Herbert nickte und lächelte: »Oho, da bist du ja. Ich hatte Lust bekommen, dich zu besuchen, vor allem deinetwegen«, sagte er. »Ich hatte das Gefühl, du hättest Gesellschaft nötig.«

Dazu sagte Lodvig nichts. Er stieß den Rauchschieber zu und setzte sich schweigend an den Tisch. Herbert setzte sich ihm gegenüber, aber Lodvig sah durch seinen Gast hindurch, geradewegs auf die grau gestrichene Wand hinter ihm.

»Ja, man ist ja selber viel allein gewesen in der letzten Zeit«, begann Herbert. »Alexander ist nämlich tot, musst du wissen. Du hast bestimmt von Alexander gehört? Wenn nicht, dann muss ich dir vielleicht erklären, dass er ein ungewöhnlich kluger und schöner Hahn war, den ich im letzten Sommer von der *Veslemari* gerettet habe. Aber, wie gesagt, er fiel tot um, als die Sonne zurückkehrte. Am selbigen Tag. Das war zu viel Glück auf einmal, so plötzlich seinen Arbeitgeber wiederzusehen, glaube ich.«

Herbert starrte mit fernem Blick auf die Wand und vertiefte sich in die Erinnerung an Alexander. Als er damit fertig war, fuhr er fort: »Und alle Hunde bis auf Pjosker gingen vor einem Monat drauf, weil ich verkehrt den Rie-Gletscher hinunterfuhr. Ein Unglück kommt selten allein, sagt man. Und da hatte ich eben die gute Idee, hierher zu kommen, um mit dir ein bisschen zu schwatzen und zu sehen, ob man sich immer noch an seine Muttersprache erinnern kann.«

Nun hatte er eine Erklärung abgegeben, und Lodvig hätte sie eigentlich entgegennehmen müssen, wenn er nicht gerade ebenso taub wie stumm war. Aber Lodvig sagte nichts. Er nickte allerdings einige Male, das erschien Herbert bedeutungsvoll.

»Ich habe ein bisschen Branntwein mitgebracht«, sagte Herbert ermunternd. »Wie wärs mit einem Glas Branntwein, Lodvig?« Ein kurzes Nicken deutete an, dass Lodvig wohl einverstanden war. Herbert holte Gläser vom Bord über dem Herd und die Flasche aus dem Schlittensack.

»Ja, dann mal Prost«, sagte er.

»Prost«, entgegnete Lodvig wortreich. Es gab offenbar Wörter, die er nicht ganz vergessen hatte.

Und dann begann Herbert wieder zu reden. Er redete viel, er redete schnell, denn es gab eine unendliche Zahl von Dingen, die er loswerden musste. Er hatte alles lange Zeit aufgespart und ließ nun allem freien Lauf. Er erzählte eingehend von seiner Zeit mit dem Schwarzen William als Arbeitskameraden, sprach in nahezu poetischen Wendungen über Alexander und verbreitete sich über seinen Fang und seine Tauglichkeit als Jäger. Lodvig gab ihm überhaupt keine Antwort. Er saß da und guckte durch Herbert hindurch und trank Branntwein dazu.

Nachdem sich Herbert durch die ganze Nacht geredet hatte und den neuen Tag begrüßen wollte, erhob sich Lodvig und nickte ihm ein Gutenacht zu. Er legte sich oben in seine Koje und fiel umgehend in Schlaf.

Es wurde ein seltsamer Besuch. Herbert hatte sich frohe Tage vorgestellt mit Kartenspiel, Gesprächen über Frauen und etwas Klatsch aus den anderen Bezirken, aber aus all dem wurde nichts. Lodvig blieb stumm. Er sagte Guten Morgen, wenn er aufstand, Gute Nacht, wenn er sich hinlegte, und Prost, wenn er trank. Dabei blieb er, und so verging die erste Woche.

Wie die Tage so vergingen, verlor Herbert die Lust, den Besuch weiter auszudehnen. Er hatte sich durch sieben Tage und Nächte geredet und war jetzt heiser und auch müde. Am achten Tag wachte er auf und fühlte, dass er jetzt leer war, jetzt gab es nichts mehr zu reden. Sein Bedarf an Einsamkeit wurde wieder dringlicher. Darum stand er auf, kroch in seine Sachen und sagte Auf Wiedersehen.

»Auf Wiedersehen?« Lodvig fuhr aus seiner Koje. »Das ist doch der Gipfel. Willst du abfahren, ohne dass ich auch nur ein einziges vernünftiges Wort gesagt habe? Was sind denn das für Manieren? Habe ich dich nicht eine ganze Woche beherbergt, Branntwein mit dir getrunken und geduldig all deinem verdammten Geschwafel zugehört? Nee, wirklich, Herbert, so leicht kommst du von Ross Bay nicht weg. Nun musst du gefälligst mir zuhören.«

Herbert setzte sich unschlüssig an den Tisch. Was ging mit Lodvig vor? Er sprach ja zusammenhängend wie ein Mensch.

Und dann fing Lodvig an zu reden. Er erzählte von seinen Fellen und von den beiden Malen, als er oben im Felsen gelegen und über die Leute der *Veslemari* gegrinst hatte. Er beschrieb seine Kindheit und Jugendzeit, berichtete über alle Mädchen, bei denen er gelegen hatte, und von seiner Mutter, die noch lebte. Er erzählte auch von all den dummen Menschen, mit denen er hier all die Jahre überwintert hatte, und verbreitete sich darüber, wie sehr er doch in eigener Gesellschaft aufblühte.

Er zwang Herbert sitzen zu bleiben und stellte fuselfreien Branntwein auf den Tisch. Und zur Sicherheit kroch er durchs Fenster hinaus und brachte außen an der Tür ein Vorhängeschloss an.

Lodvig redete den lieben langen Tag. Er kam erst nach der Nacht und dem halben nächsten Tag zum Ende. Er redete und lachte, es ging ihm prächtig, und Herbert konnte nicht verstehen, dass dies derselbe Mensch war, der vor einer Woche mit dem Kopf im Herd gehockt und den Stummen simuliert hatte.

Herbert litt. Er war so unsäglich müde von all dem Gerede und sehnte sich nur danach, wieder allein zu sein. Aber Lodvig ließ ihn nicht gehen.

»Du kannst nicht einfach abhauen und mich hier sitzen lassen«, sagte er. »Was glaubst du, was die Kameraden sagen, wenn ich ihnen erzähle, dass du nach Hause gefahren bist, sobald du dich erleichtert hast. Ich habe eine Menge hier drinnen, lieber Herbert, das muss heraus, und du wärst ein schlechter Kamerad, wenn du mir nicht zuhören wolltest. Bist du ein schlechter Kamerad, Herbert?«

Darum hörte Herbert ihm zu. Er hörte angewidert zu, er schwitzte nervös und verfluchte sich selbst dahin, wo der Pfeffer wächst für seine Lust, eine Besuchsreise zu machen.

Eines Nachts, als er nicht schlafen konnte, weil Lodvig in der oberen Koje zu röhren begann, kam ihm eine glänzende Idee. Er konnte Lodvig doch bei Bjørken und dessen Freunden abliefern. Das wäre zwar ein Umweg von einigen Tagesreisen, aber lieber das als mit Lodvig in Ross Bay eingeschlossen zu sitzen. Als er morgens Lodvig vorschlug, dass sie zusammen Bjørkenborg einen Besuch machen könnten, war dieser begeistert von der Idee.

»Das wird prima, Herbert«, sagte er, als sie ihre Schlitten packten. »Denn jetzt ist der Knoten geplatzt. Es sammelt sich viel an mit den Jahren, und es braucht viele Ohren.«

»Dort unten kannst du reden, so viel du Lust hast«, antwortete Herbert.

»Man wird ein vollkommen neuer Mensch«, lachte Lodvig. »Ich bin so froh, dass ich fast überkoche. Ich habe mächtig Lust zu tanzen.«

»Wenn du Lust hast zu tanzen, steht dem sicher nichts im Wege«, meinte Herbert. »In Bjørkenborg hat Sylte ein Grammofon, auf dem er die norwegische Nationalhymne jedes Jahr im Mai spielt. Wenn du nach der norwegischen Nationalhymne tanzen kannst, gibt es bestimmt keinen, der dich an einem kleinen Tänzchen hindern wird.«

Lodvig strahlte. »Ich kann mich erinnern«, sagte er, »dass ich einmal mit einer flotten Biene getanzt habe. Ich weiß nicht mehr, wie sie hieß. Aber sie war schwarzhaarig und hatte grüne Augen. Sie war nämlich auf der Schallplattenhülle abgebildet. Herrlich, das Mädchen, durch und durch. Ich legte sie auf den Teller und zog den Apparat auf. Und dann nahm ich sie in die Arme und tanzte mit ihr aus dem Haus bis auf die Klippen. Wenn ich die Augen zumachte, konnte ich sie richtig spüren. Sie sang mir direkt ins Ohr.« Er blickte weit übers Eis. »Was für ein Mädchen, Herbert«, flüsterte er.

Sie übernachteten in Kongeborg, das war ein kleiner Kasten mit Pritschen und Herd und mit Dachpappe ausgekleidet. Sie machten Feuer im Herd und kochten Fleisch. Danach taten sie Tee in das Kochwasser und gossen das Ganze durch eine Strickmütze, um die Teeblätter und Rentierhaare herauszufiltern.

Die ganze Nacht unterhielt Lodvig sie mit Erlebnissen, die er als junger Mensch im Westeis gehabt hatte. Interessante Dinge, denen Herbert unter normalen Umständen gerne sein Ohr geliehen hätte, aber jetzt war ein Zuhören fast unerträglich. Er war todmüde und der Worte überdrüssig. Er war so müde, dass er keiner Antwort mehr fähig war. Das Einzige, das seine Augen offen hielt, war der Branntwein, den ihm Lodvig ab und zu einschenkte.

Es war ein sehr großer Augenblick in Herberts Leben, als Bjørkenborg in Sicht kam. Er zeigte mit der Peitsche auf die Hütte, sagte aber nichts. Lodvig, der die letzten Kilometer heiter und unverständlich in seinen Bart gemurmelt hatte, nickte und blickte auf das kleine, rot gestrichene Haus, das unter Schneewehen fast begraben dalag.

Herbert versuchte, seiner Stimme einen aufmunternden Klang zu geben, als er sagte: »Das wärs dann, Lodvig. Jetzt kannst du richtig zu Ende schwatzen.«

Lodvig nickte. Er öffnete den Mund, nahm einige Male einen Anlauf und flüsterte schließlich heiser »ja«.

Aber was war denn das? Herbert sah erstaunt seinen Kameraden an. Er hatte sich so an das Gerede gewöhnt und überhaupt nicht bemerkt, dass Lodvig sich auf dem Weg von Kongeborg leer geredet hatte. Lodvig lächelte entschuldigend und zuckte bedauernd mit den Schultern: Er war ganz ohne Worte. Herbert hatte sie nun alle und noch mehr. Mit Schrecken blickte er auf Bjørkenborg und fröstelte bei dem Gedanken an all das Gefasel, das ihn dort drinnen überfallen würde.

Herbert stoppte den Schlitten. »Aii!«, rief er zu Pjosker, und der Hund blieb auf der Stelle stehen. Lodvig hielt seine Hunde ebenfalls an, die sich friedlich neben Pjosker legten. Die beiden Männer starrten mit Abscheu auf das Haus. Sie dachten vor allem an Bjørken, der philosophisch veranlagt war und die schlimme Angewohnheit besaß, Gespräche bis ins Unendliche auszudehnen.

Herbert schlug sich auf die Oberschenkel, um sich aufzuwärmen. »Na?«, sagte er fragend.

Lodvig schnappte nach einem Wort, konnte es aber nicht fangen. Er zuckte noch einmal bedauernd mit den Schultern und schnäuzte sich in den Handschuh aus Seehundfell. Er öffnete den Mund, aber er brachte kein Wort heraus. Dann schüttelte er langsam den Kopf, knallte mit der Peitsche über den Köpfen der Hunde und fuhr in einem großen Bogen weg von Bjørkenborg. Er war auf den Schlitten gesprungen, saß, den Kopf tief in die Wärme der Anorakkapuze vergraben, und genoss die Stille darin.

Herbert lächelte. Er rief »mush, mush« zu Pjosker. Das klang gut, meinte er, denn es kommt aus Kanada. Dann fuhr er in einem noch größeren Bogen nördlich um das rot gestrichene Haus und nahm Kurs auf sein Heim in Guess Grave.

Bjørken und die Weltgeschichte

»Diese Hose«, sagte Bjørken zu Lasselille, »will ich dem Arktischen Institut vermachen, wenn ich einmal die Seehundstiefel ausziehen muss. Sie soll in einer dieser Käseglocken hängen, wo die Motten ihr nichts anhaben können und die Leute für eine Krone hingehen und sich ansehen, wie arktische Hosen zu unserer Zeit aussahen. Denn in der Zeit, mein Freund, werden sowohl Hosen als auch wir schon zur Geschichte gehören, vielleicht zur Weltgeschichte.«

Bjørken saß am Tisch. Er hatte eine kleine, runde Brille auf der Nase und die Zungenspitze im rechten Mundwinkel. Bjørken war ein langer und mehlweißer Mann. Er sah mitgenommen aus, obgleich ihn keiner mehr seit der Schlägerei auf Kap Thompson vor sechs Jahren verprügelt hatte. Ein Ohr hing wie ein welkes Kohlblatt auf die Kinnlade, und seine Schneidezähne im Oberkiefer waren abgebrochen, was ihm den Beinamen »Butzkopf« eingebracht hatte.

Bjørken flickte die Hose. Er benutzte ein Stück enthaartes Seehundfell, das er sorgfältig mit kleinen Kupfernieten auf dem schwarzen Wollstoff befestigte. »In der Zeit«, verkündete er, »werden wir dann auch in die Lesebücher aufgenommen, Lasselille, genauso wie die anderen Großen.«

Lasselille nickte. »Ja, das sollte mich nicht wundern«, sagte er. »Dann werden die armen Jungen über uns lesen müssen, und wir sind nur noch eine Menge Namen und Jahreszahlen, die sich keiner merken kann. Nicht, dass ich damit rechne, mit Namen erwähnt zu werden. Aber du und Valfred und William und der Graf.«

»Du wirst sehen, auch über dich wird es ein paar Zeilen geben«, versprach Bjørken großmütig. »Es ist Platz für uns alle, denn dann, Lasselille, ist es Schluss mit der Geschichte dort unten. Dann sind sich alle so gleich geworden, dass sie in der gleichen Zeile und in einer Klammer stehen können. Sie werden geschichtslos. Denk an meine Worte, so wird es kommen. Und dann merken sie, dass die Geschichte, die Frühere vor ihnen geschrieben haben, nur noch ärgerliches Geschwafel ist, aus dem man nichts lernen kann. Dann werden sie gezwungen sein, ihren Blick auf den Norden zu richten. Das macht man nämlich immer, Lasselille, wenn man sich festgefahren hat. Denn hier oben sind die Beispiele, das musst du wissen. Ich und du und Sylte und die anderen. Wir sind die weltgeschichtlichen Beispiele.« Er ließ diesen letzten Satz frei in der Luft schweben. Aber er erreichte Lasselille dennoch nicht.

»Was verstehst du denn unter weltgeschichtlichen Beispielen?«, fragte der.

»Ich verstehe darunter akkurat das, was ich gesagt habe«, antwortete Bjørken und schickte damit den Satz wieder auf die Reise. Er tat einen gewaltigen Schlag mit dem Hammer und schlug die letzte Niete ein.

»Die da unten im Süden, das sind Pfuscher, und das sind sie schon immer gewesen«, sagte er. »Die müssen immer so viel für alle anderen regeln, dass sie ganz vergessen, ihre eigenen Angelegenheiten zu ordnen. Da gibt es das, was sie Politik nennen, und es gibt viele, die davon leben. Und die glauben, dass diese ganze Politik Weltgeschichte schreiben kann. Aber das ist ein Irrtum, Lasselille. Die Weltgeschichte, die diese Leute schreiben, sollte man auf Klopapier schreiben, dann dient sie wenigstens einem vernünftigen Zweck.« Er hielt die Hose ans Licht und nickte zufrieden. »Sie ist wirklich richtig schön geworden, fast wie neu.«

»Also, diese Weltgeschichte«, wollte Lasselille gerne wissen, »also die, die sie da unten machen, wozu brauchen sie die, Bjørk?« Lasselille war jung und daran interessiert, seine Kenntnisse zu erweitern. Er war immer noch neu an der Küste und war so eine Art Lehrling bei Bjørken und Sylte.

»Für nichts«, entgegnete Bjørken ernst. »Sie zanken und bekriegen sich und schreiben das alles nieder. Aber der Teufel soll mich holen, wenn sie etwas daraus lernen. Die Weltgeschichte, mein Freund, das sind dicke Bücher über Mord an allen Fronten und Vaterlandsliebe und Ehre und andere Idiotien. Und dann nur wenige Zeilen über dies und jenes, wie es normalen Menschen geht.« Er strich gedankenvoll über seine langen, grauen Unterhosen, die auch einige Flicken aus Seehundfell gebrauchen konnten.

»Sieh mal, Lasselille, wir hier oben, wir sind gleichsam der Anfang von allem. Wir haben uns nicht weiter von den Höhlenmenschen entfernt, die während der Eiszeit unter etwa den gleichen Verhältnissen herumsprangen, soweit wir uns das vorstellen können. Wir gehen ein wenig auf die Jagd und genießen das Leben. Wir sind die ganze Entwicklung, aber wir sind auch der Anfang. Verstehst du?«

»Nein«, antwortete Lasselille ehrlich. Er dachte langsam, Wort für Wort, ohne die Fähigkeit, Zusammenhänge zu erkennen. Als er sich Bjørkens Rede gründlich überlegt hatte, nickte er. »Jetzt glaube ich aber, dass ich verstanden habe.«

»Gut.« Bjørken steckte seine langen Beine in die geflickte Hose. »In Wirklichkeit gibt es niemals andere als uns. Wir sind die Reserve, weißt du, und wir ändern uns nicht mehr. Wenn der ganze Mist dort unten zusammenkracht, sind wir es, die den Weg weisen müssen. Dann sind die dort unten Abfallprodukte und wir die Einzigen, die völlig intakt sind.« Bjørken schüttelte nachdenklich seinen Kopf. »Politik ist für Füchse, Lasselille, dabei betrügen die Klügeren die weniger Klugen und nennen das Demokratie. Sie sind zwar immer noch Jäger dort unten, aber es ist eine unglückliche Form von Jagd, die sie betreiben. Und eine ordentliche Weltgeschichte kommt dabei nicht heraus. Wir dagegen sind genau mittendrin in der Geschichte: Wir halten Schritt mit den Höhlenmenschen. Dort unten wimmeln sie in viel zu kleinen Schuhen und mit viel zu vielen Hühneraugen herum.«

Lasselille, dem es schwer fiel, die Bilder zu begreifen, erbat sich noch einmal Bedenkzeit.

»Sag mir mal, Bjørk, diese Sache mit dem Schritthalten, wie muss man das verstehen?«

Bjørken zeigte auf seinen langen, schmalen Schädel. »Ja, wie, wie? Das kommt von innen und kann nur hier drinnen verstanden werden, mein Freund. Wir sollen uns nicht besser machen als wir sind, und die Natur ist nicht so erfreut über Abweichler. Einfach die Schnauze vorneweg und die Sülze in den Wind.«

Diese Antwort nun brachte Lasselille völlig aus dem Konzept. Er griff dankbar das Wort Sülze auf. »Wo ist Sylte?«, fragte er.

»Sylte? Ja, da haben wir ein glänzendes Beispiel für das, was ich gerade erwähnt habe«, antwortete Bjørken. Er ließ nicht so ohne weiteres vom Geschichtlichen. »Sylte war ein prima Fänger, bis er seine Brille verlor. Und da war dann auch Nacht für ihn. Die Natur lässt es sich nicht bieten, dass ein Fänger einfach seine Brille verliert.«

»Vielleicht ist er unten bei den Welpen«, sagte Lasselille.

Bjørken, der nun in seine arktische Hose gefunden hatte, ging zum Fenster. »Ja, er ist bei den Welpen mit Eingemachtem. Und da kannst du mal sehen, Lasselille. Sylte hat rechtzeitig dafür gesorgt, sich Freunde zu schaffen. Und das kann nützlich sein, wenn man so gut wie hilflos ist. Aber eines Tages, wenn er sich nicht rechtzeitig eine neue Brille besorgt, dann werfen ihn seine vierbeinigen Freunde um und fressen ihn – oder jedenfalls so viel von ihm, dass ich die Reste in einer Keksdose begraben kann. Und so sind wir wieder beim Geschichtlichen angekommen.«

Lasselille blickte hinaus in die Natur. Es war nicht viel zu sehen, denn es war die dunkle Zeit, und er konnte nur so weit sehen, wie der Lichtschein der Petroleumlampe am Giebel reichte. Er konnte jedoch Sylte bei der Kette der Welpen stehen sehen. Sylte mit einem großen, braunen Krug im Arm. Er konnte erkennen, wie Sylte über die Köpfe der jungen Hunde tastete, um herauszufinden, wen er vor sich hatte, bevor er eine Faust voller eingemachter Heidelbeeren in das aufgesperrte Maul stopfte. Sylte liebte diese Welpen. Auch als er noch seine Brille hatte und sehen konnte, hatte er sie mit kleinen Leckereien verwöhnt. Aber damals bekamen sie nur einmal in jeder zweiten Woche Eingemachtes. Als er seine Brille verloren hatte und deshalb fast blind war, gab er ihnen jeden zweiten Tag aus dem Krug zu fressen. Er hatte Lasselille dazu gebracht, Beeren zu sammeln, die er mit Zucker und Rum einlegte. Das war Eingemachtes, das kräftig und gut schmeckte, die Welpen liebten es.

»Gott allein weiß, ob er überhaupt etwas sieht ohne Brille«, wunderte sich Lasselille.

»Er kann kein wütendes Walross von einem toten Stint unterscheiden«, brummte Bjørken. »Er kann nicht einmal das Haus hier sehen, bevor er nicht die Türklinke in der Hand hat.«

»Aber warum lässt du ihn nach draußen gehen, wenn er nichts sieht?«

»Ja, warum, warum!« Bjørken starrte Lasselille irritiert an. »Man kann ihn doch nicht daran hindern, hinauszugehen, nicht? Ich kann doch den Ärmsten verdammt nochmal nicht in einem der Nebenschuppen einschließen oder ihn an seine Koje festbinden. Wenn er hinaus will, dann ist das seine und nicht meine Sache. Außerdem ist er es gewöhnt, selbst zurechtzukommen, und abgesehen davon, dass er nichts sieht, arbeitet er bei allen anderen Dingen ausgezeichnet.«

»Aber er kann doch die Lupe mitnehmen?«, schlug Lasselille vor.

»Und die auch noch verlieren, wie? Kommt nicht infrage. Die Lupe bleibt hier im Haus. Mit der Lupe kann er kochen und abspecken und sich nützlich machen.« Bjørken nahm die erwähnte Lupe vom Tisch. Es war eine Lupe, die er einmal vor vielen Jahren von einem deutschen Geologen abgestaubt hatte.

»Mit dieser Lupe hat es etwas Besonderes auf sich«, sagte er zu Lasselille, »und darum darf sie nicht verloren gehen. Jedes Mal, wenn ich sie in die Hand nehme, kommt mir wieder in den Sinn, wie ich sie damals … erworben habe, und diese Erinnerung würde vielleicht ganz verblassen, wenn sie wegkäme. Im Übrigen kann Sylte die Lupe hier drinnen überhaupt nicht entbehren. Diese Lupe hält ihn trotz allem beschäftigt. Wenn er sie nicht hätte, wäre er ein schlapper Döskopp, und ist man erst einmal so einer, dann verabscheuen einen die Freunde, weil man bei ihnen schmarotzt, und wenn einen die Freunde erst einmal verabscheuen, bekommt man Depressionen, und den Depressionen folgt schließlich der Koller. Darum muss die Lupe hier drinnen bleiben.«

Lasselille blickte Bjørken beeindruckt an. »Du kannst die Dinge richtig auslegen«, sagte er. »Es wird einem ganz schwindlig, wenn man dir zuhört.«

»Es gibt einige, die nachdenken, obgleich sie einsam wohnen«, entgegnete Bjørken. »Und wenn man das tut, dann wird man etwas. Nimms dir zu Herzen, Lasselille.«

»Wenn ich draußen nach den Fallen sehe«, erklärte Lasselille eifrig, »dann denke ich aber auch nach. Ich plane meine Gedanken gleichsam, Bjørk. Ist das nicht vernünftig? Ich fange morgens an, und während ich die Hunde vorspanne, beschließe ich, an die eine oder andere Sache zu denken, von der ich mir vorstellen kann, ihr im Laufe des Tages dann auf den Grund zu gehen.«

»Das hört sich vernünftig an«, nickte Bjørken. Er blickte wohlwollend auf seinen jungen Schüler. »Es ist sehr wichtig, dass man den Dingen auf den Grund geht, Lasselille.«

Der junge Fänger senkte den Kopf und starrte auf die Tischplatte. »Es ist bloß so schwer«, flüsterte er. »Man muss doch die Fähigkeiten dafür haben. Was mich anbetrifft, so ist das eine Sache, die mir immer wieder abhanden kommt.«

»Drück dich etwas genauer aus«, bat Bjørken.

»Ja, also, lass uns mal sagen, ich gehe und spanne die Hunde vor und bestimme, dass ich heute an das Wort ›Kaffee‹ denken will. ›Heute sollst du an Kaffee denken, Lasse‹, sage ich zu mir, ›an nichts anderes.‹ Das ist doch ein guter Anfang, nicht, Bjørk? Aber dann, bevor ich auf dem Schlitten bin, ist der Kaffee verschwunden. Ich habe mir also zuerst kleine, runde Bohnen vorgestellt, die in einer Mühle gemahlen werden, und dann fällt mir mein Onkel ein, der Müller ist und so stark, dass er einen vollen Sack Weizen unter jedem Arm tragen kann. Und dabei fällt mir dann so ein Kraftmensch ein, er hieß Ursus und war bei einem Zirkus in meiner Heimatstadt, einem Zirkus, der auch ein Karussell hatte, das wir Jungen zehnmal drehen mussten für eine Gratisfahrt.« Lasselille guckte entschuldigend hoch. »Da kannst du sehen, so komme ich weit ab von …, was war es nun …«

»Kaffee«, half ihm Bjørken.

»Ja, vom Kaffee, und ich finde nicht wieder zurück. So geht es jedes Mal.«

Bjørken zuckte mit den Schultern. »Das ist nicht ungewöhnlich bei solchen Menschen wie dir«, meinte er. »Dir fehlt die Konzentration, Lasselille. In allen Lebenslagen kommt es darauf an, sich zu konzentrieren.« Er nickte zu den Welpen hin. »Sylte dort unten, er besitzt überhaupt keine besondere Konzentrationsfähigkeit. Aber dafür etwas anderes, das ihn historisch macht und das er gründlich ausnutzt. Er ist furchtlos, obgleich er gar nicht dumm ist. Eine Kombination aus ihm und mir, die ergibt genau den richtigen Fänger. Darum haben wir auch viele Jahre zusammengehalten.«

Sie setzten sich an den Tisch und machten eine lange Pause. Lasselille dachte an Kaffee und verirrte sich dabei über die braune Farbe der Bohnen zu einer anderen braunen Farbe, die er in Scoresbysund bewundert hatte, sie hatte einer jungen Dame mit Namen Magdalene gehört. Diese braune Farbe war überall an dem Mädchen zu finden, und sie war so reizend und angenehm für das Auge, dass er praktisch nicht die geringsten Schwierigkeiten hatte, sie in seinen Gedanken festzuhalten.

Bjørken dachte wieder an die Weltgeschichte. Sie war ein Thema, das ihn zeitweilig stark beschäftigte. Sie saßen da und versanken in ihren Gedanken und warfen ihre Schatten groß und mächtig an die raue Bretterwand. Sie waren so weit weg, dass es etwas dauerte, bis sie merkten, dass die Welpen an der Kette aufgeregt zu jaulen begonnen hatten.

»Was zum Teufel, fressen sie ihn jetzt?« Bjørken sprang auf. Er lief zur Küchentür, von wo er die beste Aussicht hatte. Im Schein der Lampe konnte er die Hunde und auch Sylte erkennen. Und auch einen jungen Bären, der mit langem Hals dastand und seinen Kopf vor Syltes braunem Krug hin- und herbewegte. Durch das Kläffen der Welpen hörte er Syltes Schimpfen.

»Was bist du denn für ein Kerl. Du gehörst bestimmt nicht hierher, Kamerad.« Er zog die Hand aus dem Krug. »So ein großer Bursche, du bist bestimmt genauso naschhaft wie die Kleinen, was?« Er stopfte eine Faust in die Schnauze des Bären. »Ja, ja, Kamerad, diesmal bekommst du etwas, aber komm nicht auf die Idee, hier noch einmal zu erscheinen. Es reicht nur für die Welpen, musst du wissen.«

Der Bär fraß gierig. Er leckte vorsichtig Syltes Hand. Leckte sie blitzblank zwischen den Fingern, die Handfläche und den Handrücken.

»Du magst wohl Syltes Bonbons, was? Hähä«, lachte Sylte leise, und er gab dem Bären noch eine Hand voll.

Bjørken sprang zu seinem Gewehr. Er stopfte eine Kugel in die Kammer und legte es auf den unteren Teil der geteilten Tür auf. Während er den Bären im Visier behielt, flüsterte er zu Lasselille.

»Dies hier musst du dir hinter die Ohren schreiben, Lasselille. Denn es ist genau das, was ich eben gesagt habe. Jetzt schreibt Sylte Weltgeschichte.«

Er zielte auf den Kopf des Bären und lachte leise. »Haha, da unten können sie sich alle Schwierigkeiten machen und Erfindungen machen und sich schlagen und sonst was anstellen. Aber es gibt keinen unter diesen Scheißern, der einen Bären mit bloßer Hand füttern kann wie Sylte. Das da, Lasselille, ist verdammte Weltgeschichte, wie sie sein soll.«

Lasselille starrte mit kugelrunden Augen zum Bach. »Er glaubt sicher, dass es einer der alten Hunde ist, der sich losgerissen hat«, flüsterte er heiser.

»Sylte glaubt gar nichts«, grunzte Bjørken. Er krümmte seinen Zeigefinger und zog langsam durch. Das Krachen ließ die Welpen erschreckt aufheulen, und der Bär vollführte einige Pirouetten, bei denen er Sylte den Krug aus den Händen riss. Er sank mit einem hässlichen Husten in den Schnee und war tot.

Sylte bückte sich und suchte nach dem Krug. Ohne sich umzudrehen, rief er zum Haus hinauf: »Sehr gut getroffen, Bjørk. Der war fromm wie ein Lamm, aber er hat mir fast die Haut von den Händen geleckt.« Und zu den Welpen rief er: »Heute gibt es eine Extraration für euch kleine Burschen. Eingemachtes! Eingemachtes!«

Der Tätowierer

Herr Joenson machte bereits bei seiner Ankunft Probleme. Er ging bei Kap Thompson an Land, mit einem weichen Filzhut auf dem Kopf, einer emaillierten Kaffeekanne in der linken und einer ledernen Reisetasche in der rechten Hand. Er trug einen schwarzen Sakko, ein schwarzes Hemd und einen weißen Schlips und spitze Sandalen. Aus seinem Mund blitzten unzählige Goldzähne, sie offenbarten einen Wohlstand, wie er nördlich des Polarkreises nicht üblich war. Er war ein merkwürdiger Mann, der überhaupt nicht in den Alltag auf Kap Thompson passte.

Das kam dem Stationsleiter Mads Madsen auch so vor. Er schwor hoch und heilig, als er den künftigen Helfer angepeilt hatte: »Jetzt haben die da unten verdammt das letzte Aufgebot zusammengekratzt. Die sollen nicht glauben, dass ich einen ganzen Winter lang dasitze und auf solch einen Ölscheich glotze. Entweder geht dieser komische Kauz zurück, oder du kannst mich mit zurücknehmen.«

Skipper Olsen von der *Veslemari,* der umgehend an Land gekommen war, um zu vermitteln, guckte sich Herrn Joenson an und gab Mads Madsen Recht. Er redete Herrn Joenson gut zu und hielt ihm all die Nachteile und Unbequemlichkeiten vor, die ein längerer Aufenthalt in der Arktis mit sich bringen kann, aber Herr Joenson war unerschütterlich. Er hatte einen Vertrag mit der Kompanie für ein Jahr, und dabei sollte es bleiben. Er gehörte nicht zu denen, die einen guten Vertrag brechen. Es war sein Wunsch, das Fängerhandwerk zu lernen, und deshalb war es völlig ausgeschlossen, dass er zurückreiste. Also reiste Mads Madsen.

Der Schwarze William, der Mads Madsens Helfer gewesen war, wurde zum kommissarischen Stationsleiter ernannt, und er versprach dem Skipper, sein Äußerstes zu tun, Herrn Joenson im Laufe des kommenden Winters nicht zu erschlagen. Er übernahm die Station, und zusammen mit seinem neuen Arbeitskameraden dirigierte er die *Veslemari* von der äußersten Spitze des Kaps aus hinaus durchs Eis.

Es sollte sich zeigen, dass Herr Joenson durchaus nicht so schlimm war. Er war ein wirklich interessanter kleiner Mann. Er war in Japan und Amerika gewesen und konnte wirklich über allerhand mitreden. Er trug weiterhin sein Sakko, denn, wie er sagte, es gab bestimmte Gewohnheiten, die man nicht ablegen sollte, auch nicht in der Arktis, auch trank er nur Kaffee, der in der emaillierten Kanne gekocht war. Dies waren Eigenheiten, die überall an der Küste bemerkt wurden. Als der Herbst mit kalten, windigen Tagen kam, konnte ihn der Schwarze William immerhin dazu bewegen, die Krempe seines weichen Hutes abzuschneiden, sodass dieser unter der Anorakkapuze Platz fand. Sogar die Sandalen tauschte er gegen ein Paar von Williams tranbehandelten, holzbesohlten Stiefeln ein, und William fand, dass er einen vernünftigen und umgänglichen Arbeitskameraden bekommen hatte.

Das Besondere an Herrn Joenson war jedoch nicht so sehr seine Bekleidung, seine Berichte über die Fremde oder seine völlige Hilflosigkeit draußen in der Natur. Was im allerhöchsten Grade zu der Bewunderung beitrug und dem Ruf, den er an der Küste genoss, war seine einzigartige Fähigkeit zutätowieren. In der kleinen, grauen Reisetasche hatte er Farbflaschen, Nadeln, kleine Hämmer und anderes Gerät zum Stechen von großartigen Kunstwerken auf die Arme der Leute – oder wo sie sie auch immer angebracht haben wollten.

Es ergab sich ganz natürlich, dass er mit dem Schwarzen William anfing. Dieser hatte eine schöne glatte Haut, aber er wollte sie dennoch mit einer kleinen Tätowierung verschönern. Er erbat sich ein rotes Herz mit einem flammenden Pfeil und der Inschrift »Mutter«, ausgeführt in großen blauen Buchstaben. Der Schwarze William hatte seine Mutter nie gekannt, war aber überzeugt, dass solch ein Herz sie näher zu ihm bringen würde.

Als die Wunden nicht mehr so schmerzten, rollte er den Ärmel hoch und bewunderte sein Herz. Er dachte viel an seine Mutter, es fiel ihm jetzt leichter, sie sich vorzustellen. William war so begeistert von seiner Tätowierung, dass er schon gegen Ende September das Motorboot startete und sich mit Herrn Joenson auf die Reise begab. Sie fuhren die Küste entlang, um Freunden und Nachbarn Gelegenheit zu geben, Williams Arm zu bewundern.

Zuerst besuchten sie Magnus von Veile, der ein Adliger war und deshalb der Graf genannt wurde. Der Graf war ein Sonderling, der seit vielen Jahren versuchte, Kartoffeln und Getreide auf einem kleinen Feld anzubauen, das er vor der Station in der Grover Bay gerodet hatte. Bei ihm wurde immer mit einem Tischtuch gedeckt, und er verlangte von seinen Gästen, dass sie mit dem aufgelegten Besteck aßen und unter keinen Umständen Fangmesser bei Tisch benutzten. Da der Graf wegen seiner Landwirtschaft nicht viel Zeit für die Jagd übrig hatte, sorgte man immer dafür, selbst die Menge Fleisch mitzubringen, die während des Besuches verzehrt wurde. Dazu trank man Wein aus Beeren und Blütenblättern, Wein, den der Graf selbst komponierte und für seine Gäste aus Flaschen mit Etiketten servierte.

»Der hier«, stellte der Schwarze William nach ihrer Ankunft vor, »das ist mein Arbeitskamerad Herr Joenson. Er ist schon in Japan und Amerika gewesen, deshalb kannst du ihm nichts vormachen.«

Der Graf verbeugte sich steif und entgegnete, dass es ihm eine Ehre sei, Herrn Joenson kennen zu lernen.

»Das kannst du wohl sagen«, sagte William, »denn er ist nämlich Künstler, musst du wissen.« Er krempelte den Ärmel hoch und zeigte seinen Unterarm. »Was sagst du nun, Graf?«

Der Graf betrachtete das Herz aufmerksam. Er legte seinen Kopf auf die Seite und blies durch die Lippen. »Nett. Gar nicht schlecht. Eine sehr schöne Tätowierung, William. Woher hast du sie?«

»Herr Joenson hat sie gemacht«, antwortete der Schwarze William. »Er ist ein richtiger Künstler, meinst du nicht auch? Solch ein Herz bringt einem die Mutter gleichsam näher. Du solltest dir auch ein Bild gönnen, Graf, es würde dir gut stehen, glaub mir.«

Der Graf schüttelte den Kopf. Er liebte keinen Körperschmuck irgendwelcher Art. Außerdem hatte er sich mit anderen und wichtigeren Dingen zu beschäftigen als mit einer Tätowierung.

»Du müsstest dir eine Kartoffel oder ein schönes Roggenfeld auf die Brust machen lassen«, schlug William vor. »Das kannst du bestimmt leicht machen, nicht wahr, Joenson?«

Herr Joenson kniff die Augen zusammen und dachte über diesen Vorschlag nach. »Ich muss einräumen, dass es keines der genannten Motive in meinem Lehrbuch gibt«, sagte er, »aber mit etwas Fantasie und vor allem dann, wenn ich Modelle bekomme, kann ichs schon schaffen.«

»Da siehst dus, Graf. Herr Joenson kann das meiste. Du solltest dir ein halbes Kilo Kartoffeln machen lassen, die in einer Roggengarbe liegen. Das würde sehr schön werden, glaube ich, besonders in Farbe.«

»Ich möchte nicht so gerne«, antwortete der Graf höflich abweisend. Und so ließen sie das Thema vorübergehend fallen.

Herr Joenson und William guckten sich die Felder des Grafen an. Sie bewunderten lautstark einige Triebe, von denen der Graf schwor, dass sie zu einer Kartoffel unter der Erde gehörten, und sie gingen in einem vorsichtigen Bogen um das steinige Gelände, von dem der Graf behauptete, es wäre ein Kornfeld. Danach gingen sie zurück zum Haus, um dem Grafen bewundernd zuzusehen, wie er Kunststücke mit dem Stück Ochsenfleisch vollführte, das sie mitgebracht hatten. Er briet und schmorte und tat mehrere Stunden, und er veranlasste Herrn Joenson, den Tisch zu decken mit Tischdecke und richtigen Tellern, Gläsern und Besteck. Der Schwarze William saß am Fenster und betrachtete sein Herz. Er war in guter Stimmung. Das kleine rote Herz zeigte, dass er irgendwo herkam, er hatte eine Mutter. Eine schöne Mutter im Übrigen, breit und kräftig und mit sprudelndem Humor. Er rief zum Grafen: »Du, Graf, es gibt wirklich nichts Herrlicheres, als eine Mutter zu haben.«

Der Graf sah erstaunt von der Bratpfanne hoch. »Natürlich«, murmelte er, »sicher doch«, und William fuhr fort: »Man ist irgendwie anders, wenn man eine Mutter hat, meine ich, so etwas Kleines, Altes, das man gern haben kann und zu dem man gut ist.«

Herr Joenson pflichtete ihm bei. »Das ist völlig richtig, William. Eine Mutter sollte ein jeder Mensch haben. Und wenn man sie nicht mit hierher in die Einöde schleppen kann, dann soll man sie aber in jedem Fall auf seinem Unterarm tragen.«

Sie aßen ein Gericht, dem der Graf irgendeinen ausländischen Namen gab, das aber deshalb nicht viel besser wurde, und sie tranken

Wein aus Flaschen, auf deren Etiketten schwere Namen standen. Sie schmeckten alle gleich und schlecht, meinte William. Sie hatten keinen richtigen Biss.

Herr Joenson lobte sowohl den Wein als auch das Fleisch sehr. Er stieß oft und fast lautlos auf, dafür bewunderte William ihn. Während des ganzen Essens überlegte er sich, wie er den Grafen herumkriegen könnte: Denn natürlich musste der Graf eine Tätowierung haben. Die wäre selbstverständlich nicht gratis wie Williams, denn entweder reiste man herum und tätowierte die Leute und lebte davon, oder aber man blieb zu Hause und kümmerte sich um die Wirtschaft und bezog sein Auskommen daher. Er nippte an des Grafen hausgemachtem Clos-Vougeot und überlegte sich eine vorläufige Preisliste.

Ein Herz mit der Inschrift »Mutter« sollte ein Fuchsfell oder zwei Seehundfelle erster Klasse wert sein. Ein Zweimastschoner sollte drei Füchse oder die Felle von zwei gescheckten Seehunden kosten. Wünschte man sich ein Vollschiff, musste der Preis in diesem Falle mindestens fünf Füchse, einen halben Bären oder zehn Seehunde betragen. Dies könnte als vorläufige Grundtaxe dienen. Hatte der eine oder andere persönliche Wünsche, musste man eben von Fall zu Fall abschätzen. Herr Joenson entschloss sich, ein kleines Heft zusammenzustellen, das in den Stationen umlaufen könnte. Es sollte eine Preisliste enthalten und reich illustriert sein.

Der Graf, der lange Zeit keine Gäste gehabt hatte, war an diesem Abend angetrunken. Es geschah äußerst selten, dass er Alkohol trank, und er merkte deshalb auch nichts, bis es zu spät war. Er begann mit seinen Kartoffeln zu renommieren, die sich ja bekanntlich nicht zum Prahlen eigneten, und faselte von wogenden Roggenfeldern, Selbstversorgung und ähnlichen Wunschträumen. Der Schwarze William hatte bald keine Lust mehr, ihm zuzuhören, und er schlug vor, in die Kojen zu kriechen. Aber Herr Joenson zwinkerte quer über den Tisch seinem Arbeitskameraden zu und gab ihm zu verstehen, dass er ganz andere Pläne habe.

Er begann mit dem Grafen ein Gespräch über Magie. Und weil Magnus von Veile keinen klaren Kopf besaß, gab er Herrn Joenson meistens Recht. Herr Joenson konnte von seltsamen Menschen berichten, die er auf seinen ausgedehnten Reisen getroffen hatte, so von einem Volk in einem nicht näher bezeichneten mittelamerikanischen Staat, bei dem alle eine Kartoffel auf die Stirn tätowiert hatten. Das sollte angeblich das Wachstum fördern. Und dass diese uralte Magie nicht ohne Wirkung war, hatte er mit seinen eigenen Augen gesehen: Diese klugen Menschen bauten Kartoffeln an, von denen die kleinste von der Größe eines ausgewachsenen Kürbisses war.

Der Graf nickte betrunken. Das hatte sicher etwas für sich. Denn soweit er wusste, kam die Kartoffel aus Amerika, genauso wie der Kaugummi und die Syphilis.

Der Schwarze William und Herr Joenson setzten ihre Reise fort, lange bevor der Graf aus seinem Rausch wieder aufwachte. Sie fuhren schnell und lautlos ab und nahmen zwei gescheckte Seehundfelle mit, die der Graf vor Jahren als Geschenk von Eskimos aus dem Süden erhalten hatte. Die Felle waren über seiner Koje angenagelt gewesen, als Verschönerung der Bretterwand. Für diese ausgezeichneten Felle hatte man ihm eine makellose Tätowierung auf der betäubten gräflichen Brust hinterlassen. Sie war ein wahres Kunstwerk, der Graf hatte sie zu einem Spottpreis bekommen. Denn Herr Joenson war von den heiligen Feuern der Inspiration erfasst worden, und beim Licht der Petroleumlampe hatte er ein Meisterwerk geschaffen, das von nun an den mageren Brustkasten des Magnus von Veile schmücken sollte.

Der Schwarze William dachte mit Freuden an die Tätowierung, als er den Motor startete und das Boot aus dem stillen Fjord glitt. Eine fantastische Tätowierung – ein vornehmes Schild mit Eichenlaub und Schnörkeln, von einer rostroten Lanze durchbohrt. Links unter der Lanze erschien eine keimende Kartoffel, rechts über der Lanze lag eine Roggenähre, schwer von Körnern. In einem kleinen Rechteck unter dem Schild war mit verschnörkelten Buchstaben, die Herr Joenson gotisch nannte, das Wort »Graf« eingraviert, was ja schön und auch richtig war.

Sie fuhren in Richtung Bjørkenborg, aber der Motor streikte am Gralesund, also kehrten sie mithilfe der Ruder nach Kap Thompson zurück.

Im Laufe des Winters gab es Kundschaft unter den Fangleuten in Kap Thompson. Das Gerücht über die Tätowierung vom Grafen und von William hatte sich verbreitet und war bis in die abgelegensten Winkel gelangt. Man fuhr bei erster Gelegenheit, nachdem das Meer zugefroren war, zu Herrn Joenson, um ihn zu konsultieren.

Auf Kap Thompson aß man das Fleisch dieser Gäste, weil man selbst nicht sehr viel Zeit für den Fang übrig hatte, und man trank Selbstgebranntes und hatte es gemütlich und tätowierte unterdessen Tag und Nacht.

Einer wollte den anderen übertreffen, und es nahm kein Ende mit den fantasievollen Bildern, die den Fängern in diesem Jahr unter die Haut gestochen wurden. Einzig der alte Niels und Halvor aus Hauna waren noch nicht aufgetaucht. Von beiden hatte man seit einem halben Jahr nichts gehört, man vermutete, dass sie diesen Winter ein bisschen für sich sein wollten. Es gibt gewisse Jahre, in denen man keine Fremden sehen kann, und Niels und sein Arbeitskamerad hatten im vorigen Jahr reichlich Besuch gehabt und waren bestimmt richtig kaputt von dem Trubel.

Der eifrigste von Herrn Joensons Kunden war zweifellos Bjørken. Er bekam vier Herzen auf die Arme tätowiert, jedes mit dem Namen eines Mädchens. Das sah großartig aus, wirkte allerdings ein bisschen prahlerisch. Außerdem bekam er ein Vollschiff unter Segeln auf die Brust und einen Feuer speienden Drachen auf den Rücken. Es war richtig fantastisch, sich Bjørken anzuschauen, nachdem er dekoriert war, und er war keineswegs jemand, der sich zierte.

»Solch ein Drache«, sagte er, wenn er abends sein Unterhemd auszog, »gibt Wärme. Früher konnte man gut hier drinnen sitzen mit Unterhemd und Islandpullover, aber seit ich den Burschen auf dem Rücken habe, fühle ich mich am wohlsten mit bloßem Bauch.« Und so saß Bjørken mager und knochenbleich da und ließ sich bewundern.

Den Feuer speienden Drachen hatte er auf Kredit bekommen. Aber er versprach Herrn Joenson fünfzehn einwandfreie Fuchsfelle und einen Bären für das Kunstwerk, und weil Herr Joenson einen Zinssatz von einem Seehund pro Monat verlangte, waren sie handelseinig geworden.

Bjørkens Lehrling Lasselille, der vom Lande kam, hatte einen Pflüger hinter zwei Pferden bestellt. Im Hintergrund hätte er sehr gerne einen aus drei Gebäuden bestehenden Bauernhof mit Strohdach gehabt, aber hiervon musste er aus finanziellen Gründen absehen. Bjørken hatte die Hand auf den Fellen und war, wie schon erwähnt, bereits verschuldet. Lasselille beließ es deshalb bei einem braunen Acker und vier Möwen über einer Furche.

In diesem Jahr herrschte Friede und Eintracht an der Küste. Herrn Joensons Tätowierungen verbanden die Fänger zu einer Gemeinschaft, die fast unverbrüchlich wirkte. Sie bewunderten sich gegenseitig und freuten sich gemeinsam auf den Tag, an dem das Versorgungsschiff *Veslemari* auftauchen würde. Man würde bestimmt große Augen an Bord machen, wenn man sah, was der Winter Neues gebracht hatte. Und deshalb einigten sich alle, die *Veslemari* als gemeinsame Truppe auf Kap Thompson zu empfangen.

Es wurde Sommer. Das Eis brach und trieb zur See hinaus, und viele Motorboote nahmen Kurs auf die Thompsonhütte. Alle, die tätowiert waren, stellten sich ein, selbst der Graf, der sich im Laufe des Winters an das Schild mit Roggenähre und Kartoffel gewöhnt hatte. Im Ganzen erschienen sechzehn Männer. An dem Tag, als die *Veslemari* die äußerste Landspitze des Kaps umrundete, saßen sie, jeder auf seiner Specktonne, am Strand und winkten dem Schiff willkommen.

Skipper Olsen sah sie durch sein Fernglas. Er starrte sprachlos und spuckte aufgeregt über die Reling.

»Nun soll mich der Teufel zerreißen und zu Schanden machen«, rief er zum Steuermann. »Was zum Teufel ist das denn für eine Kunstausstellung?«

Der Steuermann nahm das Glas. »Wie Fastnachtsnarren«, grinste er. »Die haben bestimmt einen lustigen Winter gehabt.«

Mads Madsen, der genug von Europa hatte und sich deshalb für eine neue Saison verdingt hatte, nahm das Glas des Steuermanns.

»Was habe ich gesagt«, knurrte er. »Man schickt nicht ungestraft einen Schlingel mit weichem Hut und Sandalen hierher.« Er steckte das Glas in den Kasten unterm Fenster. »Da hat der kleine Scheißkerl sie aber richtig eingewickelt.«

»Warum glaubst du, dass er es war?«, fragte der Steuermann.

»Weil er der Einzige ist, der sein Hemd anbehalten hat«, grunzte Mads Madsen.

Herr Joenson reiste nach einer ertragreichen Saison in Ostgrönland ab. Er nahm einhundertfünfundachtzig Fuchsfelle, drei Seehunde, vier vollständige Eisbären und etwas Kleinkram in Form von Hermelin, gescheckten Seehunden und jungen Robben mit. Er winkte zum Abschied mit seiner emaillierten Kaffeekanne und nahm seinen weichen Hut, der jetzt an einen ägyptischen Fez erinnerte, ab und grüßte herzlich zu Mads Madsen, als dieser in die Jolle kletterte, um sich nach Kap Thompson bringen zu lassen.

Wie der Leutnant gezähmt wurde

Der Tätowierer Herr Joenson reiste mit der *Veslemari* nach Europa, und Stationsleiter Mads Madsen nahm seinen alten Platz in der Station Kap Thompson ein. Das war schon richtiger, meinten die Jäger an der Küste. Nicht, weil man etwas gegen Herrn Joenson hatte, im Gegenteil, denn dieser hatte viel Neues in die Arktis gebracht und begeisternde Kunstwerke auf mehlweißer Fängerhaut ausgeführt. Aber es war, als ob er hier oben nicht zu Hause gewesen war, ein seltener Zugvogel, der die Orientierung verloren und nur überlebt hatte, weil er eine einzigartige Anpassungsgabe besaß und zudem von hilfsbereiten Kameraden umgeben war. Mit Mads Madsen war das anders. Er fiel ganz natürlich ein und war sozusagen ein Teil des Alltags, den man nie bemerkte.

Die Jäger an der Küste hatten sich am Kap Thompson versammelt, als die *Veslemari* ankam. Teils, um Abschied vom Tätowierer zu nehmen, teils, um Mads Madsen bei seiner Rückkehr willkommen zu heißen, und nicht zuletzt, um die vielen besonderen Tätowierungen vorzuzeigen, die Blut, Schweiß, Tränen und viele Fuchsfelle gekostet hatten. Mit dem Schiff kam auch ein neuer Fänger, ein Leutnant Hansen, der eine würdige Ablösung für Herrn Joenson sein sollte.

Leutnant Hansen war ein kleiner aufrechter Mann mit einem zierlichen Schnurrbart, dessen nach oben gezwirbelte Enden er mit Pomade in Form hielt. Er hatte eine Stimme wie ein Rasiermesser, kleine schwarze stechende Augen und trug Reitstiefel und Reithosen. Leutnant Hansen hatte den jütländischen Dragonern angehört, hatte Kriegskunst in Fredericia studiert und stammte aus einer guten Familie. Mads Madsen ließ seine zahlreichen Freunde wissen, dass er das Schlimmste befürchtete.

Schon am ersten Tag auf Kap Thompson zeigte Leutnant Hansen, dass er voller großartiger Ideen steckte. Bevor die Sonne im Westen stand, hatte er eine Zusammenkunft vor dem Haus arrangiert, an einer Stelle, die er fortan als Appellplatz bezeichnete. Hier breitete er vor den verblüfften Fangleuten seine Lebensaufgabe aus.

»Ich bin neu in der Polargegend«, legte er dar, »ich bin unerfahren in dem Gebiet und seinen Verhältnissen.« Die Fänger nickten. Das klang vernünftig und bescheiden. Der Leutnant fuhr fort. »Das ist allerdings bedeutungslos, weil ich mich auf erfahrene Männer stützen kann.« Er erhob seine dünne, metallische Stimme. »Wir müssen eine Einheit bilden, wir müssen auftreten wie eine geballte Faust, eine Faust aus Stahl, die mit verschwenderischer Kraft zuschlägt.«

»Wen sollen wir schlagen?«, fragte Bjørken interessiert.

»Den Feind«, erklärte der Leutnant. »Ich habe die Befugnis der Fangkompanie, eine militärische Einheit in diesem Gebiet aufzubauen, natürlich im Einverständnis mit den hiesigen Kriegsmächten und mit entsprechender Zusammenarbeit.«

»Verdammt nochmal.« Valfred schüttelte nachdenklich den Kopf. »Herrscht wieder Krieg da unten?«

»Noch nicht, aber der Krieg kommt«, entgegnete Leutnant Hansen. »Der Krieg steht immer direkt vor der Tür. Kommt er hierher, dürfen wir nicht unvorbereitet sein, und darum habe ich die Befugnis, hier oben eine Einheit aufzustellen und zu drillen.«

»Wie willst du das anfangen, Hansen?«, fragte Herbert.

»Leutnant Hansen«, wies ihn der Leutnant zurecht. »Ja, ich will einen Verteidigungskern aus dem vorhandenen Material und Personal aufbauen, einen unüberwindlichen Kern, der blitzschnell, wo auch immer, gegen wen auch immer, eingesetzt werden kann und den Eindringling vernichtet.«

»Was denn für einen Eindringling?«, fragte Lasselille, der nicht sehr viel von dem ganzen verstanden hatte.

»Es ist der Feind, junger Mann. Der Feind, der überall ist. Noch unsichtbar, aber nichtsdestoweniger gegenwärtig. Ich habe Strategie studiert und weiß einiges von der unterirdischen Arbeit des Feindes. Wir müssen dieses Land verteidigen.« Er richtete sich auf. »Für Nation und König«, sagte er feierlich.

»Und für die Grönländer«, fügte Valfred hinzu.

Bjørken nickte gedankenvoll. »Ja, ja, das klingt alles vernünftig«, sagte er. »Und wenn du aus diesem Grund hierher gekommen bist, können wir uns sicher kaum verweigern. Wenn du keinen mit deiner Verteidigung störst, werden wir uns auch nicht quer legen.«

»Ihr werdet den Kern bilden«, rief der Leutnant. »Ihr allein könnt dieses gewaltige Gebiet verteidigen. Meine Aufgabe ist es, euch zu schulen, um euch zu Nordostgrönlands Elitesoldaten zu machen.«

»Dauert das lange?«, fragte der Schwarze William. Er dachte sorgenvoll an den Robbenfang im Herbst.

»Das hängt von eurem Willen und eurer Lust zu lernen ab«, antwortete der Leutnant.

Nun ist es in der Arktis so, dass man nie sofort eine Idee ablehnt. Zum Einen konnte sich eine Idee bei näherem Hinsehen als ganz interessant erweisen, zum anderen gab sie Anlass zu langen Diskussionen und lehrreichen Gesprächen unter den Fängern. Darum lehnte man auch nicht sofort den Verteidigungsplan Leutnant Hansens ab, sondern ließ ihm Zeit, diesen Plan in den folgenden Tagen darzulegen, während man untereinander gleichzeitig das Für und Wider beredete.

Keiner hatte es sonderlich eilig, von Kap Thompson wegzukommen. Der Sommer war noch lang und das Zusammensein mit den Kameraden wie ein Geschenk. Besonders nach der Ankunft des Leutnants Hansen. Man ließ den Leutnant seine abendlichen Vorlesungen über Kriegskunst halten, und man stellte sich gutmütig auf dem Appellplatz zu einem bisschen Exerzieren auf, wobei man unter seiner kundigen Anleitung mit den alten 89ern jonglieren lernte, Kehrtwendungen auf den Hacken der Seehundfellstiefel machte und sich auf den Bauch fallen ließ, wenn es der Leutnant befahl.

Es war erst an dem Tag, als der Leutnant eine Samstagsparade verlangte – zu der jeder die Pflicht hatte, sich sauber gewaschen, gekämmt und mit gut geputzter Waffe aufzustellen –, dass man meinte, es wäre nun wohl doch genug. Die Männer redeten alle darüber, was zu machen sei, um die Gedanken des Leutnants vom Krieg auf das Fanggeschäft zu lenken. Natürlich war es eine Zeit lang lustig gewesen, Soldat zu spielen, aber es gab doch Grenzen, was man einem erwachsenen Fänger zumuten konnte. Man war sich einig, dass man Hansen wohl Lebensart beibringen müsse und schickte ihn hinunter zur Fimbulhütte. Der Leutnant sollte bei Valfred überwintern, der allein war, nachdem Anton zu Herbert gezogen war.

Eines Morgens nach dem Appell sagte deshalb Mads Madsen. »Hör mal, Herr Leutnant, nun haben wir gelernt, die Büchse herumzuwerfen und auf den Hintern zu fallen und vieles mehr: Wäre es nicht eine Idee, wenn wir ein bisschen ins Gelände gingen?«

Der Leutnant spazierte eine Weile auf und ab vor der Reihe Soldaten. »Ausgezeichnet, Madsen. Die Idee ist hervorragend und könnte von mir sein. Morgen gehen wir ins Manöver.«

»Wenn ich etwas sagen darf«, sagte Bjørken, »dann würde ich eine kleine Tour hinauf ins Inlandeis vorschlagen. Es ist doch klar, dass der Feind aus dieser Ecke kommt.«

»Erklären Sie näher«, fuhr ihn der Leutnant an.

»Ja, also, es kann keiner aus Osten kommen. Das kann jeder Idiot begreifen. Denn da liegen die großen Eismassen wie eine Sperre. Und wenn sie nicht aus dem Osten kommen können, dann müssen sie aus dem Westen kommen, da Nord und Süd aus geografischen Gründen ausscheiden.«

»Klar«, räumte Leutnant Hansen ein. »Sie zeigen Klugheit und auch Scharfsinn, Bjørk, und sollten bald zum Korporal ernannt werden.«

»Vielen Dank, Herr Leutnant.« Bjørken legte seine Hand militärisch an seine Strickmütze und grinste schmierig.

Sie brachen sehr zeitig auf. Es waren die drei von Bjørkenborg und Herbert, Valfred, Mads Madsen und sein Kollege, der Schwarze William. Und dann noch Siverts und Lause, Lodvig und der junge Anton. Und natürlich der Leutnant. Sie nahmen einen Schlitten mit Vorräten mit, er wurde von acht sommerträgen Hunden gezogen.

Nachdem sie hinauf durch das Skaervedal gestapft waren, begann der Aufstieg zum Eis beim Tomands-Fluss. Der Aufstieg war hier ganz leicht. Das Eis lag eben, und die Steigung war nicht sehr groß, die Hunde konnten den Schlitten allein ziehen.

Leutnant Hansen ging an der Spitze. Er schritt rasch aus und war schnell außer Atem. Bevor man die Hälfte des Weges geschafft hatte, befahl er einen Halt. »Nun sollten wir das Land sorgfältig rekognoszieren«, sagte er und setzte das Fernglas an die Augen. Die Linsen des Fernglases vereisten schnell durch das heftige Ausatmen des Leutnants, trotzdem blickte er angestrengt hindurch.

Die Fänger setzten sich auf den Schlitten und betrachteten den Chef. »Wie wärs, wenn wir etwas Kaffee kochten«, schlug Herbert vor. Er nahm die Kasserolle vom Schlitten und füllte sie mit Schnee.

»Dann werde ich inzwischen ein Nickerchen machen«, murmelte Valfred und legte sich zurück auf die Schlittenladung.

Der Leutnant, der sich nun davon überzeugt hatte, dass keine feindlichen Truppenbewegungen in Sichtweite festzustellen waren, sagte brüsk. »Keinen Kaffee und kein Ausruhen, Jungens. Wir gehen weiter.«

Als sie sich ganz oben auf dem Inlandeis befanden, meinten die Fänger, dass sie weit genug weg waren. Sie einigten sich daher stillschweigend, sich vom Leutnant so schnell zu trennen, wie es sich machen ließe.

Mads Madsen trabte neben den Befehlshabenden und vollführte eine nachlässige Befehlsbezeigung mit seiner Anorakkapuze. »Wenn es mir gestattet ist, Herr Leutnant, möchte ich vorschlagen, dass Herr Leutnant sich eine Leine um den Leib bindet«, sagte er.

»Was in aller Welt soll ich mit einer Leine um den Leib, mein guter Madsen?«

»Ja, sehen Sie, Leutnant, hier oben auf dem Eis gibt es einige heimtückische Spalten, die vom Schnee verdeckt sind. In die kann man ganz leicht hineinfallen, besonders wenn man als Leutnant die Vorhut leitet.«

»All right«, entgegnete der Leutnant bereitwillig. »Dann kommen Sie mal mit einer Leine, Madsen.« Der Gedanke schien ihn nicht zu kümmern, dass er in eine Gletscherspalte fallen könnte und die Leute dadurch ihren Anführer verlieren würden.

Ein paar kräftige Hundeleinen wurden zusammengebunden und ein Karabinerhaken an Leutnant Hansens Hose befestigt. Und dann zogen sie weiter. Mads Madsen hatte den sichersten Weg bis zu einigen Felszacken ausgesucht, die aus dem Inlandeis in einigen Kilometern

Entfernung herausragten. Von diesen kleinen, nackten Felsklippen hatte man einen freien Blick nach allen Seiten, und es war des Leutnants Absicht, dort einen Beobachtungsposten einzurichten.

Es dauerte lediglich fünf Minuten, bis Leutnant Hansen verschwand. Sie wussten alle, dass er verschwinden würde, aber trotzdem war es eine Überraschung, als er plötzlich nicht mehr zu sehen war. Ohne ein Geräusch brach die Schneebrücke unter Hansen ein, und bevor er auch nur einen Pieps von sich geben konnte, war er weg.

Bjørken, der den Schlitten fuhr, stoppte die Hunde, doch nicht eher, als bis sich der Leutnant zwei volle Leinenlängen in der Tiefe befand. Sie konnten ihn dort unten wild herumkommandieren hören, und sie nickten sich zu.

»Tja, jetzt ist es wohl Zeit, dass wir den Schluck Kaffee bekommen«, sagte Herbert mit einem kleinen Lächeln.

»Nur, wenns der Leutnant erlaubt«, grinste der Schwarze William. »Aber ich glaube schon, dass ers erlaubt.«

»Wenn ich meine aufrichtige Meinung sagen soll, dann gibt es gerade im Augenblick keine Grenzen für das, was der Leutnant zulässt«, sagte Valfred. »Und wenn ihr sonst nichts dagegen habt, würde ich mich ein paar Minuten aufs Ohr legen, denn es war ein schrecklich ermüdender Fußmarsch hier herauf.«

»Du bist für die Nation und den König getrabt«, erläuterte ihm Mads Madsen.

»Das ist schon möglich.« Valfred legte sich auf die Seite, die zusammengelegten Hände unter den Kopf. »Das ist gut möglich, und jetzt muss ich schlafen für ganz Europa und für alle Könige, die in diesem Teil der Welt leben.«

Sie setzten sich auf den Fahrpelz, ganz nahe an die Gletscherspalte, und bauten eine kleine Schutzmauer aus Schnee um den Petroleumkocher herum. Sie horchten interessiert auf das, was der Leutnant zu sagen hatte, und kommentierten besonders geglückte Passagen mit kurzem Nicken und breitem Lächeln.

Als das Wasser kochte, gaben sie Kaffeebohnen hinein und ließen es noch einmal aufkochen. Und dann setzten sie sich, die warmen Kaffeebecher in den Händen, und begannen, sich zu unterhalten.

Sie redeten über alles Mögliche. Über das vergangene Jahr, ein hervorragendes Jahr, wenn man alles in Betracht zog, und sie sprachen über Kameraden, die abgereist waren oder jetzt in einem Steinsarg lagen oder im Meer. Dann redeten sie übers Essen, ein Thema, das sie mehr als eine Stunde beschäftigte. Bei dieser Gelegenheit wollten sie natürlich nicht den Grafen auslassen, der Küchenarbeit vorgetäuscht hatte, um vom Manöver freigestellt zu werden. Dann entstand eine Pause nach all dem Gerede, sie saßen und horchten auf den Leutnant, der immer noch nicht aus seinem Loch hochgekrochen war und schlimmer als je zuvor fluchte.

»Sagte er nicht Kriegsrecht?«, fragte Herbert erstaunt.

»Es klang irgendwie so.« Anton grinste. »Ist das nicht etwas mit Schießen und Verbannung aus dem Lande?«

»Ich kann nicht verstehen, warum er nicht herauskriecht«, sagte Siverts. Er beugte sich über die Spalte und starrte hinunter zum Leutnant.

»Hör mal, Meister, kommst du nicht bald herauf? Uns frieren die Hinterbacken ab, wenn wir hier noch viel länger sitzen müssen.«

Einige dumpfe Laute kamen aus der Tiefe.

»Was sagt er?«, fragte Lause.

»Könnt ihr ihn nicht bitten, seine Klappe zu halten«, brummte Valfred vom Schlitten, »man kann ja überhaupt nicht schlafen bei all dem Lärm.«

Siverts zog den Kopf zurück. »Ich will nicht wiederholen, was er sagt«, meinte er. »Ich habe einfach keine Lust, diese Worte in den Mund zu nehmen. Der Leutnant ist nicht gerade ein sittsamer Mensch, glaube ich.« Er guckte Bjørken an. »Bist du sicher, dass er sich nicht mit den Armen hochziehen kann?«

»Ganz sicher«, entgegnete Bjørken. »Ich habe Wasser auf die Leinen gegossen, sie sind glatt wie eine Schlittschuhbahn.«

Mads Madsen seufzte tief. »Es gibt Menschen, die es nicht ertragen, wenn man sie mit den Verhältnissen vertraut macht«, sagte er ruhig. »Es ist manchmal richtig schwer, solche Leute zu erziehen. Im Übrigen können wir uns eigentlich genauso gut auf die Socken machen. Was der dort unten zu erzählen hat, ist wirklich nicht weiter erbaulich.«

Sie packten die Kaffeebecher ein und das Schlittenfell zusammen, schlugen einen stabilen Eisenpflock ins Eis und machten Leutnant Hansens Leinen daran fest. Und dann gingen sie hinunter aufs Eis, wobei sie diskutierten, wie lange der Leutnant wohl noch an seinem Offiziersrang festhalten würde. Valfred schlief fest beim gesamten Abstieg und wachte erst auf, als er das Resultat der Anstrengungen des Grafen roch.

»Meint ihr nicht, dass er dort oben friert?«, fragte Lasselille besorgt. Sie saßen draußen vor dem Haus und genossen die ruhige Nacht. Das Meer bewegte sich schwer unter der Dünung, matt und glatt wie Glyzerin, und die Eisberge trieben weit draußen langsam südwärts. Das Wasser tropfte von den am Strand liegenden Eisschollen, und in der kleinen Bucht hinterm Haus schrien einige Seeschwalben über eine Sturmmöwe, die ihnen einen Fisch stibitzt hatte.

»Glaubt ihr nicht, dass er friert«, beharrte Lasselille. Die Männer blickten ihn träge an.

Mads Madsen raffte sich auf und antwortete. »Tja, das wird der wohl.«

»Kann er erfrieren?«, fragte Lasselille. Er war jung und tat sich schwer mit der wundervollen Stille der Nacht.

Mads Madsen legte sich zurück ins Heidekraut und blickte in den gewaltigen blauen Himmel. »Ja, das kann schon sein«, antwortete er.

Bjørken drehte sein Gesicht zur Sonne und genoss die Wärme. »Ein aufgeregter Mann erfriert schon nicht«, behauptete er. »Denn wenn man so richtig durchgedreht ist, dann dampft man gleichsam vor Wärme. Es ist genauso gut, richtig durchgedreht zu sein, wie einen Feuer speienden Drachen auf dem Rücken zu haben, müsst ihr wissen.« Er wies hiermit ganz leise auf die fantastische Tätowierung auf seinem Rücken hin.

Valfred, der einige Stunden tief geschlafen hatte, richtete sich auf den Ellbogen auf.

»Zum Teufel mit dem Gegacker«, knurrte er. »Man könnte glauben, dass man mitten in einem Haufen Weiber liegt. Worüber habt ihr geredet?«

»Über den Leutnant«, antwortete Lasselille.

»Ach ja, der Leutnant.« Valfred grinste vergnügt. »Der wird bestimmt ein feiner Arbeitskamerad. Hähä. Das war verdammt gut, dass wir ihn ins Loch gestopft haben, sonst hätten wir dort oben noch lange manövriert.« Er schmatzte behaglich, wie ein Mensch, der vorläufig ausgeschlafen hat. »Ich kannte einmal so einen Kerl«, sagte er, »der auch eigene Ideen hatte. Er hatte viele Jahre im Staatsgefängnis in Horsens gesessen, und das konnte er nicht vergessen. Jeden Morgen machte er einen Hofgang vor der Hütte. Ging herum im Kreis mit den Händen auf dem Rücken, während er vor sich hinmurmelnd mitzählte, wie viele Runden er gelaufen war. Nach hundertzwanzig Runden war er klar zum Frühstück. Ein seltsamer Kerl.«

Lasselille beugte sich interessiert vor. »Was ist aus ihm geworden, Valfred?«

»Tja, das kannst du wohl fragen.« Valfred kratzte seine Knollennase und blickte den jungen Menschen mit seinen blauen, unschuldigen Augen an. »Ich hab ihn wohl totgeschlagen«, sagte er ruhig.

»Totgeschlagen?« Lasselille guckte den alten Jäger entsetzt an. »Warum, Valfred?«

»Ja, sieh mal, er hatte ein Grammofon mit da oben, der Trottel. Und das hätte er niemals haben dürfen. Es war so ein schwarzer Kasten mit Handgriff und so, und wenn der aufgezogen war, spielte er eigentlich ganz gut. Aber die Sache war die, dass dieser Dämlack nur eine Platte mitgebracht hatte. Er hatte zu lange gesessen, als dass aus ihm ein halbwegs guter Mensch geworden wäre. Jedenfalls war er ganz wild auf Klassik, wie er das nannte, und die Platte war von einem Pilgerchor oder so ähnlich. Nun habe ich ja nie etwas gegen Pilger gehabt. Meinetwegen können die wandern und singen, so viel sie wollen, wenn ich sie nur nicht sehen und hören muss. Aber das ging nicht. Die Platte lief von morgens bis abends und auch noch ab und zu nachts. Und als ich diese Pilger immer dasselbe Lied singen hörte, und das ein paar tausend Mal, da hatte ich genug. Jedes Mal, wenn er die Platte auflegte, wachte ich auf, und davon wird man nervös. Darum nahm ich eines Tages die Platte, ging vors Haus, steckte sie aufrecht in den Schnee, ging zwanzig Schritte weg und erschoss den Mist mit meiner Schrotflinte. Das war ein Jux.«

»Aber das konnte doch deinen Kameraden nicht umbringen«, beharrte Lasselille. »Es war doch die Platte, die du erschossen hast, Valfred.«

»Ja, ja, ich meinte das ja auch mehr im übertragenen Sinne«, sagte Valfred. »Aber als ich die Platte erschossen hatte, war der Kamerad so gut wie tot. Es ging ihm mit der Platte wie mit seinem Hofgang. Etwas, auf das er nicht verzichten konnte.«

»Hat er sich selbst erschossen?«

»Nein, er erhängte sich. Er nahm die Rentierkeule ab, die wir immer unter die Decke hängten, und hängte sich selbst an dieser Stelle auf. Als ich von den Fallen heimkam und ein Stück zum Essen abschneiden wollte, hätte ich beinahe eine Arschbacke des Herrn Zuchthäusler abgesäbelt. So ein Theater, Lasselille. Man muss immer vorsichtig sein, wenn man mit Leuten zu tun hat, die Ideen haben. Genauso wie mit dem Leutnant da oben.«

»Ich mag es nicht so gerne, dass er dort hängt und am Hosengürtel baumelt«, sagte Lasselille.

»Das mag der Leutnant sicher auch nicht«, grinste Herbert. Valfred schüttelte den Kopf und dachte ein bisschen besorgt daran, dass er es ja war, der Hansen den ganzen Winter am Halse hatte.

»Ich hoffe, wir bringen ihm ein bisschen Lebensart bei, bevor wir heimreisen«, seufzte er. Die Männer nickten. Sie verstanden Valfreds Seufzer. Denn es war wirklich kein Vergnügen, einem langen Winter in der Gesellschaft eines halb verrückten Militärs entgegenzusehen. Der Graf unterbrach weitere Diskussionen über dieses Thema, indem er seinen Kopf aus der oberen geteilten Tür steckte und verkündete:

»Meine Herren, eine kleine Mitternachtserfrischung ist gleich serviert.«

Valfred wischte die tristen Grübeleien augenblicklich beiseite und kam überraschend schnell mit dem Hintern hoch. »Was gibts denn, Graf?«

Die Augen des Grafen leuchteten stolz, als er antwortete: »Zwei Flaschen Wein der Sorte Chateau Lafitte sowie kleine, süße Kuchen, die ich gerade gebacken habe und die ich ›Leutnantsherzen‹ nenne.«

Es war später Vormittag, als die Männer zum Eis zurückkehrten. Sie waren guter Stimmung und freuten sich darauf zu sehen, wie Zeit und Gletscherspalte für sie gearbeitet hatten.

Valfred, der ja mit diesem Menschen den Winter verbringen sollte, war der Erste, der den Kopf in die Spalte steckte und in die Tiefe rief.

»Hallo da unten, ist da jemand?«

Nach einigen halb erstickten Schnaufern antwortete eine unsichere Stimme: »Helft mir heraus.«

»Ist dort Hansen?«, wollte Valfred wissen.

»Ja«, war zu hören. »Helft mir heraus.« Das Metallische in Hansens Stimme war ganz verschwunden, sie klang etwas heiser.

»Fänger Hansen?«, fragte Valfred, um ganz sicher zu sein.

»Ja«, hörte man.

»Und was macht Fänger Hansen in einer Gletscherspalte?«, wunderte sich Valfred.

»Ich bin hineingefallen«, klang es furchtsam.

»Kann man Nation und König und die Grönländer von da unten verteidigen, Hansen?«

»Nein.« Fänger Hansen hatte noch ein wenig Wut im Balg, die er zu unterdrücken suchte. Aber es war offensichtlich schwerer, als er dachte. »Helft mir heraus, zum Teufel«, explodierte er.

Valfred fuhr unbeirrt fort. »Im Grunde müssen wir wohl diese Verteidigung an den Nagel hängen, mein lieber Hansen, und uns um nützlichere und mehr alltägliche Dinge kümmern, nicht wahr?«

»Meinen Plan hat die Leitung genehmigt«, tobte Hansen. »Helft mir heraus, das ist ein Befehl.«

»Hu ha, schlimm.« Valfred zog den Kopf zurück. »Er braucht wohl noch etwas mehr Zeit«, sagte er zu seinen Freunden. »Ich glaube nicht, dass er schon reif genug ist – es ist wie mit einer geräucherten Lammkeule, je länger sie hängt, desto besser wird sie.«

Mads Madsen gab Valfred Recht. »Jedes Ding braucht seine Zeit«, sagte er, »lass Hansen doch bekommen, was er braucht. Wir habens nicht eilig.« Er wandte sich an Herbert. »Wie wärs mit etwas Kaffee, Herbert, man bekommt einen faden Geschmack im Maul von diesen Leutnantsherzen, scheint mir.«

Sie kochten Kaffee und gaben ihm den letzten Schliff mit einem Schuss Schnaps. Es war ein starker, wohlschmeckender Schnaps, Bjørken hatte ihn mitgebracht, er war in einem langen und komplizierten Prozess hergestellt, den nur Bjørken und Sylte kannten. Es verging so noch eine Stunde, die sie dem Leutnant gaben, um alles zu durchdenken.

Nach dem Kaffee lagen sie herum und ließen den Schnaps mit dem Blut durch den Körper rinnen und genossen die herrliche Szenerie. Das Eis glitzerte und blinkte im Sonnenlicht, und die lange Eiszunge, die sie beim Aufstieg benutzt hatten, leckte in das grün gekleidete Tal. Sie konnten die spitzen Säulen der Küstenberge sehen und das Meer, das ebenfalls grün war und einer Weide zur Frühlingszeit ähnelte. Valfred war eingeschlafen und hörte nicht, als die Stimme aus der Tiefe jammerte.

»Ich gebe auf, Valfred, ich gebe auf.«

Die anderen Jäger weckten Valfred. Er war es, der mit Hansen den Winter verbringen musste, also kam es auch ihm zu, die Verhandlungen zu führen. Valfred kroch vom Schlitten und legte sich an die Spalte.

»Hast du was gesagt, Hansen?«

»Ich gebe auf«, wiederholte der Fänger Hansen.

»Was gibst du auf?« Valfred legte eine Hand hinters Ohr und horchte gespannt.

»Ich gebe die Verteidigung auf«, japste Hansen. »Ich stelle meine Tätigkeit ein.«

»Du wirst also ganz gewöhnlich, genauso wie wir anderen?«, fragte Valfred.

»Ganz gewöhnlich«, versprach Hansen.

»Möchtest du gerne heraus?«

»Ja, gerne, Valfred.«

Sie zogen den steifgefrorenen Fänger Hansen hoch ans Licht und gaben ihm einen ordentlichen Schnaps, um sein Inneres zu wärmen.

Hansen hatte etwas Unbestimmtes in den Augen. Sie huschten hierhin und dorthin, ohne irgendwo zu verweilen. Es war so etwas wie sanfte Resignation in seinem Blick. Der alte scharfe, stechende Blick musste ihm in der Spalte abhanden gekommen sein.

Nach dem zweiten Schnaps begann er aufzutauen. Mads Madsen rubbelte seine Gliedmaßen mit seinen großen Fäusten, Bjørken und Sylte bearbeiteten seinen Rücken und Magen mit kräftigen Stößen. Lodvig, der ein herzensgutes Gemüt besaß, knetete sein Gesicht mit einem Rest Schnaps, was ein deutlicher Beweis dafür war, dass man sein Bestes wollte.

»Jetzt lass uns mal sehen, Fänger Hansen«, sagte Lodvig, »ob diese Kur nicht doch geholfen hat. Ich glaube, du bist so gut wie neu, innen und außen.«

Hansen nickte. Er konnte kaum denken. Er war todmüde vom Hängen am Hosengürtel und hätte sich am liebsten auf den Schlitten gelegt und geschlafen. Aber da lag schon Valfred.

»Also, lasst uns gehen«, verkündete Bjørken. Er nahm Hansen um die Schulter und half ihm hoch. »So, Kamerad, das Leben ist hart für einen Fänger, kann ich dir versichern.«

Und halb im Schlaf, mit schlappen Armen und hängendem Schnurrbart trottete der Fänger Hansen mit seinen Kameraden vom Inlandeis ins Tal.

Ein feierliches Begräbnis

Jalle starb am 1. November, und das war ganz einfach unverschämt. Woran er starb, wusste Lodvig nicht, aber dass es etwas Inneres war, wurde ihm bald klar, denn äußerlich war an Jalle nichts zu erkennen. Es passierte vor der Frühstückspause, Jalle war auf dem Weg zum Haus mit einem großen Eisblock auf dem Buckel. Er hatte zum Monatswechsel gerade die Küchenarbeit übernommen, und deshalb war Lodvig wütend. Er stand vorm Haus und wollte ein Probeschießen mit seiner 89er machen, bei der er am Abend zuvor am Korn gefeilt hatte, da hörte er Jalle röcheln, sah ihn schwanken und sich mit dem Eisblock auf dem Bauch in den Schnee legen.

»Nee, mein guter Freund, das gilt nicht«, rief Lodvig. Er war hungrig und wollte sein Frühstück haben. »Hoch mit dir, Kamerad.«

Aber Jalle wollte nicht hoch. Auch nicht, als ihn Lodvig mit seinem holzbesohlten Fellstiefel anstieß. Er lag im Schnee und war tot.

»Also, das geht nicht«, knurrte Lodvig. »Du bist mit dem Tischdecken an der Reihe, also kannst du nicht daliegen und mittendrin abkratzen.«

Jalle blieb ihm die Antwort schuldig. Er war weit weg und außerhalb der Hörweite. Lodvig zog ihn an den Armen hoch zum Haus und bugsierte ihn ins Warme.

»Jetzt musst du nur auftauen«, sagte er, »und dich dann ans Frühstück machen. So führt sich kein ordentlicher Fänger auf, das muss ich dir sagen.« Er legte Jalle in die untere Koje, die eigentlich seine eigene war, und zog ihm die Fausthandschuhe und Fellmütze aus.

Nachdem Jalle eine halbe Stunde so gelegen hatte, dämmerte es Lodvig, dass er wohl an diesem Tag kein Frühstück bekommen würde, wenn Jalle es machen musste. Er stellte den Topf mit Robbenfleisch auf den Herd und zündete das Herdfeuer an. Während er darauf wartete, dass das Fleisch kochte, setzte er sich an den Tisch und schimpfte auf Jalle.

»Du bist mir vielleicht ein schöner Fänger, du«, sagte er verbissen.

»Zuerst frisst du einen ganzen Monat, in dem ich an der Reihe bin, und dann kratzt du ab, gerade, wo du an der Reihe bist. Ist das vielleicht anständig, wie?« Er blickte zornig zu dem Entschlafenen hin.

»Und was soll ich mit dir anstellen? Dich vielleicht vergraben? Draußen in der verdammten Kälte stehen und in die Steine hacken, wie?« Er schlug mit der Faust auf den Tisch. »Du bist mir ein schöner Kollege. Es kommt verdammt ungelegen, mitten im Winter die Holzschuhe wegzustellen, Kamerad. Aber du konntest nicht warten, weil du wohl den Küchendienst vermeiden wolltest, alter Fuchs.«

Lodvig schlug verärgert mit den Knöcheln auf die Tischplatte und guckte von Jalle weg auf den Fleischtopf.

»Das ist doch eine verdammte Sache«, murmelte er. »Gerade hat man sich daran gewöhnt, einen neuen Arbeitskameraden zu haben. Zum Teufel mit diesem Durcheinander.« Er schüttelte bedauernd den Kopf. »Es ist so, wie ich immer gesagt habe. Diese färöischen Pumpen taugen auch zu nichts, denn es gibt doch keinen Zweifel, dass es die Pumpe war, die kaputtgegangen ist.«

Lodvig saß eine Stunde und starrte auf den Topf mit dem kochenden Fleisch. Die Gedanken schwirrten in seinem Kopf herum wie die Bienen im Korb, denn es gibt immer viel zu bedenken, wenn sich ein Arbeitskamerad so ohne weiteres verabschiedet. Nachdem das Fleisch eine halbe Stunde gekocht hatte, nahm er den Topf vom Feuer und stieß den Rauchschieber zu. Er setzte sich an den Tisch und begann zu essen. Zwischendurch schaute er auf den Toten, der in seiner Koje lag und zufrieden zu gähnen schien.

»Ja, du gähnst, du«, sagte Lodvig gereizt. »Aber glaub ja nicht, dass du deshalb mit Beefsteaks gefüttert wirst. Es ist ja leicht für dich, dazuliegen und behaglich auszusehen und mich alles regeln zu lassen. Nicht, weil ich etwas dagegen habe, wieder allein zu sein, dass musst du nicht glauben, aber was zum Teufel soll ich mit dir anfangen?«

Da es ja irgendwie ein Gedenktag war, stand Lodvig auf und holte die Branntweinflasche aus dem Schrank. Er goss sich einen ausgewachsenen Schnaps ein und erhob das Glas zum bleichen Jalle. »Ja, ja, du Grashüpfer, also trinken wir auf deinen Abgang.« Er trank. »Und auf weitere gute Gesundheit im Jenseits.« Er trank noch einmal.

Der Branntwein stimmte Lodvig etwas milder. Obgleich es schlimm genug war, dass Jalle sich in anderen Jagdgefilden befand, so konnte er doch auch bestimmte Vorteile erkennen: Nun konnte er die acht Liter Branntwein allein trinken, die von der Ration noch übrig waren, und er war für alle Zeiten von Jalles Gewäsch über die kleinen Inseln draußen im Atlantik, wo er herkam, verschont. Außerdem brauchte er nicht länger um die drei Dosen Schweinebraten zu fürchten, die er zum eigenen Genuss in einem der Nebenschuppen versteckt hatte. Und vor allem konnte er jetzt ungehindert Jalles neue Büchse benutzen, eine blankläufige Remington mit Zielfernrohr. Nun galt es lediglich noch, den Kameraden ordentlich einzumieten.

»Siehst du, Jalle«, erklärte er dem Toten, »wenn man sich im November bereitmacht, muss man sich mit einem einfacheren Begräbnis abfinden. Du musst nicht glauben, dass ich Steine unter dem Schnee hervorwühle, um dich damit zuzudecken. Ich muss mich jetzt um die Küchenarbeit und die Fuchsfallen kümmern, also erwarte nichts Großes. Aber einen Leichenschmaus wird es geben, das gehört sich, egal, wie man stirbt.« Er zog seinen Stuhl zur Koje. Der Tote lag und starrte leer vor sich hin und sah ziemlich dumm aus, fand Lodvig.

»Schön warst du ja nie«, sagte er fast freundlich. Er hatte die Branntweinflasche mitgenommen und liebkoste sie. »Und man kann nicht behaupten, dass du nach diesem Pumpenstillstand viel schöner geworden bist. Es wäre vielleicht eine gute Idee, dich etwas herauszuputzen, bevor wir herumreisen und zum Begräbnis einladen.« Jalle gab keine Antwort, aber Lodvig hatte auch gar keine erwartet. Er hatte etliche Jahre allein in der Ross Bay gelebt und war Selbstgespräche gewöhnt.

»Wir sollten besser die Klappe hochbinden, bevor du ganz steif bist«, nickte er, »und vielleicht ist es am besten, wenn wir die Augen wegen des Anblicks schließen.« Er stand auf und machte sich an die Arbeit. »Und dann musst du in die richtige Façon gebracht werden, denn sonst stürzt du mir vom Schlitten. Vielleicht ist es am klügsten, dich eine Zeit lang draußen in die Kälte zu setzen, du kannst auf einem Stuhl ganz zum Fenster hin sitzen, damit du reingucken kannst, wenn es dir zu einsam wird.«

Nachdem Lodvig sich einige Male gestärkt hatte, fing er ernsthaft an. Er band einen Gewehrriemen um Jalles Kopf, um den Unterkiefer oben zu halten, entdeckte dabei aber, dass etwas nicht stimmte. »Die Pfeife, natürlich. Du musst deine Pfeife mit haben, das ist doch klar.« Und er steckte die Pfeife, die Jalle aus dem Mund gefallen war, als er stürzte, zwischen dessen Zähne und band den Unterkiefer wieder hoch. Das sah natürlich aus. Die Augen wurden zugedrückt, und er trug den Toten hinaus in die Natur, wo er ihn auf einen Esstischstuhl setzte, leicht gestützt von einem Seil hier und da. Der Stuhl stand im Schnee ganz unter der Dachtraufe, sodass Jalle, wenn er Lust und die Fähigkeit dazu gehabt hätte, in die Stube sehen konnte, und Lodvig konnte ein Auge auf ihn haben, damit sich die Füchse nicht an ihn heranmachten.

Als diese praktischen Vorkehrungen getroffen waren, ging Lodvig in die Stube und dachte ein wenig an Jalle, der da draußen saß. Und dann schlief er ein.

Zuerst besuchten Jalle und Lodvig Bjørkenborg. Es wurde ein interessanter Besuch, weil die Bjørkenborger Jalle mit wirklicher Bewunderung betrachteten: Dieser saß festgezurrt auf der Schlittenladung, die Pfeife im Mund und die Augen fest zusammengepresst. Sylte studierte ihn durchs Vergrößerungsglas und lobte Lodvig für die Kameradschaft und Fürsorge, die er dem Verstorbenen erwiesen hatte.

»Jalle war ein feiner Mann«, sagte Lodvig bescheiden. »Er kam von den Färöern und hat das Beste verdient.«

»So eine Rundreise zu Freunden würde man sich selbst wünschen, wenn man einmal dahin muss, wo Jalle sich jetzt aufhält«, sagte Sylte still. »Es ist eigentlich so, dass er ein Lebewohl auf die richtige Art und Weise bekommt: von den Kameraden und den Tieren und der ganzen Natur. Das ist ein sehr schöner Gedanke, Lodvig.«

Lodvig wurde leicht verlegen und lenkte das Gespräch rasch in ein neutrales Gewässer, das alle interessierte.

»Ich habe ja über die Sache mit dem Leichenschmaus nachgegrübelt«, sagte er. »Nicht, weil ich selbst etwas Besonderes im Hause habe, denn Jalle hatte mich sozusagen überhaupt nicht auf so etwas vorbereitet, und er war außerdem ein durstiger Mann, der von seiner Ration zu

Hause kräftigen Gebrauch machte.« Er nahm die Fellmütze ab und wischte sich mit ihr übers Gesicht. »Aber wenn wir alle zusammen etwas beisteuern, dann kann es vielleicht eine feine kleine Feierlichkeit werden, trotz allem. Eine Festlichkeit, die Jalle angemessen ist.«

»Wir spendieren fünf Flaschen Schnaps und ein halbes Fass Bier«, rief Bjørken aufgekratzt. Natürlich wollte man Jalle ordentlich auf seinem Weg begleiten.

Bei Herbert wurde ihnen ein etwas geringeres Quantum versprochen, aber dafür spendierte er sechzehn Bretter für einen Sarg. Die Bretter waren für den Bau einer Fanghütte im Romdal gedacht, aber jetzt, da Jalle unbedingt ein letztes Logis benötigte, mussten sie geopfert werden. Herbert wollte sofort mit dem Zimmern des Sarges anfangen und ihn bis zur Beerdigung nach Ross Bay bringen.

Halvor und Niels besuchte man nicht, weil man den Eindruck hatte, dass die beiden in diesem Jahr am liebsten für sich bleiben wollten, und darum fuhr man hinauf zu Valfred und Anton, die glücklicherweise gerade mit dem Brennen des Bedarfs an Schnaps für die nächsten Monate fertig waren. Sie stellten das ganze Lager zur Verfügung und fuhren mit zum Grafen, der zwölf Flaschen seines etikettierten Weines zusagte sowie fünfzehn Liter Bier.

Die Karawane der Schlitten war so lang wie eine Midgardschlange, als Lodvig und Jalle zurück zur Ross Bay fuhren. Jalle saß unerschütterlich mit der Pfeife zwischen den zusammengepressten Lippen auf dem Schlitten und war tot. Er hatte bleiche Wangen bekommen und einen Streifen kleiner Frostbeulen am Bartrand. Aber sonst sah er sich im Großen und Ganzen noch ähnlich.

Lodvig forderte alle zum Eintreten auf, und als die Männer ihre Hunde angekettet und mit Trockenfisch gefüttert hatten, stampften sie ins Haus. Jalle musste draußen auf dem Stuhl vor dem Fenster bleiben, weil der Sargtischler noch nicht angekommen war.

Kurz vor Mitternacht kam Herbert endlich. Er hatte einen Sarg aus den sechzehn Brettern angefertigt, einen Sarg, wie man ihn noch nie hier in Nordostgrönland gesehen hatte. Er war ungewöhnlich schön in seiner Form, und Lodvig wies darauf hin, dass er sehr einem Prahm für die Entenjagd ähnelte, er hatte einmal einen besessen. Herbert erklärte, dass es im Grunde solch ein Kahn mit Deckel sei, den er angefertigt habe, denn vielleicht wäre Jalle ja eines Tages ganz vergangen, und dann wäre es doch eine Verschwendung, sechzehn Bretter nutzlos herumliegen zu lassen. Valfred fragte nach dem gewölbten Deckel, und Herbert sagte, dass er diesen im Hinblick auf Jalles dicken Bauch so gemacht hätte. Alle waren sich einig, dass Herbert geschickte Hände hatte, und so setzte man sich zu Tisch.

Jalle wurde aus der Kälte hereingeholt und an das Tischende gesetzt. Er saß da mit der Pfeife im Mund, und das Eis im Bart taute langsam auf und tropfte über seine Brust hinunter. Er saß gut auf dem Stuhl. Steif und aufrecht und tiefgefroren.

Bjørken schlug an sein Glas und stand auf. Er als der größte Spender zum Fest hielt sich für berechtigt, die Leichenrede zu halten. Aber er hatte sich verrechnet. Bevor er den Mund aufgetan hatte, rief Lodvig:

»Wir warten mit dem Gerede, Bjørk. Zuerst müssen wir etwas Wärme haben, so hätte es Jalle sicher auch gehalten.«

Bjørken fügte sich. Lodvig war immerhin der Erfinder dieses Festes und des Hauses eigentlicher Wirt.

Sie prosteten sich feierlich zu, fast schwedisch: erst mit der Leiche und dann untereinander. Dann rülpsten, schmatzten, grunzten sie und wischten zuletzt den Mund mit dem Handrücken ab. Sie besahen sich Jalle, bei dem sich kleine Wasserperlen auf der Stirn bildeten.

»Vielleicht ist es am besten, wenn wir ihn am Stuhl festzurren«, schlug der Schwarze William vor. »Sonst fällt er hinunter, wenn er auftaut.«

»Wenn die Festlichkeit länger dauert, worauf vieles hindeutet«, sagte Mads Madsen mit einem Blick über die aufgetischten Flaschen, »dann ist es sicher am besten, wir pökeln ihn ordentlich ein, damit er nicht verdirbt.«

Lodvig leckte sich die Lippen und labte sich am Branntweingeschmack. »Nichts da mit Festzurren«, sagte er bestimmt. »Jalle war mein Arbeitskamerad, und er wird nicht in Fesseln gelegt. Jalle soll auf seinem Stuhl sitzen und die ganze Festlichkeit genießen, und er wird weder gepökelt noch festgezurrt.«

»Aber wenn er taut, fällt er auf den Boden«, gab der Schwarze William zu bedenken. »Erst kippt er auf den Tisch, und dann fällt er auf den Fußboden.«

»Wenn Jalle anfängt zu schwanken, wird er noch mal hinaus in den Schnee gestellt. Dann wird er wieder steif und aufrecht wie ein lufttrockener Fuchsbalg«, sagte Lodvig. Und so wurde es gemacht.

Die Stunden vergingen. Zuerst holte man sich das bisschen Wärme, die in Herberts Flaschen war, dann bereitete der Graf eine Bouillabaisse, eine Suppe, die angeblich gut schmecken sollte, und dann entfernte man die Wärme aus Bjørkens zahlreichen Flaschen. Jalle kam hinaus, wenn er anfing zu schwanken, und wurde wieder hereingetragen, wenn er richtig durchgefroren war. Die Stimmung stieg, Mads Madsen bekam rote Rosen auf den Wangen und schlug ein Kartenspiel vor, denn soweit er sich erinnerte, war dies eine Beschäftigung, von der Jalle sehr viel hielt.

Aber Bjørken meinte, dass nun die Leichenrede gehalten werden sollte. Er stand wieder auf und rief. »Ruhe. Respekt vor dem Toten.« Man gab Ruhe. Mit normaler Stimmlage fuhr Bjørken fort.

»Ich hatte eine hervorragende Rede für diese Gelegenheit vorbereitet, aber sie ist mir entfallen.«

»Gott sei Dank«, klang es aus einigen Ecken.

»Jalle war ein feiner Mensch, und jetzt bin ich es wirklich leid, ihn ständig durch diese Tür hin- und herfahren zu sehen. Jetzt ist es an der Zeit, dass wir Jalle in diese Einzimmerwohnung da mit Schraubdeckel legen und ihn in Frieden lassen.«

Weil mehrere protestierende Stimmen laut wurden, hob Bjørken die Stimme und brüllte. »Hinunter mit Jalle, sage ich. Er ist müde vom Sitzen und auf euch Starren und genauso müde, da draußen zu sitzen und zu frieren. Jalle kommt in den Sarg, sage ich, und das auf der Stelle.«

Es war etwas in Bjørkens Stimme, das der Versammlung klar machte, dass, wenn nicht geschah, was er wollte, er die Absicht hatte, den Schnaps zurückzuhalten, der ihm noch gehörte. Also tat man, was Bjørken wünschte.

Man war in der glücklichen Situation, dass Jalle sich gerade im Zustand fortgeschrittenen Auftauens befand und deshalb leicht aufgerichtet und in den Sarg gelegt werden konnte. Er paßte haargenau und lag da und sah richtig nett aus mit seinen über dem dicken Bauch gefaltenen Händen und der Pfeife, die im Bart ruhte. Alle waren sich einig, dass man solch eine friedliche Leiche wirklich noch nie gesehen hatte. Sie standen und schauten auf Jalle und fühlten sich feierlich und mochten sich gar nicht so recht bequemen, den Deckel zu schließen.

»Ist es nicht gräulich finster in solch einer Schachtel«, flüsterte Lasselille. »Das wäre nichts für mich, da drinnen zu liegen.«

Lodvig guckte Bjørken bittend an. »Es ist natürlich Jalles Fest«, versuchte er, »es ist nicht leicht herauszufinden, was er selbst möchte, wenn er nicht für sich selbst antworten kann.«

Aber Bjørken blieb unbeugsam. »Nun liegt er da drinnen, und da bleibt er auch liegen«, sagte er. »Aber wenn ihr meint, müssen wir den Deckel ja nicht zunageln.« Er legte den Deckel quer über den Sarg, sodass Jalle ein kleiner Streifen Licht übers Gesicht fiel. »Und jetzt zurück zu den Karten«, sagte er.

Sie spielten ein harmloses Kartenspiel, das Jalle immer sehr gerne gespielt hatte. Sie tranken Markenwein und Branntwein und selbst gebrautes Bier und wurden heiß und erregt. Als Bjørken unter den Tisch gefallen war – was erstaunlich schnell ging und daher kam, dass er die Sachen gemischt hatte, bevor er sie in sich hineinschüttete –, setzte man Jalle ohne viel Aufhebens wieder auf seinen Platz am Tischende. Er war der Ehrengast und sollte auch den Ehrenplatz einnehmen. Man vermied den Tiefgefrierprozess diesmal dadurch, dass man ihn zurückgelehnt auf den Stuhl setzte und seine Beine mit den jeweiligen Tischbeinen stützte. So saß Jalle lange. Er saß unter seinen Freunden, mitten im Lärm und den Tabaksrauchschwaden, die Pfeife im Mund und Ruhe im Gesicht. Seine Freunde hoben die Gläser ihm zu Ehren und tranken auf ihn, erzählten ihm, dass dies ein Leichenschmaus sei, an den man sich bis ans Weltenende erinnern würde. Sie fingen an, mit ihm zu reden, als ob er noch lebte, und nach einer Zeit gab es keinen mehr unter ihnen, der sich noch daran erinnerte, dass er jemals tot gewesen wäre.

Als eines von Jalles Beinen seinen Stützpunkt verlor, rutschte er ganz still unter den Tisch, und dies wurde von den Anwesenden als normales Verhalten registriert. Jalle rutschte hin und wieder unter den Tisch.

»Jalle hat Schwierigkeiten mitzuhalten«, hickste Mads Madsen. »Er wird alt und klapprig.«

»Mit den Inselbewohnern ist nicht viel los«, kicherte Lodvig. Er hing ziemlich schlimm auf dem Stuhl, schielte fürchterlich und konnte die Herzen nicht mehr von Pik unterscheiden.

Das Fest dauerte ununterbrochen eine Nacht und einen Tag. Der Graf hatte sich zu einem frühen Zeitpunkt weggestohlen: Er war vom Tisch weggekrochen und hatte sich in Jalles Sarg gelegt, der mit Säcken ausgefüttert und Betttuchleinen überzogen war. Hier lag er weich und gut und schnarchte leicht und vornehm. Keiner wusste mehr, warum man eigentlich feierte, das war an und für sich auch gleichgültig, solange das Fest fröhlich war.

Es war Mads Madsen, der den Sarg wiederentdeckte. »Hört mal, ist jemand tot?«, rief er.

»Wer ist tot?«, schrie Lodvig.

»Hier steht ein Sarg, also muss doch irgendein Idiot tot sein«, stellte Mads Madsen fest.

»Liegt jemand im Sarg?«, fragte Herbert.

Mads Madsen ging näher heran. »Es ist der Graf, er ist tot«, erklärte er der Versammlung. »Wir sollten ihn besser begraben, bevor er fault.« Er stolperte über den Deckel, legte ihn ordentlich auf den Sarg.

»Auf, ihr Trunkenbolde«, rief er. »Wir haben einen Toten im Hause. Respekt vor dem Toten.«

Die Truppe kam auf die Beine. Sie schwankten und torkelten mit dem Sarg und brachten ihn unter großer Mühe nach draußen in den Schnee. Hier ging es besser. Der Sarg rutschte gut, und sie schoben ihn hinunter zur Eiskante. Sie schoben und zogen und sangen und riefen und erreichten schließlich durch eine gnädige Fügung die nackten Klippen am offenen Wasser. Hier stellten sie sich auf, die Fellmützen in den Händen, standen und stützten sich gegenseitig, während Sylte etwas murmelte, von dem keiner auch nur ein Wort verstand. Als Sylte fertig gesprochen hatte, schoben sie den Sarg mit vereinten Kräften ins Wasser und rannten ins Haus, um sich Wärme zu holen.

Irgendwann war der Leichenschmaus vorbei. Das war ernst, denn aus dem gleichen Grund begannen die Gäste wieder klar zu sehen. Zuerst Bjørken. Er wachte auf und entdeckte, dass er mit dem Kopf auf Jalles einem Arm lag.

»Was denn nun«, sagte er, »ist Jalle nicht begraben?«

Mads Madsen, der schlaftrunken am Tisch saß, hob den Kopf von den Armen. »Jalle?«, sagte er. »Aber es war doch der Graf, der tot war.«

Bjørken kroch wieder unter den Tisch und untersuchte Jalle. »Jalle ist es, der tot ist«, erklärte er, »aber wo ist der Sarg?«

Lodvig öffnete ein Auge. Er lag in seiner Koje neben Valfred.

»Wo ist der Graf?«, fragte er. Auf dem Weg hinaus zu den Klippen flüsterte Bjørken Mads Madsen zu: »Er war sonst ein guter Mann, der Graf, ein angenehmer Mann hier an der Küste. Schade, dass es ihm so ergangen ist.«

Mads Madsen nickte traurig. »Wir kriegen nie mehr einen richtigen Grafen hier oben. Seltsam, dass wir uns so geirrt haben.«

Es war eine triste Truppe, die übers Eis schlurfte. Eine Schar mit Kopfschmerzen und schmerzenden Gliedern und einem üblen Geschmack im Mund. Lasselille umkreiste die Gruppe leise weinend, und Sylte hielt sich an Herberts Gürtel fest, um nicht abhanden zu kommen. Sie konnten den Nebel sehen, der vom offenen Wasser aufstieg, und plötzlich rief Herbert:

»Er schwimmt, hab ich mirs nicht gedacht, er schwimmt.«

»Wer schwimmt?«, brummte Mads Madsen.

»Der Sarg, du Idiot«, lachte Herbert hingerissen. Und er lief zu den Klippen.

Und da lag er und schwamm. Der kleine Kahn für Entenjäger mit den fein geschwungenen Linien und dem großen, hochgewölbten Deckel. Mads Madsen bekam den Bug zu fassen, und gemeinsam zogen sie ihn aufs Eis. Sie öffneten den Deckel und starrten in den Sarg.

Der Graf setzte sich auf. Er blinzelte und gähnte ungeniert.

»Guten Morgen«, sagte er zu der überraschten Gruppe. »Das war wirklich ein feierliches Begräbnis, meine Herren.«

Eine absolute Bedingung

Laurits Evaldius brachte die Zivilisation mit in die Arktis. Er hatte viele Bücher in seinem Koffer, davon mehrere in fremden Sprachen, und er brachte Tennisschläger, kurze Hosen und einen Tropenhelm aus Kork mit, Sachen, die sich jedoch alle als nicht verwendbar erweisen sollten.

Laurits oder auch Lause – er ließ es zu, so genannt zu werden – verließ die *Veslemari* nach einer ereignislosen Reise; ereignislos deshalb, weil er sie in seiner Koje zugebracht hatte, von Seekrankheit befallen und nicht in der Lage wahrzunehmen, was um ihn herum vorging. Er ging an Bord des Motorbootes der Blaesehütte, um sich von seinem zukünftigen Arbeitskameraden Siverts ins Blaesedal verfrachten zu lassen.

Siverts war rothaarig und galt als einfältig. Er war ein herzensgutes Gemüt, ein friedfertiger Mann, der für fast alles eine Entschuldigung parat hatte. Nun sollten die beiden einen ganzen Winter miteinander auskommen, und alle an der Küste waren gespannt, wie es wohl laufen würde.

Lause nahm die Station in Augenschein. Er hatte seine Gesundheit wiedergewonnen und ging herum wie ein Stabsfeldwebel auf Inspektion und wies auf Mängel und Missstände hin. Siverts trottete hinter ihm her und entschuldigte alles. Als das Innere der Station besichtigt war, fuhren sie mit der Umgebung fort.

»Es wäre vielleicht praktisch«, sagte Lause, »wenn Sie mir zeigen würden, wo sich die Toiletten befinden.« Er war zivilisiert und deshalb nicht mit jedem per Du.

»Tja, hä, hä«, lachte Siverts ein bisschen verschmitzt. »So einen richtigen Maschinenlokus können wir ja nun nicht bieten.« Er zeigte hinunter zu den Hunden. »Wir nehmen normalerweise einen der Raumpfleger dort unten und gehen mit ihm ein wenig abseits.«

Lause blickte seinen Hausgenossen mit Ekel an. »Das ist doch unappetitlich«, sagte er, »diese Vorgehensweise müssen wir umgehend ändern.«

Und so wurde sie geändert. Lause baute eigenhändig einen der drei Nebenschuppen ab und fing an, sich aus den Brettern einen Lokus zu bauen. Es schien ein stattlicher Lokus zu werden, mit Tür und Fenster und gehobeltem Sitzbrett. Er schmückte die Wände innen mit Bildern aus Illustrierten, die er mitgebracht hatte, und als er fertig war, hatte man die Möglichkeit, draufzusitzen und das Leben in London zu Dickens' Zeit zu studieren oder sich das Rezept für einen Hummersalat anzulesen oder Kreuzworträtsel zu lösen.

Anderthalb Monate dauerte es, bis Lause das Haus fertig gebaut hatte. Aber dann war es auch der einzige und schönste Lokus in Nordostgrönland. Er strich es in leuchtendem Orange, das so durchdringend war, dass man das Haus auch im schlimmsten Schneegestöber nicht verfehlen konnte.

Der Lokus wurde sorgsam mit Jutefasern abgedichtet, auf den Boden kamen Sand und kleine Steine. Außerdem wurde er in Hinblick auf die kommende dunkle Zeit mit einer kleinen Petroleumlampe ausgestattet. Lause war so froh über seinen Abtritt, dass er mehrere Wochen lang darüber redete, ob Gardinen vor die Fenster gehängt werden sollten, aber es blieb dann doch beim Reden.

Siverts mischte sich nicht ein. Er blieb dabei, einen Hund an der Kette zu holen, wie er es immer gemacht hatte, und er hatte noch keine Sehnsucht, Lauses Haus auszuprobieren. Er war ein bisschen traurig, dass der Nebenschuppen nun abgerissen war, denn hier konnte man vorher Skier und Hundeleinen aufbewahren. Aber andererseits musste man sich wohl einem Mann fügen, der ausländische Bücher las und Tennis spielte und einen Tropenhelm besaß. Lause kam aus geordneten Verhältnissen und musste natürlich seinen Lokus haben.

Nach einiger Zeit hatte sich Siverts nicht nur mit dem orangefarbenen Haus abgefunden, sondern war auch bereit zuzugeben, dass es zum Vorteil der Station war. Vor allem, wenn man es von der Auffahrt am Strand sah. Es zeugte davon, dass hier zivilisierte Menschen wohnten, deren sanitäre Verhältnisse in Ordnung waren. Siverts dachte immer häufiger an das Haus. Er sah Lause hineingehen und stellte sich vor, wie dieser drinnen windgeschützt saß und das Geschriebene an der Wand las und sich die Bilder dazu anguckte. Besonders an kalten, windigen Tagen guckte er lange nach dem Haus. Es war kein Vergnügen, in den Felsen zu sitzen, einen steifen Wind auf dem Hintern und einen bissigen Hund um sich herumlaufend.

Die Sehnsucht, das Haus auszuprobieren, kam allmählich und schleichend. Sie wurde immer stärker und eines schönen Tages ein Bedürfnis. Siverts legte die Sache Lause vor, der kopfschüttelnd begann, auf und ab zu schreiten. »Das ist schlimm«, sagte er ein übers andere Mal. »Mir gehört die Toilette, und eine Toilette sollte man für sich allein haben. Das müssen Sie zugeben, Siverts. Aber auf der anderen Seite müssen wir hier im Haus ein ganzes Jahr miteinander auskommen, und das am besten ohne Missstimmungen, deshalb kann ich Ihnen wohl schlecht den gelegentlichen Zugang zum Haus verwehren.«

Und so bekam Siverts den Schlüssel. Er sprang aus der Hütte, als ob er Feuer im Hintern hätte.

Es wurde ein überwältigendes Erlebnis. Siverts ging es mit dem Lokus wie mit dem Branntwein: Er konnte nichts stehen lassen. Natürlich musste man jedes Mal um den Schlüssel bitten, was beschwerlich und demütigend war. Aber wenn er dann erst dort oben saß und aus dem kleinen Fenster guckte, vergaß er alle Verdrießlichkeiten. Dann fühlte Siverts, dass er jemand war, dessen Wurzeln trotz der vielen Jahre in der Arktis immer noch irgendwo dort unten in der Zivilisation waren. Er dachte mit Bedauern an die Fänger ringsumher, die ständig draußen hocken mussten, bei jedem Wetter, und er fühlte sich anders und auch besser: Er war ein Mann auf dem Lokus. Er war in diesem seligen Augenblick der einzige Mann in Nordostgrönland, der auf einem Lokus hockte – ein nahezu Schwindel erregender Gedanke.

Lause hatte die Zivilisation mitgebracht. Und wenn man viele Jahre ohne die Freuden und Sorgen der Zivilisation gelebt hat, kann man schon neugierig werden, sie wieder auszuprobieren, wie es in der Zeit vor der Arktis war. Die Kunde von Lauses Haus verbreitete sich, und zum Winter kamen die Leute zur Blaesehütte, um zu sehen, wie ein solches Haus denn eigentlich funktioniert.

Zuerst erschien der Schwarze William. Er war allein gereist und deshalb rasch vorwärts gekommen. Die Reise galt einer kleinen grönländischen Siedlung in der Nähe der Gänseinsel, wo er vor vielen Jahren ein Mädchen getroffen hatte, das er nicht vergessen konnte. Der Weg zur Gänseinsel führte über Siverts Fangstation.

William erzählte seinen Wirtsleuten von dem Mädchen, das er besuchen wollte. Er erzählte in einer für ihn einzigartig gemäßigten Sprache, da Lause ihn völlig überrumpelt hatte, als er ihn mit »Herr« und »Sie« anredete. Als William sich über die Schönheit des Mädchens verbreitet hatte, klopfte er sich besorgt auf den Bauch. »Die Erwartung sitzt hier drinnen«, erklärte er. »Man fühlt sich immer etwas seltsam im Bauch, wenn man auf dem Weg zu einem tollen Mädchen ist. Der Bauch arbeitet sozusagen etwas zu viel, wenn ihr versteht, was ich meine.«

Lause nickte, sagte aber nichts. Der Schwarze William stand auf. »Sag mal«, fragte er, »gibt es einen Schlüssel für euer Haus?«

Lause nickte wieder. Er fummelte unter dem Halsausschnitt seines Isländers und zog die Schnur mit dem Schlüssel hervor. »Ich trage den Schlüssel bei mir«, sagte er ruhig.

»Man könnte ihn vielleicht für einen kurzen Besuch ausleihen?«, bat William. »Mein Magen ist nicht ganz in Ordnung, musst du wissen.« Er nahm seine Mütze und streckte die Hand aus.

»Nein«, antwortete Lause.

William stutzte. »Nein?«, wiederholte er erstaunt. Er ließ den Türgriff los. »Sagtest du Nein? Ist es vielleicht gar nicht erlaubt, dass Reisende euren Lokus benutzen?«

»Meinen Lokus«, berichtigte Lause. »Nein, es ist nicht erlaubt. Sie können irgendeinen Hund von der Kette nehmen, welchen auch immer, aber der Lokus bleibt abgeschlossen.«

Siverts bewegte sich unruhig. Dies war die gröbste Übertretung der Regeln der Gastfreundschaft, die er je erlebt hat. »Aber er ist unser Gast«, protestierte er schwach. »Meinst du nicht, wir sollten unseren Gästen bestimmte Rechte einräumen?«

»Nein«, entgegnete Lause. »Das Haus gehört mir und bleibt deshalb abgeschlossen.« Er blickte Siverts kalt an. »Ihre Sympathien interessieren mich nicht.«

»Aber man kann die Gäste doch nicht … ich meine, wenn wir solch ein Haus haben«, stammelte Siverts.

»Wenn Ihnen meine Entscheidung nicht passt, Siverts, dann können Sie in Zukunft ja auch wieder von den Hunden Gebrauch machen«, schnitt Lause seinem Hausgenossen das Wort ab.

Siverts bemühte sich zu schlichten. »So war es nicht gemeint, überhaupt nicht«, erklärte er. Auf keinen Fall wollte er sein Anrecht verlieren.

Der Schwarze William, der mit steigender Erregung dem Wortwechsel gelauscht hatte, schnaubte.

»Das ist doch wirklich eine verdammte Gastfreundschaft. Bloß weil man einen etwas verkorksten Magen hat und um den Schlüssel für das Haus bittet, gibts Krach.« Er starrte Lause an. »Was glaubst du denn, wer du bist? Bist du vielleicht sauberer und feiner als gewöhnliche Leute, bloß weil du einen Lokus hast?«

»Wenn man einen Lokus hat, ist man wer«, entgegnete Lause. »Haben Sie denn einen Lokus, Herr William?«

Das saß. Der Schwarze William stand da und bebte vor Wut. Eine solche Behandlung hatte er bisher noch nicht erlebt. Was soll man mit einem Menschen anfangen, der den Schlüssel für das stille Örtchen nicht herausrücken will?

»Ich bleibe nicht eine Minute länger bei solchen Hornochsen«, schrie er wütend. Und stampfte durch den Windfang hinaus und knallte die Tür hinter sich zu.

Siverts stand auf und guckte beschämt dem Schlitten hinterher, der am Ufer entlangsauste mit einem fluchenden William, der zwischen den Kufen lief. Lause saß unbeeindruckt am Tisch und beschäftigte sich mit der Zeichnung eines Spülsystems, das er einbauen wollte, wenn der Fluss einmal eisfrei sein würde.

Es kamen andere Jäger zur Blaesehütte. Gäste, die dieselbe große Erwartung wie der Schwarze William hegten. Aber keiner von ihnen erhielt Zutritt ins orangefarbene Haus. Der Schlüssel hing an einer Schnur um Lauses Hals, und da blieb er auch. Die Besuche wurden weniger und hörten nach Weihnachten ganz auf.

Siverts und Lause hatten die Pflichten der Station unter sich nach Kenntnissen aufgeteilt: Siverts war unbestritten der tüchtigste Fänger, also kümmerte er sich um die gestellten Fallen und betrieb Jagd. Lause, der ganz häuslich war, besorgte alle Arbeiten im Haus: Er bereitete Essen, machte sauber und lernte verblüffend schnell, die heimgebrachten Füchse zu enthäuten.

Als eine Art Bezahlung dafür, dass er das orangefarbene Haus benutzen durfte, musste Siverts allerdings einmal im Monat den vollen Eimer leeren. Das war eine Arbeit, die eigentlich zu den häuslichen Arbeiten gerechnet werden müsste, aber Lause beharrte unbeugsam auf seiner Forderung.

Es war eine unangenehme Pflicht, die Siverts auferlegt war. Nicht, weil ästhetische Gründe dagegen sprachen, sondern weil es wintertags ungemein schwierig war, den Inhalt aus dem Eimer zu bekommen: Der war natürlich gefroren. Praktisch konnte man den Inhalt nur mit der Herdwärme in der Stube so weit von Boden und Seiten lösen, dass er aus dem Haus und hinunter zum Strand getragen werden konnte, wo das Eis ihn dann mit sich hinaus aufs Meer nahm.

Also trug Siverts jeden Monat den Eimer in die Hütte, heizte dem Herd gut ein und stellte den Abfall des Monats zum Auftauen auf den Herd. Eines Tages passierte es bei dieser Arbeit, dass die Hunde vom Fluss, wo sie angebunden waren, wie rasend kläfften. Siverts hatte gerade den Eimer auf den Herd gesetzt und war auf dem Weg hinaus, um den Schlitten zu holen, mit dem er den Klumpen wegbringen wollte.

Das waren die Geräusche eines Bären, kein Zweifel. Siverts vergaß den Schlitten, schnappte ein Gewehr und sprang zur Tür hinaus. Lause, der bis zu diesem Zeitpunkt noch keinen lebendigen Bären gesehen hatte, griff sich seinen Fotoapparat und spurtete hinter seinem Kollegen her.

Sie erblickten den Bären und folgten ihm ein Stück hinaus in den Fjord, wo es den Hunden schließlich gelang, ihn zu stellen. Es war ein großer und fetter Bursche, der brüllte, sich wie verrückt gebärdete und am liebsten auf die beiden Jäger losgegangen wäre, wenn die Hunde nicht dazwischen gestanden hätten.

Siverts lud sein Gewehr mit einer Patrone und erlegte den Bären mit einem eleganten, lässigen Schuss. Lause lichtete den toten Bären achtmal ab, wechselte den Film und ließ Siverts auf den Auslöser drücken, während er selbst mit dem Kopf des Bären im Schoß posierte.

Sie zogen ihm auf dem Eis das Fell ab und holten den Schlitten, um das Fleisch zur Hütte zu bringen. Die Hunde bekamen die Eingeweide an Ort und Stelle, und der Rest des Bären wurde zum Trocknen auf ein Gestell am Strand gelegt. Es war eine glückliche Jagd gewesen, und es waren zwei hochgestimmte Jäger, die zur Hütte hinaufgingen.

Als sie eintraten, stand der Lokuseimer auf dem Herd und brodelte. Es bullerte anheimelnd in dem großen Eimer, der Inhalt kochte über und lief langsam außen hinunter und verdampfte auf den glühenden Herdringen. Unnötig, den Gestank zu beschreiben, der das Haus erfüllte.

Diese kleine Vergesslichkeit entzweite Siverts und Lause. Siverts bestand darauf, dass es Lauses Arbeit war, im Hause sauber zu machen, und Lause schwor bei allem, was ihm heilig war, dass der Eimer – und welche Nachteile auch immer damit verbunden sein mochten – Siverts Sache war.

Es endete damit, dass Siverts seinen Schlafsack aus Rentierfell nahm und sich im Freien unter offenem Himmel auf einen der Schlitten legte. Er hielt sich so weit entfernt vom Haus, dass der Gestank ihn nicht erreichte.

Lause, der einen solchen Schlafsack nicht besaß und dem auch sonst nicht daran gelegen war, im Freien zu liegen, weil die Zivilisation ihn immer noch kräftig im Griff hatte, setzte sich eine Klammer auf die Nase, öffnete Fenster und Tür und kroch fluchend unter die Decken. So vergingen zwei volle Tage. Am dritten Tag ging Siverts auf die Jagd, Lause gab sich geschlagen und entfernte die braune Schmiere.

Als Siverts zurückkam, strahlte das Haus. Auch wenn es noch etwas kräftig roch, war es doch möglich, sich wieder in der Stube aufzuhalten, ohne dass einem schlecht wurde. Die beiden Hausgenossen redeten nicht miteinander. Sie kochten jeder sein Essen, jeder hatte seine Lampe, und sie gingen zu verschiedenen Zeiten schlafen. Das Schlimmste war, dass Lause Siverts nicht mehr den Schlüssel für das Häuschen anbot, und Siverts war natürlich zu stolz, um darum zu bitten.

Es wurden schwere Zeiten für Siverts. Er, der es geliebt hatte, in dem kleinen Abtritt zu hocken, verzweifelte fast vor Sehnsucht, endlich wieder das feine gehobelte Brett unterm Hintern zu spüren. Zwischendurch dachte er ernsthaft daran, Lause zur Vernunft zu prügeln und ihm den Schlüssel gewaltsam abzunehmen. Aber bevor er diese Untat beging, kam ihm eine ganz andere Idee.

Er riss einen der beiden übrig gebliebenen Nebenschuppen ab und fing an, sein eigenes Häuschen zu bauen. Er baute es dicht an Lauses und als eine treue Kopie. Er baute schnell, denn er hatte geschickte Hände. Er stand mitten im kalten Januar unter Nordlicht und Sternenhimmel und zimmerte seinen Lokus mit einer Axt.

Es wurde ein beinahe extravagantes Haus, weil er es mit zwei richtigen Fenstern ausstattete: Eins zum Fjord hin, wodurch er Aussicht bis aufs Maria-Kap hatte, und das andere Lauses Fenster zugewandt. Außerdem führte er eine Verbesserung ein, wodurch er sich die Mühe mit dem Eimer ersparte: Er schlug eine Öffnung in die Hinterwand des Hauses, ein Loch, das gerade so groß war, dass ein Hund hineinkriechen und sich um die Entsorgung kümmern konnte.

Lause betrachtete das Werk verdrießlich. Er sagte immer noch nichts, denn man redete ja nicht mit solch einem Dummkopf wie Siverts. Aber er guckte böse und fing an, sich verschiedene Anschläge auf das neue Haus auszudenken.

An dem Tage, als Siverts sein Örtchen einweihte, saß Lause bereits auf seinem Platz in seinem. Sie saßen beide auf ihrem gehobelten Brett und glotzten sich durch die beiden kleinen Fenster böse an. Siverts schnitt Gesichter, um Lause zu ärgern, aber Lause, der ja ein zivilisierter Mensch war, blickte nur kalt zurück. Sie saßen, bis sie vor Kälte zitterten, und sahen sich stur in die Augen.

Und so ging es dann weiter. Wenn der eine aufs Häuschen ging, folgte ihm der andere. Es artete allmählich zu einem Krieg aus, in dem alle Mittel recht waren. Siverts fing im Kleinen an, indem er gegen Lauses Wand trat. Diese Frechheit quittierte Lause umgehend mit dem Aufbrechen vom Vorhängeschloss an Siverts Tür. Dieser Übergriff veranlasste Siverts, einen Stein durch Lauses Fenster zu werfen, ein Vandalismus, dem umgehend begegnet wurde, indem Lause Siverts beide

Fensterscheiben mit dem Ellbogen einstieß. Da saßen sie nun einige Tage und knurrten sich an – in einem hundsgemeinen Luftzug.

Eines Morgens fand Siverts seinen Hausgenossen damit beschäftigt, Feuer vor dem neuen Häuschen anzuzünden, und er wurde so wütend und verprügelte den dreisten Pyromanen dermaßen nachdrücklich, dass er ihm danach in die Koje helfen musste.

Seit diesem Morgen gingen sie bewaffnet aufs Örtchen. Türen und Fenster wurden repariert, und sie konnten wieder ohne Zugluft sitzen und sich anstarren, jeder auf sein Gewehr gestützt.

Erst im März änderte sich das gespannte Verhältnis. Denn im März fiel ein Föhnwind vom Inlandeis ein, und er riss beide Häuschen ein: erst Lauses, dann Siverts. Er hob die Häuschen hinunter zur Eiskante, schlug sie auf die Eisbänke und blies die Bretter dann hinaus in den Fjord.

Lause und Siverts standen hilflos am Fenster der Blaesehütte und sahen zu.

»Mein Lokus«, jammerte Lause verzweifelt.

»Und was ist mit meinem?«, brüllte Siverts. »Was zum Teufel soll das bedeuten?«

»Ein Teufelsland«, weinte Lause.

»Ein Teufelssturm«, ergänzte Siverts.

Sie guckten sich an. Das gemeinsame Unglück machte einen Strich unter den Ärger der letzten Monate. Lause ging zum Herd. »Sind Sie nicht hungrig, Siverts?«, fragte er. »Ich kann schnell etwas zu essen machen, wenn Sie Hunger haben.«

»Kommt nicht infrage, das kann ich schon selbst.« Siverts ging zum Herd.

»Schnickschnack.« Lause schubste ihn auf einen Stuhl. »Ich sorge für den Haushalt, bring das nicht durcheinander. So war die Aufteilung.«

Siverts nickte. »Wie du willst.« Er zog sein Messer heraus und fing an, einige Speckflecken von der Hose zu kratzen. »Wenn dieser Sturm vorbei ist, müssen wir sehen, dass wir wieder zu den Fallen kommen. Die sind bestimmt alle zugeschnappt.« Er schielte zu Lause hin, der die Schlacke aus dem Herd zog.

»Es ist schon so lange her, dass ich den letzten Fuchs enthäutet habe, ich kann mich kaum erinnern, wie man das macht«, sagte Lause.

Sie aßen ein kleines Moschusochsensteak, es war geschmort und schwamm in einer herrlichen Preiselbeersoße. Dazu tranken sie selbst gebrautes Bier; danach spielten sie Karten, und Lause servierte Kaffee und Branntwein. Es wurde ein richtiger Festabend.

»Du, Lause«, sagte Siverts, als sie die Karten zur Seite gelegt hatten und dasaßen und dösten. »Es ist doch eigentlich keine große Sache, einen neuen Lokus zu bauen.«

Lause blickte überrascht auf. »Einen neuen Lokus, sagen Sie? Ja, natürlich müssen wir einen neuen Lokus haben, selbstredend. Ein Lokus ist ganz einfach eine absolute Bedingung, um hier oben zu überleben. Wir nehmen den letzten Nebenschuppen und führen uns wie zivilisierte Menschen auf.«

Siverts legte seinen Bart auf die Brust und seufzte resigniert. Er saß und dachte daran, wie leicht alles gewesen war, bevor der Lokus nach Nordostgrönland kam. Und er dachte daran, dass es schon eine lange Zeit braucht, bis man wieder gelernt hat, mit einem zivilisierten Menschen umzugehen.

Das Schwein

Der alte Niels und sein Kamerad kauften ein Schwein. Es war nur ein kleines Schwein, als es mit der *Veslemari* ankam, aber allmählich im Laufe der Monate wurde es größer und fetter.

Es war ein richtig freundliches Schwein. Und sollte man auf das hören, was der alte Niels sagte, dann war es auch ein schönes Schwein. Es hieß König Oscar – nach dem Fjord, an dem sie wohnten.

König Oscar bekam sein eigenes Haus. Ein Kohlenschuppen wurde mit Grassoden abgedichtet und ein alter Herd mittendrin aufgestellt. So hatte es König Oscar warm und schön. Natürlich lagen die Kohlen jetzt draußen auf dem Eis, und obgleich sie zusammenfroren und zuschneiten, war es die Mühe wert. Das meinte jedenfalls der alte Niels. Wenn es dem Schwein nur gut ging und es gedieh.

Es sollte nicht allzu viel Zeit vergehen, bis König Oscar Angewohnheiten entwickelte: Er schrie, wenn er Hunger hatte, und das war fast immer der Fall, und er schrie, wenn er Gesellschaft brauchte – was sehr oft der Fall war. Der alte Niels liebte das Schwein, und sein Partner, der Halvor hieß, konnte es nicht ausstehen.

Niels und Halvor waren nicht fleißig. Sie versorgten natürlich die Fallen, die sie aufgestellt hatten, aber das war schnell erledigt, denn sie befanden sich dicht an der Fangstation in Hauna. Sie waren weder fleißig noch ehrgeizig, denn sie hatten keine Pläne, nach Europa zurückzureisen, und hielten es deshalb nicht der Mühe wert, zu viele Felle anzusammeln. Wenn sie hungrig waren, schossen sie ein paar Moschusochsen, von denen es immer noch genug in den Talstrecken hinter der Hütte gab, und hatten sie auf etwas Besonderes Appetit, dann gab es Schneehühner in den Felsen, kleine Fjordrobben und Austern auf den Sandbänken bei Niedrigwasser. Mit den Fellen, die sie mit den Fallen erbeuteten, konnten sie Kohlen, Petroleum, Schnaps und andere Bedarfsartikel eintauschen.

Allmählich wuchsen der alte Niels und König Oscar immer mehr zusammen. Man kann fast sagen, dass drei Personen auf der Fangstation in Hauna lebten. Und drei Personen in derselben Hütte sind nie gut. Niels war zufrieden mit dem Schwein, und das irritierte Halvor grenzenlos. Nicht, dass er auf König Oscar eifersüchtig war, das war er bei weitem nicht, denn eigentlich fühlte er sich am wohlsten, wenn der alte Niels und er jeder seiner Wege ging – nein, er war lediglich wütend über all die Fürsorge, die der alte Niels an das Schwein verschwendete.

Es konnte passieren, dass König Oscar satt war, aber trotzdem schrie. Also ging der alte Niels hinüber ins Schweinehaus und holte ihn. Er trug ihn in die kleine Stube der Fanghütte, und dort konnte er stundenlang sitzen, das Schwein auf dem Schoß, und es hinter den Ohren oder an der Wurzel des Ringelschwanzes mit seiner Pfeifenspitze kraulen. Dann schmatzte und grunzte König Oscar vor Wohlbehagen direkt ins Ohr seines Gönners. Die beiden hatten es gut miteinander.

Und je öfter der alte Niels und sein Schwein zusammen waren, desto wütender wurde Halvor. Nicht genug, dass er täglich die Stube mit Niels teilen musste, aber dass dessen verfluchtes Schwein auch dabei sein musste, das war doch stark. Er schimpfte und meckerte und schlug mit der Faust auf den Tisch, aber wie auch immer, es half nichts. Niels und Oscar guckten ihn nur an und blinzelten verständnislos.

Eines Tages war das Schwein so groß geworden, dass der alte Niels es nicht mehr tragen konnte. Also versuchte er, ihm ein Hundehalsband anzulegen und es hinüber ins Haus zu ziehen. Aber das ging nun überhaupt nicht. Das Schwein war zu stark und sträubte sich heftig. König Oscar wollte nicht an der Leine geführt werden. Also nahm der alte Niels eine Petroleumlampe und seinen Stuhl und setzte sich hinüber ins Schweinehaus. Dort saß er und las in einem der beiden Bücher des Hauses: entweder in »Anleitung, Seemannschaft und Segeln in Südgrönland« oder im Alten Testament. Er saß und las, während er König Oscar zerstreut am Hinterteil kraulte. Manchmal sprach er mit dem Schwein über das, was er gelesen hatte, oder er zitierte einige Zeilen aus dem Alten Testament, von denen er fand, dass sie für ein Paar Schweineohren geeignet wären.

Halvor litt. Halvor war einer dieser unglücklichen Menschen, die dazu verdammt waren, immer zu leiden. Zuerst litt er an der Gesellschaft mit Niels und Oscar, denn der alte Niels war ein Schweinigel, der sich nie wusch, und König Oscar glich in dieser Hinsicht seinem Herrn und Meister aufs Haar. Und dann litt Halvor, weil Niels in einem fort über seine eigene kleine Welt redete, die seltsam war und in vieler Hinsicht ganz unverständlich für Halvor. Am meisten aber litt Halvor, als sich Niels zum Schwein hinüber in das Schweinehaus setzte. Er litt, weil es nichts mehr gab, was ihn ärgerte und weil er sich einsam fühlte. Es war die dunkle Zeit, gerade die Zeit, wo ein Mensch Gesellschaft braucht.

Als Halvor fast einen Monat so verbracht hatte, fing er mit Verlockungen an. Er backte feine, weiße Weizenbrötchen und lud den alten Niels zu Mokka mit Kandis ein. Doch es half nichts. Niels blieb beim Schwein.

Dann braute Halvor Imiaq, ein grönländisches Bier, und er destillierte Branntwein, der nicht ganz ohne Fusel war, aber doch Durst machte. All dies stellte Halvor an, weil er es nicht mehr aushielt, jeden Abend allein zu sitzen. Er brachte das Bier und den Branntwein hinüber ins Schweinehaus und stellte beides vor dem alten Niels und dem Schwein hin, und sich selbst platzierte er hinter dem Herd, um zu sehen, wie sie auf seine Geschenke reagieren. Aber die beiden, Niels und Oscar, bemerkten ihn kaum. Diesen Eindruck hatte er jedenfalls. Sie redeten miteinander, als ob Halvor überhaupt nicht anwesend wäre, und erst als er gegangen war, bedienten sie sich der Getränke.

Der alte Niels hatte schon immer getrunken. Aber jetzt fing Oscar auch damit an. Das Schwein bekam Bauchgrimmen, und der alte Niels flößte ihm Branntwein ein, was nach seiner Erfahrung meistens half. Der Bauch kam zur Ruhe, und König Oscar veränderte seinen Charakter: Er wurde, wie der alte Niels dem unglücklichen Halvor rundheraus erklärte, ganz menschlich.

Zu diesem Zeitpunkt begann Halvor zu hassen. Er hasste Niels und er hasste Oscar. Am meisten hasste er sich selbst. Er saß allein in der stillen Stube und pflegte seinen Hass. Er besoff sich jeden Abend und aß dazu Weizenbrötchen. Der alte Niels fand, dass Halvor sonderlich wurde, tröstete sich aber damit, dass dieser immer schon so gewesen sei. Anfangs waren diese Eigenheiten zwar verborgen, aber schließlich wurden sie immer deutlicher. Eines Tages begann Halvor zu flennen und sagte, dass er von einer Frau in Versuchung geführt worden wäre.

»Ach ja«, entgegnete der alte Niels gutmütig. Er war in seinen jungen Jahren auch von ähnlichen Alpträumen geplagt worden. »Ach ja«, sagte er noch einmal, »dann ist es bestimmt das Beste, wenn du den Branntwein einige Tage stehen lässt, mein lieber Halvor. Du brauchst Erholung, glaube ich.«

Aber Halvor schwor, die Wahrheit zu sagen. »Sie versuchte mich übermäßig«, schluchzte er, verbarg seinen Kopf in den Armen und fing an, laut zu heulen.

»So, na, na«, tröstete ihn der alte Niels. »Das darfst du nicht so schwer nehmen, Halvor. Das ist etwas, was drinnen in einem umgeht, solange man jung ist.« Er nahm die Branntweinflasche, die vor Halvor stand, und stellte sie leise in König Oscars Fresskorb.

»... ganz übermäßig«, schluchzte Halvor. »Es war ein widerlich altes Weib mit einem Rüssel und einem Ringelschwanz.«

Der alte Niels ließ ihn in Ruhe. Er ging hinüber zu König Oscar und erzählte ihm, wie es um seinen Kameraden bestellt war.

»Hähä, ich glaube fast, er hat es mit einer deiner Bräute, lieber Oscar«, grinste er und kratzte das raue Ohr des Schweines mit dem Pfeifenstiel. »Was sagst du dazu, mein Freund?«

Niels setzte sich auf seinen Stuhl und schlug das Buch auf. »Heute Abend, glaube ich, sollten wir uns ein Stück des Hohenlieds gönnen«, sagte er. Und langsam begann er zu lesen. »Sechzig Königinnen, achtzig Nebenfrauen und unzählige Zofen ...« Er blickte auf. »O je, Gott behüte, das war ja eine entsetzliche Menge Frauenzimmer, die der Salomon sich zugelegt hatte. Gut, dass Halvor das nicht hört.«

Mitten in der dunklen Zeit schien es, dass Halvor munterer und frischer wurde. Er begann, auf lange Fangtouren zu gehen, und kam mit roten Backen und Füchsen im Sack zurück. Aber seine Augen glänzten wie blanke Knöpfe, und es war deutlich, dass er jetzt nicht nur zu Hause, sondern auch draußen Branntwein trank. Wenn Halvor auf

Fang ging, ergab es sich ganz natürlich, dass der alte Niels zu Hause blieb. Er hatte ja das Schwein zu versorgen und musste außerdem die Füchse enthäuten und den Haushalt führen.

Es passierte einige Male, dass Halvor ganz aufgelöst heimkam: Das erste Mal, weil dieses alte Weib auf seinem Schlitten mitfahren wollte, das andere Mal weil Qubaia, ein seltsamer Kerl, halb Mensch, halb Tier, ihm bis zur Tür gefolgt war. An solchen Abenden, wenn der alte Niels sehen konnte, dass sein Arbeitskollege noch nicht lange von einer großen Tour zurück war, wurde ein extra Stuhl hinüber ins Schweinehaus gebracht, und so saßen die beiden Männer am warmen Herd mit dem Schwein zu ihren Füßen. Niels las. Halvor lauschte, König Oscar schlief. An solchen Abenden fühlte sich Halvor nicht verlassen. Aber sobald der schlimmste Schrecken sich gelegt hatte, kehrte das alte Weib zu den beiden ins Schweinehaus zurück, und er zog sich in die Fanghütte und die Einsamkeit zurück.

Der Dezember kam, und König Oscar war so fett wie noch nie. Halvor schärfte sein Fangmesser jeden Tag und freute sich auf den Augenblick, wo ein Schnitt in die Kehle dem Leben des Schweines ein Ende bereiten würde. Er war ganz sicher, dass dann alles wieder wie früher werden würde. Niels würde ins Haus zurückkommen, und sie würden die Abende wieder mit Kartenspielen und Diskussionen über die mannigfaltigen Seiten des Lebens verbringen können.

Eines Abends sagte Halvor zu Niels: »Ja, dann ist es wohl bald so weit.«

»Was ist so weit, Halvor?«

»Das Weihnachtsessen herzurichten.«

»Ach ja, bald ist ja Weihnachten.« Niels nickte. »Wir schießen sicher einen Ochsen wie im letzten Jahr?«

»Ich habe an etwas ganz anderes gedacht«, antwortete Halvor mit einem grimmigen Lächeln.

»Schneehühner? Es gibt zu dieser Jahreszeit keine Schneehühner, lieber Halvor, und wir haben keine eingefroren, soviel ich weiß. Ich bin für einen Ochsen.«

»Und ich für Oscar«, sagte Halvor. Er konnte den Jubel in seiner Stimme kaum verbergen.

»Oscar!« Niels guckte ihn bestürzt an. »Du glaubst wirklich allen Ernstes, dass Oscar unser Weihnachtsessen werden soll?«

»Das war der Grund, weshalb wir ihn hierher geschickt bekamen«, entgegnete Halvor.

»Ja, ja, aber das war damals. Seit dem Herbst hat sich doch alles geändert«, protestierte Niels.

»Wir haben ihn gekauft, damit er Weihnachten verzehrt wird. So war es und so bleibt es«, stellte Halvor fest.

»Kommt nicht infrage, nicht Oscar.«

Halvor schlug mit der Hand auf den Tisch. »Dieses Jahr will ich Schweinebraten auf dem Tisch haben. Die Sache ist klar, Niels.« Er zog sein Messer heraus und befühlte die Schneide. Niels blickte seinen Kameraden unglücklich an. »Das meinst du doch gar nicht, Halvor. Du magst Oscar genauso gerne wie ich. Wie könnten wir dieses Schwein töten?«

»So«, antwortete Halvor: Er zog die stumpfe Seite des Messers quer über seine Gurgel. »So, alter Niels, da ist nämlich kein Knochen.«

Aber jetzt wurde Niels wütend. »Du fasst Oscar nicht an«, schrie er. »Verdammt, als ob ich Oscar los sein wollte.«

»Ich bin mit der Hälfte am Schwein beteiligt, vergiss das nicht!«

»Dann kaufe ich deine Hälfte.«

»Die ist nicht käuflich«, lachte Halvor triumphierend.

»Du bekommst meinen Teil des jährlichen Fuchsfanges dafür«, lockte Niels.

»Ich will Fleisch haben, sagte ich doch. Die Hälfte von Oscar, auf den Tisch.«

Sie brüllten sich immer lauter an, und schließlich war keiner mehr in der Lage, den anderen zu verstehen. Da sprang der alte Niels zur Tür hinaus und schmiss sie krachend hinter sich zu. Halvor lachte laut und hysterisch, fuchtelte lebensgefährlich mit dem Messer über seinem Kopf herum und schrie: »Die Hälfte von Oscar auf den Tisch, Niels, hörst du!«

Der alte Niels zog jetzt ganz zu König Oscar. Er schleppte seinen Schlafsack und sein Gewehr hinüber und quartierte sich im Schuppen ein. Er vertraute Halvor nicht mehr, war ein bisschen bange vor dessen blanken Augen und verriegelte deshalb die Tür von innen, wenn er sich schlafen legte.

Am Abend vor Heiligabend stellte sich Halvor vor die Tür des Schweinehauses und rief: »Schließ auf, Niels, ich komme, um meine Hälfte zu holen!« Und lachte, dass es Niels schauderte.

»Den Teufel holst du, wenn du hier hereinkommst«, heulte Niels zurück. Er riss das Gewehr an sich und betätigte einige Male den Verschluss, dass Halvor hören konnte, wie ernst es ihm war.

Halvor ging zurück zur Hütte und holte eine Axt. Er schlich zum hinteren Giebel des Schweinehauses, und hier schlug er mit einigen gewaltigen Schlägen etliche Bretter ein. Niels, der einen Angriff aus dem Hinterhalt nicht erwartet hatte, drehte sich schnell und feuerte in Richtung des Loches. Und das nun brachte König Oscar in Bewegung: Mit einem erschreckten Quieken sprang er auf, sauste durch das Loch, das Halvor mit der Axt geschlagen hatte, und rannte genau zwischen die Beine des Schlachters, der mit Gewehr und Axt bereit stand. Halvor rollte zu Boden, und König Oscar sauste los in Richtung des großen Tals, das zum Inlandeis hinaufführte. Der alte Niels fuhr wie eine Rakete durch das Loch und raste seinem geliebten Schwein hinterher.

»Oscar«, heulte er, »komm zurück, lieber Oscar, komm zurück!« Aber Oscar hatte andere Pläne. Er rannte hinauf ins Tal, dass der Schnee nur so staubte.

Halvor lachte so, dass ihm die Tränen in den Augen standen. Er war ganz krumm vor Gelächter und konnte kaum sein Gewehr ruhig halten, als er auf das Schwein schoss. »Jetzt nehme ich mir meine Hälfte, ob es dir passt oder nicht, Niels«, japste er. »Da«, schrie er hingerissen. Er sah, wie das Schwein sich wie ein Kreisel um sich selbst drehte und einen Luftsprung vollführte. »Das ist verdammt das reinste Ballett, das da«, lachte er. »Das war deine Abendandacht, mein lieber Oscar.«

Halvor saß mehr als einen Tag allein in der Fanghütte. Dann kam der alte Niels zurück. Er war arg erschöpft und schlürfte den starken Branntwein in sich hinein, als sei es Milch.

»Na, Niels«, sagte Halvor, »nun ists ja so, wie ich es haben wollte. Und jetzt reden wir auch nicht mehr darüber, meine ich.« Er versuchte nicht zu triumphieren, denn das lag überhaupt nicht in seiner Natur. Er war einfach nur froh, dass Niels heimgekommen war, denn jetzt würde alles wieder so werden, wie es früher gewesen war. Seinetwegen konnte Niels gerne wieder die häuslichen Beschäftigungen aufnehmen, im Warmen, während er die kalten Touren zu den Fallen übernahm. Wenn sie es an den Abenden nur wieder so nett und gemütlich haben würden, wie sie es vor diesem verdammten Schwein gehabt hatten.

Aber Niels war ein anderer geworden. Er hatte etwas Ausweichendes im Blick, und es schien fast, als hätte er die Lust an allem verloren. Abends aß er, was ihm vorgesetzt wurde, und er trank gehorsam von dem selbst gebrannten Schnaps, wenn ihn Halvor dazu aufforderte. Er war träge geworden und schlief viel. Halvor dachte, dass der Verlust des Schweines sich legen würde, und er gab sich damit zufrieden, dass Niels jetzt trotz allem wieder im Haus gegenwärtig war.

Aber der alte Niels fand seine gute Stimmung nie wieder. Als das Frühjahr kam, war er noch immer merkwürdig, und Halvor konnte ihm nicht helfen. Es war, als wollte er mit seinem Kummer allein sein, und Halvor, der in Wirklichkeit ein guter Kamerad war, ließ ihn in Ruhe. Er gab ihm zu essen, damit er nicht völlig vom Fleisch fiel, und er versorgte ihn mit Bier und anderem lebenswichtigem Bedarf. Natürlich wunderte sich Halvor, dass die Sehnsucht nach einem Schwein einen Mann so hart treffen konnte, aber keinen Augenblick bereute er den Mord an König Oscar. Das Schwein war in seinen Augen eine unpassende Gesellschaft für Niels.

Im Großen und Ganzen nahm Halvor auf den alten Niels in diesem Frühjahr sehr viel Rücksicht. Er verrichtete die meisten der Arbeiten draußen und auch drinnen und gab sich Mühe, über Dinge zu reden, von denen er wusste, dass sie Niels Freude machten. Bis zuletzt hoffte er, dass er es schaffen würde, den guten, gemütlichen Niels wiederzubekommen.

Das Eis verschwand zeitig, schon Anfang Juli. Halvor und Niels fingen an, jeden Tag zu den Felsen zu gehen und nach dem Schiff Ausschau zu halten. Sie gingen schweigend den Berg hinauf, setzten sich schweigend und spähten aus und gingen schweigend wieder zurück zur Hütte. Tag für Tag. Aber es war jetzt nicht so schlimm, meinte Halvor, denn trotz allem war es im Winter schlimmer gewesen, als Niels sich ganz seinem Schwein gewidmet hatte.

Eines Tages kam dann das Schiff. Halvor schoss mit seinem Gewehr in die Luft und schwang seine Mütze. Es war herrlich, wieder das Schiff zu sehen. Ein Schiff bedeutete gutes Essen, Tabak und Alkohol und neue Gesichter. Er feuerte noch einige Schüsse ab und sprang hinunter zur Hütte, um dem alten Niels die Neuigkeit zu berichten. Niels saß vor dem Haus in der Sonne und blickte träge auf den Fjord hinaus.

»Jetzt kommt, Niels«, rief er außer Atem. »Die *Veslemari* liegt draußen!«

Die beiden Kameraden gingen hinunter zum Strand. Halvor redete und gestikulierte, der alte Niels blieb stumm und verschlossen wie eine Auster.

Die *Veslemari* drehte den Bug seewärts und ließ den Anker fallen. Sie hörten die Kette durch die Klüse rasseln, und sie hörten, dass der Skipper die Maschine stoppte. Es waren liebe und wohl bekannte Laute.

Halvor verfolgte aufgeregt, wie eine Jolle zu Wasser gelassen und bemannt wurde. Er konnte nicht ruhig bleiben und sprang ungeduldig ans Wasser.

Zuerst begrüßte man sich mit Handschlag, erst den Skipper, dann die anderen. Dann wurde das Beiboot hoch genug auf den Strand gezogen, und alle gingen hinauf zur Hütte.

»Na, Halvor«, sagte Skipper Olsen, »bei euch sieht es ja normal aus. Habt ihr einen guten Winter gehabt?«

»Ausgezeichnet«, entgegnete Halvor glücklich. Es war schön, wieder Menschenstimmen zu hören. »Ein herrlicher Winter mit gutem Fang.«

Der Skipper lachte. »Ja, das ist schon ungewöhnlich hier in Hauna. Wo hast du den alten Niels versteckt?«

»Er sitzt dort oben.« Halvor wies auf den alten Niels, der oben am Strand saß und vor sich hinmaulte.

»Wo?« Skipper Olsen starrte angestrengt in die Richtung.

»Dort oben.«

»Das da?«

»Haha, ja, er ist etwas sonderbar geworden, der Alte. Aber das geht jetzt, da ihr gekommen seid, vorüber«, lachte Halvor.

»Willst du mich veralbern?«, knurrte der Skipper. »Soll das Schwein da der alte Niels sein?«

»Hahaha.« Halvor schlug sich auf die Schenkel. »Der Witz ist gut. Besonders sauber ist er ja nie gewesen, der Niels.«

»Das da ist ein Schwein«, beharrte der Skipper.

»Das ist Niels«, entgegnete Halvor leicht irritiert.

»Verdammt noch mal.« Der Skipper stampfte wütend auf. »Wenn ich sage, es ist ein Schwein, dann ist es auch ein Schwein.«

Halvor brüllte zornig. »Und wenn ich sage, dass es Niels ist, dann ist es Niels. Das Schwein habe ich vor Weihnachten erschossen.«

Skipper Olsen stand wie vom Donner gerührt. Er griff Halvors Arm und blickte ihm forschend ins Gesicht.

»Halvor«, flüsterte er. »Wenn das dort hinten der alte Niels ist, wo ist dann das Schwein?«

Halvor lächelte breit und guckte den Skipper mit Augen an, die wie blanke Knöpfe glänzten.

»Das Schwein, Olsen? Das haben wir doch zu Weihnachten gegessen«, antwortete er.

Eine gut erhaltene Leiche

Lause und Leutnant Hansen duellierten sich im Januar, und einige Zeit danach nahm sich Lause das Leben – er steckte sich den Gewehrlauf in den Mund und drückte ab. Die Scham über das verlorene Duell war mehr, als er ertragen konnte, und die logische Konsequenz aus diesem Elend war, wie Bjørken es ausdrückte, ein »ante diem« – Auffahrt ins Himmlische.

Die Unglücksnachricht ging via Funker Mortensen drahtlos nach Kopenhagen, und der Direktor der Fangkompanie gab sie mit tiefem Bedauern und Trauer weiter an Lauses Angehörige. Im selben Monat empfing Mortensen einen Funkspruch, in dem der Direktor seine Jäger ersuchte, die Leiche unterzubringen und bis zur Ankunft des Schiffes zu erhalten, da die Hinterbliebenen für den Toten ein christliches Begräbnis in seiner Heimat wünschten.

Es wurde heftig in den kleinen Hütten diskutiert, inwieweit eine solche Überführung in Lauses Sinne wäre. Er war ein Mann von ganz ungewöhnlichem Format gewesen – mit einer gewichtigen Würde, die an der ganzen Küste bewundert und respektiert worden war.

Mads Madsen erklärte, dass eine riesige Steinbake oben auf dem Fimbulfelsen ein würdigerer Begräbnisplatz für Lause wäre als die zu erwartenden zehn Zoll Erde auf dem Friedhof von Sollerod, ganz ohne Aussicht. Funker Mortensen, der in östlichen Meeren zur See gefahren war, hielt ihm die zahlreichen Vorteile der indischen Leichenverbrennung entgegen, die er seinen Freunden mithilfe von fünf Litern Petroleum und einem bisschen Heidekraut leicht demonstrieren könnte.

Bjørken stimmte sowohl Mads Madsen als auch Mortensen zu. Lause verdiente wirklich ein besseres Schicksal. Er sollte unter einer halben Tonne Brandungsgeröll ruhen, oder, wie Mortensen vorgeschlagen hatte, seine Asche sollte in einem arktischen Sturm ausgestreut werden. Er war groß als Lebender gewesen und sollte groß als Toter in Erinnerung bleiben. Doch laut Volmersen, der ja Anwalt war, war es leider so, dass Verstorbene durch ihren Tod Verzicht auf ihr weiteres Schicksal leisten. Wenn die Familie seine Überführung wollte, war nichts dagegen zu machen. Man musste den Anordnungen des Direktors haargenau Folge leisten. Bjørken schlug deshalb vor, Lause nach Bjørkenborg zu bringen, das war der erste Punkt, den die *Veslemari* anlief, und er wollte persönlich dafür einstehen, dass die Leiche unbeschadet und wohlbewahrt blieb.

Weil man den Wunsch der Familie nicht umgehen konnte, wurde es so gemacht. Leutnant Hansen, der sich indirekt für den Selbstmord schuldig fühlte, brachte Lause auf seinem Schlitten von Fimbul nach Bjørkenborg. Die Leiche wurde bei der Ankunft aus den Wolldecken gewickelt, schweigend betrachtet und dann auf eine Waschbank in dem Nebenschuppen gelegt, wo man unter vielem anderen auch das Roggenmehl aufbewahrte.

Lasselille, der Bäcker der Station, war derjenige, der am häufigsten nach Lause schaute. Er holte zweimal im Monat Roggenmehl und hatte nichts dagegen, dass Lause im Lager war. Jedenfalls nicht, solange dieser gefroren war. Lasselille ehrte die Toten, und er sagte immer einige nette Worte zu Lause, während er das Roggenmehl in seinen Eimer schaufelte.

Dann kam die Zeit, dass die Maisonne Tag und Nacht auf die schwarze Dachpappe des Nebenschuppens brannte. Und da veränderte sich Lause. Zuerst war Lasselille so verwirrt, dass er »Guten Morgen« zu Lause sagte, weil dieser die Augen geöffnet hatte und starr an die schräge Decke blickte. Vierzehn Tage später meinte Lasselille, dass Lause ihm irgendwie etwas zugerufen hätte. Jedenfalls hatte er jetzt den Mund offen, man konnte ihm tief in den Rachen gucken. Lasselille versuchte so zu tun, als ob nichts wäre. Er versuchte sogar, Lause vom guten Frühlingsanfang zu erzählen, aber ihm blieben die Worte im Halse stecken. Dann ergriff ihn plötzlich Panik, er sprang aus dem Nebenschuppen mit nur einem halben Eimer Roggenmehl und rannte hinein zu Bjørken.

»Ich weiß«, antwortete Bjørken, als er Lasselilles Stammeln entwirrt hatte, »ich hab die ganze Zeit gewusst, dass es kommen würde.«

Dass der Stationsleiter über die Verwandlung im Nebenschuppen Bescheid wusste, beruhigte Lasselille. »Und er wird dick wie eine Trommel«, sagte er. »Viel dicker, als er vor zwei Wochen war. Was kann das sein, Bjørk?«

»Er steht vielleicht auf und isst von deinem Roggenmehl«, grinste Sylte.

»Glaubst du?« Lasselille guckte ungläubig in seinen halb vollen Eimer. »Ich will da auf keinen Fall mehr hinein, Bjørk. Kannst du nicht diesmal das Roggenmehl holen? Ich kann es da drinnen nicht aushalten, es riecht so eklig.«

Bjørken spitzte die Lippen und kratzte sich im Nacken. »Ich vermute«, sagte er ruhig, »dass jetzt die Zeit gekommen ist.«

»Wofür?«, fragte Sylte.

»Um eine Veränderung des Status quo vorzunehmen«, antwortete Bjørken. Er hatte mit dem letzten Schiff einen Taschenkalender mit Fremdwörterbuch geschickt bekommen und hatte sich während des Winters gewisse Ausdrücke zur Ausschmückung der Muttersprache zugelegt. Er schob die Hand ins Hemd, um im Vollschiff herumzukratzen, das zwischen seinen Brustwarzen dahinjagte.

»Was bedeutet das?«, fragte Lasselille.

»Das bedeutet, mein Freund«, entgegnete Bjørken, »dass wir den Zustand der Dinge ändern, damit wir ihn wohlbehalten Skipper Olsen übergeben können.«

»Bei Lause können wir doch nichts ändern«, wandte Sylte ein. »Er ist tot, und die Toten sind nun einmal so.«

»Du hast Recht, mein Freund.« Bjørken nickte seinem alten Jagdgefährten gnädig zu. »Aber wie bekannt, kann selbst der Zustand von Toten unterschiedlich sein. Es gibt frische Leichen, es gibt angegangene Leichen.«

»Was meinst du mit ›angegangen‹, Bjørk?«, fragte Lasselille. Er setzte sich gegenüber Bjørken an den Tisch und hoffte auf eine lange, wissenschaftliche Erklärung.

»Tja, das ist eigentlich dasselbe wie verrotten. Und eine Verrottung bedeutet ein ständig gesteigertes Wachstum von Mikroorganismen in und um das, was verrottet. Und was Lause betrifft, vergrößert er sich, weil all diese Verrottung Gas und solche Sachen erzeugt«, erklärte Bjørken.

»Gas? Aber das kann ja gefährlich werden, Bjørk.« Lasselille guckte seinen Lehrmeister ernst an. »Man kann ja vergiftet werden von diesem Zeug.«

»Richtig«, antwortete Bjørken. »Gas ist besonders gefährlich und sehr tückisch. Es kriecht überall hinein und vergiftet oder sprengt in die Luft. Es ist nämlich sehr brandgefährlich, mein Freund.«

»Quatsch«, protestierte Sylte, »das Gas in Lauses Kaldaunen kann doch gar nicht brennen. Warum erzählst du dem Kerl einen solchen Unsinn, Bjørk?«

Bjørken guckte ihn nachsichtig an. »Ein bisschen seltsam, dass solche Einwendungen gerade von dir kommen«, sagte er kühl.

»Was meinst du damit?«

»Ich meine, mein Freund, dass das, was in Lause im Augenblick sich bildet, ständig in dir anwesend ist. Ab und zu bist du für deine Umgebung eine Pestilenz, was mein junger Freund hier bezeugen kann.«

»Ja, das ist richtig«, nickte Lasselille eifrig. Er gab Bjørken sicherheitshalber immer Recht. »Warum ist er das, Bjørk?«

Bjørken lehnte sich zurück und sah Lasselille mit leicht zusammengekniffenen Augen an. »Wenn du dir eines Tages die Mühe machen und eine brennende Stearinkerze in die Nähe von Syltes Hintern halten würdest, könntest du feststellen, wie die Flamme unnatürlich größer würde – wegen gewisser Undichtigkeiten. Und sollte die Flamme während einer seiner explosionsartigen Verpuffungen gerade zur Hand sein, wirst du zu deiner Bestürzung eine Stichflamme sehen, so lang wie mein Arm. Und daraus wirst du ableiten können, dass selbst Syltes sicher doch unschuldige Winde aus einem besonders feuergefährlichen Stoff bestehen.«

Sylte schauten den Stationsleiter sauer an. Er sagte nichts, denn er war sich über die Belästigungen durch seinen Darm wohl im Klaren.

Bjørken klopfte mit einem Fingernagel nachdenklich an seine Schneidezähne. »Es ist nur der Unterschied«, sagte er, »dass Sylte eine

Art Ventil hat, mit dem er halbwegs den Druck vermindern kann, wo hingegen unser Freund draußen im Nebenschuppen sozusagen bis zu beiden Enden ganz aufgeblasen ist. Er hat jetzt eine Phase in seiner Entwicklung erreicht, die für uns unerträglich wird. Wir müssen die Verwesung stoppen.«

Sylte nahm seine Brille ab und begann sie zu putzen. »Das kannst du nicht in dieser Jahreszeit, Bjørk«, sagte er. »Bald haben wir Tag und Nacht Plusgrade. Können wir die Roggenmehlsäcke nicht einfach hinaustragen und ihn da liegen lassen, wo er nun liegt?« Er guckte kurzsichtig zu Bjørken hin. »Der Schuppen ist doch ziemlich groß«, fuhr er fort, »und einmal ist sicher eine Grenze erreicht, dass er nicht weiter aufquillt.«

»So ist es«, entgegnete Bjørken, »und diese Grenze sollten wir möglichst nicht erreichen. Passiert es doch, sind wir übel dran. Denn dann platzt er und wird ganz schlimm stinken.« Er schloss die Augen, saß einen Augenblick da und mummelte vor sich hin. Lasselille betrachtete ihn gespannt, und Sylte seufzte und rechnete mit dem Schlimmsten. Als Bjørken die Augen wieder aufschlug, lächelte er schwach.

»Ja, ich habe den ganzen Verlauf zeitlich bestimmt«, teilte er mit. »Es sieht so aus.« Er hielt die Finger einer Hand hoch und bog einen nach dem anderen um, so, wie er nacheinander die Phasen beschrieb. »Erst war er etwas angesäuert, das begann schon Ende April, ohne dass es einer von euch bemerkt hat. Dann begann der Verwesungsprozess, was nun endlich Lasselille beobachtet hat. Und schon Mitte Juni können wir damit rechnen, dass er platzt. Den ganzen Juli dann wird er allmählich zusammenfallen, im August/September wird er austrocknen, und um den ersten Oktober herum wird er hart und steif wie eine Fassdaube sein.«

»Aber dann kann er doch gut bis September so liegen«, meinte Sylte, »Olsen kann ihn dann doch mit nach Hause nehmen?«

Bjørken schüttelte nachdenklich den Kopf. »Als ausgetrocknete Leiche wird er nicht sonderlich präsentabel für seine Verwandten sein«, sagte er. »Der arme Teufel wird auf seine halbe Größe geschrumpft sein und im Ganzen ein verheerendes und ungesundes Aussehen haben. So können wir ihn wirklich nicht abliefern.« Bjørken ließ sein

Vollschiff einen Augenblick ungestört segeln und trommelte auf die Tischplatte.

»Wir müssen jetzt handeln«, sagte er entschlossen, »denn selbst wenn unser Freund da draußen ein bisschen angeschwollen ist, vermittelt er immer noch den Eindruck, dass er gut erhalten ist. Der Prozess muss umgehend gestoppt werden, und deshalb müssen wir Lause einpökeln.«

»Aber die Gase«, gab Lasselille zu bedenken, »glaubst du, das Salz zieht sie heraus, Bjørk?«

Bjørken guckte seinen Schüler anerkennend an. »Eine vernünftige Frage, mein Freund. Das Salz wirkt auf die Gase leider nicht ein, aber es hemmt das Wachstum der besagten Mikroorganismen und wirkt wassertreibend. Darum müssen wir Lause zuallererst punktieren.« Er atmete geräuschvoll und zufrieden Luft durch die Schneidezähne ein und stieß sie einen Augenblick danach wieder aus, angereichert mit Kautabak. Der Strahl landete auf dem inneren Herdring und verzischte sofort. Dann stand er auf und kommandierte: »Wir fangen sofort an. Lasselille springt auf den Dachboden und holt ein paar Säcke Salz, Sylte und ich rollen ein paar leere Fässer zum Nebenschuppen.«

Lause war gewaltig groß geworden. Die Hosen spannten über seinem Bauch, und der Isländer hatte sich so geweitet, dass das graue Unterhemd durch die Maschen schien.

»Ich sehe schon, dass wir im richtigen Augenblick kommen«, murmelte Bjørken. Er zog Lause mit einiger Mühe die einengenden Kleider aus. »Siehst du, mein Freund, jetzt wirst du nur ein bisschen in den Wanst gepiekst, und dann wirst du in Lake gelegt, bis Olsen zu erscheinen beliebt.«

Die Entlüftung wurde mit einem Korkenzieher vorgenommen, und die Gase entwichen langsam aus Lause. Lasselille entfernte sich ein Dutzend Meter und klopfte seine Pfeife aus.

»Da kann man mal sehen«, sagte Bjørken und klatschte vergnügt in die Hände, »jetzt bist du dir wieder ähnlich, Lause.« Er drückte leicht auf den Wanst, um den gesamten Ballon zu leeren. »Jetzt schließen wir nur noch die himmelblauen Augen, so, und binden den Unterkiefer mit einem Riemen hoch. Siehst du, das hat geholfen. Jetzt kann man ja kaum noch erkennen, ob du tot oder lebendig bist.«

Sie stopften Lauses Kopf und Oberkörper in die eine Tonne, Beine und Unterkörper in die andere. Und bevor sie die Tonnen miteinander verbanden, füllten sie diese mit Salz. Sylte befestigte ein Stück schweres Segeltuch um die ganze Doppeltonne herum – mit acht schmalen Verstärkungsrippen, die von einem dicken Stahldraht gehalten wurden. Schließlich wurden zwei Planken auf die Seiten genagelt, deren vier Enden über die Tonnenböden hinausragten, sodass für den Transport vier Handgriffe zur Verfügung standen.

»Soll er wieder in den Nebenschuppen?«, fragte Lasselille. Er hatte nichts dagegen, wenn Lause dort drinnen in verpacktem Zustand lag.

Bjørken guckte ihn leicht vorwurfsvoll an. »Du bist so völlig ohne Fantasie, Lasselille, man kann nicht umhin, dich zu bedauern.« Er lächelte leicht. »Du bist ein ausgezeichneter Fänger geworden, das räume ich ohne weiteres ein, aber sobald sich eine Situation ergibt, die dir fremd ist, versuchst du geradezu verzweifelt, nach altem und erprobtem Muster zu handeln. Du bist ein Mensch, der sich zu sehr an Historisches anlehnt, Lasselille, und das solltest du dir abgewöhnen. Fantasie und Handeln, Fantasie und Spontaneität, darum gehts.« Bjørken setzte sich auf die Tonnen, und Sylte gab einen tiefen, mitleidigen Seufzer von sich.

»Natürlich könnten wir ihn zurück in den Nebenschuppen legen«, fuhr Bjørken fort, »und das ist eine Möglichkeit, ihn in der Lake frisch zu halten. Aber es gibt auch noch die Möglichkeit, dass er weiter fault und somit alle unsere Anstrengungen vergebens sind.« Er schlug ein Bein übers andere und wippte mit dem holzbesohlten Stiefel.

»Dein Vorschlag hat seinen Ursprung in etwas früher Erprobtem und muss darum als eine historische Wiederholung von etwas Einfältigem angesehen werden – was an und für sich nicht ungewöhnlich für einen bestimmten Menschentyp ist; eine Behauptung, die bestätigt wird durch die Kriege in der Geschichte, die Wiederwahl von Ministerpräsidenten, den Platz der Frauen in der Gesellschaft, die Macht der Kirche über Wankelmütige und so weiter und so weiter. Das alles sind historische Wiederholungen, wiederholte Dummheiten. Du musst dich von der Geschichte befreien, mein Freund, klar bleiben und neu und aus deinen augenblicklichen Eingebungen heraus handeln.«

»Das hört sich schwer an«, sagte Lasselille resignierend.

»Es ist schwer«, räumte Bjørken ein, »denn zuerst musst du dich von deiner ganzen Kindheit befreien, deinen Eltern, deiner Schulzeit, von deiner Sprache, die du sprichst, und den Gedanken, die du denkst.«

»Dann ist, verdammt noch mal, nicht mehr allzu viel in seinem Schädel«, sagte Sylte.

»Ja, und so ist es auch am besten«, antwortete Bjørken. »Denn so ist er leer geblasen und kann aus Eingebungen heraus handeln, die im Augenblick auftauchen. Wie zum Beispiel jetzt im Zusammenhang mit dieser Tonne. Ich habe zeitlich alles bestimmt, am Tisch, wie ihr gesehen habt. Der Prozess war weit fortgeschritten, und ich habe angefangen, das Problem zu lösen, ohne frühere Beispiele auszugraben. Also musste ich mich ausschließlich auf die momentanen Eingebungen stützen – genauso, wie man reagiert, wenn einem von einer großen Eisscholle ein Bär auf den Schlitten fällt. Man reagiert, ohne zu denken.«

»Hm.« Sylte kraulte seinen Bart. »Und welche Eingebungen hast du denn im Augenblick?«, fragte er neugierig.

»Ein Eisschrank«, antwortete Bjørken prompt. »Ein Eisschrank, der fiel mir sofort ein, als du fragtest.«

»Meinst du, wir sollten einen Eisschrank bauen?« Sylte guckte seinen Stationsleiter besorgt an. »Das ist eine Arbeit, ihn mit zerstoßenem Eis in Gang zu halten.«

Bjørken schüttelte den Kopf. »Dreh dich doch um, Mann, und guck dir die Menge Eisschränke an, die da draußen liegen.«

Sylte und Lasselille drehten sich um und blickten über den Fjord. Die Eisdecke war anderthalb Meter dick, und innerhalb der Reihe Klippen, Arthurs Tor genannt, lag eine Menge gestrandeter Eisberge.

»Genau«, nickte Bjørken. Er erhob sich. »Einer dieser Eisberge wird sich für unsere Zwecke ausgezeichnet eignen. Und jetzt kann Lasselille eine Kiste Dynamit holen, zehn Meter Lunte und ein langes Seil, dann gehen Sylte und ich schon mal hinaus und suchen einen geeigneten Eisberg.«

Den ersten Eisberg konnten sie unmöglich besteigen. Er war gut fünfzehn Meter hoch, wie ein viereckiger Kasten mit glatten und perfekten Kanten. Der nächste lag etwas weiter draußen im Fjord und wurde auch verworfen. Zwar konnte man ihn leicht besteigen, aber Bjørken fand keine geeigneten Risse und Löcher, und außerdem hielt er ihn für zu schmutzig für den pingeligen Lause, denn er war mit Erde und Sand durchsetzt.

Der dritte Eisberg war sowohl hoch als auch von kolossalem Umfang. Sie bestiegen ihn mit gegenseitiger Hilfe und gelangten auf eine breite Fläche, in deren Mitte sich aus Schmelzwasser ein kleiner See gebildet hatte. Bjørken untersuchte die glatten Seiten und fand eine lange, schwarze Spalte, die am Eisberg hinunter verlief.

»Dieser Riss da, Sylte, sieht richtig sympathisch aus«, sagte er. »Wenn wir ihn etwas erweitern, glaube ich fast, dass wir einen Liegeplatz für Lause haben.« Er steckte einen Arm in den Riss. »Tief ist er«, brummte er, »tiefer noch, als ich hineinreiche.« Er setzte seinen Mund an den Riss und stieß ein dröhnendes Gebrüll aus.

»Etwas über vier Meter, meine ich.«

»Woher zum Teufel weißt du das?«, fragte Sylte.

»Och, ich berechne nur das Echo des Gebrülls im Verhältnis zur Geschwindigkeit des Schalls«, antwortete Bjørken leichthin. »Das Resultat sind etwa diese vier Meter.«

»Donnerwetter.« Sylte schüttelte den Kopf. Er blickte hinaus übers Eis, wo Lasselille mit einer Kiste Dynamit auf der Schulter angestürzt kam. Er hatte das Gebrüll auch gehört und glaubte, es gelte ihm.

Bjørken stopfte eine Stange Dynamit nach der anderen in die Spalte. Als die Kiste leer war, rollte er die Lunte aus, befahl seinen Freunden, in Deckung zu gehen, hielt ein Streichholz an die Lunte und rannte um sein Leben.

Er erreichte Sylte und Lasselille genau in dem Augenblick, als die Detonation geschah. Sie hoben die Köpfe und sahen, wie sich eine große Eisscheibe von der rechten Kante der Spalte löste und eine lange Zunge aus Feuer und Rauch und Eisstücken aus dem Loch herausfuhr.

»O, ja, großartig«, rief Lasselille.

»Ich glaube, das war eine perfekte Sprengung«, sagte Bjørken. »Lasst uns hingehen und nachsehen.«

Die Spalte war etwas breiter geworden und konnte nach Bjørkens Berechnung ganz genau die Tonnen aufnehmen.

»Wir bringen ihn morgen zeitig her«, sagte Bjørken, »denn dann scheint die Sonne in das Loch und erleuchtet alles.« Er machte den krummen Rücken gerade, so gut es ging. »Jetzt haben wir ein richtiges Tageswerk vollbracht und uns einen Extraschnaps zum Essen verdient«, lächelte er seinen Freunden zu.

Am folgenden Morgen wurde Lause einstweilen beigesetzt. Sie zogen ihn hinaus auf dem leichten Schlitten, hievten die Tonnen mithilfe eines Flaschenzuges hoch und ließen ihn vorsichtig hinunter in die Spalte. Dann schlugen sie ein großes Stück Klareis aus dem kleinen See und verschlossen damit und mit breiigem Eis die Spalte. Als die Arbeit getan war, luden sie Hacken, Flaschenzug und Blöcke, Eispickel und die leere Dynamitkiste auf den Schlitten und trabten zurück nach Bjørkenborg.

Der Mai verging, der Juni kam und auch der Juli, bevor man sich versah. Die Frühlingsmonate vergehen so rasch, dass man kaum Schritt halten kann. Die Jagd auf Robben ist hektisch, und große Vogelzüge von Enten und Gänsen streichen niedrig übers Eis und bitten gleichsam um ein Ausdünnen.

Schon Mitte Juli hatte man im Wesentlichen die Fleischvorräte fürs nächste Jahr gelagert. Die Robben waren zerlegt und in lange Streifen geschnitten, die auf den Klippen in der Sonne getrocknet wurden, die Vögel hatte man zu einem großen Teil gegessen, und die Haie, die man gefischt hatte, waren gleichfalls getrocknet und für Hundefutter vorgesehen. Der jährliche Fang an Fuchsfellen hing draußen zum Lüften und Bleichen in der Sonne, das Boot war sauber gekratzt, kalfatert und gemalt und wartete nur darauf, dass das Eis im Fjord verschwand.

Dann kam schlechtes Wetter. Ein Föhnwind fiel übers Inlandeis. Er begann als eine kleine, unschuldige, linsenförmige Wolke weit im Westen und wuchs sich aus mit einer Geschwindigkeit, die jeder vernünftige Mensch für unmöglich gehalten hätte.

Die Bjørkenborger konnten die ausgehängten Fuchsfelle bergen, alles Aufrechtstehende festzurren und gerade noch ins Haus gelangen, bevor die Hölle losbrach. In gewaltigen Stößen warf sich der Sturm aufs Haus, und sie konnten spüren, wie der ganze Felsboden bebte.

»Wenns nur hält«, sagte Lasselille. Er schielte nervös zu den knarrenden Dachsparren und auf die Lampe, die wie ein Pendel hin- und herschwang.

»Haha, halten«, lachte Bjørken. Er lag auf den Knien und war damit beschäftigt, die Tischbeine an den Fußboden zu nageln. »Ich wars ja, der es gebaut hat, mein Freund, vergiss das nicht.« Er rüttelte an einem Tischbein. »So, jetzt gibts kein Herumrennen mehr in der Stube, Kameraden.« Er stand auf und legte seinen Arm um Lasselilles Schulter. »Dieses Haus hält schon einiges aus«, sagte er, »entspann dich einfach. Dazu gehört mehr als ein kleiner Frühjahrssturm, um Bjørkenborg umzuwerfen.«

Und Bjørkenborg hielt. Es krachte und ächzte und rüttelte unter den Böen, die Fenster klirrten, Lasselille konnte nicht schlafen. Gegen Morgen begann der Wind nachzulassen, und als Bjørken und Sylte aus einem guten Schlaf erwachten, war es ganz still.

Bjørken stand auf und guckte aus dem Fenster. Das Eis war verschwunden. So weit er sehen konnte, war offenes Wasser.

»Na, meine Freunde, was sagt ihr jetzt.« Er rieb sich zufrieden die Hände. »Jetzt sollten wir Kap Thompson einen kleinen Besuch machen, meine ich.«

Sylte nickte. Er guckte ebenfalls aus dem Fenster, aber mehr anstandshalber. Er konnte kaum die Jolle erkennen, die umgewendet am Strand lag, hundert Meter vom Haus entfernt.

Lasselille drückte die Nase an der Scheibe platt und starrte hinaus. Es war acht Monate her, dass er das letzte Mal offenes Wasser gesehen hatte. »Du, Bjørk?«, rief er plötzlich.

»Ja, mein Freund.«

»Also dieser Eisberg mit Lause, du weißt doch.«

»Was ist denn damit?«

»Er ist nicht mehr da.«

»Was?« Bjørken sprang zurück zum Fenster und guckte hinaus. »Nee, der ist tatsächlich weg. Wo zum Teufel ist Lause?«

Sylte strengte seine Augen an. Er sah Lauses Eisberg nicht. »Das hätte ich nicht geglaubt«, murmelte er, »denn dieser Eisberg lag dort fast zwei Jahre auf Grund. Er muss weggeschwommen sein, Bjørk.«

Bjørken starrte ihn böse an. »Was du nicht sagst! Du hast einzigartige Fähigkeiten, Schlüsse zu ziehen.« Er suchte sein Ölzeug aus der Bank unter der Koje zusammen.

»Zieht euch an«, kommandierte er, »wir fahren gleich.«

»Fahren wir heute zu Mads Madsen?«, wunderte sich Lasselille.

»Idiot«, knurrte Bjørken. »Wir müssen sehen, dass wir Lause finden, bevor Olsen kommt.« Er zog sich verbissen die langen Seestiefel an. »Keine Tour nach Kap Thompson, bevor wir nicht Lause geborgen haben.«

Sie fuhren mit dem Boot nach Osten, Norden und Süden. Und sie begegneten vielen Eisbergen, die Lauses Eisberg ähnelten, aber wenn sie näher kamen, stellten sie fest, dass es nicht der richtige war. Sie lagen im Eis fest, vier Tage lang, etwas nördlich von der Bondwalinsel, vier bitterkalte Tage und Nächte mit Eisregen und starkem Wind vom Meer. Aber Bjørken machte unverdrossen weiter. Lause musste gefunden und in gut erhaltenem Zustand abgeliefert werden.

Nach einigen Wochen vergeblicher Suche fuhren sie zu Mads Madsen, um Unterstützung bei der Suche zu holen. Es gelang ihnen, Herbert und Anton, Lodvig, Fjordur sowie Valfred und Leutnant Hansen zu benachrichtigen.

In diesem Jahr geschah es, dass zu Kapitän Olsens Verblüffung keiner sein Schiff in Empfang nahm. Überall, wo er an Land ging, waren die Hütten leer, die Herde kalt und die Boote weg. Die gesamte Bevölkerung tuckerte mit ihren Booten in der Grönlandsee herum, innerhalb und außerhalb der Klippen, und suchte Lause.

Olsen deponierte mit einigem Bedenken die Vorratslieferung in Bjørkenborg, ein gutes Stück oberhalb der Hochwassermarke. Er gab Signal mit der Dampfpfeife und schoss Signalraketen ab, aber sah nicht den Schatten eines Fängers. Er fuhr wieder aufs Meer hinaus, außerhalb des Packeises, und setzte seinen Kurs auf Scoresbysund, wo er Passagiere und Fracht abholen sollte.

Den ganzen August befuhren die Fänger die See zwischen dem 73. und 77. Grad Nord. Ohne Ergebnis. Funker Mortensen telegrafierte auf Bjørkens Geheiß seinem Kollegen in Scoresbysund. Dieser erhielt eine genaue Beschreibung des verschwundenen Eisbergs und heuerte auf Bjørkens Kosten drei Ostgrönländer an, die auf Kap Tobin Ausschau halten sollten. Denn lieber, so sagte sich Bjørken, den Verdienst eines ganzen Jahres für die Untersuchungen opfern, als mit leeren Händen dastehen, wenn Olsen zurückkommt.

Aber Lause war und blieb verschwunden. Er trieb langsam dahin im Bauch des großen, gastlichen Eisberges; dieser passierte Kap Tobin und die ausgeschickten Späher in einem Abstand von einer Dreiviertelmeile, wobei die Späher ganz damit beschäftigt waren, eine Herde Narwale zu jagen. Mit dem großen Sockel tief im Wasser und seinen hohen Gipfeln trieb der Eisberg in einem Bogen um die zerklüfteten Berge an der Blossevilleküste, weiter hinunter in die Dänemarksstraße, vorbei an Angmagssalik mit einer durchschnittlichen Geschwindigkeit von fünfzehn Kilometern am Tag. Spät im Herbst setzte er seinen schweren Fuß auf eine Klippe außerhalb des Umanak-Fjords und bereitete sich auf eine Überwinterung vor.

Mit Bjørken geschah im Laufe des Sommers eine Veränderung. Er wurde schweigsam, verfiel in Melancholie, gab ganz falsche Antworten und verlor vollständig seine Autorität.

Er war verwirrt wie ein Huhn, als er Kapitän Olsen gegenüberstand und zu erklären versuchte, dass Lause verschwunden war.

»Verschwunden«, knurrte Olsen. »Wie zum Teufel kann ein toter Mann verschwinden, Bjørk?«

»Ja, also, er verschwand mit einem Eisberg«, stammelte Bjørken. »Eines Nachts, als wir schliefen. Es war ein furchtbares Wetter, das das Eis vertrieb.«

Olsen schüttelte den Kopf. Er hatte all die Jahre auf seinen Fahrten in Ostgrönland viel gesehen und gehört, aber dass eine Leiche mit einem Eisberg verschwand, war neu.

»Ja, ja«, sagte er schließlich, »dann müssen wir das wohl zu Hause mitteilen, wenn du nicht mehr zu sagen hast.«

»Er war gut erhalten«, murmelte Bjørken, »denn wir haben ihn gründlich eingepökelt.«

Olsen biss in seinen Pfeifenstiel. Er guckte Sylte an, der bestätigend nickte, und er guckte Lasselille an, der dastand und ihn blöde angrinste. »Na ja, wenn er weg ist, dann ist er eben weg, und daran kann ich nichts ändern«, beschloss er das Gespräch, »und ihr habt ja wohl getan, was ihr konntet.«

Um diesen Bericht beenden zu können, müssen wir die grönländischen Gefilde verlassen.

Bootsmann Bowing, Mitglied der U.S. Coastguard, hatte immer Stielaugen, wenn er im Ausguck Wache schob. Er stand voll hinter dem Motto der Organisation – »semper paratus«, allzeit bereit, und er war es dann auch, der Lauses weißes Transportmittel entdeckte. Er warnte den Skipper, und dieser studierte sorgfältig den Feind.

»Größer, als sie sonst in diesen Breiten zu sein pflegen«, sagte er zum Steuermann. »Dieser da kann eine Gefahr für die Schifffahrt um 45 Grad Nord werden. Macht die Kanonen klar.«

Der dreihundertdreißig Fuß lange Kutter *Camper* lief einige Male um den Eisberg herum, um dessen Schwachpunkte zu finden. Der Skipper entdeckte einen breiten Riss, der von der Spitze einer der Spieren hinunter bis unter die Wasseroberfläche verlief. Er gab Befehl an die Kanoniere, und diese feuerten eine Serie Sprenggranaten auf den Riss ab. Der Eisberg schwankte etwas unter den Explosionen, spuckte ein bisschen zerquetschtes Eis aus und trieb unverdrossen weiter.

»Der ist noch nicht morsch genug«, belehrte der Kapitän seine Untergebenen, »ist vermutlich erst einige Jahre unterwegs. Wir müssen ihn fürs Erste markieren, ihm folgen und seine Position aussenden.«

Seltsamerweise entdeckte Bootsmann Bowing nicht die doppelte Tonne, die aus dem Loch herausrollte, das eine der Granaten am Sockel des Eisberges gerissen hatte – vielleicht deshalb nicht, weil seine Falkenaugen nach größeren und gefährlicheren Dingen Ausschau hielten.

Die Tonne lag schwer im Wasser. Sie rollte einige Male um ihre

Längsachse, bis sie das Gleichgewicht fand und langsam hinter dem Eisberg im kalten Labradorstrom hertrieb. Vor Neufundland geriet sie in den Golfstrom, der sie vom Land weg nach Osten ins offene Meer trieb. Drei Tagesreisen von New York entfernt wurde sie von einem Trawler aufgefischt. Die Fischer entfernten neugierig das Segeltuch und zogen die Tonnen auseinander. Und mit Entsetzen starrten sie auf den eingepökelten Lause.

Der Tonnenmord wurde eine Weltsensation. Über den Fund wurde selbst im entlegensten Provinzblatt mit fetten Lettern berichtet, und fantasiebegabte Journalisten beschrieben mit grausamen Details, wo der Mord begangen worden war, und auch die raffinierte Verpackung. Dass der Ermordete eine angesehene Persönlichkeit war, darüber herrschte kein Zweifel.

Auch in Trondheim schrieb man über die Tonnenleiche. Ein Bild der zusammengesetzten Tonnen war so auffallend präsentiert, dass es sogar Kapitän Olsen bemerken musste.

»Hm, das da sind ja nur ein paar Specktonnen«, brummte er, »merkwürdig, dass sie in die Zeitung kommen.« Er setzte seine Brille auf und las den Artikel. Als er ihn zum zweiten Mal gelesen hatte, ließ er die Zeitung sinken und blickte grübelnd auf den Fußboden. Dann stand er auf, ging ins Kartenhaus und rollte die Nordatlantikkarte aus.

»Er sprach doch von ein paar Tonnen, der Bjørken«, murmelte er, während er mit dem Zirkel eine Route von Bjørkenborg nach New York absteckte. »Sollte es wirklich Lause sein, der solch eine Reise gemacht hat? Hm, das könnte ihm ähnlich sehen.«

Olsen ging zurück in die Kajüte und faltete die Zeitung zusammen. Und als er ein paar Monate später Bjørkenborg sichtete, rollte er die Zeitung um eine Flasche Rum, die ein Geschenk für die Leute in Bjørkenborg sein sollte.

Und so geschah es, dass Bjørken Lauses Aufenthaltsort erfuhr: Er saß und studierte die Zeitungen, die um die Vorräte gewickelt waren und jetzt glatt gestrichen für die langen Winterabende dienen sollten.

»Aber das sind doch die Tonnen«, brüllte er plötzlich. Sylte, der am Herd saß und döste, guckte ihn besorgt an. »Welche Tonnen?«

»Lauses Tonnen. Sie sind vor Amerika von einem Trawler aufgefischt worden, lies selbst.«

Sylte und Lasselille lasen. Bjørken lief auf und ab, die Hände auf dem Rücken. »Man hält alles für einen unaufgeklärten Mord«, sagte er, »wir müssen via Mortensens drahtlose Sache die ganze Welt darüber aufklären, dass es bloß Lause ist.«

»Kann uns das nicht gleichgültig sein?«, fragte Sylte. »Ich meine, Lauses Reste haben jetzt eigentlich mehr Stil, als wenn sie in Sollerod gelegen hätten.«

Bjørken schüttelte den Kopf. »Es ist unsere Pflicht«, sagte er, »es ist meine Pflicht als Stationsleiter.«

»Du warst doch nicht Lauses Stationsleiter«, entgegnete Sylte, »eigentlich geht es dich doch auch gar nichts an.«

Lasselille, der sich auch durch den Artikel buchstabiert hatte, jubelte. »Nein, wie spannend, Bjørk. Du kommst in die Zeitung und musst Journalisten aus aller Welt Rede und Antwort stehen.«

Bjørken setzte sich schwer. »Bei genauerem Nachdenken kann ich dir schon Recht geben, Sylte. Wo Lause begraben ist, geht mich nichts an. Ich habe die Verantwortung für seinen Zustand übernommen, nicht für sein Begräbnis.«

Sylte stand auf und klopfte seinem alten Freund auf die Schulter. »Du hast dein Bestes getan, Bjørk, und das verdammt gut. Sie schreiben in der Zeitung, dass die Leiche außergewöhnlich gut erhalten war, nach mehreren Jahren in den Tonnen.«

»Stand das so da? So war es dann wohl auch, bestimmt.« Bjørken blickte gedankenvoll auf seine wippenden Füße. »Ja, wenn es so ausgeht, dann hat man tatsächlich allerhand Fähigkeiten. Es gibt nicht viele, die mit einem Verstorbenen so umgehen können, dass er gut erhalten in einigen Salztonnen liegt, und das zweieinhalb Jahre.«

Sylte und Bjørken nickten sich zustimmend zu, und Bjørken fühlte, wie er etwas von seiner verlorenen Anerkennung zurückgewann.

Der Hund, der verstummte

Hunde, die zu Zeiten der Kompanie nördlich des 71. Breitengrades liefen, waren als Rasse einzigartig unter sämtlichen Arten der Raubtierfamilie Canidae.

Den Stamm dieses nordostgrönländischen Hundebestandes bildeten einige Schäferhunde, ein Barsoi-Windhund, eine englische Bulldogge und zwei Königspudel, die Schwestern waren. Was darüber hinaus zur Küste kam, fiel dem ersten Winter zum Opfer.

Erst einige Jahre nach der Gründung der Kompanie bestand die Möglichkeit, Exemplare aus einheimischen Zugtieren einzuführen, die ostgrönländischen Eskimohunde, und man kann ohne Übertreibung behaupten, dass das Resultat dieser Rassenvermischung ein glücklicher und beispielloser Erfolg in der Geschichte der arktischen Schlittenhunde war.

Das Verhältnis zwischen einem Jäger und seinen Hunden ist meistens das allerbeste. Und das Verhältnis zwischen Jäger und seinem besten Hund ist warm und sehr herzlich. Der Jäger braucht seine Tiere nicht nur bei der täglichen Arbeit, sondern auch für die Geselligkeit.

Unzählige Hundegeschichten kursieren in der Arktis, und etliche werden von Sibirien bis Ostgrönland fast gleich lautend erzählt. Vielleicht deshalb, weil die Fänger Männer gleicher Natur sind und die Verschiedenheiten unter den Hunden nicht so groß sind, wie es von den meisten Hundeliebhabern behauptet wird.

Fjordur hatte fünf Hunde. Vier von ihnen mochte er gern; er fütterte sie gut, sorgte immer zuerst für sie, dann für sich selbst, sprach mit ihnen, nahm sie liebevoll bei den Ohren und zauste sie und pflegte sie besorgt, wenn sie verletzt oder krank waren. Den fünften Hund liebte er. Es war eine Hündin; sie hieß Miss Dietrich, weil sie die anmutigsten Läufe hatte. Er hatte sie von Mads Madsen bei einem Neujahrsfest geschenkt bekommen, als dieser stark betrunken war.

Miss Dietrich war sehr schön. Ihre Mutter war eine Mischung aus jener Barsoi-Windhündin, die zu einer späten Nachtstunde aus Ordrup entführt worden war, und einem dickpelzigen Eskimohund aus Scoresbysund. Der Vater war zu einem Drittel Königspudel und zu zwei Dritteln Merquijoq, welches eine langhaarige Abart des Grönlandhundes ist.

Sie war groß und schlank mit schön geschwungenem Rücken, und sie hatte einen langen, leicht dreieckigen Kopf mit intelligenten braunen Augen. Ihre Schönheit war so augenfällig, dass niemand Fjordur widersprach, wenn dieser darauf hinwies. Vor allem wies er auf den wunderschönen und sprechenden Schwanz hin.

Miss Dietrich besaß Privilegien in Hauna. Sie schlief nachts in der Stube, fraß aus eigenem Napf beim Herd und, so behauptete Fjordur, unterhielt sich abends mit ihrem Herrn. Es herrschte zwischen beiden ein Verständnis, das offensichtlich weit über die natürlichen Grenzen hinausging, und die anderen Jäger an der Küste bekamen nach und nach den Eindruck, dass die beiden wirklich miteinander reden konnten. Sie verstand seine Sprache, er ihre, ohne dass sie überhaupt eine gemeinsame Sprache hatten. Fjordur redete so, wie er es schon immer getan hatte, und Miss Dietrich gebrauchte ihren Schwanz, ihr natürliches Ausdrucksmittel. Und so konnten sie fast alles diskutieren.

Auf den Touren zu den Fallen war Miss Dietrich der Führhund des Gespanns. Sie hatte die längste Leine, und die anderen Hunde folgten ihr blind. Fjordur berichtete, wenn er ihr am Morgen vor dem Start erzählte, wo es hingehen solle, dann konnte er sich ruhig auf den Schlitten legen und weiterschlafen oder stricken, was seine volle Konzentration erforderte: Miss Dietrich würde den Weg schon finden.

Sie bewegte sich außergewöhnlich sicher auf dem Eis, hatte einen unvergleichlichen Instinkt, der ihr sagte, ob das Eis gut oder schlecht war. Bemerkte sie auch nur den geringsten Hinweis auf Risse und Spalten im Eis, stoppte sie sofort und wedelte warnend mit ihrem buschigen Schwanz. Dann legte Fjordur das Strickzeug beiseite und sprang auf, um die Situation zu überprüfen. Erst wenn er wieder auf seinem Platz war, begann sie einen Weg um das verräterische Eis herum zu suchen.

Es geschah an einem Tag im März, an dem Fjordur unterwegs war, um seine Fallen nach einem Schneesturm zu kontrollieren. Das Wetter war strahlend – die Sonne schien warm aus einem blauen und schwindelnd hohen Himmel. Ringsherum lag alles blendend weiß unter frisch gefallenem Schnee, und die Augen wurden durch die dunkelgrüne Leibbinde wohltuend geschont, die Fjordur für den Steuermann der *Veslemari* gestrickt hatte.

Die Hunde waren bei Laune. Sie witterten eifrig mit ihren schwarzen Schnauzen in der scharfen Luft, und die Schwänze lagen schön geringelt auf dem sauberen, glatten Pelz. Sie hatten drei Tage zusammengerollt und angekettet vor dem Haus gelegen und darauf gewartet, dass sich das Wetter besserte, und sie genossen es jetzt, die steifen Muskeln vor dem Schlitten auszustrecken.

Plötzlich schlug Miss Dietrich Alarm. Fjordur blickte hoch, sah den sprechenden Schwanz seiner Gefährtin und sprang vom Schlitten. »So, da bin ich«, sagte er, als er die Schlittenwange gefasst hatte.

Miss Dietrich wedelte verständnisvoll, und mit einem kleinen, munteren Kläffen lief sie von einer Seite zur anderen. Die anderen Hunde folgten ihr ungeduldig dichtauf, von Fjordurs wegweisendem Peitschenknallen tüchtig unterstützt.

»Gut gemacht, Miss Dietrich«, rief Fjordur anerkennend, »ich hatte ja noch nicht einmal selbst gemerkt, dass wir am Kap waren.« Sie waren gerade dabei, Kap Salvation zu umrunden, an dem ein starker südgehender Strom stand, der ständig das Eis dünn hielt. »Ohne deine Führung, Herzchen, wären die anderen Dickärsche bestimmt direkt durchs Eis gezuckelt«, lobte Fjordur.

Miss Dietrich senkte den Schweif in einem bescheidenen Bogen. Sie wurde immer etwas verlegen, wenn Fjordur ihre Tugenden pries. Sie stellte die Ohren auf, trippelte ein wenig auf der Stelle, drehte sich in einem scharfen Knick zur Felswand und zog in dem für Schlittenhunde üblichen Trab an. Der Schwanz lag in elegantem Schwung über ihrem Rücken, daran konnte Fjordur erkennen, dass die Gefahr vorüber war und er sich wieder auf den Schlitten setzen konnte.

»Ja, ja, so machen wirs«, entgegnete Fjordur. Er rollte die Peitsche ein und hängte sie in die Schlittenwange. Dann sprang er auf den

Schlitten und setzte seine unterbrochene Stricktätigkeit fort. »Gut gefahren«, brummte er, und Miss Dietrich drückte ihre Dankbarkeit aus, indem sie feierlich mit dem langen Deckhaar ihres Schwanzes wedelte. Sie erhöhte das Tempo, und die anderen Hunde ließen sich von ihrer Freude anstecken.

Fjordur guckte hoch und lächelte. Glattes Eis und wohlgemute Hunde in vollem Galopp: Besser konnte das Leben kaum sein. Augenblicke wie dieser versetzten Fjordur in Verzückung. Er fühlte sich eins mit der Welt und erlebte jeden einzelnen Augenblick wie etwas Losgelöstes und dennoch sehr Verbundenes. In solch glücklichen Stunden war der Isländer Fjordur die ganze Welt: Er wurde ein Teil dessen, was er betrachtete – den einzelnen, eifrigen Hund, das ganze Gespann, das blanke Eis, wie es um das Kap herum in allen Farben des Spektrums leuchtete, den tief blauen Himmel und das ganz unglaubliche rotviolette Licht im Südwesten. Er fühlte sich vollkommen frei, erlebte das Glück, tief in seine Umgebung einzutauchen. Ohne Worte oder Gedanken pries er dieses Leben, das im Augenblick ganz seines war, und er spürte, wie die Größe den sterblichen und alltäglichen Fjordur verdrängte. Fjordur saß auf dem Schlitten und fühlte sich geradezu ewig.

Miss Dietrich und ihre vier Kameraden zogen ihn durch diese Ewigkeit. Sie liefen so, wie sie es in besten Zeiten gelernt hatten, genauso erhoben und hingerissen wie ihr Herr. Bis das Eis unter den Kufen einbrach, der hintere Teil des Schlittens verschwand und Fjordurs Körper, der schwer und gedankenverloren in sich selbst ruhte, nach hinten über die Schlittenwangen hinaus ins schwarze Wasser rollte.

Es gab einen Ruck in der Vorleine, als der Schlitten sich aufbäumte. Miss Dietrich blickte nach hinten und sah, was passiert war, aber die vier anderen Hunde, die merkten, dass der Schlitten um neunzig Kilo Ballast leichter war, nahmen ihren Spurt mit frischer Energie wieder auf und kümmerten sich nicht um Fjordur.

Miss Dietrich versuchte sie zum Stehen zu bringen; sie lief zwischen ihnen her und biss nach rechts und links, aber ihre Gefährten glaubten lediglich, dass dies eine neue Art sei, sie zu höherer Geschwindigkeit aufzufordern. Dann versuchte sie, diese zum Halten zu zwingen, indem sie sich hinlegte und ihre Pfoten nach vorn stemmte. Aber das bewirkte lediglich, dass sie vom Schlitten überfahren und dann kläglich hinter dem Gespann hergeschleppt wurde. Entschlossen biss sie ihre Leine durch und ließ die Idioten fahren, wohin sie wollten. Als sie schließlich auf allen vieren stand, merkte sie, dass nichts gebrochen war, nur ihre Brust schmerzte etwas, eine Kufe war durch den Pelz gedrungen und hatte eine hässliche Wunde hinterlassen, aber sonst war sie intakt.

Fjordur war wieder aufgetaucht. Seine Augen hatten rote Flecken von der Anstrengung und vom Salz, er japste nach Luft, als das Wasser durch seine Kleidung drang und ihn mit nur einem Plusgrad umschloss. Er paddelte zum Eisrand und drückte seine Fäuste aufs Eis, aber als er versuchte, sich hochzuziehen, brach die Eiskante ab, und er tauchte zurück ins Wasser.

Miss Dietrich humpelte hin zum Eisloch. Sie lief suchend um dieses herum und fand schnell die sicherste Stelle. Mit dem Schwanz teilte sie Fjordur mit, wo er die größte Chance hatte, sich aufs Eis zu ziehen, und er arbeitete sich langsam zu ihr hin. Als er die bezeichnete Stelle erreicht hatte, drehte sich Miss Dietrich um, damit sie ihm deutlicher noch mit dem Schwanz erzählen konnte, wie sie sich die Lösung des Problems gedacht hatte.

Aber Fjordur verstand sie falsch. Er bekam Panik und fühlte, wie sein Unterleib gefühllos wurde. In seiner Verzweiflung langte er zu Miss Dietrichs wohlgeformtem Sprachorgan und hielt es mit seinen beiden steifen Händen ganz fest.

»Zieh doch«, rief er heiser, und Miss Dietrich wandte erstaunt den Kopf. Sie knurrte irgendetwas, das Fjordur nicht verstand, und versuchte ihm klarzumachen, dass er die Sache verkehrt anpackte. Er aber hatte sie zum Schweigen gebracht: Ihr Schwanz stand wie eine Zeltleine im Regen, und Fjordur fiel nicht im Traum ein loszulassen. Er zog einige Male kräftig, um anzuzeigen, dass es eilte, und trat Wasser mit seinen gefühllosen Beinen, dass das Eis unter ihm knirschte.

Miss Dietrich, die ihm sonst erzählt hätte, dass sich festes Eis lediglich eineinhalb Meter von dieser einen Seite befand, verstand nun, dass er außer Stande war, Vernunft anzunehmen. Sie fing deshalb an, gehorsam zu ziehen. Sie stemmte ihre Läufe fest ins Eis, machte den Rücken krumm und zog, dass sie heulte vor Anstrengung und Schmerzen.

Fjordur schloss die Augen und biss die Zähne zusammen. Er merkte überhaupt nicht, dass sich die äußerste Zungenspitze zwischen den Zähnen befand, was zur Folge hatte, dass ihm von diesem Zeitpunkt an ein reizendes, leichtes Lispeln eigen war. Er streckte die Arme vor und stemmte den Brustkasten gegen das Eis – mit dem Resultat, dass die Kante brach.

Das Eis brach weiterhin unter ihm ein. Aber Hund und Mann hingen zusammen, und Miss Dietrich war nicht zu sehr in Panik, sondern erdachte einen neuen Plan. Sie arbeitete sich ständig in einem Bogen auf die Stelle zu, wo es festes Eis gab, und nachdem sie so zusammen eine Furche von zehn Metern gezogen hatten, begann das Eis zu tragen.

Fjordur, der zu diesem Zeitpunkt wegen der Kälte mehr tot als lebendig war, konnte einen Teil seines Oberkörpers auf das Eis bringen. Dann wurde er ohnmächtig. Er lag mit seiner bärtigen Gesichtshälfte auf dem zerkratzten Eis, seine rot umrandeten Augen waren fest geschlossen, sein gesamtes Untergestell lag im Wasser.

Dass Fjordur nicht umkam, ist ausschließlich Miss Dietrichs Verdienst. Sie spürte, wie sich seine Hände im Krampf um den armen misshandelten Schwanz schlossen, und instinktiv fühlte sie, dass Fjordur auf dem besten Wege war, sich aus ihrem Leben zu verabschieden. Was wäre ein Leben ohne Fjordur? Ohne die langen Gespräche, die sie führten, ohne den leichten Schlaf an den Winterabenden, wenn der Wind heulend um den Giebel pfiff, während der Herd bullerte und Fjordurs Stricknadeln heimelig klapperten? Für all dies musste sie kämpfen, und mit einem wahnsinnigen Geheul warf sie sich nach vorn. Sie schickte einen Schauer von Eisstückchen über Fjordurs Kopf und fräste sich atemlos wie eine Dampflokomotive vorwärts. Mit einem kleinen gurgelnden Geräusch kam Fjordur aus dem Wasser und rutschte aufs feste Eis.

Miss Dietrichs durchdringendes Geheul holte Fjordur aus seiner Bewusstlosigkeit. Er schlug die Augen auf und horchte stumpf auf das

Geheul, das immer wieder übers Eis hinrollte. Er hob mühsam den Kopf und blickte auf Miss Dietrich, sperrte seine Augen auf und war mit einem Male ganz klar: Er guckte auf seine Hände – mit seinen Fäusten hielt er den langen, schönen Schwanz umklammert.

Miss Dietrich tanzte ungeschickt rundherum. Sie suchte ständig nach ihrem Schwanz, und erst, als Fjordur zu ihr ging und ihren Kopf zwischen seine großen, vereisten Hände nahm, entdeckte sie, was geschehen war.

Sie begaben sich heim, die beiden, ohne ein Wort zu wechseln. Fjordurs Kleider gefroren im Laufe des Nachmittags zu einem dicken Panzer, der bloß am Knie, im Schritt und Schultergelenk offen war, da diese ständig in Bewegung waren. Miss Dietrich trottete hinter ihm her. Ihr Kopf war tief gebeugt, fast bis in den Schnee, und kleine Blutstropfen fielen von der Stelle, wo sich früher ihr prächtiger Schwanz befunden hatte. Sie sprachen gar nicht miteinander in den vielen Stunden, die sie unterwegs waren. Fjordur hielt immer noch den Schwanz in der Hand und fühlte sich tiefunglücklich und dachte unaufhörlich daran, dass er seinem besten Freund die Zunge herausgerissen hatte.

Es dauerte lange, bis Fjordur sich von seinen Erfrierungen erholt hatte: Er musste die gesamte Haut von einem Fuß schneiden und eine Zehe entfernen, bevor er wieder gehen konnte, und die Haut seiner Hände musste sich einige Male erneuern, bis sie kräftig genug war, dass er wieder stricken konnte.

Miss Dietrich erholte sich nicht. Die Wunde an der Schwanzwurzel verheilte rasch und wurde vom langen Rückenfell verdeckt, und der Schnitt über der Brust war nach einer Woche verheilt, aber psychisch war sie gebrochen. Ihr Leben, früher großartig und reich durch die langen Gespräche mit Fjordur, hatte keinen Sinn mehr. Sie lag meistens draußen im Windfang, dort konnte sie unbeobachtet liegen und sich vor sich selbst schämen.

In der ersten Zeit ließ Fjordur sie in Ruhe. Schwermütige kommen normalerweise selber klar, das wusste er, und Miss Dietrich, die immer ein leichtes und helles Gemüt besessen hatte, würde sich bald erholen.

Aber sie erholte sich nicht. Und nachdem sie den Kopf fast einen Monat hängen ließ, begann Fjordur, sich sehr um sie zu bemühen. Er trug sie in die Stube und legte sie in die untere Koje, wo sie auch ihr Fressen und Wasser serviert bekam. Sie leckte dankbar seine Hände, guckte ihn nur kurz und traurig an und rollte sich zusammen – ohne allerdings wie sonst die Welt dadurch aussperren zu können, indem sie ihren Schwanz über Schnauze und Augen legte.

Fjordur sprach auch mit ihr – wie man mit einem Baby spricht, das noch nicht antworten kann. Er lobte sie in höchsten Tönen, weil sie sein Leben gerettet hatte, und er konnte sich auf den Kojenrand setzen, sie hinter den Ohren kraulen oder sein großes rotes Gesicht im Fell begraben und all die Kosenamen flüstern, die ihm einfielen. Nur ab und zu reagierte Miss Dietrich, indem sie einige Male mit dem imaginären Schwanz wedelte, aber meistens lag sie nur ganz still und augenscheinlich ganz unbeeindruckt da.

Dann kam eine Zeit, in der Fjordur das Stricken zugunsten des Nachdenkens aufgab. Er saß mit dem Rücken zur Stube, die bestrumpften Füße aufs Messinggeländer des Herdes gelegt, und überlegte, wie er den verlorenen Schwanz ersetzen könnte. Er wollte so gerne die stumme Miss Dietrich wieder sprechen lassen. Er erfand und konstruierte eine Prothese, die auf den lächerlichen Stumpf montiert werden konnte, aber als er es probierte, zeigte Miss Dietrich keinerlei Bereitschaft zur Zusammenarbeit. Sie lag nur da und starrte auf die Wand, an der ihr alter Schwanz hing – wie eine liebe Erinnerung, zwischen Fjordurs beiden Gewehren.

Eines Tages nun passierte etwas ganz Ungewöhnliches. Fjordur hatte gerade gegessen und gab mit einem gewaltigen Rülpser zu erkennen, dass er satt und zufrieden war. Er lehnte sich im Stuhl zurück und guckte hinüber zu Miss Dietrich, die den leckeren Hasenbraten nur beschnüffelt hatte, den er in ihre Schüssel gelegt hatte. Zufällig guckte sie im selben Augenblick zu ihm herüber. Und da geschah etwas zwischen den beiden: Sie guckten sich an, guckten sich weiter an und hielten den Blick solange aus, bis sie plötzlich merkten, dass sie miteinander sprachen: Eine gemeinsame Sprache war entstanden.

»Zum Teufel!« Fjordurs Augen strahlten vor Freude. »Wir reden miteinander, altes Mädchen. Verstehst du mich?«

Miss Dietrichs sonst so matten Augen wurden warm. Sie drehte die gelben Pupillen nach oben und zur Seite, dadurch verstand Fjordur natürlich sofort, dass sie ihn hörte und glücklich war. Miss Dietrich baute den Wortschatz aus, sie schickte einen blitzschnellen Blick zum Fressnapf und senkte danach halb ihre Augenlider.

»Ja, du solltest dich schon schämen«, lächelte Fjordur, »solch ein schöner, kleiner Hase. Friss jetzt, meine Liebe, dann wirst du wieder gesund.«

Miss Dietrich legte den Kopf schief und guckte Fjordur aus den Augenwinkeln an. »Ja, du bist ein Schalk, das bist du«, lachte Fjordur, »nun friss man alles auf, dann können wir richtig zusammen plaudern.« Er setzte sich auf die Koje und hatte wieder dieses gute alte Gefühl von Glück und Ewigkeit.

Lange Zeit danach legte Fjordur dem Grafen und Rechtsanwalt Volmersen, die nach Hauna zum Kartenspielen gekommen waren, Folgendes dar: »Wie ihr beiden gelehrten Burschen ja wisst, gibt es eine Menge Sprachen auf der Welt, und man kann sie nicht alle lernen. Und da das so ist, sind Worte verdammt beschwerlich. Sie hindern uns daran, mit anderen Wesen in Verbindung zu treten, die nicht genau die gleiche Sprache wie wir besitzen. Wenn ihr meine ehrliche Meinung hören wollt, dann ist die Sache, mit Worten zu sprechen, richtiger Mist. Wir haben doch eine Menge anderer Möglichkeiten, um uns auszudrücken.«

»Welche?«, erkundigte sich Volmersen interessiert.

»Alles, was von innen kommt«, antwortete Fjordur, »ist doch fast international, nicht wahr? Ein Watussi-Mann in Afrika meint genau das Gleiche wie ich. In dem Augenblick, in dem er es aus seinem Hals mit einem seltsamen Laut hervorwürgt, dann gehts schief, versteht ihr? Solange er es in sich behält, solange haben wir beide die gleiche Sprache. Und wer zum Teufel sagt denn, dass alles aus dem Mund heraus muss?«

»Ich glaube, ich weiß, worauf du hinauswillst«, antwortete der Graf nachdenklich. »Das ist also die Weise, mit der du dich mit Miss Dietrich unterhältst?«

»Ob es nun der Schwanz ist oder die Augen, das ist piepegal«, nickte Fjordur. »Das Wichtigste ist, dass wir uns verstehen und uns Zeit lassen, einander zu erklären.«

»Es ist ja gar nicht sicher, dass jeder Mensch diese Gaben besitzt«, meinte Volmersen. »Du bist sicher besonders begabt in dieser Beziehung, Fjordur.« Er guckte hoch zur oberen Koje, wo Miss Dietrich lag, mit freier Aussicht auf den Tisch. Er fing ihren Blick auf, aber sie hatte ihm nichts zu sagen.

»Ich glaube«, sagte der Graf mit einem leisen Lächeln, »dass du und Miss Dietrich, die dort oben liegt mit der Aussicht auf meine und Volmersens Karten, die Gabe einer reichen Sprache habt.«

Fjordur wurde rot und starrte fest auf seine Karten. Er hatte den ganzen Abend Glück im Spiel gehabt, obgleich er dafür bekannt war, beim Kartenspiel ziemlich ungeschickt zu sein.

Miss Dietrich wandte ihren Blick zur Zimmerdecke, als sie seine Verlegenheit bemerkte. Einen Augenblick danach sprang sie auf den Fußboden und legte sich unter den Tisch, mit dem Kopf auf einen von Fjordurs Strohschuhen.

El dedo del diablo

Einige Jahre nach Lauses Amerikareise bat Siverts um einen neuen Fangpartner, weil er meinte, dass es in der Blaesehütte doch etwas einsam geworden war. Es glückte dem Direktor der Fangkompanie, einen verdienten Jäger anzuheuern, der als Nachweis für seine Tauglichkeit ein Empfehlungsschreiben des kolumbianischen Jagd- und Forstministeriums vorweisen konnte.

Nun wollte es der Zufall, dass das Eis gerade in diesem Jahr Kap Thompson und Bjørkenborg fest im Griff hatte und darum der erste Landgang die Blaesehütte war, wo der neue Fänger abgesetzt werden sollte.

Siverts, der sich darauf vorbereitet hatte, zu Mads Madsen zu reisen, um seinen Partner dort abzuholen, wurde sozusagen im Schlaf überrascht. Die Dampfpfeife der *Veslemari* weckte ihn eines frühen Morgens. Schlaftrunken torkelte er aus der Koje ans Fenster, wo er das erste Schiff des Jahres direkt auf die Station zudampfen sah.

Eilig räumte er die Stube auf, setzte die Kaffeekanne auf den Herd und machte alles schön und ordentlich für die Ankunft der Gäste. Denn natürlich rechnete er damit, dass man zahlreich an Land kommen würde.

Siverts hatte alles gerichtet und stand am Strand, als Kapitän Olsen die Maschinen stoppte und eine Jolle zu Wasser brachte. Sie wurde zur großen Verwunderung des einsamen Fängers nur mit einigen Matrosen bemannt – und einem langen, knochigen Kerl, der sich ins Heck setzte, einen gewaltigen Rucksack auf dem Schoß. »Das muss mein Arbeitskollege sein«, dachte Siverts, »merkwürdig, dass Olsen nicht mitkommt, um ihn vorzustellen.«

Die Jolle lief knirschend an den Strand, und der Fremde sprang von Bord. Er gab Siverts förmlich die Hand und setzte ein breites Lächeln auf.

»Hola, amigo«, rief er dröhnend, obgleich Siverts direkt vor ihm stand. »Herrliches Wetter hier oben, fast so wie zu Hause in Tierra frio.« Er begann, Siverts die Sachen herauszureichen.

»Wo ist Olsen?«, fragte Siverts. »Kommt er nicht an Land?«

Der Fremde schüttelte den Kopf. »Diesmal nicht. Olsen hat Feuer im Hintern«, teilte er mit, »muss weiter stromabwärts zu einem Jäger, der Madsen heißt. Sagte, er will versuchen, sich durch die Hintertür einzuschleichen.«

Siverts nickte verständnisvoll. Olsen wollte durch den Fjord nach Kap Thompson, weil das Eis draußen auf dem Meer aufs Land presste. Er würde sicher versuchen, so schnell wie möglich seine Ladung zu löschen.

Als das Gepäck des Fremden an Land gebracht war, legten sich die Matrosen in die Riemen zurück zur *Veslemari*. Die Jolle hing kaum in den Davits, als Olsen die Maschine volle Fahrt gehen ließ und langsam den Bug auf das flache Yverland richtete. Siverts sah die große, schwarze Wolke, die aus dem Schornstein quoll, und er hörte, dass Olsen die Dampfpfeife dreimal zum Abschied betätigte. Es war ein seltsamer Schiffsbesuch, meinte er, eigentlich kein richtiger. Er drehte sich um zu seinem Arbeitskollegen.

»Ja, willkommen in der Blaesehütte«, sagte er freundlich. »Ich sollte dich sicher erst einmal etwas herumführen.«

»Bueno«, antwortete der Mann. »Ich bin El dedo del diablo, haha, des Teufels Zeigefinger. So nennen mich meine Freunde, weil ich einen verdammt schnellen Finger am Abzug habe.« Er krümmte seinen rechten Zeigefinger einige Male vor Siverts Nase. »Aber du kannst mich Don Svendsen nennen, wie meine besten Freunde.«

Siverts nickte und nannte seinen Namen. Er wies auf das Reisegepäck. »Hör mal, jetzt packe ich mal eben mit an«, bot er an.

»Muchas gracias, amigo. Die beiden da kannst du vielleicht unter den Arm nehmen, dann hebe ich dir den Rucksack auf den Rücken.«

Siverts war sehr gespannt, was Don Svendsen im Rucksack hatte. Der war schwer wie Blei, kalt wie Eiswasser, und sein Inhalt rieb sich unabhängig mit einer seltsamen, gleitenden Bewegung an seinem Rücken. Er mochte nicht fragen, jetzt, wo Svendsen gerade erst angekommen war, denn was ein Mann in seinem Rucksack hat, ist ja eigentlich auch Privatsache.

Auf dem Weg hinauf zur Hütte wies Siverts stolz auf das frei stehende Örtchen hin.

»Das ist also der Abtritt«, sagte er. »Wir nennen ihn Lauses Denkmal.«

»Ein Lokus? Verdammt auch.« Don Svendsen blieb überrascht stehen und betrachtete das Gebäude kritisch. »Ich kann mich nicht erinnern, in den letzten zwanzig Jahren auf so etwas gesessen zu haben.«

»Du darfst das Ding gern benutzen«, sagte Siverts entgegenkommend. »Der Schlüssel hängt an einem Nagel unterm Fenster, ich zeige ihn dir, wenn wir in der Hütte sind.« Er ging weiter. »Übrigens ist es der einzige Lokus in Nordostgrönland. Es war die Idee meines vorigen Arbeitskollegen, weißt du.«

»Vielleicht eine Überraschung«, murmelte El dedo del diablo. »Ich bin nicht so sehr für das Gesittete, amigo, und bin mit einer bestimmten Erwartung in dieses Land gekommen.«

»Ja, aber mal abgesehen vom Lokus sind wir wirklich nicht sehr zivilisiert«, versprach Siverts, »und es besteht überhaupt kein Zwang in Bezug auf das Haus da.«

Sie gingen hinein. Siverts ließ den Rucksack auf den Fußboden plumpsen, und er hätte schwören können, ein schwaches Jammern aus seinem tiefen Innern gehört zu haben.

Don Svendsen legte seine Siebensachen auf die obere Koje, die ihm zugewiesen wurde, setzte sich an den Tisch und fing an, seine Gamaschen abzuwickeln.

»Herrlich, wieder auf festem Boden zu stehen«, sagte er. »Ich habe eine Heidenangst vor dem Meer. Es ist wie eine Frau, amigo, launisch und treulos.« Er legte den Lederstreifen der rechten Gamasche sorgfältig zusammen.

»Ich war mal verheiratet«, erklärte er, »deshalb weiß ich, wovon ich rede.«

»Ach ja«, entgegnete Siverts interessiert. Mehr sagte er nicht, denn er wollte nicht aufdringlich wirken.

»Si, amigo. Eine kleine puta aus der casa de la Santa Marta. Schwarz wie die Sünde, das war sie, aber sehr leidenschaftlich und mit dem Aussehen einer großherzigen Jungfrau.« Er beschrieb die Formen seiner Frau mit den Händen in der Luft – dermaßen plastisch, dass Siverts sich dabei ertappte, dass er rot wurde. »Eine Frau, hombre«, fuhr er fort, »die mich ans Bett fesselte und mich am Fortkommen hinderte.«

»Warst du auf dem Weg irgendwohin?«, fragte Siverts.

Don Svendsen nickte. »Ging im Sturmschritt die soziale Rangordnung hinauf«, antwortete er. »Aber dann traf ich Dolores Ramonaz, so hieß sie, und damit war es dann auch vorbei mit dem Aufstieg. Ich war damals übrigens Vorarbeiter im Hafen von Santa Marta.«

Er legte seine Gamaschen auf den Tisch. »Ich habe immer eine Schwäche für Frauen gehabt, amigo, aber ich habe sie nie so richtig an der Leine gehabt. Ich bin zu weich, weißt du, und sie nutzen das aus.« Er saß ein wenig in Gedanken. Dann hob er den Kopf und lächelte breit. »Man sagt, hier oben gibt es keine Frauen, stimmt das?«

»Vor sechs Jahren hatten wir Besuch, eine englische Dame«, entgegnete Siverts. »Wir gingen ein bisschen auf die Jagd mit ihr. Aber nach ihr war es hier richtig friedlich.« Er stand auf. »Möchtest du eine Tasse Kaffe, Svendsen?«

»Ja, gerne. Kaffee trinke ich gewöhnlich eimerweise.«

Siverts nahm die summende Kanne vom Herd. »Wir können ihn immer noch ein bisschen verdünnen, wenn du meinst, dass er zu stark ist.« Er schenkte Svendsen ein. »Ich habe nämlich eine Flasche Aalborg Aquavit, die ich für feierliche Anlässe aufbewahrt habe.«

Don Svendsen guckte in die Kaffeetasse. »Tja, so trinkt man ihn eigentlich auch nicht.« Er steckte prüfend einen Finger in die Tasse. »Zu Hause in Columbia trinken wir ihn so stark, dass die Tasse am Finger hängen bleibt, wenn ichs so wie gerade eben mache. Hast du was von verdünnen gesagt?«

Sie saßen einen Augenblick und guckten sich an. Ab und zu nahmen sie einen Schluck Kaffee, und dann und wann gab Siverts einen Schuss Schnaps in die Tassen. Dann redeten sie ein wenig übers Wetter und waren sich einig, dass es ausgezeichnet sei. Noch etwas kalt für die Jahreszeit, aber sonst ganz ausgezeichnet. Dann trat eine Pause ein, eine lange und fast hallende Pause, während der beide verzweifelt versuchten, ein Thema zu finden. Mitten in der Pause plumpste Don Svendsens Rucksack aus der oberen Koje auf den Fußboden.

»Madre Madonna«, schrie Svendsen bestürzt. Er fuhr auf und sprang zum Rucksack.

»Ay, ay, Magdalenachita. Nein, chiquita, habe ich dich ganz vergessen? Nein, alter Freund, haha, warte nur, ich mache den Rucksack auf. Du kleiner Räuber. Jetzt kannst du herauskommen, vamos, vamos muchacha.«

Er trat einige Schritte zurück, und Siverts beugte sich neugierig über den Tisch, um zu sehen, was aus dem Rucksack herauskam.

»Das ist Señorita Magdalena«, stellte Don Svendsen mit einer Stimme vor, die vor Stolz bebte. »Sie ist nach dem Rio Magdalena genannt, wo sie geboren ist.«

Siverts glotzte, dass ihm die Augen bald aus den Höhlen traten. Er spürte, wie seine roten Haare zu Berge standen, er bekam einen Anfall von Schüttelfrost und hatte den unbändigen Drang zu schreien. Denn aus dem Rucksack glitt Meter für Meter eine grau-grüne armdicke Schlange.

Sie zischelte einschmeichelnd, während sie Don Svendsens langen, mageren Beinen zustrebte, um die sie sich liebevoll ringelte – dort, wo vor einem Augenblick noch die Gamaschen gewesen waren.

»Sie liebt den Hautkontakt«, flüsterte El dedo del diablo gerührt, »darum habe ich auch meine Gamaschen abgelegt, hay compreso? Ja, ja, meine Kleine, jetzt ist die Reise beendet, und jetzt werden wir uns hier bei Señor Siverts, den du auf der anderen Seite des Tisches siehst, richtig einrichten.«

Señorita Magdalena hob gehorsam den Kopf über den Tisch, um ihren Wirt zu begrüßen, aber sie sah lediglich einen umgekippten Stuhl und die Rückseite eines Islandpullovers, der hastig durch die Tür verschwand.

Man hielt einen Fängerrat in Kap Thompson ab. Obgleich die Fracht der *Veslemari* noch nicht gelöscht war und Olsen ins Megafon brüllte und mit der Dampfpfeife lärmte, ließ man die Ladung bleiben und richtete auf der Stelle einen Fängerrat ein, um Siverts' verzweifelte Situation zu beraten.

Mads Madsen machte den Anfang. »Wir ihr seht«, leitete er ein, »da sitzt Siverts und hat völlig die Nerven verloren. So hat ihn auch noch keiner von uns gesehen. Es gehört, wie ihr alle wisst, sehr viel dazu, Siverts, der immer ruhig und beherrscht ist, umzuwerfen. Aber jetzt ist er geflüchtet, und für mich ist es das erste Mal, dass jemand von der Blaesehütte flüchtet.«

Mads Madsen hängte die Daumen in die Armausschnitte seiner Robbenfellweste und stolzierte vor der Bank auf und ab. Er blickte von Gesicht zu Gesicht und ließ seine Augen schließlich auf dem unglücklichen Siverts ruhen, der mit halber Backe auf dem äußersten Bankrand saß.

»Siverts hat einen neuen Arbeitskollegen bekommen«, fuhr Mads Madsen fort, »eine eigenartige Person, die – soweit Siverts begriffen hat – sich viele Jahre lang im Ausland aufgehalten hat.« Siverts nickte zustimmend und nahm dankbar einen Priem, den ihm Funker Mortensen anbot.

»Nun sollen wir nicht schon anfangen, über einen Mann zu spekulieren, der sich des Teufels Zeigefinger nennt (ein zunehmendes Murmeln unter den Zuhörern) und sonst Svendsen heißt, ob er ein Blindgänger ist oder nicht. Es ist zu früh nach nur ein paar Tagen hier an der Küste. Und wie Siverts sagt, hat er sich auch manierlich aufgeführt in der Zeit, die sie zusammen waren. Aber – (alle guckten ihn gespannt an, und Mads Madsen dehnte die Kunstpause aus, sodass selbst Valfred, der im Heidekraut, ein Stück von der Bank entfernt, vor sich hindöste, den Kopf hob) – aber«, wiederholte Mads Madsen, »dieser Fänger Svendsen hat ein Haustier mitgebracht, das Siverts nicht gutheißen kann: eine Schlange von ansehnlicher Größe.« Er blickte auf Siverts. »Wie lang ist sie ungefähr?«, fragte er.

Siverts zuckte mit den Schultern. »Ja, das kann ich nicht mit Sicherheit sagen. Sie war dicker als meine Oberarme, und lang war sie auch, denn als ich die ersten vier Meter aus dem Rucksack kommen sah, bin ich abgehauen.«

Ein lautes Murmeln und Flüstern kam von der Bank. Mads Madsen brachte die Versammlung durch eine Handbewegung zum Schweigen.

»Aber die Farbe, Siverts. Hast du gesehen, welche Farbe sie hatte?«, fragte er und schickte gleichzeitig einen strengen Blick über die immer noch brummende Bank.

»Sie war wohl grün mit solch einem gelben Muster«, entgegnete Siverts. »Ich habe sie mir nicht so lange angeguckt. Aber ich glaube, dass da so eine Fläche war, wie bei einem Autoreifen, über den ganzen Rücken.«

»Und du bist sicher, dass sie lebte? Denk nach, bevor du antwortest. Es kann ja solch ein mechanisches Ding gewesen sein, das Svendsen mitgebracht hat, um sich einen Jux zu machen.«

»Das war kein Jux«, versicherte Siverts. »Sie zischelte unheimlich, als Svendsen mit ihr redete, und als ich den Rucksack zum Haus hinauf trug, merkte ich, dass sie sich an meinem Rücken rieb.« Bei dieser Erinnerung trat ihm der kalte Schweiß auf die Stirn.

»Dann gehen wir davon aus, dass sie sowohl echt als auch lebendig ist«, sagte Mads Madsen. »Aber selbst wenn sie lebendig ist, Siverts, so ist doch nicht sicher, dass sie auch gefährlich ist. Sie ist vielleicht ein Kuscheltier, du wirst nach einiger Zeit richtig froh sein, sie im Haus zu haben.«

Siverts erstarrte. »Ich gehe auf keinen Fall zurück«, flüsterte er heiser. »Lieber wohne ich den Rest des Winters im Zelt als mit solch einer Midgardschlange unter einem Dach.«

»Hm.« Mads Madsen nahm seine Wanderung wieder auf. »Vorschläge?«, fragte er.

»Siverts kann gerne bei uns wohnen«, sagte Herbert. »Nicht, Anton?«

»Natürlich«, Anton guckte Siverts mitleidig an. »Du bist jederzeit willkommen.«

»Wir können ihn auch aufnehmen«, sagte Bjørken. »Wie ihr vielleicht noch wisst, hatten wir einmal einen Doktor der Zoologie bei uns wohnen. Wir haben schon Platz für noch einen.«

Siverts sah seine Freunde dankbar an. »Am liebsten möchte ich zur Blaesehütte zurück«, sagte er, »weil man sich zu Hause am wohlsten fühlt, nicht?«

Mads Madsen sagte verständnisvoll: »Dazu muss man nichts sagen, Siverts. Was glaubt ihr, wie man sich fühlt, wenn man von einem fremden Mann und seiner Seeschlange von zu Hause weggejagt wird. Siverts muss wieder nach Hause, die Sache ist klar. Aber weil doch Herbert und Bjørken so viel Platz haben, können sie Svendsen und seinen langen Kameraden aufnehmen. In diesem Fall wäre das Problem gelöst.«

Keiner der Angesprochenen äußerte sich.

Der Graf, der in Gedanken damit beschäftigt war, das Gericht dieses Abends zusammenzustellen und deshalb nur mit halbem Ohr zugehört hatte, fragte seinen Kollegen, den Rechtsanwalt Volmersen: »Was ist das für ein Gerede über Schlangen, Volle? Ist eine Schlange an die Küste gekommen?«

Volmersen flüsterte zurück: »Nach dem, was Siverts erzählt, ist eine zehn Meter lange Schlange in der Blaesehütte aufgetaucht.«

»Das klingt interessant«, nickte der Graf, »die würde ich gerne sehen, recht ungewöhnlich hier oben, meine ich.«

Mads Madsen blieb vor dem Grafen stehen. »Aha, du würdest sie gerne sehen, Graf. Das haben wir gleich. Ich schlage nämlich vor, dass wir eine Abordnung zur Blaesehütte schicken, die das Ungetüm in Augenschein nimmt und ein ernstes Wort mit dem Fänger Svendsen redet. Gibt es noch Freiwillige außer dem Grafen?«

Volmersen hob augenblicklich seine Hand.

»Noch einige?«

»Tja, ich kann ja auch mitgehen«, antwortete Fjordur. »Wie ist es mit dir, Lodvig?«

Lodvig zuckte mit den Schultern. »Wenn ihr meint, dass es notwendig ist, so zahlreich anzutreten, dann gehe ich mit«, entgegnete er.

»Vier Mann sind genug«, sagte Mads Madsen. »Ihr könnt Volmersens Boot nehmen, das ist am schnellsten. Ich ersuche euch, direkt wieder hierher nach Kap Thompson zu kommen und Bericht zu erstatten. Wir anderen werden in der Zwischenzeit die Ladung der *Veslemari* löschen und eure Vorräte verteilen.« Er klatschte ein paarmal in die Hände. »Und jetzt, meine Herren, ist das Treffen beendet. Wenn wir uns beeilen, glaube ich, können wir bis Mittag mit allem Zubehör draußen bei Olsen sein.«

Don Svendsen freute sich über den Besuch. Er bedauerte aufrichtig

Siverts' Flucht und äußerte den Wunsch, dass dieser bald wieder zu seiner Station zurückkehren werde. Señorita Magdalena sei wirklich nichts, vor dem man weglaufen müsse.

»Sie ist die liebenswerteste Schöpfung der Erde«, sagte er und schickte eine Kusshand hinauf zur oberen Koje, wo Klein Lena zusammengerollt lag und gerade einen von Siverts' Hunden verdaute, den sie an diesem Vormittag verschlungen hatte.

Der Graf ging hin, um sich das Tier anzusehen. »Eine sehr schöne und ungewöhnlich große Schlange«, sagte er. »Wie heißt diese Art?«

»Königsschlange«, antwortete Don Svendsen. »Und ich verrate nicht zu viel, wenn ich sie die Königin der Königsschlangen nenne, caballeros. Geh ruhig näher, sie beißt nicht, haha, sie würgt nur.«

Der Graf ergriff den Rand der oberen Koje und zog sich hoch. Magdalena hob träge den Kopf und starrte ihn an.

»Kraul sie zwischen den Augen«, forderte Don Svendsen ihn auf, »das mag sie am liebsten, nicht, Mallechita?«

Der Graf ließ sich nach unten fallen. Er verspürte nicht die geringste Lust, die Schlange zwischen den Augen zu kraulen.

Lodvig und Fjordur rutschten auf ihren Stühlen unruhig hin und her. »Äh, bei allem Respekt vor deinem Feuerwehrschlauch da oben, Kamerad, ich kann doch verdammt verstehen, dass sich Siverts aus dem Staub gemacht hat«, murmelte Fjordur.

Lodvig guckte schaudernd auf das Biest. »Ich würde nie wagen, mich mit solch einem Ungeheuer in der Koje schlafen zu legen. Ich ziehe solche mit vier Beinen und Fell und gebogenem Schwanz vor.« Er dachte sehnsüchtig an Laban.

»Sie ist im Übrigen der ruhigste Schlafgenosse, den man sich denken kann«, verteidigte Don Svendsen seinen Schützling. »Das Einzige, mit dem ich sie ein bisschen aus der Fassung bringen kann, ist, wenn ich eine donna mit ins Bett nehme. Da zieht sie eine Grenze, denn sie ist furchtbar eifersüchtig.« Er schenkte seinen neuen Freunden ein breites Lächeln. »Und dafür bin ich ihr ewig dankbar, haha, denn so habe ich mich von meiner Frau gelöst. Als ich zu Santa Marta kam mit meiner kleine Lena, hatte ich sofort die Scheidung am Hals, ohne mich überhaupt darum bemüht zu haben.«

»Eine sehr interessante Sache.« Volmersen, als Advokat in vielen Scheidungssachen erfahren, beugte sich neugierig über den Tisch. »Hat dich deine Frau dann so ohne weiteres verlassen?«

Svendsens Lächeln wurde breiter. »Sie hatte von gewissen Gerüchten gehört«, sagte er, »und ich muss zugeben, dass Klein Lena ein Reibeisen sein kann, wenn sie will.«

»Gewisse Gerüchte?« Volmersen guckte ihn fragend an. »Darf man fragen, um welche Gerüchte es sich gehandelt hat?«

»Ich weiß nicht so genau.« Svendsen kratzte sich zweifelnd im Nacken. »Das Beste ist wohl, wenn ich meine große Klappe halte. Denn es gibt ja immer verschiedene Auffassungen von allem, nicht wahr? Wenn ich die Gerüchte erzählen würde, die tatsächlich der Wahrheit entsprechen, dann könntet ihr leicht misstrauisch gegenüber Magdalena werden.«

»Ich bin Rechtsanwalt«, entgegnete Volmersen, »und ich habe nie meine Schweigepflicht gebrochen.«

»Wenn es so ist, dann muss ich kein Geheimnis aus der Geschichte machen«, räumte Svendsen ein, »aber wie ist es mit den anderen?«

Lodvig, Fjordur und der Graf versprachen hoch und heilig, kein Wort von dem weiterzugeben, was er ihnen anvertraute. Und so fing Svendsen an.

»Ihr müsst verstehen, ich bekam sie von einem Franzosen, der sie großgezogen hatte«, begann er. »Sie war wohl einen Meter lang, als er die arme, mutterlose Kleine am Rio Magdalena fand. Eine kleine und jungfräuliche Seele war sie, die er in seiner Einsamkeit mit in die Koje nahm, um die Horden von Ratten fern zu halten, die normalerweise die Kojen nachts heimsuchen.

Sie kamen gut miteinander aus, die beiden. Magdalena gewöhnte sich an die Bettwärme des Mannes, und bald konnte sie sich gar nicht mehr vorstellen, woanders als in seiner Koje zu schlafen.«

»Sehr sympathisches Verhältnis«, meinte der Graf.

»Ja, nicht wahr?« Don Svendsen guckte den Grafen wohlwollend an. »Sie ist ein liebes Wesen, die Kleine, schmiegt sich so eng an einen, wenn man sich hingelegt hat, und es ist phänomenal, wie sie alle Arten von Ungeziefer fern hält.«

»Ihre Frau wurde auch eifersüchtig?«, erkundigte sich Volmersen.

»Na ja, das kann man eigentlich nicht sagen. Sie wurde mehr steif vor Schreck auf Grund dieser Gerüchte. Es war nämlich so, dass dieser Franzose Schwierigkeiten hatte, ohne Geschlechtsverkehr auszukommen. Und dazu taugt Magdalena ja nicht so richtig. So passierte es, dass er an einem Tag, als es ihn quälte, ein Mädchen von den Ochoris in irgendeiner weit entfernten Stadt aufschnappte. Sie war jung und scharf und hatte nichts dagegen, mit ihm in seine Hütte zu kommen. Er war so eine Art Kaufmann, der mit Gummistopfen handelte, compreso?«

Seine Zuhörer nickten verständnisvoll, und er fuhr fort.

»Wie ihr sicher verstehen werdet, war kein Platz im Bett für die Liebenden und eine Boa, also wurde Magdalena auf den Fußboden geschickt, wo sie sich dann auch beruhigte, nachdem sie ausgiebig die Rivalin angezischt hatte. Sie, also Magdalena, war zu diesem Zeitpunkt etwas kürzer als heute, so ungefähr vier Meter – sie wird auch leider nicht viel länger als fünf Meter. Will man eine richtig große Schlange haben, muss man sich eine Wasserboa anschaffen.

Ja, also, der Franzose trieb es mit dem Mädchen die ganze Nacht, und er schlief erst gegen Morgen ein, kaputt wie ein Hund. Als seine Lebensgeister vormittags erwachten und er die nächtlichen Übungen wieder aufnehmen wollte, stellte er fest, dass er Magdalena umarmte. Haha, eine schöne Überraschung, was?«

Lodvig seufzte tief. »Eher ein Schock«, meinte er.

Don Svendsen setzte den Stuhl ein Stück vom Tisch weg und legte die Beine übereinander. »Nee, hombres, der Schock kam erst, als er über den Kojenrand nach dem Indianermädchen spähte. Sie lag auf der Türschwelle und war erwürgt und tot.« Er schwieg, und die Männer guckten entsetzt zur oberen Koje. Don Svendsens Stimmte bebte vor Bewegung, als er sagte: »Sie ist so schrecklich eifersüchtig, die arme Kleine. Ihr könnt euch nicht vorstellen, welch starke Gefühle sie hat.«

»Aber«, frage Fjordur, »wie kommt es, dass sie bei dir ist?«

»Das kommt noch, amigo. Jetzt erst einmal alles in der richtigen Reihenfolge«, antwortete Don Svendsen. »Der Franzose war ein richtiger Franzose, wisst ihr, und die sind immer verdreht. Er konnte die Warmblütigen nicht lange entbehren. Und als Magdalena drei seiner jungen Freundinnen erwürgt hatte, begannen die Gerüchte in den Dörfern herumzuschwirren, und es wurde für ihn ganz unmöglich, jemand ins Bett zu kriegen. Dann geschah es, dass ich auf der Durchreise vorbeikam, und aus irgendeinem sonderbaren Grund fasste Magdalena für mich Sympathie und ringelte sich schon am ersten Abend, an dem ich im Geschäft war, um meine Füße.«

»Liebe auf den ersten Blick«, seufzte Lodvig.

»Si, si, beruht auf Gegenseitigkeit, wenn ich das sagen darf. Ich kaufte sie von dem Franzosen für ein Kanu und ein Paar schöne Stiefel aus Argentina, und seit diesem Abend sind wir durch dick und dünn gegangen. Sie holte mich aus einer Ehe heraus, die mein Tod geworden wäre, und hat mir auch in vielen anderen Fällen regelrecht mein Leben gerettet.«

»Sehr interessant«, meinte der Graf. »Was sagst du dazu, Volmersen?«

»Ich bin sicher, als Scheidungsgrund ist Fräulein Magdalena einzigartig«, entgegnete Volmersen, »aber recht verstanden«, fügte er hinzu.

»Was meinst du eigentlich damit, dass sie dir dein Leben gerettet hat?«, fragte Fjordur. »Wie kann solch ein vergrößerter Lampenputzer einem das Leben retten, ganz davon abgesehen, dass man ja eigentlich heilfroh sein muss, wenn man nicht erwürgt worden ist – immer, wenn man morgens die Augen aufschlägt.«

Don Svendsen mochte das Wort Lampenputzer nicht, und er warf Fjordur einen kühlen Blick zu. »Ich höre schon, dass du nicht viel von den Kaltblütern verstehst«, sagte er spitz, »aber um der Wahrheit die Ehre zu geben, verlasse ich mich mehr auf Magdalena als auf irgendeinen Zweibeiner. Sie hat ihr Futter mit mir geteilt, mich gegen die wilden Tiere des Dschungels beschützt und nicht zuletzt die Indianer daran gehindert, mir vergiftete Pfeile in den Hintern zu blasen.«

»Bemerkenswert«, murmelte Rechtsanwalt Volmersen. »Darf man um einige Beispiele bitten, Don Svendsen?«

Svendsen stand auf und holte die Kaffeekanne. »Ich will gerne von einem Fall erzählen, wenn jemand von euch mir dafür verrät, wo Siverts' Branntweinflasche steht.«

Lodvig ging und zog die Flasche aus der Wassertonne. »Das ist die sicherste Stelle«, erklärte er, »kein Teufel kommt auf die Idee, Branntwein in einer Wassertonne zu suchen.«

Sie bekamen Kaffee und verdünnten ihn mit Schnaps. Und dann erzählte Don Svendsen.

»Ich wanderte einmal in den bewaldeten Bergen an einem der Nebenflüsse des Atrotaflusses. Man sagte, dass Gold in einem der Wasserläufe wäre, und das Wort Gold hatte für mich immer eine magische Anziehungskraft. Ich hatte mich durchs Dschungeldickicht gekämpft, sechzehn Tage lang. Und wenn ich sage gekämpft, dann meine ich genau, was ich sage. Hat einer von euch schon einmal versucht, durch den Dschungel zu wandern?«

Es gab keinen, der es versucht hatte, und Don Svendsen sah, dass er grünes Licht für eine ausführliche Beschreibung hatte. »Eine schwefelgelbe, dampfende Hölle mit Milliarden stechender Insekten. Eine quälende feuchte Wärme, die man Tag und Nacht ertragen muss, Spinnen und Skorpione so groß wie die Fäuste eines erwachsenen Mannes, Milben, die durch die Stiefel dringen und die Zehennägel fressen, Wanzen, die sich unter die Haut arbeiten, wo sie dann anschwellen, so groß wie Apfelsinen, Giftschlangen in allen Größen und Färbungen. Muss ich mehr sagen? Eine Hölle, amigos.« Er nickte langsam und viel sagend, bevor er fortfuhr:

»Aber wenn El dedo del diablo das Wort Gold gehört hat, dann läuft er gerne durch solch eine Hölle, um ans Ziel zu kommen. Denn Gold, amigos, ist das Einzige, das wirklich etwas in diesem Dasein bedeutet, wenn man sonst gesund ist. Könnt ihr euch etwas Schöneres als Gold vorstellen? Kleine, glitzernde Körner, ganze Klumpen, in Tüten, Säcken, ja, ganze Kanulasten von Gold? Eines Tages finde ich eine Goldader, darauf könnt ihr euch verlassen. Ich weiß, dass sie irgendwo auf mich wartet, und darum bin ich hellwach, wenn das Wort Gold fällt.«

Lodvig guckte sich des Teufels Zeigefinger mit unverhohlener Verwunderung an. Der Mann hatte etwas Vertrauen erweckendes, wenn er erzählte. Jeder konnte hören, dass es alles Lügen waren, aber er erzählte die Geschichte überzeugend und mit Begeisterung, dass man den Eindruck hatte, er glaubte jedenfalls selbst daran.

»Du, Svendsen, wenn man von einer Giftschlange gebissen wird«, fragte Lodvig, »dann stirbt man doch sofort?«

»Das kannst du aber glauben«, antwortete Don Svendsen, »jedenfalls, wenn man ein Greenhorn ist.« Er rollte einen Hemdsärmel hoch und zeigte ihnen eine Reihe kleiner, weißer Narben. »Das sind Schlangenbisse«, erklärte er, »und dass ich hier noch unter euch sitze, verdanke ich nur meiner Schnelligkeit.«

»Wieso?«, fragte Fjordur.

»Dschungelgewohnheit«, entgegnete Don Svendsen. »Ich bin schneller als blitzschnell, amigo, und ich fühle die Nähe einer Schlange schon im Abstand von einem Meter. Wenn sie mich beißt, dann besteht sie praktisch schon aus zwei Hälften, bevor sie ihr Gebiss aus Don Svendsens Fleisch wieder herauszieht.«

»Aber dann hast du doch das Gift in dir«, beharrte Lodvig. »Warum stirbst du nicht auf der Stelle?«

Don Svendsen lachte kopfschüttelnd. »Madre mia, man merkt, dass du nie in einem tropischen Regenwald warst, hombre. Bevor das Gift im Blut herumsaust, hast du natürlich mit deiner Machete einen Schnitt in den Arm gemacht, die Schlange enthäutet und die Wunde mit dem Fett eingerieben, das direkt unter ihrer Haut sitzt.«

»Und das, verdammt, hilft wirklich?«

»Sonst säße ich nicht hier«, antwortete Don Svendsen. »Abgesehen von einigen Tagen Fieber, einer Woche Schwindel und einigen leichteren Krämpfen passiert nichts. Du musst wissen, dass in diesem Fett das Gegengift enthalten ist; die Schlange braucht es gegen ihr eigenes Gift. Aber das muss man natürlich wissen, wenn man sich im Dschungel sicher bewegen will.«

»Diese kleinen, weißen Punkte sind also Schlangenbisse?« Lodvig nickte verständnisvoll.

»Genau. Sie sind nicht so alt, die da. Ich hatte eine Menge damals.« Don Svendsen fing an, sein Hemd aufzuknöpfen, aber ließ es dann. »Die verschwinden allmählich«, sagte er.

»Aber der Schnitt mit dem Messer«, fragte Fjordur misstrauisch, »der muss doch eine hässliche Narbe geben?«

»Eine Machete ist scharf wie ein Rasiermesser«, erwiderte Don

Svendsen schnell, »und ein Rasiermesser macht, wie man weiß, keine Narben.«

Er wandte sich den anderen zu. »Na, der Dschungel, caballeros, ist kein Ort, wo man so einfach eine kleine Promenade machen kann. Alles, was ich gerade erzählt habe, sind nur Kleinigkeiten. Die wirklich gefährlichen Tiere habe ich noch mit keinem Wort erwähnt, und wie ich mich erinnere, waren wir noch gar nicht bei den Indianern.«

Fjordur der Fänger, der in der Hudson Bay gewesen war, guckte ihn überrascht an.

»Die Indianer«, rief er, »die sind doch nun wirklich nicht gefährlich.«

Don Svendsen runzelte die Stirn und guckte Fjordur scharf an. Da war etwas in der misstrauischen Visage des Isländers, das ihm nicht passte. »Ich weiß nicht, welchen Indianern du begegnet bist, hombre, aber ich nehme an, die waren von der Sorte, die du vom Indianerspiel kennst.«

»Es waren Swamy Cree und Shipewayan«, entgegnete Fjordur, »die konnten keiner Fliege ein Haar krümmen.«

Don Svendsen lachte. »Nee, das waren nordamerikanische, haha. Ja, die haben nicht mehr viel Biss. Sie sind harmlos, wie du schon sagtest, würden sogar Ratten verspeisen, wenn man sie darum bäte. Aber die, von denen ich rede, sind die Wilden in den Regenwäldern, die keine Fremden mögen und vor allem nicht uns Rosarote.«

»Davon solltest du ein bisschen erzählen«, bat Lodvig.

»Ich war gerade dabei, als ich unterbrochen wurde.« Don Svendsen warf Fjordur einen viel sagenden Blick zu.

»Einmal, vor vielen Jahren, fiel ich unter eine solche Bande Blut saugender Kerle. Die ersten Tage waren sie noch freundlich, weil ich sie dabei überrascht hatte, dass sie mit einer Boa lebten, die zu ihren heiligen Tieren gehörte. Aber eines Tages hatten sie Kaschiri aus gegorenem Maniok gebraut, und sie tranken, bis alle sternhagelvoll waren und dasaßen und wie die Hummeln summten. Am Abend setzten sie sich vor meine Hütte und fingen an, die Pfeile für ihre Blasrohre mit Curare zu bestreichen. Und da dachte ich: Jetzt musst du weiter, Don Svendsen, denn jetzt ists vorbei mit der Gastfreundschaft.

Und da gab es nur noch: ab durch die Rückwand mit der Señorita im Rucksack.«

Er blickte zärtlich hoch zur oberen Koje. »Ja, wir haben wirklich einiges zusammen erlebt, sie und ich. Und sie erinnert sich auch an alles so genau, nicht wahr, Boa-Mädchen?«

Die Schlange hob den ersten halben Meter ihres Körpers über den Kojenrand und schielte schläfrig zum Tisch hinunter. Der zylinderförmige Kopf schwang leicht hin und her, und die lange gespaltene Zunge wedelte wie ein kleiner hölzerner Taktstock.

»Bueno, hombres. Ich haute ab. Denn gegen vergiftete Pfeile ist kein Kraut gewachsen. Als wir gerade einen halben Kilometer im Dschungel waren, entdeckten sie, dass El dedo del diablo verschwunden war. Ich konnte ihr Geheul hören, als sie die Hütte durchsuchten, und solch ein Geheul beflügelt einen besonders. Man saust wie eine Rakete durchs dichteste Dornengestrüpp, springt wie ein Hase, das Herz im Halse.«

Fjordur nickte. Die letzte Bemerkung gefiel ihm gut. Denn ein Mann, der zugibt, dass er wie ein Hase erschrocken war, hatte trotz allem etwas Ehrliches an sich.

»Nun wusste ich«, fuhr Don Svendsen fort, »dass das Territorium des Stammes nur bis zum Aranjafluss reichte, der via Caguetálauf in den Amazonas etwas weiter südlich mündet. Auf der anderen Seite des Flusses waren die Los Fantasmos, einige Gespensterstämme, vor denen alle anderen Indianer große Angst hatten. Also nahm ich Kurs auf den Aranja, den ich einige Tage vorher überquert hatte.«

»Also, all dies Gemüse, durch das du dich durchhauen musstest«, fragte Fjordur, »konntest du wirklich bis dahin kommen?«

Don Svendsen guckte zur Decke. »Hör mal, hombre, wer zum Teufel kümmert sich um dichtes Gestrüpp, wenn er hunderte von Wilden am Hintern hat, jeder mit seinem Giftpfeil im Blasrohr?«

»Na ja«, Fjordur nickte verständnisvoll, »das macht natürlich was aus, daran habe ich nicht gedacht, Kamerad.«

»Seht, als ich den Fluss erreichte, konnte ich hören, dass mir die Wilden dicht auf den Fersen waren. Also kippte ich Magdalena aus dem Sack und stellte mich hinter einen Baum, um sie willkommen zu heißen. Die ersten vier Indianer fielen fast gleichzeitig um. Denn ich habe einen verdammt schnellen Finger am Abzug, wie ich euch schon erzählt habe. Das machte die nachfolgenden stutzig. Sie setzten sich ins Unterholz, um Atem zu holen und Mut zu schöpfen.

Die Situation war unübersichtlich. Vor mir hockten vierhundert Experten für Schrumpfköpfe, hinter mir lag der Fluss. Keine Furt, wie ich sie einige Tage vorher benutzt hatte, sondern nur eine verdammte Stelle, an der Schwärme von Krokodilen und Piranhas geradezu auf Svendsens Fleisch warteten.«

Der Graf hob den Kopf und betrachtete Don Svendsen eingehend. »Ich muss sagen, das klingt nach einer hoffnungslosen Situation«, sagte er. »Was meinst du, Volmersen?«

»So etwas habe ich noch nie gehört.« Volmersen hatte eine seiner Zigarren aus selbst angebautem Tabak angezündet, saß, die Hände über dem Bauch gefaltet, und stieß große, übel riechende Rauchwolken unterm Lampenschirm aus. »Was haben Sie denn gemacht, Don Svendsen?«

El dedo del diablo zeigte auf die obere Koje. »Sie rettete mich«, sagte er warm. »Sie sah, dass ich über den Fluss wollte, ohne zu Knochenmehl verarbeitet zu werden, also wand sie ihr hinteres Ende um einen Baum, machte sich steif wie ein Stahldraht und hing wie eine Brücke über dem reißenden Wasserlauf, einen halben Meter über den aufgerissenen Krokodilsrachen.«

»Einzigartig«, murmelte der Graf.

»Fantastisch«, stimmte Volmersen bei.

»Unglaublich«, brummte Lodvig. »Und dann bist du so richtig gemütlich über die Brücke spaziert?«

»Si, si, der reine Seiltanz«, versicherte Don Svendsen, »und mit dem Gewehr als Balancierstange«, fügte er findig hinzu.

Fjordur saß und rechnete ein bisschen. Dann fragte er. »Dieser Fluss da, das war wohl mehr eine Art Bach, wie?«

»Es war ein Fluss, wie ich sagte«, antwortete Don Svendsen barsch. »Er war sechs, sieben Meter breit, dort, wo ich ihn überquerte.«

»Aber die Schwester da oben ist ja bloß fünf Meter lang«, wandte Fjordur ein.

Don Svendsen runzelte Unheil verkündend die Stirn. »Caramba!

Du bist verdammt genau, hombre. Es stimmt, dass ein paar Meter fehlten, und du kannst dir sicherlich kaum vorstellen, dass ein Mann, der von vierhundert Kopfjägern verfolgt wird, nicht ein paar Meter ohne Anlauf springen kann, wie?«

Fjordur dachte weiter nach. Es klang überhaupt nicht unglaubwürdig, dass man gut und gern seine eigene Länge weit springen konnte, wenn einem solch eine Horde wilder Männer auf den Fersen war.

»Es geht nicht darum, dass ich meine, du übertreibst«, sagte er beschwichtigend, »aber ich möchte gerne alles erklärt haben, was ich nicht begreife.«

Don Svendsens Miene erhellte sich. »Das ist ganz in Ordnung, amigo. Es ist richtig, dass du fragst.«

»Aber die Schlange, was hat die dann gemacht?«, fragte Lodvig.

»Sie glitt hoch an dem Baum, an dem sie sich festgehalten hatte, und von dort oben griff sie sich einen der Kerle, einen jungen und fetten Krieger, den sie mit über den Fluss nahm und mit Haut und Haar und Feder und Blasrohr verzehrte. Sie hatte schon immer eine gesegnete Verdauung.«

Lodvig spielte ein wenig mit Siverts' Branntweinflasche. »Ich kann schon verstehen, dass du dich dem Fräulein dort oben verbunden fühlst«, sagte er. »Sie ist ja fast so klug wie ein Hund. Hast du eigentlich das Gold gefunden, nach dem du gesucht hast?«

»Ich finde nie Gold«, entgegnete Don Svendsen verbittert. »Wenn ich dann endlich an Ort und Stelle bin, stellt sich immer heraus, dass es dort kein Gold gibt. Ich bin zu gutgläubig, amigos, mit Gold geht es mir wie mit Frauen, ich falle immer darauf herein.«

»Aber du hast eine sympathische Einstellung zu Tieren«, sagte der Graf, »das gereicht dir sehr zur Ehre, meine ich. Was sagst du, Volle?«

»Eine ungewöhnliche Einstellung«, meinte Volmersen. »Aber man muss sicher lange mit solch einem Ungeheuer zusammengelebt haben, um mit ihm völlig vertraut zu sein. Ich kann gut verstehen, dass Siverts sich aus dem Staub gemacht hat.«

Sie kamen jetzt zu ihrem eigentlichen Auftrag. Volmersen erklärte Don Svendsen, dass Siverts unter keinen Umständen mit Magdalena unter einem Dach wohnen wolle, auch nicht versuchsweise. Don

Svendsen bedauerte dies und war unglücklich darüber, dass er den Stationsleiter vertrieben hatte.

»Es tut mir wirklich Leid«, sagte er, »und wenn ihr eine Lösung findet, werde ich damit sehr gerne einverstanden sein. Ich dränge mich ungern irgendwo auf, compreso? Möchte immer, dass ich und Magdalena willkommen sind.«

Der Graf, der eine Weile über eine Lösung nachgegrübelt hatte, fragte Lodvig:

»Sag mal, Lodvig, diese Hütte dort oben bei Kap Elisabeth, steht die noch?«

»Die ist völlig in Ordnung«, antwortete Lodvig, »warum fragst du?«

»Weil ich darüber nachdenke, ob Don Svendsen und seine lange Freundin vielleicht dorthin ziehen könnten. Der Fang muss ganz gut sein, und er kommt euch dort unten in der Ross Bay ja nicht in die Quere.«

»Wenn er will, gehört ihm die Hütte«, sagte Lodvig. Er wandte sich Svendsen zu. »Es ist eine herrliche Gegend: Gut für Ochsen, ausgezeichneter Robbenfang und gar nicht so schlecht mit Füchsen. Und dann kannst du Gold im Rodefluss waschen, das interessiert dich doch.«

Don Svendsen starrte ihn ungläubig an. »Hast du Gold gesagt?«

»Ja, dort oben gibt es Gold. Ich weiß es, denn ich habe selbst Gold für einen Verlobungsring gewaschen, damals, als ich mir in den Kopf gesetzt hatte, mich zu verheiraten«, entgegnete Lodvig.

Don Svendsen atmete rasch. Er stand auf, seine Augen glühten seltsam. »Gold«, wiederholte er heiser. »Wo liegt die Hütte?«

»Drei, vier Tage von hier«, antwortete Lodvig. »Wir können dir behilflich sein, wenn du interessiert bist.«

»Interessiert?« Don Svendsen war dabei, seine Koffer hervorzuholen. »Wir fahren sofort, amigos. Denkt nur, wenn andere vom Rodefluss hören und vor uns ankommen?«

»Die Gefahr besteht nicht.« Lodvig grinste. »Alle hier an der Küste wissen von dem Gold, aber es gibt bisher keinen, der daraus etwas gemacht hat. Aber wenn du sofort los willst, werden wir dich nicht daran hindern.« Er guckte seine Kameraden an und bekam ein zustimmendes Nicken. Alle waren richtig zufrieden, aufzubrechen und nicht die Nacht in Gesellschaft einer fünf Meter langen Königsschlange verbringen zu müssen.

El dedo del diablo wurde nach Kap Elisabeth verlegt. Vier Boote mit Fängern fuhren mit ihm hinauf, um bei der Instandsetzung der Hütte behilflich zu sein – sie war etliche Jahre nicht bewohnt gewesen – und ihn in der arktischen Jagdausübung zu unterweisen. Auf Letzteres legte Svendsen allerdings keinen allzu großen Wert. Er verließ sich blind auf seinen phänomenalen Zeigefinger und war mehr an dem von den Kameraden erwähnten Goldvorkommen interessiert. Schon am Tag nach seiner Ankunft stopfte er Magdalena in den Rucksack und begab sich mit Proviant, Spaten und Waschpfanne ins Braedal zum Rodefluss.

Nachdem die Männer die Hütte auf Vordermann gebracht und den Herd, ohne einer Rauchvergiftung zu erliegen, angezündet hatten, schossen sie zwei Moschusochsen, die sie in den Nebenschuppen von Svendsens Hütte brachten. Dann machte sich jeder auf den Weg nach Hause. Sie hatten Siverts' Problem gelöst und auf jede erdenkliche Weise für den neuen Kollegen gesorgt.

Don Svendsen wusch Gold. Er rackerte wie ein Tier den ganzen Herbst und hatte kaum Zeit, sich mit Señorita Magdalena zu unterhalten, die auf einem Klippenvorsprung über dem Fluss lag und sich sonnte. Es glückte Svendsen tatsächlich, einige Gramm roten Goldstaub im Laufe einiger Monate zu waschen, und er betrachtete dies als äußerst viel versprechend. Lodvig hatte Recht, der Fluss führte Gold.

Manchmal ging er mit Magdalena zurück zum Kap Elisabeth, dort aßen sie sich dann am Ochsenfleisch aus dem Nebenschuppen satt und wärmten sich nach wochenlangem Leben im Freien.

Dann kam der Winter, ein harter Schlag für Svendsen und seine Goldsuche. Er richtete sich in der Hütte ein und wartete darauf, dass das Eis auf dem Fluss wieder brach. Aus der Jagd wurde nichts, denn einerseits war er ganz davon in Anspruch genommen, eine Waschmaschine zu konstruieren, die selbsttätig das Gold vom Sand trennen sollte, und andererseits hielt er es für idiotisch, Fuchsfallen aufzustellen, wenn er im Laufe des kommenden Sommers ein Kilo reines Gold nach dem anderen aus dem Fluss waschen konnte. Außerdem war er sich sicher, dass er, sobald die Waschmaschine funktionierte, Zeit haben würde, die eigentliche Ader aufzuspüren. Denn diese Goldkörner mussten natürlich von einer fetten Goldader stammen.

Als das Fleisch im Nebenschuppen verzehrt war, ernährte er sich von dem Mehl, mit dem ihn seine Freunde reichlich versorgt hatten. Als das dann nach Weihnachten verbraucht war, ernährte er sich selbst aus Dosen und servierte Magdalena seine vier Hunde.

Im Februar, noch bevor die Sonne wieder über dem Horizont erschienen war, fror und hungerte Don Svendsen. Magdalena, die Kälte hasste, wurde gereizt und zischelte ihn böse an, wenn er sich in der Koje bewegte und auf diese Weise kalte Luft unter die Decke ließ. Sie hatte sich seine Schaffellweste und auch sämtliche Decken angeeignet, das führte dazu, dass Svendsen die meiste Zeit im Bett zubringen musste, um nicht zu erfrieren.

Sie schafften es aber immer noch, sich gegenseitig irgendwie warm zu halten. Sie krochen zusammen, und Don Svendsen redete leidenschaftlich von dem Luxusleben, das sie führen würden, wenn sie erst einmal den Winter überstanden hätten.

Einige Male im Laufe des März gelang es ihm, seinen teuflischen Zeigefinger so glücklich zu krümmen, dass ein neugieriger Fuchs oder ein hinterlistiger Hase sein Leben lassen musste. Diese Beute teilte er ehrlich mit Magdalena.

Im April war es immer noch kalt. Die Sonne war wieder da, spendete aber noch keine Wärme. Don Svendsen begann abzustumpfen. Ihm, der er im Dschungel unüberwindlich gewesen war, wurde flau und schwindlig, wenn er die Koje verließ – was er nur tat, wenn ein natürliches Bedürfnis sich meldete.

Sie verschliefen den April, und erst im Mai bekamen sie Besuch von Lodvig und Fjordur, die sich im Rodedal getroffen hatten und beschlossen, beim Goldgräber hineinzuschauen.

Lodvig klopfte wiederholte Male an. Keine Antwort. Dann öffnete er langsam die Tür und steckte vorsichtig den Kopf in die Hütte.

»Merkwürdig«, flüsterte er über die Schulter zu Fjordur, »aber in der Stube ist es eiskalt.«

»Sie sind vielleicht draußen, um nach den Fallen zu sehen«, meinte Fjordur. »Warum gehst du nicht ganz hinein, Lodvig?«

»Aber die Schlange!«

»Sie ist eine der liebenswertesten«, zitierte Fjordur.

»Geh du lieber vor«, bat Lodvig. Er trat zur Seite und machte Platz.

Fjordur schlich sich hinein. Er sah sich in der Stube um und stahl sich schnell wieder hinaus.

»Svendsen ist bestimmt nicht zu Hause«, sagte er erleichtert. »Aber der Schlangenteufel liegt oben in der Koje und zischt vergnügt.«

Lodvig schaute hinein. »Seine Stiefel stehen dort«, sagte er. »Bist du sicher, dass er nicht doch dort oben liegt und sich hinter diesem Untier wärmt?«

»Ich konnte ihn jedenfalls nicht sehen. Aber geh doch selbst hinein und sieh nach«, antwortete Fjordur. »Ich halte die Tür offen, wenn dus eilig haben solltest.«

Lodvig holte tief Luft und ging mitten in die Stube. Magdalena hob den Kopf und bewegte die ersten Meter ihres Körpers leicht hin und her. Sie zischelte Lodvig einladend an, und ihre schwarzen Augen starrten ihn unbewegt an. Lodvig starrte zurück. Er fühlte, wie die angespannten Muskeln erschlafften, und er verspürte ein angenehmes Prickeln in den Gliedern, eine fast selige Schläfrigkeit, die ihm zu Kopfe stieg.

»Na, na, Klein Lena«, flüsterte er freundlich. »Wir wollen nur Don Svendsen Guten Tag sagen.«

In Magdalenas langem Körper bebte es. Sie ließ den vorderen Körperteil langsam in die Stube hinunter zu Lodvig hin gleiten.

»Bleib bloß dort oben«, stammelte Lodvig. Er hatte Mühe, seinen Blick von dem der Schlange zu lösen. »Mach dir nur keine Mühe, wir werden ihn schon finden.« Mit einer Kraftanstrengung wandte er den Blick von den Augen der Schlange und betrachtete sie. Dort, wo er die Mitte des Tieres vermutete, war ihr Körper ausgebeult, als ob sie gerade erst eine fette Herbstrobbe verzehrt hätte. Es war deutlich zu erkennen, dass noch nicht allzu viele Stunden seit ihrer letzten Mahlzeit vergangen waren. Der Gedanke traf ihn wie ein Blitz. Er brach in ein Gebrüll aus, das Fjordur zur Tür holte, mit dem Gewehr im Anschlag.

»Verdammt, Fjordur«, schrie Lodvig, »ich glaube, das Biest hat Don Svendsen gefressen.«

»Wie? Eben, sie hatte ja so gerne Hautkontakt«, sagte Fjordur. Er stellte sich auf die Zehen und blickte in die obere Koje. »Das ist verdammt unfein, wenn sie das getan hat«, sagte er, »denn Svendsen war ein rechtschaffener Bursche, er war wie ein Vater zu ihr.«

»Was sollen wir jetzt machen, Fjordur?«

»Tja, wenn es wirklich so ist, können wir nicht allzu viel machen. Aber wir müssen doch nachsehen.«

Lodvig schluckte einige Male kräftig, »Du meinst ... Svendsen ... im Magen?«

»Ja. Geh nur nach draußen, ich mach das schon.«

»Ich kann dir doch helfen, wenn du meinst.«

»Geh und achte solange auf die Hunde.« Fjordur guckte verbissen zur Schlange hinauf, die sich sanft und einladend hin und her bewegte.

Lodvig setzte sich auf den Schlitten und stopfte seine Pfeife. Noch bevor er sie angezündet hatte, hörte er in der Hütte zwei Schüsse. Etwas später kam Fjordur. Er trug eine große Rolle unter dem Arm, die er in seinen Schlittensack legte.

Lodvig guckte ihn fragend an, und Fjordur nickte. Dann riefen sie die Hunde ins Geschirr und fuhren langsam in einem Bogen fort von Kap Elisabeth.

Es war selten, dass sich Kapitän Olsen überraschen ließ. Er hatte viel gehört und gesehen in all den Jahren, die er die Küste befuhr, und es war nahezu unmöglich, ihn aus der Fassung zu bringen.

Aber als er in diesem Jahr Fjordurs Felle aufkaufte und unter Bären, Seehunden, Klappmützen und Füchsen die frisch abgezogene Haut einer fünf Meter langen Königsboa fand, sperrte er die Augen auf und starrte Fjordur bestürzt an.

»Was zum Teufel ist das denn, Fjordur?«

»Ach das. Das ist sozusagen ein Teufel ohne Knochen, den ich oben bei Kap Elisabeth erwischt habe«, entgegnete Fjordur.

Skipper Olsen staunte. Er kratzte sich im Nacken und legte die Haut aus der Hand. »Trinkst du mit mir ein Glas Genever im Salon?«, fragte er.

Fjordur nickte. »Immer. Ein Gläschen kann man sich immer genehmigen«, antwortete er, und als er an dem Tisch aus Birkenholz saß, beschloss er, dass es Olsen die ersten beiden vollen Flaschen kosten sollte, bevor er die ganze Geschichte erfuhr.

Der kleine Pedersen

Lodvig bekam einen Arbeitskollegen in der Ross Bay. Nicht, weil er darum gebeten hatte, sondern weil der Direktor der Fangkompanie, wenn er die Stationen vollständig besetzte, eine bessere Ausgangssituation hatte für die Verhandlungen über die staatliche Förderung – fünftausend Kronen sowie freie Überfahrt.

Während einigen Jahren wurde in der dänischen Presse heftig darüber debattiert, ob man die Stationen aufrechterhalten oder ob man sie schließen solle. Die Stationen waren offenbar ein Kostenfaktor für die Wirtschaft, in den Augen der meisten auch ein unnötiger, und nur nationalidealistische Gedanken hatten bis zu diesem Zeitpunkt die unsichere Existenz der Kompanie geschützt. Selbst die Opposition konnte nicht sagen, was geschehen würde, wenn man Nordostgrönland verließe. Jeder könnte dann das Gebiet besetzen und territoriale Ansprüche anmelden – was für die dänische Kolonialpolitik entwürdigend wäre: Streichen wir erst die Flagge in diesem Gebiet, unterstünde das Land nicht mehr dem dänischen Gesetz und wäre ein gesetzesloser und friedloser Fleck auf der Landkarte.

Im Folketing wurde heiß debattiert. Viele meinten, dass ganz Grönland genauso gut an Amerika verkauft werden könnte wie – vernünftigerweise – die Westindischen Inseln. Dann müsste man sich nicht länger den Kopf zerbrechen und könnte alle dänischen Wilden zurückholen, auch wenn diese dann für den Rest ihrer Tage von Sozialhilfe leben müssten. Dies wäre immer noch am billigsten. Das Folketingsmitglied Rumpel, das damals die treibende Kraft bei der Einrichtung einer Funkstation an der Küste gewesen war, hielt eine seiner herzergreifenden Reden. Grönland ist Grönland, erklärte er, nicht in Nord, Süd, Ost oder West unterteilt, sondern eine Einheit. Und diese Einheit sei eine dänische Angelegenheit, sei es seit dem frühen Mittelalter gewesen und sollte es so lange bleiben, wie das Mutterland existiere. Er schlug vor, dass man an Stelle einer Einschränkung eine Ausweitung an der Ostküste vornehmen solle: Das Scoresbysundprojekt nach Norden ausdehnen, noch mehr Jäger entsenden, große Fuchs- und Moschusochsenfarmen einrichten, einen Patrouillendienst und Wetterstationen aufbauen sowie große Summen für eine geologische Prospektierung dieses unbekannten Landes bereitstellen. Er sprach warmherzig und überzeugend und war außerordentlich gut informiert, weil er lange Gespräche mit Lodvig geführt hatte, als dieser sich in Kopenhagen aufhielt, um seinen Leistenbruch zu operieren.

»In Nordostgrönland haben wir all den Platz, der uns im Mutterland fehlt«, sagte Folketingsmitglied Rumpel. »Dort gibt es Platz und Freiheit für die Jugend. Wir können Leute aus den übervölkerten westgrönländischen Kolonien in dieses Jagdparadies umsiedeln, wir können diese raue Gegend mit der dänischen Jugend bevölkern, die lernen will, auf eigenen Beinen zu stehen, und wir müssen diese fantastischen Mengen von Rohmaterialien heimholen, die in den nordostgrönländischen Gebirgen verborgen liegen.« Er fing an, diese Reichtümer aufzuzählen und konnte etliche genau lokalisieren, so beispielsweise Kohle im Hochstetter Vorland, Gold im Rodefluss und Zink im König-Oscar-Fjord. Das machte Eindruck. Denn hier ging es um Kronen und Öre, diese Sprache verstand man. Rumpel nützte die Situation aus. Er schlug mit der Faust aufs Rednerpult und rief:

»Nordostgrönland aufgeben bedeutet, seine nationale Identität aufgeben. Dieses Land verlassen ist dasselbe, wie das gesamte Südjütland den Deutschen zu schenken. Denn ist die nordostgrönländische Bevölkerung etwa nicht dänisch, genauso wie die Menschen in Südjütland und alle anderen im Königreich? Und gaben diese echt dänischen Menschen der Welt nicht ein einzigartiges Beispiel für dänischen Pioniergeist durch ihre Ansiedlung, ihr Leben und Arbeiten hier in einem der rauesten Gebiete der Welt? Ist Dänemark solch eine lausige Nation geworden, dass man Territorien aufgibt, weil sie sich ökonomisch nicht mehr rechnen«, donnerte er, »hat Dänemark sein Verantwortungsgefühl, sein Pflichtgefühl, seine Pietät verloren? Muss dieser Teil der Kolonien nicht sauber von Ausländern gehalten werden, bis die Ureinwohner reif sind, selbst die Verwaltung zu übernehmen? War es nicht gerade die Verwirklichung dieser Idee, die man sich bei der Kolonisation von ganz Grönland als Ziel gesetzt hatte, dieser Kolonisation, die in der ganzen Welt bewundert wird?«

Wie gesagt, die Diskussionen waren heftig. Und solange sie andauerten, blieben die Jäger auf ihren Posten, im Grunde unwissend, dass der Teil ihrer Insel zum Zankapfel geworden war. Auf Grund der Debatte schickte der Direktor also neue Leute zur Küste, eine Taktik, die nicht wirkungslos blieb, denn in dem Jahr herrschte große Arbeitslosigkeit in Dänemark.

So also bekam Lodvig einen Arbeitskollegen aufgezwungen, den er überhaupt nicht wollte, einen Arbeitskollegen, der Pedersen hieß.

Dass dieser Pedersen eine Einjahresvorstellung geben würde, darüber war sich Lodvig zu keinem Zeitpunkt im Unklaren: Pedersen gehörte genauso wenig nach Ross Bay wie ein Papuamann mit Penisfutteral nach Sakskøbing, wo Pedersen herkam.

Lodvig hatte persönlich überhaupt nichts gegen Pedersen. Er konnte es nur nicht ausstehen, einen Arbeitskollegen zu haben, gerade jetzt, nachdem er sich endlich an die Einsamkeit gewöhnt hatte. Sein Hund Laban, der ihm damals von Ross Bay über Paris nach Kopenhagen gefolgt war, der war ihm Gesellschaft genug, und diese Meinung teilte auch Laban. Dieser zeigte knurrend sein Unbehagen gegenüber Pedersen und musste an der Kette bleiben, bis er sich an den abstoßenden Geruch des Fremden gewöhnt hatte. Aber, wie Lodvig ihm klarmachte, konnte Pedersen ja nichts dafür, dass er in der Ross Bay gelandet war; und, das versprach er, jeder konnte doch sehen, dass dieser Pedersen keine zwei Saisons überstehen würde.

Pedersen machte von sich kein Aufhebens. Er war ein kleiner, gebückt gehender und stiller Mann, bei dem sich alles sozusagen nach innen wandte. Über seine Vergangenheit redete er sehr wenig, und das machte Lodvig zum Platzen neugierig.

Es ging ein halbes Jahr ins Land. Pedersen hatte sich weder auf die eine noch die andere Art hervorgetan. Er erledigte, wofür er eingeteilt war, nach bestem Vermögen; redete nur, wenn er angesprochen wurde und trug ständig einen verhärmten, weinerlichen Ausdruck zur Schau.

Über all dies wurde natürlich geredet. Denn in mancher Beziehung war Pedersen schon ungewöhnlich, und so etwas war an der Küste immer willkommen. Es war schon klar, dass dieser Mann irgendetwas mit sich herumtrug, mit dem er nicht fertig wurde. Erst bei einem feierlichen Treffen in Kap Thompson, an dem der überwiegende Teil der Einwohner teilnahm, gewann man etwas Klarheit über seine Person.

Ohne es zu wollen, fing Fängerschüler Pedersen an zu erzählen, und das übliche Gerede hörte augenblicklich auf. Es war weder Valfreds Heidelbeerwein noch der Wein des Grafen in etikettierten Flaschen, der seine Zunge löste – an diesen edlen Tropfen hatte er kaum geschnuppert. Pedersen steckte schlechterdings so voller Probleme, dass er auf der Bank saß und nicht mehr an sich halten konnte. Die Kameraden lehnten sich zurück und lauschten interessiert. Sie hatten so etwas natürlich erwartet, denn die dunkle Zeit macht die wunderlichsten Sachen mit Menschen, die Probleme haben.

Nun ist es so, dass die Probleme eines Grönlandfahrers oft auf das hinauslaufen, was man gewöhnlich Koller nennt. In Nordostgrönland heißt dieser Polarkoller oder »Dunkelklaps«, in Süd- und Westgrönland *qaqamut*.

Der Polarkoller baut sich langsam auf und verläuft in der Regel jeweils gleich. Die Probleme werden größer und größer und füllen schließlich den Betroffenen aus, bis er zu platzen droht. Die Anfälle können in einer reichen Zahl von Variationen auftreten: Einige Menschen bekommen eine Art Schlafkrankheit, in der der tiefe Schlummer wie ein Schutzmechanismus gegen die unlösbaren Probleme wirkt. Das ist eine recht harmlose Form, die man bei Säuglingen beobachten kann, wenn ihre Umgebung nicht anregend genug ist. Andere werden buchstäblich wahnsinnig: Sie laufen Amok, heulen wie mondsüchtige Füchse, schlagen alles entzwei, schießen auf alles Lebendige, während sie – allen gemeinsam – abwechselnd fluchen, weinen, grinsen und unanständige Lieder singen. Der Anfall ist nach ein paar Tagen vorbei, und der Befreite fällt in einen Ermattungszustand, aus dem er mit einem leichteren Gedächtnisausfall erwacht, geläutert und klar.

Darüber hinaus gibt es die bekannten Einsamkeitswanderer: Kollerkandidaten, die sich zu Fuß nach Süden begeben, um das Glück zu erjagen, oder Leute, die sich in eine Jolle setzen und nach Island rudern wollen. Diese sind lästig und unbequem, weil man sie begleiten und überwachen muss. Zu all diesen kommen dann noch Sehnsüchte nach Negerküssen, massenweise Hinrichtungen von dreibeinigen Hasen sowie aufgeputschte Frauenfantasien.

Pedersen tendierte zur letztgenannten Art von Koller. Er hatte seine unglücklichen Neigungen mit nach Grönland gebracht, nicht ahnend, dass sie gerade hier oben noch zunehmen und unmöglich zu beherrschen sein würden. Als er dann zu erzählen begann, hörten die Kameraden zu wie alle guten, menschenfreundlichen Seelsorger zugehört hätten.

Zuerst erzählte Pedersen über sein Vorleben. Er war eine Zangengeburt, ein Flaschenkind, weil der Mutter bestimmte nahrhafte Bestandteile in ihrer Milch fehlten, dann war er Bettnässer bis zu seinem elften Lebensjahr, eine Null in der Schule, eine Null unter seinen Geschwistern und auch eine Null im Beruf, als er bei einem Trikotagenhändler in die Lehre kam. Nur in seiner Militärzeit zeichnete er sich dadurch aus, dass er bei allen Scheiben ins Schwarze traf, die man vor ihm aufstellte. Dieses phänomenale Auge beim Schießen hatte ihm Pokale und Preise eingebracht und viele Jahre später dazu geführt, dass er als Fänger vom Direktor der Kompanie eingestellt wurde.

»Aber obgleich ich schießen kann, ist mit mir nicht viel los«, sagte er trübselig. »Und das alles, weil ich so klein bin.« Er breitete bedauernd seine Arme aus.

»Aber sag mir«, fragte Mads Madsen, »warum bist du hierher gekommen? Das hier ist doch überhaupt nichts für dich.«

Pedersen zuckte mit den schiefen Schultern. »Nee, das stimmt schon. Es ist nichts, jedenfalls nicht für mich. So ist es immer gewesen. Aber ich kann doch genauso gut hier oben oder irgendwo anders sein, nicht? Dort unten hetzt man nur hinter dem Leben her, ohne etwas von dem zu erreichen, was man haben möchte. Ich tauge zu gar nichts.«

»Was ist das, wozu du nichts taugst?«, fragte Sylte, »und was ist es, das du haben willst?«

»Ja, also, äh, die Sache mit den Frauen. Da kriege ich nichts zu Stande.«

Mads Madsen guckte ihn erstaunt an. »Nein? Bist du da ganz sicher, Pedersen?«

Pedersen nickte traurig. »Ganz sicher«, flüsterte er.

Mads Madsen betrachtete ihn mit erneutem Interesse. Ein Mann, der nicht für die Sache mit den Frauen taugte, war eine Sonderklasse. Es klang ganz unglaublich für Mads Madsen, der ja der Erfinder von Emma war, die an der Küste herumgereist war und manchen Mann erfreut hatte. »Hast dus probiert?«, fragte er.

»Ja, ich habs probiert. Aber es hat nie geklappt.« Pedersen blickte traurig in die Stube. »Ich bin so klein«, sagte er, »reichte gerade so über den Ladentisch.«

Mads Madsen grübelte lange nach. Was war wohl mit »gerade so über den Ladentisch« gemeint? War das eine versteckte Andeutung oder einer dieser neuen Ausdrücke, die kamen und gingen in der dänischen Sprache. »Ja, hm, gerade so über den Ladentisch also. War es das, was du gesagt hast?«

Pedersen nickte. »Ja, die guckten mir gerade so über den Kopf, versteht ihr. Das war die Hölle. Könnt ihr euch vorstellen, fünfzehn Jahre lang im Laden zu stehen und die intimsten Bekleidungsstücke für Damen zu verkaufen? Kleine Höschen aus Seide, Strümpfe, durch die man durchgucken konnte, schwarze Hüfthalter mit roten Rosetten und Büstenhalter, nicht größer als die Säcke unter Valfreds Augen, und dann solche wie Bjørkens Hängematte?« Es zuckte um seinen Mund. »Das Schwerste waren fleischfarbene Korseletts«, er begrub sein Gesicht in den Händen. »Oh Gott, versteht ihr, was das für ein Leben war?«

Es wurde still in der Stube. Sogar Valfred, der gerade den Kopf in der Koje des Schwarzen William erhoben hatte, um das Schnapsglas an die Lippen zu setzen, verharrte in dieser Bewegung. Pedersen saß eine ganze Minute unbeweglich. Dann nahm er die Hände vom Gesicht und guckte nach unten.

»Fünfzehn Jahre lang habe ich Heimlichkeiten verkauft. Fünfzehn Jahre lang musste ich mich damit begnügen zu träumen.«

»Die Hölle.« Mads Madsen räusperte sich kräftig. »Die reinste Hölle. Warum bist du nicht an sie herangegangen, Pedersen? Aufgesprungen und ran?«

»Ich bin zu klein«, seufzte Pedersen. »Sie guckten mir gerade über den Kopf. Nicht einmal einen Kamelhaarwärmer um ein Mädchenknie habe ich erlebt. Ich habe einfach nicht das, was man haben muss – die Gabe, die sie ohnmächtig werden lässt.

Der Schwarze William blickte mitleidig auf den kümmerlichen Pedersen. »Hör mal, Pedersen, so kanns aber doch nicht weitergehen. Man muss manchmal seinen Kompass richten, das musst du sehen, sonst kann man keinen Kurs halten. Ich meine, du solltest mit mir zum Südkap kommen, wenn ich das nächste Mal hinfahre.«

Pedersen schüttelte langsam den Kopf. »Das nutzt nichts, William, es gibt auch dann keine, die mit mir gehen will. Deshalb bin ich ja auch hier heraufgekommen, denn hier gibt es jedenfalls keine Frauen, bei denen ich den Kopf verlieren könnte.«

»Am Südkap gibt es ziemlich viele«, sagte der Schwarze William. »Schöne braune Weibsbilder, die anfangen, wie Tauben zu gurren, wenn sie einen Schlitten draußen im Fjord sehen. Komm mit dorthin, Pedersen.«

»Das geht nicht«, Pedersens Stimme zerbrach, sie konnten hören, dass er beinahe zu flennen anfing. »Ich bin viel zu klein, ich weiß es.«

Valfred kippte schnell den Schnaps hinunter und stellte das Glas aufs Bord. »Nee, Pedersen, diese Sache da mit der Größe hast du in den falschen Hals gekriegt«, wandte er ein. »Die Größe ist völlig ohne Bedeutung, musst du wissen, denn ich kannte mal einen winzigen Kerl aus Korsor, der konnte sie alle ins Heu kriegen, ganz wie er wollte. Er war klein und dürr wie ein Buschmann, und er hatte einen Zinken, der wie ein Wasserhahn aussah, der ständig tropfte. Größe und Aussehen sind gleichgültig, Pedersen, wenn man sich nur Mühe gibt wie der aus Korsor. Er war ausgerüstet wie diese Buschmänner da. Ich kannte nämlich einmal jemanden, der ihnen in Afrika begegnet war, und der sagte, dass sie ständig mit halbaufgerichtetem Stammvater herumliefen, und dass sie ihn überhaupt nicht herunterkriegten, also diese Buschmänner. So wars auch mit dem aus Korsor. Die Mädchen wurden schon schwach, wenn man nur von ihm sprach. Ein richtig kleiner Buschmann war er, der Mädchen in Slagelse und Soro hatte, obgleich er ja aus Korsor war.«

»Er hatte eben alles«, seufzte Pedersen, »alles, was mir fehlt.«

»Er hatte auch schon was in seinem Blick«, räumte Valfred ein. Er legte sich zurück in die Koje und faltete die Hände über seinem dicken Bauch. »Und was für ein Blick, erinnere ich mich. So einen solltest du dir auch zulegen, Pedersen.«

Pedersen zuckte wieder die Schultern. Er hatte keine Ahnung, wo er einen solch meisterlichen Blick hernehmen sollte. »Ich bin zu klein«, jammerte er beharrlich, »egal, was ihr meint, ich bin zu klein, und das kann ich bald nicht länger ertragen.«

Die vielen wohlmeinenden Freunde, die am Tisch saßen, studierten ihn eingehend. Vielleicht gab es etwas an seiner Person, das man loben hervorheben konnte, um so den Anfang für ein wenig Selbstvertrauen zu legen. Aber als sie ihn so lange betrachtet hatten, dass es fast aufdringlich wirkte, mussten sie zugeben, dass nicht viel zu machen war. Pedersens Augen würden nie den richtigen Blick haben: Sie waren klein, standen dicht beieinander, dazwischen eine scharfkantige Nase, die Augen rotumrändert und von hellen, fast unsichtbaren Wimpern umsäumt. Es war klar, dass Pedersen mit diesen Augen den Frauen keine Avancen machen konnte.

»Na ja, es gibt bestimmt noch andere Körperteile als die Augen«, hielt Leutnant Hansen entgegen.

Alle guckten ihn erwartungsvoll an. Hatte dieser Kriegshandwerker wirklich das Unsichtbare gesehen?

»Ich meine, dass ein gerader und furchtloser Rücken einen stärkeren Eindruck beim anderen Geschlecht hinterlässt als alles andere«, sagte der Leutnant. »Er zeugt von einer stolzen und männlichen Gesinnung, von Stärke und Willenskraft, und das sind Eigenschaften, die eine Frau schätzt.«

Man guckte auf Pedersens Rücken. Die Hoffnung zerschlug sich. Selbst wenn man ihn sich gerade vorstellte, wäre er alle Tage unschön und in hohem Grad eine Beleidigung für Auge und Gemüt eine Anfechtung. Die Rückenlinie war wie eine Käseglocke geformt und nicht dazu angetan, eine junge Dame zu verführen. Es lag etwas Provozierendes und gleichzeitig Demut und Selbstverleugnung in der Form dieses sonderbaren Rückens. Es stand schlecht um Pedersen, sowohl nach außen als auch innerlich.

»Wir können es ja dennoch mit dem Südkap versuchen«, murmelte der Schwarze William, der langsam Zweifel bekam, ob die Frauen bei Pedersens Anblick gurren würden.

Es wurde wieder still in der Stube. Pedersen schnaufte einige Male. Dann stand er auf und ging mit krummem Rücken durchs Zimmer, öffnete die Tür und verschwand draußen in der Nacht.

»Verdammt, wir haben Emma nach Hause geschickt«, murmelte Mads Madsen. »Sie wäre genau das Richtige für Pedersen gewesen, der ja ansonsten gesund im Saft steht.«

Man wartete vergeblich auf die weitere Entwicklung des Kollers. Alle meinten, dass Pedersen sich an der Schwelle zum Ausbruch befand, und man nahm an, dass er bald zu den Einsamkeitswanderern gehören würde. Aber es geschah nichts. Lodvig, der die Hoffnung gehegt hatte, einen entspannteren Kameraden zu bekommen, war schwer enttäuscht. Er dachte während der ganzen Heimfahrt darüber nach, wie er den Anfall provozieren könnte, damit sie es für den Rest des Winters etwas lustig in Ross Bay hätten. Je mehr er über Pedersens Situation nachdachte, desto schlechter fühlte er sich. Denn es war einleuchtend, dass Pedersen, wie er selbst behauptete, nichts von dem hatte, was man haben sollte. Er hatte nichts von all dem.

Ein Fänger wurde er nie, egal wie sehr er sich auch anstrengte. Er stellte seine Fallen dort auf, wo sie vom Schnee begraben wurden, die Büchse war immer vereist, sodass das Schloss nicht funktionierte, wenn er sie gebrauchen wollte. Das Abziehen der Häute schaffte er kaum, wenn es ihm dennoch gelang, ohne es zu verderben, und er es zum Ausspannen aufs Brett gezogen hatte, ohne dass es riss, und es sogar ohne Missgeschick auf den Trockenrost über dem Herd expediert hatte, dann sollte es mit dem Teufel zugehen, wenn er nicht noch den Feuerhaken durchs Fell trieb, weil er sich die Finger daran verbrannte, als er die Herdringe abheben wollte: Es war etwas Grundsätzliches regelrecht verquer bei Pedersen. Ein ordentlicher Mensch verhielt sich nicht so. Es war in seinem Leben etwas schief gegangen, das fühlte Lodvig, und es war auch sonst etwas, das Pedersen zurückgegeben werden musste.

Als sie zu Hause eintraten, beobachtete Lodvig seinen Arbeitskameraden aufmerksam. Er fand sehr schnell heraus, dass alle Missgeschicke im Grunde überhaupt keine Missgeschicke waren, sondern etwas, das im Menschen Pedersen protestierte, sich bemerkbar machte. Pedersen war eigentlich weder schlechter noch besser, hässlicher oder abstoßender als die meisten Menschen, und er konnte mit beiden Beinen auf der Erde stehen, und das sollte eigentlich für jeden ausreichen.

Zuerst musste Pedersen – also der Pedersen, der glaubte, der unglückliche Pedersen zu sein – völlig ausgelöscht werden. Und das würde nicht schwierig sein, meinte Lodvig, denn gerade dieser Pedersen war klein wie eine Filzlaus und sicher zwischen den Nägeln zu zerdrücken. Lodvig fing deshalb an, den fixierten Pedersen systematisch zu demontieren: Er errichtete eine Hölle über dem Haupt seines Hausgenossen.

Früher war Lodvig nachsichtig und verständnisvoll gewesen. Er hatte Pedersen mit dessen Schwermut und verhärmtem Gesicht herumlaufen lassen. Jetzt fing er an zu schimpfen, beklagte sich über Löcher in Fuchsfellen, übers Essen, über die verdrießliche Visage, Pedersens Aussehen, dessen übel riechenden Atem, die Hygiene und auch seine Ungeselligkeit. Er stichelte täglich über seine Größe und sein gespanntes Verhältnis zu Frauen.

Pedersen senkte den Kopf noch um einige Zoll und nahm alles auf seinen krummen Rücken.

Lodvig sprach oft von Frauen. Er erzählte von einem Mädchen am Südkap, das Agathe hieß und offenkundig immer das Mädchen des Schwarzen William gewesen war, aber jetzt von Lodvig ausgeliehen wurde. Er ließ sich viele Abende über das Thema aus, ging ins Detail, während Pedersen schwer atmete und sich krümmte.

Erst gegen Ende März war Lodvig so weit, dass er sich Hoffnungen auf einen baldigen Zusammenbruch machen konnte. Pedersen murmelte seit einiger Zeit unzusammenhängend vor sich hin, rief nach seiner Mutter am helllichten Tage und schrie jede Nacht im Schlaf, bis ihn Lodvig weckte und ihn bat, die Klappe zu halten.

Pedersens Hände zitterten, und das war ein gutes Zeichen, und er kroch vor Lodvig wie ein geprügelter Hund.

Nun war Lodvig nicht sonderlich belesen. Er wusste nichts von präpsychotischen Störungen und ihren Gesetzen. Er war außer Stande, Pedersen zu helfen, indem er dessen psychisches Krankheitsbild entwarf; er musste sich ausschließlich auf seinen gesunden Verstand stützen. Das war wahrscheinlich ein Glück für Pedersen. Lodvig hatte nur sein eigenes Programm: In Pedersens Kopf hatte sich festgesetzt, dass er ein Gnom war und die Welt um ihn herum aus Übermenschen bestand. Also: Wenn er klein war, musste Lodvig sehen, dass er noch kleiner wurde, so klein, dass schließlich nichts mehr von ihm übrig war. Dann würde der richtige Pedersen in Erscheinung treten. Das war alles ganz einfach, meinte Lodvig, unangenehm allerdings für beide Teile, solange die Behandlung andauerte. Er hatte großes Mitgefühl mit seinem Arbeitskameraden und wollte nur das Beste für ihn.

Eines Abends saßen sie in der Stube und puderten Felle mit Kartoffelmehl. Lodvig starrte Pedersen scharf an, der dasaß und das Mehl geistesabwesend über seine Sonntagshose streute.

»Was zum Teufel machst du da, Mann«, fluchte Lodvig.

»Entschuldigung«, stotterte Pedersen. Er streute nervös eine Hand voll Kartoffelmehl über die Backen.

»Du kommst mir verdammt vor wie eine Kuh beim Pulloverstricken.« Lodvig schüttelte resigniert den Kopf. »Guck mal, wie du den Fußboden bei dir versaut hast.«

Pedersen legte das Fuchsfell beiseite. »Ich bin vielleicht etwas zerstreut«, entschuldigte er sich.

»Zerstreut«, höhnte Lodvig. »Jetzt schneidest du auf, du Würstchen. Was zum Teufel sollen das wohl für Gedanken sein, die du verstreust? Du bist leer, Pedersen, völlig leer im Oberstübchen. Das ist es, was mit dir los ist. Meinst du nicht, dass es mittlerweile Zeit ist, dich etwas zusammenzunehmen? Vielleicht kommst du ja dahinter.«

»Das könnte ich vielleicht«, entgegnete Pedersen resigniert. Er ging zum Herd und begann, Essen zu machen. Lodvig sah ihm zu, wie er zwei Stücke Fleisch von einer Moschuskeule säbelte und ins Feuer steckte, worauf er Kohlen auf die fettspritzende Pfanne schaufelte. Jawohl, Pedersen war heute Abend wirklich zerstreut.

»Morgen verreisen wir«, gab Lodvig bekannt. »Eine längere Reise.« Pedersen nickte. Dann würden sie eben verreisen, das war bestimmt nicht schlimmer als hier in der Hütte zu hocken. Er bemerkte plötzlich die Kohlen in der Pfanne und schielte nervös zu Lodvig hin.

»Ich liebe gebratene Kohlen«, grinste Lodvig, »wenn es nicht zu viel verlangt ist, hätte ich sie gerne nur kurz angebraten.«

Pedersen entschuldigte sich vielmals. Er kippte die Kohlen in den Herd und schnitt neues Fleisch. »Wo fahren wir hin?«, fragte er. Nicht um es zu erfahren, sondern um Interesse zu zeigen.

»Nach Norden«, entgegnete Lodvig.

»Ja so, nach Norden.« Pedersen setzte sich und starrte auf die beiden dunkelroten Fleischstücke. Dann seufzte er schwer, nahm das Fuchsfell auf und fuhr fort, mit seinem Messer dünne Häutchen abzuschaben.

Die Rückkehr der Sonne hatte auf Pedersen keine belebende Wirkung gehabt. In seinem Fall trat eher das Gegenteil ein – darüber war sich Lodvig allerdings sehr im Klaren. Denn seltsamerweise passieren die meisten Ausbrüche beim Koller gerade in den Monaten nachdem die Sonne ihr rot glühendes Gesicht zum ersten Mal wieder hinter den Felsgipfeln zeigt.

Pedersen trabte hinter dem Schlitten her, sein graues und gequältes Gesicht im hellen Licht. Er ging krumm, eine Hand an der Schlittenwange, und guckte hinunter auf seine holzbesohlten Stiefel, die sich unter ihm bewegten. Lodvig lag auf dem Schlitten, der von Laban gezogen wurde. Er hatte die Anorakkapuze zurückgestreift und blinzelte vergnügt in den noch kalten Sonnenschein.

Es war schön im Sorte-Fjord zu dieser Jahreszeit. Die Felsen waren niedrig und rund zu beiden Seiten, sie lagen wie gewaltige Badenixen an einem breiten Strom, anmutig und einladend.

»Dies hier nennt man die ›Jungfrauenstraße‹«, erklärte er Pedersen. Diesmal ganz ohne Hintergedanken.

Aber Pedersen fasste es sofort als Stichelei auf. »So«, antwortete er, ohne den Blick von seinen holzbesohlten Stiefeln zu wenden.

»Hier gab es einen Fänger, der hieß Roar, der ging hin und wollte den Mond abschießen«, erzählte Lodvig. »Er war Norweger«, fügte er hinzu, wie um das Phänomen zu erklären. »Ach ja«, nickte Pedersen.

»Koller«, sagte Lodvig. »Er hatte bei mehreren Gelegenheiten einen Koller, der Roar, und schließlich mussten wir ihn einfangen und nach Hause schicken. Ich war dabei, also glaub nicht, dass ich Lügengeschichten erzähle.«

Pedersen nahm die andere Hand an die Schlittenwange. Er atmete schwer und schielte sehnsüchtig zum Schlitten, auf dem sich Lodvig breit machte. Er hätte sich gerne einen Augenblick draufgesetzt, konnte sich aber nicht überwinden, zu fragen. Denn Laban war Lodvigs Hund, dadurch besaß Lodvig das Anrecht auf den Schlitten. Pedersen atmete keuchend, er war nicht gewohnt an das Leben im Freien und fühlte sich eingeschüchtert in dieser gewaltigen Natur.

»Ja, du, dieser Roar, das war ein Kerl«, lachte Lodvig. »Er jagte den Mond eine ganze Saison und verbrauchte zwei Kisten 89er-Patronen und alles, was in Hauna an Munition sonst noch vorhanden war. Und als es mit dem Mond nicht klappte, fing er an, auf uns zu schießen, weil er uns der Wilddieberei bezichtigte. Was sagst du dazu? Er schrie immer wieder, dass er den Mond zuerst gesehen habe, also sei er seine Beute.« Lodvig schnäuzte sich über den Schlittenrand und wischte sich die Nase mit dem Fellhandschuh. »Keiner von uns wagte es, ihn nach dem März zu besuchen, denn er war ein verflucht guter Schütze. Er wurde erst im August eingefangen.«

»Ach ja.«

»Genau. Es waren Valfred und ich und Olsen und seine Leute. Roar hatte sich im Tal versteckt und mit sechs Litern Branntwein verschanzt und dem, was von den Patronen in Hauna übrig war. Aber wir hatten Zeit, denn das Eis saß wie ein Korken im König-Oscar-Fjord und machte Olsen sesshaft. Also ließen wir Roar seinen Branntwein in Ruhe trinken und warfen unsere Mützen hoch, damit er etwas hatte, worauf er schießen konnte. Und als das Gewehr und auch die Flaschen leer waren, umzingelten wir ihn und fesselten ihn ordentlich. Er weinte vor Freude, wirklich, dieser arme Schlucker, und war fast normal, bevor er an Bord der *Veslemari* ging.«

Pedersen gab keine Antwort. Denn, ehrlich gesagt, konnte er nicht einsehen, dass es so idiotisch war, den Mond abzuschießen.

Sie schlugen ihr Zelt zur Nacht auf, und nachdem sie gegessen hatten, begaben sie sich zur Nacht in ihre Schlafsäcke. Pedersen schlief, bevor er überhaupt richtig im Schlafsack war, er pfiff wie eine Ratte, als ihn die Träume überfielen.

»Armer Teufel«, murmelte Lodvig. Er kroch aus seinem Schlafsack, sammelte seine Sachen zusammen und baute das Zelt über Pedersens Kopf ab. Dann lud er alles auf den Schlitten, schirrte Laban an und glitt lautlos in die helle Nacht.

Pedersen schlief tief. Er lag mitten im weißen Fjord, wie ein kleiner, schmutziger Fleck auf dem Eis, umgeben von seinem Gewehr, einem Karton Patronen, einem Petroleumkocher und zwei Fünfliterkanistern Petroleum. Es war das erste Mal, seit er an der Ostküste war, dass er im Freien schlief. Zu Hause in Ross Bay hatte er nur die Fallen überwacht, die in Sichtweite der Station waren, und war in Sichtweite der Hütte gewesen, abgesehen von einigen Besuchsreisen, bei denen er in Lodvigs Gesellschaft war.

Daher fühlte sich Pedersen entsetzlich einsam, als er spät am Vormittag die Augen aufschlug und direkt in den blauen und unendlich fernen Himmel starrte.

»Lodvig«, murmelte er furchtsam. Er guckte nach beiden Seiten, aber da war kein Lodvig. Da waren weder Schlitten noch Laban noch Lodvig zu sehen. Nur sein Rucksack, Gewehr und Kocher mit Brennstoff.

Mit einem Ruck setzte er sich auf. Er kniff die Augen in dem starken Sonnenlicht zusammen und ließ den Blick über das flache Eisfeld schweifen.

»Wo ist er geblieben?«, flüsterte er entsetzt. »Er kann doch nicht einfach so abhauen.«

Pedersen kroch aus dem Schlafsack und zog seine Sachen an. Er setzte sich missmutig auf den Rucksack und wartete auf Lodvig. Erst gegen Nachmittag ging ihm auf, dass Lodvig ihn wirklich verlassen hatte und er ganz allein auf der Welt war, und er fing am ganzen Körper an zu zittern vor Schreck.

»Das kannst du nicht machen, Lodvig«, heulte er. »Ich werde dich schon finden, du kannst dich nicht so einfach aus dem Staub machen.« Er nahm seine Sachen und verfolgte Lodvigs Schlittenspur.

Spät am Abend verschwand die Schlittenspur. Pedersen blieb versteinert stehen. Dann lief er in immer größeren Kreisen herum, aber die Spur war und blieb verschwunden. Und gerade dort, wo Pedersen sie verloren hatte, setzte der frühe Morgenwind vom Sortesund ein und türmte den Schnee zu einer niedrigen Wehe auf und verwischte alle Spuren. Lodvig, der dieses Phänomen kannte, hatte diesen Weg genommen, um sicher vor einer Verfolgung zu sein. Er war weiter über die Snar-Höhen gefahren und in gerader Linie zurück nach Ross Bay.

Pedersens Hirn war ein einziger Wirrwarr. Er setzte sich erschöpft auf seinen Rucksack und begrub sein Gesicht in den Händen. Dann schluchzte er so gewaltig, dass er fühlte, wie sich alles Elend dieser Welt schwer auf seinen krummen Rücken legte. Was er all die Jahre gelitten hatte, erschien ihm in schneller Folge: Demütigungen, Foppereien, Verhöhnungen, Gelächter. All dies erlebte er wieder, und es ließ ihn weiterweinen. Bis spät in die Nacht saß er so und bejammerte sich und das Leben, das ihm ein schlimmes Schicksal beschert hatte, und er merkte erst, als er schon vor Kälte bebte, dass die Sonne längst hinter den Felsen untergegangen war. Er rollte seinen Schlafsack aus, kroch ins Warme, zog seine Mütze über den Kopf und weinte im Dunkeln weiter.

Pedersen schlief schlecht. Er fror und hatte Angst. Das Eis knackte und ächzte unter ihm, er fürchtete, dass es aufreißen oder aufbrechen und ihn aufs Meer hinaus tragen könnte. Zum ersten Mal in seinem arktischen Leben war er froh über das Licht, und er steckte seinen Kopf alle fünf Minuten aus dem Schlafsack und hielt nach Bären und Wölfen Ausschau, von denen Lodvig gesagt hatte, dass sie sich gerade in diesem Fjord herumtrieben. Erst als die Sonne wieder hoch am Himmel stand, fiel er in einen tiefen Schlaf voller Träume. Und da war Lodvig zum Sorte-Fjord zurückgekehrt und lag oben bei den Frauenzimmern der »Jungfrauenstraße« mit einem großen Feldstecher vor den Augen.

Die folgenden Tage hätten Pedersen leicht das Leben kosten können. Nachts lag er wach und fror, am Tag schlief und weinte er. Er war allein. So allein, wie ein Mensch überhaupt nur allein sein kann. Er rief laut, wenn es ihn überkam: Nach seinem Vater und seiner Mutter, nach Lodvig und Laban, und seltsam genug tat es ihm gut, zu rufen. Zum ersten Mal in seinem Leben konnte er ganz ohne Schamgefühl rufen, weil er wusste, dass ihn kein lebendes Wesen hören konnte.

Am dritten Tag kam Wind auf. Lodvig, der immer noch auf seinem Posten auf dem Berg lag, spannte die Leinen des Zeltes und schaufelte ordentlich Schnee auf die Außenhaut. Er wusste, dass ein Frühjahrssturm im Anmarsch war.

Pedersen bemerkte den Wind auch, denn er zerrte an seinem Schlafsack und blies kalte Luft herein, bis Pedersen bis auf die Knochen durchkühlt war. Dann plötzlich, ohne dass es ihm klar wurde, wie er dazu kam, hatte er die Erleuchtung, sich einzugraben. Es war ein Gedanke, der ihm spontan kam unter all den anderen verwirrenden Gedanken in seinem Kopf. Er blickte sich um. Am Strand lagen einige hohe Schneewälle, vielleicht sollte er es dort versuchen.

Der Schnee war fest und dicht. Er legte seine Sachen beiseite und begann mit einem der steifgefrorenen Robbenfellhandschuhe zu graben. Zuerst grub er in die Tiefe; instinktiv fühlte er, dass er zuerst nach unten musste. Als das Loch ungefähr seine halbe Körperlänge tief war, fing er an, es seitlich auszuhöhlen. Er arbeitete wie verrückt, grub und kratzte und warf den Schnee über den Rand, wo dieser sofort vom Wind mitgenommen wurde.

Der Sturm war über ihm, bevor das Loch fertig war. Er hackte in aller Eile ein paar lange, schmale Schneeblöcke heraus, die er übers Loch legte. Schon nach einem kurzen Augenblick waren sie mit herangewehtem Schnee bedeckt, und das Loch war dicht.

Pedersen richtete sich ein. Er breitete seinen Schlafsack aus und legte sich ausgestreckt darauf. Die Müdigkeit spürte er in allen Muskeln seines Körpers, ein Gefühl, so schien ihm, das angenehm und auch beruhigend war. Plötzlich war er hungrig, fühlte den Protest seines leeren Magens nach drei Tagen Fasten. Aber es gab nichts Essbares im Loch außer dem schmalen Gewehrgurt aus Robbenfell: Pedersen schnitt ihn ab, schnüffelte daran und steckte ihn probeweise zwischen die Zähne. Der Geschmack war nicht so schlecht, etwas herb vielleicht, aber auf keinen Fall abstoßend.

Pedersen legte sich zurück auf seinen Schlafsack. Er kaute energisch auf dem Gurt und fing an, sich selbst zu beobachten. Er horchte auf den Wind, seinen Herzschlag und auf das Geräusch, das der Gurt von sich gab, wenn er auf ihm kaute. Er betrachtete seine Hände, seine Handgelenke, tastete mit den Fingerspitzen die Form seines Gesichts ab, die lange Nase, die Bögen der Augenbrauen und die großen Ohren. Das alles war so merkwürdig und neu, obgleich er sein ganzes Leben damit gelebt hatte.

»Da habe ich Lodvig aber auf die Schippe genommen«, dachte er. Und Freude stieg in ihm bei diesem Gedanken hoch. Er sagte es laut. Und fuhr fort: »Lodvig ist ein kleiner, billiger Lump, ein trauriger Furz, dem ich wohl eins aufs Maul gebe, wenn wir das nächste Mal zusammengeraten.«

Pedersen war voller Freude. Er schloss die Augen und stellte sich Lodvig mit einer gewaltigen blutigen Nase vor. Er lächelte und kaute und streckte sich behaglich auf dem Schlafsack aus. Nachdem er einen Viertelmeter Gurt in sich hineingekaut hatte, kroch er ins Warme und legte sich schlafen.

Es war eine Nacht ohne Weinen und Träume. Der kleine Pedersen wuchs, während er schlief, und als der Sturm sich gelegt hatte, hatte er kaum noch Platz in dem Loch. Er stand auf und schob die Schneeblöcke vom Eingang weg. Die kalte Luft umströmte ihn, und als er den Kopf nach draußen steckte und in die reine und jungfräuliche Welt blinzelte, japste er vor Überraschung. Weiß, Weiß, Weiß – überall Weiß. Aber auch strahlendes Blau und Rot und Violett und alle Farben, die er kannte. Die Berge waren noch weicher vom Schnee, und er genoss ihre fraulichen, runden Formen in vollen Zügen. Der Himmel war so tiefblau, dass Pedersen glaubte, er sähe Blau zum ersten Mal. Es fiel ihm auf, dass diese blaue Farbe die Farbe der Unendlichkeit war, die tief und befreiend in seine Seele drang.

Er zwängte sich aus dem Loch und setzte sich auf einen der Schneeblöcke. Draußen auf dem Land entdeckte er drei dunkelbraune Flecken im Schnee. Steine, dachte Pedersen, aber als er lange genug hingeschaut hatte, kam es ihm so vor, als ob sie sich bewegten.

Das sind vielleicht einige dieser Ochsen hier, die Lodvig ab und zu schießt. Dieser Gedanke holte das Hungergefühl mit verstärkter Kraft zurück.

Vorsichtig glitt Pedersen zurück ins Loch. Er lud das Gewehr, untersuchte das Schloss auf Eis und zog seinen weißen Anorak über den Kopf.

Die Ochsen waren einige tausend Meter entfernt. Pedersen kroch bäuchlings aus dem Loch in den Schnee. Er robbte auf den Ellbogen vorwärts, wie er es beim Militär gelernt hatte, und zog den Körper hinterher. Unendlich langsam und ungeheuer wachsam näherte er sich den großen Tieren.

Lodvig lag im Felsen, den Feldstecher vor den Augen, und sah alles.

Pedersen legte an, als er dreihundert Meter vom nächsten Ochsen entfernt war. Er zielte und schoss, ohne dass seine Hände zitterten.

Der Krach rollte hinaus über den Fjord. Der Ochse brach in die Knie, blieb einen Augenblick liegen, schüttelte seinen gewaltigen Kopf und fiel dann auf die Seite, die vier stämmigen Beine zu Pedersen hin ausgestreckt. Die anderen Ochsen glotzten erstaunt ihren Kameraden an und schnaubten nervös. Dann krachte Pedersens Kanone noch einmal, und noch ein Ochse legte sich.

Das letzte Tier lief im Galopp zu den Bergen. Aber Pedersen sprang auf und schoss knieend. Er zielte sorgfältig auf einen Punkt über dem Kopf des Ochsen, und als die Hörner genau zwischen dem Korn waren, verpasste er ihm einen Schuss ins Genick, der ihn sofort fällte.

Lodvig ließ den Feldstecher sinken. »Ja, hier gibt es für uns beide nichts mehr zu tun, Laban«, sagte er zu seinem vierbeinigen Freund, »denn jetzt ist aus dem kleinen Pedersen der richtige Pedersen geworden.« Er steckte das Fernglas ins Etui und ging sein Zelt abbauen.

Pedersen war von seinem Jagdglück überwältigt. Er ging zu den Tieren, vom einen zum anderen, und stieß sie mit dem Fuß an. Er hatte bisher nie Großwild aufgebrochen, nur daheim in der Stube gehockt und kleine, magere Fuchskörper aus ihren Bälgen herausgefummelt. Aber, dachte er, kann man einem Fuchs das Fell über die Ohren ziehen, kann man sicher auch mit einem Ochsen ähnlich verfahren. Es war eben nicht die Größe, auf die es ankam.

Es wurde für Pedersen ein schweres Tagewerk. Er schuftete wie ein Wilder, der Schweiß lief in Strömen unter dem wollenen Unterhemd. Aber er fühlte sich nicht müde. Er sprach freundlich mit den toten Tieren, lobte ihr Fleisch und ihr schönes Fell, dankte ihnen herzlich, dass sie sich hatten erlegen lassen, sozusagen direkt vor der Haustür, und als er merkte, dass er an den Füßen fror, zog er Stiefel und Socken aus und steckte die Zehen in eine der frischen Häute, die mit warmem Blut vollgelaufen waren.

Wie viel Stunden er arbeitete, wusste er nicht, es war ihm auch völlig gleichgültig. Er zerlegte das Fleisch in geeignete Portionen und brachte sie zu seiner Schneehöhle. Diese erweiterte er um eine geräumige Speisekammer gegenüber dem Aufenthaltsraum, eine leichte Sache, weil er jetzt die Rippen eines der Tiere als Schneemesser verwenden konnte. Er legte zwei Felle als Unterlage für den Schlafsack auf den Boden und breitete das dritte steifgefrorene Fell als Falltür über das Eingangsloch.

Bevor er in seine Höhle hinunterkroch, verteilte er die Eingeweide der erlegten Tiere rund um die Höhle, vielleicht würden dadurch andere jagbare Tiere angelockt.

Pedersen fühlte sich richtig privilegiert, als er auf den beiden großen Fellen lag, ein gut gekochtes Stück Fleisch in der Hand. Er aß, trank Suppe und wurde richtig ein wenig berauscht von dieser kräftigen Kost. Er verspürte Müdigkeit, hatte aber keine Lust zu schlafen. Der Tag war so unverschämt herrlich gewesen, dass er ihn noch nicht loslassen konnte.

Als er sich satt gegessen hatte, setzte er sich eine Stunde an den Höhleneingang und schaute hinaus auf den Fjord. Die Eisberge standen aufgereiht draußen in der Sorte-Bucht, und ihm offenbarte sich eine Welt, die er nie zuvor zu schauen gewagt hatte. Er blickte lange auf die Eisberge, und bald begannen sie, sich zu verwandeln. Sie wurden zu großen Segelschiffen, zu Tempeln und Pagoden aus exotischen Ländern, fügten sich zu enormen Städten mit hohen Häusern, Türmen und Turmspitzen. Als die Sonne hinter den Sorte-Bergen unterging und die langen Schatten ausgelöscht wurden, wurden sie wieder zu glitzernden Eisbergen, die in dem sonderbaren grauen Licht ihre Form veränderten und in weichen Pastellfarben gezeichnet waren.

Pedersen nahm diesen wunderbaren Anblick mit in seine Höhle. Er kroch unter die Felle und horchte auf das Sieden des Petroleumkochers. Er war richtig satt vom Fleisch, voller Eindrücke und mit sich selbst zufrieden. Er schlief mit dem Bild der Eisberge, Berge und Täler, glitzernden Ebenen und tiefen, heimlichen Kluften in die Netzhaut eingeprägt ein.

Die ringsum verteilten Eingeweide waren ein unerwarteter Erfolg. Pedersen sah, als er am nächsten Tag den Kopf zur Falltür hinaussteckte, drei Füchse, die ihrem Bauch Gutes taten. Er griff hinter sich nach dem Gewehr und brachte es ohne Geräusche in Anschlag, und bevor die Füchse überhaupt mitbekamen, woher der Knall kam, sanken sie um, im Maul jeder ein Stück gefrorene Innerei. Pedersen brachte sie in die Höhle. Er stellte die Falltür aus dem Moschusfell mithilfe eines Schenkelknochens auf, setzte sich in die Vormittagssonne und zog den Füchsen das Fell ab, ohne auch nur ein einziges Mal ins Fell zu schneiden.

Es kamen noch mehr Gäste. Zuerst ein einsamer Blaufuchs, der vom Land her geschlichen kam und misstrauisch gegen den Wind witterte. Er machte einen Bogen um Pedersens Falltür und kroch geduckt zu den Eingeweiden. Lange, bevor er den ersten Darm erreicht hatte, zielte Pedersen bereits. Als er den Hahn spannte, erstarrte der Fuchs für den Bruchteil einer Sekunde; das hätte er nicht tun sollen, Pedersen schoss sofort auf den erhobenen Kopf. Der Fuchs knickte mit den Beinen ein und legte sich nieder, den Schwanz unterm Bauch.

So ging es die nächsten Tage weiter. Pedersen hockte in seiner

Höhle und erlegte einen Fuchs nach dem anderen. Er zählte nicht die Tage, wusste nur, wenn der Tag wiederkehrte, denn ganz langsam stieg die Sonne so hoch am Himmel, dass sie nicht mehr hinter den Felsformen verschwand.

Gesellschaft vermisste er nicht, denn das Leben war so neu und spannend, dass andere Menschen nur störend gewesen wären.

Eines Tages erschien ein Bär, ein altes, mürrisches Männchen, das ein paar Füchse verjagte, um selbst an die Krippe zu kommen. Pedersen saß lange und bewunderte das große Raubtier, und wenn seine Hände zitterten, als er anlegte, dann nicht aus Furcht, sondern aus Erregung. Er stellte sich voll sichtbar in der Höhle auf, rief »Hallo« zum Bären, der sofort herumfuhr und Unheil verkündend knurrte. Erst als der Bär in langen Sprüngen auf ihn zukam, feuerte Pedersen.

Die Innereien des Bären waren eine gute Nahrung für den Fuchsfang. Und weil sich Pedersen nichts aus dem Geschmack des Fleisches machte, warf er es auch für seine hungrigen Gäste hin, von denen er nur die mit den schönsten Fellen erlegte.

Das Frühjahr war nun so weit vorgeschritten, dass sich auf dem Eis kleine Schmelzwasserseen bildeten. Pedersens Petroleum war längst verbraucht, und er hatte allmählich das Verlangen nach trockenem Zeug und einer warmen Mahlzeit. Eines Tages packte er alles zusammen. Er brachte seine Felle in den Schlafraum, legte den Moschusdeckel über die Höhle, schaufelte ihn mit Schnee zu und brachte als Markierung einen Moschusochsenkopf auf einem kleinen Schneehaufen an. Dann lief er in die Richtung, von der sein Gefühl ihm sagte, dass dort die Ross Bay lag.

Er brauchte einige Tage, bis der rauchende Schornstein der Station in Sicht kam. Er stiefelte hinauf durchs Packeis, ging an Laban, der ihn begrüßte, vorbei und trampelte in die Stube.

Lodvig saß am Herd und zerkleinerte Kohlen mit einem Beil. Er drehte sich überrascht um, als Pedersen die Türen hinter sich zuwarf.

»Donnerwetter, bist dus, Pedersen?«

Pedersen nickte. »Ja, ich bins, Lodvig. Und jetzt bekommst du eins aufs Maul, weil du ein kleiner Scheißer bist.«

Lodvig stand auf. Er war drei Köpfe größer als Pedersen und hatte außerdem das Beil in der Hand. Ein großes, glückliches Grinsen breitete sich über seinem Gesicht aus.

»Meinst du das wirklich, Pedersen? Aber ich bin doch viel größer als du.«

»Man ist immer nur so groß, wie man liegt«, entgegnete Pedersen philosophisch. Er nahm den Rucksack ab, rollte sorgfältig die Anorakärmel hoch und verpasste Lodvig die blutige Nase, worauf er sich schon lange gefreut hatte.

Lodvig ließ das Beil fallen und griff sich an die Nase. »Das war aber einer von der kräftigen Sorte, Pedersen, du hättest mir ja das Nasenbein brechen können.«

»Das hätte dich nur verschönert«, antwortete Pedersen. Er zog den Anorak aus. »Aber wenn deine Nase nicht mehr blutet, könntest du vielleicht deinen Hintern bewegen und ein bisschen Fell vom Sorte-Fjord holen.«

»Fell? Was hast du gefangen?«

»Unter einem Schneehügel mit dem Kopf eines Moschusochsen habe ich sie eingegraben. Es sind zweiunddreißig erstklassige Fuchsfelle, zwölf zweitklassige, drei Ochsenhäute und ein Bär«, antwortete Pedersen. Er ging zum Herd und nahm den Wasserkessel herunter.

»Ach du liebe Güte.« Lodvig guckte ihn bewundernd an. »Wo hast du die denn alle erwischt?«

»Es gibt einige, die etwas zuwege bringen«, antwortete Pedersen, während er warmes Wasser in eine Waschschüssel goss, »während andere herumliegen und drinnen faulenzen.«

»Das ist doch ein Ding.« Lodvig guckte Pedersen stolz an, als ob dieser sein eigenes Werk war – was er zu einem gewissen Grad auch war. »Was sind denn deine Pläne?«, fragte er.

»Erst mich waschen und rasieren«, entgegnete Pedersen, »und dann muss ich die beiden Fünfliter-Kanister mit Petroleum auffüllen. Wenn du Lust hast, können wir zusammen in einen anderen Fjord auf die Jagd fahren.«

Lodvig nickte. »Das ist eine gute Idee.« Er reichte Pedersen ein Handtuch.

»Im Übrigen, Lodvig, kannst du gerne alle Fallen zuschnappen lassen«, sagte Pedersen, als er sich abgetrocknet hatte. »Ich habe eine Methode herausgefunden, bei der wir selbst die besten Felle unter den Füchsen auswählen können.«

Lodvig nickte begeistert. »Selbstverständlich, Pedersen. Wenn du etwas Besseres gefunden hast, dann probieren wir es aus.« Kopfschüttelnd und leicht grinsend verließ er die Hütte, und als er auf dem Schlitten saß, auf dem Weg zu Pedersens Fellen, war er richtig froh, dass Pedersen mehr als nur eine Einjahreserscheinung sein würde.

Eine literarische Geschichte

Gerade hatten sie die Jolle aufs Land gezogen und sie für den Winter gelagert, da wurde Anton von der Inspiration erfasst. Er begann am selben Abend ein schriftstellerisches Werk, von dem er überzeugt war, es werde in der Geschichte der Literatur einzigartig sein. Herbert zeigte großes Verständnis für diese intellektuelle Arbeit und übernahm freiwillig die Ausführung aller anderen Arbeiten auf der Station, solange Anton inspiriert war.

Anton arbeitete schwer. Nie war sein rechtes Handgelenk so angestrengt worden, nie waren seine Augen so müde gewesen, und nie hatte sein Rücken so geschmerzt. Bücher schreiben, das wurde ihm schnell klar, war anstrengender als von Falle zu Falle zu wandern, Hundeleinen reparieren oder Kleidung, Gewehr und Petroleumkocher; Essen machen, Wasser holen und Füchsen das Fell abziehen.

Nachdem er einen Monat hart gearbeitet hatte, wusste er ganz sicher, dass das, was jetzt zu Papier gebracht war, nichts Geringeres als seine Unsterblichkeit bedeutete – wenn das Heft mit dem Wachstuchumschlag nicht etwa durch einen Brand zerstört wurde, bei einem Transport verloren ging oder gestohlen wurde.

Aber Anton hatte auch Probleme. Nicht mit der Inspiration – die floss weiterhin wie Kacke aus einem Milchkalb, sondern mit seinem Schreibmaterial: Er besaß nur einen Bleistift. Und das Befragen von Besuchern ergab, dass es in diesem Jahr das einzige Exemplar an der gesamten Küste war. Bjørken besaß allerdings einen Füllfederhalter, aber den wollte er nicht ausleihen. Valfred meinte, dass ihm vor vielen Jahren ein Bleistift hinter den Küchenschrank gefallen sei, und als er den Schrank von der Wand abrückte, fand er tatsächlich den Stummel eines Zimmermannsbleistifts, den der Leutnant eiligst Anton brachte. Der Stummel war nach vierzehn Tagen verbraucht, obgleich Anton ihn ganz leicht aufs Papier drückte, um zu sparen.

Anton begann seinen fünften Roman im Oktober. Die vier ersten hatte er zum Reifen beiseite gelegt, wie er Herbert klarmachte, und natürlich auch wegen fehlenden Schreibmaterials. Sie waren nicht wichtig, mehr als Entwürfe für sein fünftes Werk anzusehen, das er mit diesem einen und ganzen Bleistift, den er noch übrig hatte, zu Papier zu bringen gedachte.

Der fünfte Roman war anspruchsvoll. Nicht allein, weil er seinem Verfasser alles abverlangte, sondern auch den Hausgenossen stark beanspruchte: Anton duldete keine Störungen, er schrieb am besten, wenn Herbert sich außerhalb der Hütte aufhielt. Für Herbert war es eine schwierige Zeit. Er lief herum und wusste nicht so richtig, was er anfangen sollte. Es war noch zu früh, Fallen aufzustellen, die durften nicht vor dem ersten November gestellt werden, und für Besuchsreisen war es schon zu spät, denn das Neueis war so dick, dass es die Jolle nicht mehr aufbrechen konnte. Er ging ein wenig auf Schneehuhnjagd, betrieb ein bisschen Robbenfang und hielt sich, so gut er konnte, tagsüber von der Hütte fern. Aber die Abende und Nächte musste er drinnen zubringen – zum großen Verdruss Antons und zum Schaden von dessen literarischen Erzeugnissen.

Anton musste sich eingestehen, dass die Hütte zu klein war, um einen Dichter und einen redseligen Fänger zu beherbergen. Auch wenn sich Herbert zusammennahm und ungewöhnlich wenig redete und seine knarrenden Strohschuhe gegen drei Paar dicke Wollsocken auswechselte – er war und blieb eine Geräuschquelle, die der Künstler nicht ertragen konnte. Das Scheppern eines Kochtopfes, das Zerkleinern von Eis oder das Geräusch von Kohlen, die in den Herd geschaufelt wurden, genügten, um Anton aus seinen Gedankenbahnen zu reißen, die ihn doch tiefer in die Fantasiewelt führen sollten, wo sich seine Figuren aufhielten. Er fand es absolut unmöglich, über zarte oder heiße Liebe zwischen zwei Menschen zu schreiben, wenn Herbert hinter ihm im Kohlenkasten herumstocherte oder in der Koje lag und unappetitlich schnarchte oder am Tisch saß und erzählte, dass der Hund Leila am Hund Angut festhing. So musste Anton leiden.

Aber auch Herbert litt. Er hatte größtes Verständnis für die künstlerischen Bestrebungen seines jungen Freundes, und jedes Mal, wenn er sich bei einer Störung ertappte, entschuldigte und bedauerte er diese lange und ausschweifend, was nur eine noch größere Störung bedeutete.

Als Anton sich an das dritte Kapitel dieses fünften Romans machte, richtete er, um seine Inspiration abzuschirmen, eine Ecke in der Stube ein, in der er in Ruhe und Frieden sitzen konnte. Er setzte mit Herberts Hilfe in eine Stubenecke einen Balken vom Boden bis zur Decke, zirka einen Meter von den Wänden entfernt. Vom Balken bis zu der einen Wand nagelte er Bretter, und bis zur anderen Wand hängte er das Segel ihrer Jolle als Vorhang auf. In diese Studierkammer stellte er eine leere Salztonne, brachte darüber eine Konsole an und stellte seinen Stuhl hinein. Hier konnte er sitzen und ganz für sich sein – mit Bleistift und Buch auf der Tonne und der Petroleumlampe auf der kleinen Konsole. Als Ausschmückung gab es eine Schrotflinte Kaliber 16 mit defektem Hahn, die er nur benutzte, wenn er störende Raben vor seinem Fenster verscheuchen wollte.

Auch Herbert war zufrieden mit dieser Regelung. Er konnte jetzt wieder seine Strohschuhe anziehen und sich einigermaßen frei in der übrigen Stube bewegen.

Anton schrieb, als ginge es um sein Leben. Er saß mit krummem Rücken vor der Tonne, seine langen Haare hingen ihm über die Ohren, und den letzten wichtigen Bleistift hielt er krampfhaft zwischen den Fingern. Er stöhnte und seufzte, schrieb und strich aus und schrieb wieder. Er las laut murmelnd vor sich hin, fluchte und jubelte und klopfte manchmal nachdenklich mit dem Bleistiftende an seine großen Schneidezähne.

Er schrieb den ganzen Oktober hindurch, er schaffte das dritte Kapitel und machte zum Monatswechsel drei Tage Pause, an denen er Herbert half, die Fallen im Gelände aufzustellen. Als er zurückkam, hatte er rote Wangen und frische Inspiration und warf sich sofort auf das wichtige Kapitel vier, das er im Kopf schon fertig hatte und bloß noch schwarz auf weiß festhalten musste.

Mitte November war er so weit weg in seiner Fantasie, dass er das Gefühl für die Zeit völlig verlor. Hin und wieder zog er das Segeltuch zur Seite und steckte seinen blassen und übernächtigten Kopf in die Stube hinaus, wo Herbert saß.

»Hör mal, Herbert, ist es Nacht oder Tag?«, fragte er dann. Und Herbert, der auf solche Dinge achtete, sagte ihm Datum und Uhrzeit. War es Nacht, fühlte Anton sich schlapp, müde und ausgeschrieben, wenn Herbert ihm aber sagte, dass der Tag gerade begann, machte er seinen schmerzenden Rücken gerade, zog den Bleistift aus den Haaren, legte die Beine um die Salztonne und ging eifrig weiter zu Werke.

Es wurde Vollmond. Schnee war gefallen und lag in sanften Hügeln um Guess Grave. Svenssons Buckel erhob sich schwarz und knorrig, als ob er aus einem Meer flüssigen Silbers auftauchte.

Das Mondlicht hielt die Raben wach. Sie kamen von den Felsen herunter und kreisten über der Station, wo sie sich der erforderlichen Müllbeseitigung annahmen. Als es um die Hütte herum nichts mehr zu fressen gab, flogen sie neugierig zu den Fenstern, die warm und golden in die Nacht leuchteten. Sie guckten in die Stube zu Herbert hinein, der am Tisch saß und las, und sie guckten in das kleine Fenster, hinter dem sich Anton mit seiner Kunst abplagte. Dann schrien sie laut, wie es Raben nun einmal so tun.

Anton hatte ein gespanntes Verhältnis zu Raben. Das stammte aus seinem ersten Jahr als Fänger bei Valfred in Fimbul. Ein Jahr mit schweren Depressionen und Sehnsucht nach Gesellschaft, die Valfred bekanntermaßen in den Wintermonaten nicht bieten konnte, weil er bereits im Oktober in Winterschlaf fiel und erst wieder spät im April auftauchte. In dieser Zeit hatte Anton die Touren zu den Fallen allein gemacht und wurde meist von schwerer Niedergeschlagenheit befallen. Die Raben waren damals seine bevorzugten Feinde. Diese schwarzen Vögel, die überall in der Arktis zu finden sind, auch im Winter, hatten ihn verfolgt, wenn er von einer Falle zur nächsten wanderte. Sie hatten ihn wach gehalten in den Nächten, in denen er in Hütten oder im Zelt übernachtete, und sie hatten ihn verhöhnt, wenn er zeitig im Frühjahr hinaus zu den kleinen Inseln sauste, um die Sonne zu fangen. Ihr Schrei war in seinen Ohren zu einem schadenfrohen Gelächter geworden, einem Laut, der sich ihm tief ins Bewusstsein gegraben hatte, so tief, dass er immer wieder Wut bekam und blindlings um sich schlug, wenn er ihn hörte.

Es ist schwer und demütigend für einen Dichter, verlacht zu werden, vor allem mitten in einem solchen Schaffensprozess. Und ganz besonders schwer fiel es Anton, das laute, schmetternde Gelächter der Raben zu hören und sie dicht an der kleinen Fensterscheibe in eleganten Kreisen vorbeistreichen zu sehen.

Er riss sich los vom Papier, langte nach der Schrotflinte, stieß das Fenster auf und feuerte beide Läufe gleichzeitig ab. Die Flinte war alt und hatte den Fehler, dass immer beide Läufe losgingen, auch wenn man lediglich einen Abzug betätigte.

Die Wirkung war beruhigend. Anton konnte seiner Wut Luft verschaffen und die Raben zogen sich unter wütenden Protesten in die Berge zurück. Einzig die von Antons Fuchsschrot getroffenen Raben blieben als kleine, schwarze Vignetten im Schnee liegen, bis irgendein beherzter Fuchs sich erbarmte und sie mit Missbehagen fraß.

Anton tat dies alles unbewusst. Er schloss das Fenster, lud die Flinte für späteren Gebrauch und hängte sie an den Nagel, immer in Gedanken bei dem, was in dem Buch mit dem Wachstuchumschlag zu Papier gebracht werden sollte.

Aber die Raben ließen sich nicht lange fernhalten. Es war, als hätten sie Anton den Krieg erklärt und ihre Anzahl durch Herbeiholen weiterer Artgenossen aus nah und fern verstärkt. Jedenfalls hatte man nie zuvor so viele Raben in Guess Grave versammelt gesehen. Sie fielen von den Bergen ein und kreisten Tag und Nacht schreiend über der Station, und bald war Anton mit nicht viel anderem beschäftigt als im Fenster zu liegen und seine Feinde vom Himmelsgewölbe herunterzuholen. Erst nach achtundvierzig Stunden intensiver Kriegsführung war die Anzahl der Raben auf die ursprüngliche und erträgliche vermindert, und Anton hatte wieder einigermaßen Frieden.

Die Füchse der Gegend, fett und träge von dem zähen Rabenfraß, begannen kurz darauf wieder in die Fallen zu gehen, voller Sehnsucht nach dem Schneehuhnschenkel oder der Hasenkeule, die als Lockspeise in den Fallen angebracht waren.

Eines Abends brachte Herbert Kaffee und Schiffskekse zum Dichter. Er hatte einen guten Tag gehabt – vier Füchse in den Fallen – und war in richtig guter Stimmung.

»Wenn es so bleibt, Anton, dann kriegen wir ein Lob und auch eine

Zulage von der Kompanie, haha, und auch vorgezogene Pension«, sagte er und stellte den Kaffeetopf auf die Salztonne. Er blieb ein bisschen an dem zurückgeschlagenen Segel hängen.

»Sie sind völlig verrückt danach, in die Fallen zu gehen in diesen Tagen. Und es gibt mehr blaue als weiße Füchse dieses Jahr«, fuhr er fort. Herbert war in aufgekratzter Stimmung und wollte seine Freude mitteilen.

Anton gab keine Antwort. Er blickte düster über den Tonnenrand, den Bleistift im Mund, und hielt mit beiden Händen die Tonne fest.

Herbert versuchte, ihm über die Schulter zu sehen. Er war sehr neugierig auf Antons Produktion, aber Anton war unbeugsam. Bei den ersten Romanen hatte er sich gerne mit Herbert darüber unterhalten, aber dieser Roman war mit Herzblut geschrieben, er sollte den vernünftigen Leuten erst zugänglich sein, wenn er fertig gestellt war.

Herbert konnte nichts erkennen, obgleich er weitsichtig war; denn Antons Schrift war ein winziges Gekritzel wegen des Papiermangels und fast unsichtbar, um die Bleistiftmine nicht zu vergeuden. Er erkannte bloß einige undeutliche, graue Schatten auf dem weißen Papier.

»Ja, du schreibst also«, sagte er. Er stand etwas verlegen da, wie es so ist, wenn man gerne ein Gespräch anfangen will, aber keine Antwort bekommt. Tief in Gedanken ließ er seine Hand an Antons Schrotflinte hinabgleiten, und als seine Finger den Abzug erreichten, krümmten sie sich aus alter Gewohnheit.

Es war eine absolut unbewusste Handlung. Er war deshalb genauso überrascht und schockiert wie Anton. Der Knall, der in dem kleinen Raum ertönte, war unbeschreiblich. Herbert und Anton waren mehrere Minuten taub. Anton fiel von seinem dreibeinigen Stuhl, die Petroleumlampen in der Studierkammer und der Stube wurden von der Druckwelle ausgeblasen, und Herbert taumelte in die Stube, kippte den Tisch um und schlug mit dem Kopf auf den Fußboden, sodass er einen Augenblick das Bewusstsein verlor. Als er wieder zu sich kam, war es still wie in einer Kirche. Er setzte sich auf und flüsterte:

»Anton?«

Kein Laut.

»Anton?« Er wiederholte seine Frage lauter. »Anton, hörst du mich? Lebst du?«

Immer noch keine Antwort. Anton lag wie versteinert vor Schreck. Er war so weit weg auf der Suche nach dem nächsten Satz gewesen, dass er kaum den Knall hörte, als die beiden Läufe losgingen. Und er hatte den Bleistift im Mund gehabt, als er durch den Schock japsend hintenüber fiel. Nun war er weg, und er hatte einen beklemmenden Verdacht, welchen Weg der Bleistift wohl genommen hatte. Zudem war er stocktaub und hörte Herbert nicht.

Herbert erhob sich und tastete mit zitternden Händen nach der Stearinkerze, die auf der Konsole über dem Herd stand. Als er sie angezündet hatte, ging er mit schlotternden Knien zu Antons Kabäuschen.

»Anton! Du lieber Gott, du bist doch nicht abgekratzt?« Er kniete bei seinem gefällten Kameraden, der unbeweglich mit seltsam toten Augen dalag. »Bist du getroffen, Anton, sag mir, hörst du mich?«

Anton nickte ganz schwach. Er drehte den Kopf und guckte Herbert mit einem verzweifelten Blick an.

»Der Bleistift«, murmelte er verstört.

»Ach, Gott sei Dank.« Herbert fasste ihn um die Schultern und setzte ihn auf. »So, gut, dass dir nichts passiert ist. Himmel, was hätte alles geschehen können. Wie zum Teufel kannst du da eine geladene Kanone hängen haben, das ist nun wirklich nicht zu verantworten.«

Anton blickte ihn mit leeren Augen an. »Der Bleistift«, wiederholte er.

»Scheiß auf den Bleistift«, erwiderte Herbert. »Pfui Teufel, was habe ich für eine Angst gehabt. Solche Schrotkörner schwirren wie Fliegen in einer Flasche herum, wenn sie nicht den Weg hinaus können. Den Bleistift, den finden wir schon.« Er stellte die Salztonne auf und half Anton auf den Stuhl. »So, jetzt siehts wieder ordentlich aus. Jetzt kannst du weiterkritzeln.«

Anton saß aufrecht da, die Hände im Schoß. »Der Bleistift ist weg«, sagte er unglücklich. »Er ist verschwunden.«

»Schnickschnack. Komm, wir gucken mal nach.« Herbert ging auf die Knie und guckte unter den Stuhl. »Nee, hier ist er nicht.«

»Ich habe ihn verschluckt«, sagte Anton. »Ich wurde völlig überrascht, und so ist er hinuntergerutscht.«

»Bist du sicher?« Herbert stand auf. »So ein langer Bleistift. Hast du ihn wirklich verschluckt?«

Anton nickte. Er strich über die erwartungsvolle leere Seite in seinem Buch. »Hier ist der Roman also zu Ende, Herbert«, sagte er finster.

»Du kannst bestimmt weiterschreiben, wenn du einen neuen Bleistift bekommst«, meinte Herbert.

»Unmöglich. In ein oder zwei Wochen ist der Roman aus meinem Hirn verschwunden«, sagte Anton. »Und ohne diesen Roman bin ich als Schriftsteller erledigt. Er ist der Schlüssel für alles, was ich später geschrieben hätte.«

»Ja, das ist natürlich schlecht.« Herbert rieb den Handrücken an den Bartstoppeln. »Es kann doch sein, dass Funker Mortensen etwas Schreibzeug hat. Er besitzt bestimmt ein ganzes Lager.«

»Er hat nur zwei Federhalter.«

»Dann leihen wir uns einen aus.«

»Wir haben keine Tinte, Herbert, und ich schaffe es nicht, nach Rumpelhuk zu kommen, bevor der Roman verschwunden ist.«

»Das ist schade.« Herbert ging zurück in die Stube, um die Kaffeekanne zu holen. »Die Sache mit der Tinte, die könnten wir regeln. Etwas Pulver und Blut. Was für einen Roman könntest du damit schreiben, nicht?«

Anton blickte zur Decke. Ein Tropfen war ihm auf den Kopf gefallen, und er spürte, wie er über sein Gesicht lief. Wieder fiel ihm ein Tropfen auf den Scheitel.

»Ich glaube, ich blute«, sagte er leise.

Herbert zeigte sich in der Öffnung. Er guckte ihm prüfend ins junge Gesicht.

»Das ist kein Blut«, sagte er, »denn dann wärst du anders als alle anderen Leute eingerichtet.« Er streckte einen Finger aus und fing einen Tropfen von Antons Stirn. Er probierte ihn.

»Öl«, sagte er. »Du schmeckst nach Öl.« Er guckte nach oben und erblickte einen langsam größer werdenden Fettfleck an der Decke. »Wir haben wohl irgendetwas dort oben getroffen, etwas mit Öl.«

Sie stellten die Leiter an die Bodenluke und krochen hinauf, um das Phänomen zu untersuchen. Sie fanden eine Kiste, die sechsunddreißig Dosen Ölsardinen enthielt, wie sich herausstellte.

»Das war ein Schuss«, grinste Herbert. Er nahm die Dosen einzeln heraus und legte sie in eine große Wanne, um das Öl zu retten. Nur die unterste Schicht war durchlöchert, und als er zu den heilen Dosen kam, guckte er Anton forschend an.

»Sag mal, Anton«, fragte er, »dieser Roman, bedeutet er dir viel?«

»Alles«, antwortete Anton.

»Das mit dem Bleistift ist Pech, was? Möchtest du ihn wiederhaben?«

Anton sah ihn vorwurfsvoll an. »Du bist kein Künstler, Herbert, denn sonst würdest du nicht solch eine idiotische Frage stellen.«

»Nein, das ist schon richtig. Aber ich dachte, wenn du den Bleistift gerne wiederhaben möchtest, dann könnten wir den Prozess so weit beschleunigen, dass du den Roman nicht vergisst.« Er zeigte auf die Sardinendosen. »Solch fette Burschen wie die da machen der Verdauung ordentlich Dampf, Anton, die sind besser als Rizinusöl.«

Anton kam näher. Er starrte auf die Wanne. »Wie viele braucht man wohl dafür?«, fragte er. Sardinen waren noch nie sein Leibgericht gewesen.

»Wenn du die alle aufisst, sind wir auf der sicheren Seite«, meinte Herbert.

»Aber dann haben wir zu Weihnachten, Ostern oder Pfingsten keine Sardinen mehr«, widersprach Anton zaghaft.

»Wir opfern sie auf dem Altar der Kunst«, entgegnete Herbert edelmütig. »Von uns beiden ist nur einer der Leidtragende, denn möglicherweise machst du dir überhaupt nichts mehr aus Sardinen, wenn du die ganze Wanne verdrückt hast.«

»Wir können ja eine Dose für dich aufbewahren«, schlug Anton vor. »Es ist nicht gerecht, dass ich sie alle kriege.«

»Eine Dose mehr oder weniger bedeutet bestimmt nichts.« Herbert nahm eine von den unbeschädigten Dosen und legte sie aufs Küchenbrett. »Ja, also bitte, Anton, ich werde jetzt die Dosen aufmachen, während du dir den Bauch voll schlägst.«

Anton setzte sich an den Tisch und fing an. Er aß mit seinem Messer direkt aus den Dosen: Erst die Sardinen, dann trank er das Öl. Er schielte auf den Haufen leerer Dosen, der sich zu seinen Füßen ansammelte, und langte automatisch nach den frisch geöffneten und vollen Dosen, die ihm Herbert reichte.

»Meinst du nicht, ich könnte einen Schluck Branntwein kriegen, um sie runterzuspülen«, bat er. »Vielleicht kommen sie zu früh wieder hoch, wenn sie nicht neutralisiert werden.«

»Das geht nicht.« Herbert war strikt gegen diesen Vorschlag. »Man darf das Öl nicht verdünnen. Denk nicht an Branntwein, Anton, denk an den Roman, dann geht es schon. Hier ist eine neue, und da sind noch mehr«, sagte er heiter.

Als nur noch drei von den sechsunddreißig Dosen übrig waren, wurden Antons Augen unruhig. Er wurde blass, hielt die Hände krampfhaft auf die Oberschenkel gepresst. Herbert rollte routiniert die Dose Nummer dreiunddreißig auf und hielt sie Anton unter die Nase. Dieser blähte die Nasenlöcher auf, stieß einen halberstickten Schrei aus und sprang vom Stuhl auf zur Tür hin.

Herbert sah durchs Fenster, wie Anton an den Hunden vorbei zum Strand hinunterstürzte. Noch bevor er den Eisrand erreicht hatte, wo sie solche Sachen zu erledigen pflegten, riss er seine Hose runter und ging in die Hocke. Da zog sich Herbert diskret zurück. Er schnitt eine Scheibe Roggenbrot ab und belegte sie dick mit Sardinen aus der letzten offenen Dose.

Anton saß halb, halb lag er. Er stöhnte und schluchzte vor Anstrengung und wischte sich mit dem Hemdsärmel den dicken Schweiß von der Stirn. Als er sich nach geraumer Zeit für völlig leer hielt, reinigte er sich, zog die Hose hoch und stand lange da, die reine Luft einatmend.

Herbert hatte Kaffee gekocht und Branntwein auf den Tisch gestellt, als Anton zurückkam.

»Na?«, fragte er.

Anton nickte, sodass der Bleistift, den er hinters Ohr geklemmt hatte, fast auf den Fußboden gefallen wäre. »Der Roman ist gerettet«, antwortete er.

Sie tranken Kaffee und Branntwein, es tat Antons Magen gut. Er saß am Tisch, rollte den Bleistift zwischen den Händen und blinzelte schläfrig.

»Ja, dann musst du wohl wieder weiterdichten«, stellte Herbert fest, »es gibt ja einiges aufzuholen.«

Anton guckte ihn müde an. »Das kommt darauf an, ob es Nacht oder Tag ist«, antwortete er.

Herbert studierte seine Uhr. »Es geht auf die Nacht zu«, sagte er – was nicht ganz mit der Wahrheit übereinstimmte, da die Nacht längst vorbei war und der neue Tag gerade anbrach.

»Dann werde ich wohl ausnahmsweise ein paar Stunden schlafen«, verkündete der Autor, »ich fühle mich so richtig müde.« Er trank seinen Branntwein aus und kroch in die Koje. Der Bleistift wurde sorgfältig auf die Konsole über dem Kopfende gelegt. Kurz bevor er die Augen schloss, murmelte er zu Herbert hin, der immer noch am Tisch saß:

»Danke für die Hilfe, Herbert.«

»Schnickschnack, das war eine Kleinigkeit.«

Du hast dich um die Literatur verdient gemacht«, sagte Anton. »Meinen Roman für die Nachwelt gerettet.« Er schloss die Augen und versuchte, den Geschmack von Ölsardinen zu vergessen.

Der Floh

In einem arktischen Leben gibt es einen Zeitpunkt, an dem sich eine Leere einstellt, ein Stagnation, bei der man ein Gefühl bekommt, als ob man auf der Stelle treten würde. Dieser Zustand ist vor allem im ersten und zweiten Jahr ausgeprägt, wenn der Jäger noch nicht von dem unheilbaren Ödlandvirus befallen ist, der ihn für die Wildnis tauglich macht und ihm einen Panzer aus Ignoranz verleiht.

Obgleich man Funker Mortensens drahtlose Telegrafie bekommen hatte, um den Kontakt mit der alten Welt aufrechtzuerhalten, hielt man eigensinnig daran fest, nicht informiert zu sein. Dies stimmte nun auch mit Bjørkens neuester Philosophie überein, die vehement alles Historische ablehnte. Besuchte man Mortensen und Doc, hörte man Tanzmusik aus Reykjavik oder Kopenhagen an Stelle von Nachrichten und Vorträgen. Und so vermied man törichte Diskussionen um den Bart des Propheten, musste keine Stellung zu einem südamerikanischen Krieg beziehen, der ausgebrochen war, weil der Diktator eines dieser Länder die Menschen nicht mehr unter Kontrolle hatte, und keinen neu gewählten Ministerpräsidenten verurteilen, der nach der Wahl nicht die Wahlgeschenke verteilte, die er versprochen hatte.

Die Fänger in Nordostgrönland hatten nie am Gang der Welt teilgenommen. Auch als sie die Möglichkeit dazu besaßen, lehnten sie sie ab. Sie lebten als anständige, freie Menschen und erkannten, ohne sich selbst darüber im Klaren zu sein, instinktiv das biologische Erbe des Homo sapiens. Sie waren, wie alle Individuen ihrer Art sein sollten: halbwegs gesellig und so weit von Bienen- und Ameisenvölkern entfernt wie ein Elefant von einem Erkältungsvirus.

Vor allem war man skeptisch gegenüber Autoritäten: Die bedeuteten Gesetze und Verordnungen, die das Leben beschwerlich machten. Man lebte nach eigenen Gesetzen, die man im Großen und Ganzen einhielt, abgesehen von Valfred, der im Frühjahr ständig kanadische

Gänse schoss, aus Selbstverteidigung, wie er es nannte. Man hatte bestimmte Verhaltensnormen, ungeschriebene und unausgesprochene, die aber in hohem Maße respektiert wurden.

Die Monotonie des Alltags wurde hin und wieder von Ereignissen unterbrochen, die wie ein Ventil wirkten, bevor die Einförmigkeit zur Tristesse wurde. In der Regel waren es kleine Vorfälle, von denen man in größeren Gemeinschaften keine Notiz genommen hätte, und häufig waren diese Begebenheiten mit der Ankunft des Versorgungsschiffes verbunden.

Die folgende Geschichte ist ein Beispiel dafür, wie ein kleines Wesen eine ganze Gemeinschaft in Aufruhr versetzen kann.

Auf der Heimreise aus dem Westeis hatte die *Veslemari* Archangelsk angelaufen, um einen kranken Jäger abzusetzen. Kapitän Olsen hatte die russischen Zöllner gastlich zu Tee mit Rum in den Salon gebeten, und die Russen hatten nach der Untersuchung des Schiffes ihre schweren Schafspelze abgelegt und sich aufs Plüschsofa um den runden Tisch aus Birkenholz gesetzt.

Es wurde ein fideler Nachmittag, die Russen und Norweger tauschten Geschichten aus dem Eismeer aus, und Kapitän Olsen war in blendender Laune, als er am Abend zum Abschied der Hafenbehörde einen Abschiedsgruß tutete und in die nördliche Dwinabucht und weiter ins Eismeer hinausdampfte.

Auf seinem Sofa hatten die Russen einen Floh zurückgelassen: einen jungen und lebensfähigen Pulex irritans, ausgestreckt ungefähr einen halben Zentimeter lang.

Man sollte hieraus nicht den falschen Schluss ziehen, dass alle sowjetischen Zollbeamten voller Ungeziefer sind. Der Floh, von dem hier die Rede ist, stammte zwar aus einem russischen Schafspelz, aber besagter Pelz hatte sich wenige Stunden vorher an Bord eines griechischen Frachters befunden, und früh am Morgen hatte man ihn auf ein Plüschsofa an Bord eines Dampfers aus Hamburg geworfen, der eine Ladung Holz an Bord nahm. Das Einzige, was wir mit Sicherheit sagen können: Der Floh ist in Archangelsk zugestiegen und hat bereits in derselben Nacht seine Borste in Skipper Olsens behaarte Brust gestochen.

Olsen kämpfte mit dem Floh während der gesamten Reise bis nach Kopenhagen. Er versuchte ihn zu überlisten, indem er blitzschnell zuschlug, wenn dieser irgendwo stach. Er suchte seine Koje, Kleidung und seinen behaarten Körper peinlich genau ab, lag ganz still abends im Dunkeln, machte plötzlich Licht an, sprang auf, um den Burschen zu überraschen, aber nichts half. Das kleine Tier machte sich wie unsichtbar, und je näher sie Kopenhagen kamen, desto mehr Flohstiche hatte Olsens Körper.

Die Ladung übernahm Olsen am königlich-grönländischen Handelsplatz. Während dieser Tage war er vom Floh befreit. Der gönnte sich Urlaub auf dem Schiffsjungen, der Olsens Koje sauber machte, und er verbrachte schöne Tage in den Mannschaftsräumen, bis er sich dann entschloss, in die Kajüte hinter der Brücke zurückzukehren.

Es war eine Erholung für den Floh, seine Kanüle wieder in Olsen zu stechen, denn die Tage in den Mannschaftsunterkünften hatte er leicht alkoholisiert zugebracht. Während der Reise nach Grönland kam er zur Erkenntnis, dass er trächtig war.

Er ging an Land, in Skipper Olsens Rollkragen verborgen, und hatte das Gefühl, dass das Eierlegen kurz bevorstand – mittags bei Valfred in Fimbul. Mit Bedauern verließ er den Olsenschen Körper und ließ sich auf den Fußboden fallen, wo er seine Eier in den Dreck legte, der sich über die Jahre zwischen den Dielenbrettern angesammelt hatte. Der Floh erlitt einen gewaltsamen Tod, weil er, ermattet durchs Wochenbett, Olsens holzbesohlten Stiefeln nicht rechtzeitig ausweichen konnte. Er geriet zwischen einen stahlbewehrten Absatz und ein Dielenbrett aus Eiche und endete als winziger Blutfleck auf dem Fußboden.

Das Schiff fuhr wieder ab, und Valfred und der Leutnant winkten zum Abschied. Es war herrlich, wenn das Schiff mit den Versorgungsgütern kam und man mit anderen Menschen reden konnte. Aber es war noch herrlicher, wenn das Schiff wieder verschwand. Die Eindrücke, die man während seiner Anwesenheit empfing, reichten gut für einen ganzen Winter.

»Ja, ja, lieber Hansen, da geht sie hin für dieses Jahr«, meinte Valfred.

Er schickte einen Strahl Priemsoße aus dem Mundwinkel. »Jetzt hoffe ich nur, dass man auch alles abgeliefert hat. Hast du die Branntweinflaschen gezählt?«

Leutnant Hansen nickte. »Alles in Ordnung, Valfred, kannst ganz beruhigt sein: Branntwein in Flaschen, drei Säcke Zucker und zwei Kisten Trockenhefe. Wir haben genau das bekommen, was wir bestellt hatten, nicht mehr und nicht weniger.«

Leutnant Hansen war seiner Sache sicher, aber er wusste überhaupt nichts von den kleinen Eiern in den Dielenfugen, die sich bald verpuppen würden.

Hansen und Valfred brauchten etliche Tage, die Lieferung aufzuteilen und ins Haus zu bringen. Fast zuletzt trug Hansen eine Kiste Soda hinein, ein Mittel, das er zum Reinemachen verwendete und gleichzeitig als Medizin in seinem Morgenkaffee, weil Soda die ausgezeichnete Eigenschaft besaß, die Potenz in Schach zu halten. Die Sodakiste hatte normalerweise ihren Platz auf der Konsole über dem Wassereimer.

Der Leutnant trug die Kiste hoch vor der Brust, sein Kinn auf die Oberkante gestützt, als er sich durch die Tür zwängte. Darum sah er den jungen Hund nicht, der sich hineingeschlichen hatte, um nach etwas Essbarem zu suchen. Der Welpe dagegen sah den Leutnant, und er erinnerte sich ausgezeichnet daran, wie unangenehm spitz dessen Stiefelspitzen sein konnten. Mit einem erschrockenen Kläffen fuhr er durch Hansens Beine zur Tür hinaus, ein Manöver, das den Leutnant völlig überrumpelte. Er schwankte, fluchte grässlich, taumelte einige Schritte vornüber und lag mit der Sodakiste auf der Nase am Boden.

Valfred, der sich oben in seine Koje gelegt hatte, um ein paar Minuten auszuruhen, guckte über den Kojenrand.

»Hallo, Hansen, jetzt ist der Fußboden wieder eben, hähä.«

»Verdammter Köter.« Der Leutnant ging in die Hocke und schaufelte die ausgekippte Soda mit den Händen in die Kiste.

»Mit dem Soda, das du nicht mehr aufnehmen kannst«, sagte Valfred einsichtig, »könntest du doch den Fußboden scheuern. Es ist sicher über ein Jahr her seit dem letzen Mal. Vielleicht findest du was Interessantes unter dem Dreck, Hansen.«

Der Leutnant nickte. »Du sagst es, Valfred. Wir müssen mit Soda sorgsam umgehen.«

Valfred legte sich zurück in die Federn. »Na, ich glaube aber nicht, dass wir leichtsinnig damit umgehen. Aber wo du es nun schon verschüttet hast, können wirs doch genauso gut verbrauchen.«

Für Hansen und Valfred war es ein Glück, dass der junge Hund den Leutnant umgeworfen hatte. Aber für den keimenden Flohbestand war es eine Katastrophe. Von den zahlreichen kleinen Puppen, die bald genauso viele Flöhe geworden wären, überlebte nur eine Hansens Reinemachen – und das auch nur, weil seine Scheuerbürste nicht unter das Fußbodenbrett reichte, wo dieser glückliche Kerl von seiner Mutter abgelegt worden war. Der Rest wurde von Bürste und Sodalauge weggescheuert.

Seltsam genug wurde weder der Leutnant noch Valfred, sondern der Schwarze William das erste Opfer des jungen Flohs. William war in Hauna gewesen und hatte Fjordur bei den Lachsnetzen geholfen und auf dem Heimweg mit dem Boot in Fimbul Halt gemacht, um zu übernachten.

Am Abend, als William die Wirtsleute, die gespannt zuhörten, als ob sie alles noch nie gehört hätten, mit Neuigkeiten vom Schiff versorgte, sprengte der kleine Floh seine Puppe und schnüffelte sich bis zu Williams bestrumpften Füßen. Er schlüpfte durch die Maschen und krabbelte hinunter in die Senke zwischen dem großen und dem nächsten Zeh, der wie bei einem römischen Fuß länger als die anderen Zehen ist und den wir in Ermangelung eines geeigneten Namens Langzeh nennen wollen. Hier versuchte der Floh, seinen Speer hineinzustoßen, musste aber aufgeben. Jeder kann sich vorstellen, welch ein Missmut den Floh befiel. Er war so jung und unerfahren und glaubte natürlich, dass alles Essbare von einer Schicht Büffelleder abgeschirmt war, wie zwischen Williams Zehen.

Erschüttert verließ er den Fuß und versuchte es weiter oberhalb des Knöchels. Er nahm unterwegs einige Probebohrungen vor, aber erst als er die Innenseite des Oberschenkels erreicht hatte, glückte es ihm, mit dem Stachel bis zum roten Nektar vorzudringen.

William kratzte sich diskret am Oberschenkel und erzählte weiter. Er hatte viel zu erzählen, denn die *Veslemari* hatte zwei Tage bei Kap Thompson gelegen und aufs Eis gewartet.

Als er endlich in der Koje lag, konnte er nicht einschlafen. Es juckte niederträchtig an Oberschenkel und Hinterteil, und er dachte voller Panik, dass er sich vielleicht die Röteln oder Masern bei Fjordur eingefangen hatte. Der Floh saß satt und voller Behagen im Urwald auf Williams Brust und ruhte sich aus.

William nahm den Floh zu Mads Madsen mit. Aber um den Stationsleiter von Kap Thompson kümmerte sich der Floh nicht. Er unternahm lediglich einen einzigen Ausflug in dessen Koje, um umgehend festzustellen, dass Mads Madsens Blut als Flohnahrung ungeeignet war. Dagegen gefiel ihm Lasselilles, der mit dem Motorboot der Bjørkenborger gekommen war, um die Post abzuholen. Er war jung und frisch und schmeckte genauso süß, wie es ein Floh nur verlangen kann.

Mit nach Bjørkenborg gebracht, suchte er bald Bjørken, bald Sylte heim, und wenn es ihm nach etwas richtig Leckerem gelüstete, wieder Lasselille. Man kann ohne Übertreibung behaupten, dass nie ein Floh ein so gutes Leben gehabt hat. Denn keiner der erwähnten Jäger war übertrieben gepflegt, und keiner von ihnen dachte daran, seine kleinen, juckenden Flecken den anderen zu entdecken. Darum blieb der Floh unangetastet, wurde eine Art heilige Kuh von Bjørkenborg.

Bjørken war über seine Freunde verärgert. Keiner kratzte sich offen, und er hatte lange den Eindruck, dass er der einzige Flohträger war. Denn dass es Flohstiche waren, daran bestand für Bjørken kein Zweifel. Er kannte diese Stiche von früher, als er in ganz jungen Jahren in Europa als Schuster auf der Walz war.

Sylte juckte es überall. Er untersuchte seine Arme und Beine heimlich hinter dem einen Nebenschuppen, konnte aber trotz seiner fabelhaften Kurzsichtigkeit nichts Verdächtiges finden. Dass es Flohstiche waren, wusste auch er aus früheren Erfahrungen, und er unterließ es tunlichst, darüber zu reden, aus Angst, Bjørken könnte ihn in die

Wanne kommandieren, zur großen Wäsche vor den Weihnachtsfestlichkeiten.

Lasselille dagegen ahnte nicht, um was es sich handelte. Er sah die roten Flecken, grübelte lange und kam eines Abends zu dem Schluss, dass es Syphilis wäre. Je mehr er darüber nachdachte, desto sicherer war er sich. Denn es waren genau solche Erscheinungen, die Bjørken beschrieben hatte, als er seinerzeit Vorträge über die venerischen Krankheiten hielt: leicht gewölbt, juckten verteufelt und waren hart, wenn man mit einem Teelöffel draufschlug. Lasselille machte die Teelöffelprobe im Speckschuppen am Strand und stellte niedergeschlagen fest, dass die roten Flecken entzündet und auch hart waren. Er ging schweigend zurück zum Haus, in sich gekehrt und überzeugt, dass ihm jetzt nur noch ein oder zwei Jahre bis zur Anstalt blieben.

Es kam eine Zeit der Missstimmung in Bjørkenborg. Sylte lief herum und schnitt Grimassen, wenn es besonders schlimm juckte, Bjørken war verärgert und reizbar, und Lasselille sah schon richtig idiotisch aus. Er hatte aus Schlafmangel schwarze Ränder unter den Augen, und sein Appetit war völlig verschwunden. Er nahm die Gewohnheit an, von allen Dingen Abschied zu nehmen. Zuerst von den Hunden, die die Einzigen waren, denen er sich anvertraut hatte, dann vom Haus samt Inhalt und schließlich von der Natur. Er stand auf dem Felsen über der Station und rief dem Fjord und den Tälern und hohen, stillen Bergen seinen Abschied zu. Dass Lasselille dabei war, sich zu einem Idioten zu entwickeln, bemerkten auch Bjørken und Sylte.

Dann erschien die Ablösung. Der Graf und Volmersen kamen mit einem Motorboot, das Volmersen gekauft hatte. Sie brachten etikettierte Weinflaschen sowie eine Kiste Weinbergschnecken mit, die Rechtsanwalt Volmersen in den Felsen ringsherum auszusetzen beabsichtigte. Er meinte, dass man hier genauso wie in den Alpen leicht einen lebenstüchtigen Stamm dieser leckeren Tiere ziehen könnte – auch eine geeignete Tätigkeit für den Grafen und ihn selbst.

Der Floh ging bei Volmersen an Bord, dessen Blut berauschend war, weil er des Grafen Weine und seinen selbstangebauten Tabak genossen hatte. Der Floh musste Volmersen in kleineren Portionen zu sich nehmen. Seine Fastentage verbrachte er bei dem mehr asketischen Grafen, und er war so begeistert von diesen beiden, dass er mitging, als sie schließlich in Bjørkenborg ablegten, um zu Herbert und Anton zu fahren.

Noch bevor das Boot den Strand erreichte, legte der Graf die Hände an den Mund und rief dem wartenden Herbert zu, dass man Flöhe an Bord habe. Und damit die Flöhe nicht Ross Bay besetzten, sprachen die Männer ab, dass Volmersen die Weinbergschnecken über der Tidenmarke abstellen sollte, wo sie abgeholt würden, wenn sich das Boot wieder auf offener See befand. So hatte der Floh keine Gelegenheit, Ross Bay zu besuchen.

Anders verlief es bei Valfred und Leutnant Hansen. Als man ihnen vom Boot aus mitgeteilt hatte, dass man verfloht sei, antwortete der Leutnant lediglich mit einem herzlichen Gelächter. Hansen war Militär und scheute nichts auf dieser Welt. Er lachte und rief zurück, es gehöre schon mehr als eine Hand voll Flöhe dazu, Fimbuls traditionelle Gastfreundschaft zu brechen. Sie sollten, bitte schön, hereinkommen, dann würde er persönlich mit den kleinen Schmarotzern fertigwerden.

Hansen untersuchte den Grafen und Volmersen gründlich. Er zog sie bis auf die Haut aus, steckte jeden in einer Pökelfleischtonne bis zum Hals ins Wasser und durchsuchte sorgfältig ihre Kleidung.

»Ich kann keinen Floh finden«, sagte er entschieden. »Ich habe jeden Millimeter untersucht, ohne auch nur das Geringste zu finden. Nicht einmal Flohdreck habe ich gefunden. Ihr seid sauber, meine Herren, und könnt euch wieder anziehen.« Leutnant Hansen wusste alles über Flöhe, die zum Kasernenalltag in Fredericia gehört hatten.

Valfred lag oben in seiner Koje und grinste sich in den Bart. »Ihr seht also wirklich wie ein Beefsteak und eine Banane aus«, gluckste er hinunter zu den beiden nackten Besuchern. »Seht zu, dass ihr in eure Klamotten kommt, dann machen wirs uns gemütlich.« Er kratzte sich im Nacken, und sein Zeigefinger befand sich nur ein paar Millimeter vom Floh entfernt, der sich im letzten Augenblick aus dem Hosenbund des Grafen in Valfreds Koje gerettet hatte.

Es wurde – wie immer in Fimbul – ein gemütlicher Abend. Volmersen stellte sein Schneckenprojekt vor, aus dem im Falle des Gelingens vielleicht ein einträgliches Exportgeschäft für Nordostgrönland hervorgehen könnte.

»Genauso wie die Lachse?«, fragte Valfred. »Gibt es wirklich Leute, die so etwas essen, Volle?«

»Sie haben einen ganz wunderbaren Geschmack«, antwortete Volmersen, »sie gehören zum Leckersten, was es überhaupt gibt.« Er guckte den Grafen an. »Oder nicht?«

»Bis zu einem gewissen Grade schon«, entgegnete der Graf. Er hatte gegenüber Schnecken gewisse Vorbehalte. »Es kann sein, dass du Recht hast, lieber Freund, wenn man gerne auf etwas kaut, was man nicht kauen kann, und im Übrigen den Geschmack von verbranntem Gummi mag.«

»Dein Geschmack ist auf Abwege geraten«, erwiderte Volmersen. »Das kommt daher, dass du nie gelernt hast, Zigarren zu rauchen.«

»Schon möglich.« Der Graf nickte. »Man muss seine Geschmackspapillen sicher ziemlich zerstört haben, um Weinbergschnecken wertzuschätzen.«

Valfred, beidfäustig mit einem großen, roten Stück Ochsenfleisch beschäftigt, kaute zu Ende und sagte dann: »Das Schlimmste mit diesen kleinen Dingern ist ja, dass man so viele braucht, bis man satt ist. Ich glaube, es müssen bestimmt erst einmal hundert Stück hinunterrutschen, bis sie ein bisschen füllen.«

»Sie sind ein Hors d'œuvre«, erklärte Volmersen, »ein kleiner Appetitanreger vor der Hauptmahlzeit.«

»Ach so. Ja, dann habe ich nichts dagegen. Wenn man nur etwas Nahrhaftes hinterher kriegt, kann man ja anfangen, womit man will«, sagte Valfred. »Ich habe einmal einen Mann von Fünen gekannt, der nach Slagelse auswanderte. Er musste immer einen Schwung Buchweizengrütze mit HP-Soße haben, bevor er etwas anderes zu sich nehmen konnte. Das ist fast genauso wie das Singen der Nationalhymne, sagte er, oder das Tischgebet sprechen.« Er ließ das Stück Fleisch mit einer Hand los und kratzte sich gründlich den Bauch. »Was das Essen anbelangt, gibt es ja welche, die das zu einer richtigen Wissenschaft machen. Ich denke, wenn man nur etwas intus hat, dass die Wampe schön rund wird und man sich hinlegen kann, um in Ruhe und Frieden zu verdauen, dann kann es sozusagen gleichgültig sein, was man in sich hineingeschaufelt hat.«

Der Graf gab ihm Recht. »Das stimmt, zu einem gewissen Teil. Das Einnehmen einer Mahlzeit selbst ist uninteressant. Es ist die Kochkunst, die Befriedigung verschafft. Natürlich kann Essen schmecken, aber nur wenn es von einem guten Wein begleitet wird.«

Volmersen protestierte. »Es gibt nichts anderes als das Essen«, sagte er. »Der Wein kann ausgezeichnet sein, aber das Essen ist das A und O.«

Leutnant Hansen nahm an der Diskussion nicht teil. Er dachte nie darüber nach, was er zu sich nahm. Für ihn bedeutete Essen lediglich eine Quelle der Energie: Aß man zu wenig, wurde man träge, aß man zu viel, wurde man auch träge. Aber nahm man so viel zu sich, wie man brauchte, funktionierte man perfekt. Alles war so einfach, meinte er, nichts, wovon man viel Wesens machen sollte.

Der Floh befand sich mit am Tisch. Er hatte sich aus Valfreds Bart zurückgezogen, als dieser anfing, Ochsenfleisch in den Krater zu füllen, der sich bedrohlich in seiner Nähe auftat, und er hüpfte um den Backenbart herum und spurtete hinunter ins Unterholz auf Valfreds Rücken. Erst als er das breite Land erreicht hatte, wagte er sich wieder auf die Vorderseite, wo er einen enormen, schaukelnden Berg erklomm. Hier setzte er sich direkt vor den Bauchnabel, um an den Festlichkeiten teilzunehmen.

Es war lange her, dass der Floh seine Geburtsstätte verlassen hatte. Er hatte ein hartes Leben geführt; hatte das meiste probiert, was von Flöhen probiert werden kann, und war durch Ausschweifungen vorzeitig gealtert. Als er in der Nacht in Valfreds Bart kletterte, fühlte er, dass seine Zeit abgelaufen war. Er stach nach alter Gewohnheit den Stachel an Valfreds Oberlippe ein und saugte mit seinen letzten Kräften ein paar Tropfen Blut ein. Er ließ den Stachel stecken, zu erschöpft, ihn herauszuziehen.

Valfred schlief. Er lag mit offenem Mund und atmete tief. Bei diesem schweren Schlaf waren seine Atemzüge wie die des Meeres nach einem Sturm: erst kleine, melodische Schnaufer, dann – überraschend immer die siebte Welle – ein gewaltiges und mitreißendes Einatmen, durch die der dünne Spitzbart ganz in den Hals eingesaugt wurde.

Der Floh saß und döste zwischen den steifen Stoppeln. Er fühlte sich unsagbar müde. Müde vom Reisen, vom Wohlleben, müde vom Leben. Er zitterte leicht bei dem regelmäßigen Luftstrom aus Valfreds Mund. Plötzlich wurde er nach oben gesaugt, wirbelte in einem orkanartigen Luftstrom durch den gewaltigen Krater und wurde durch einen langen und dunklen Tunnel in ein kolossales Gewölbe geschleudert, in dem er auf der Stelle in anderthalb Kilo verdünntem Ochsenfleisch und einem halben Liter Branntwein ertrank.

Valfred merkte überhaupt nicht, dass er den nordostgrönländischen Flohstamm ausgerottet hatte. Er lag und träumte und kaute auf Schnecken mit seinen drei übrig gebliebenen Zähnen und versuchte, sich mit dem vom Grafen erwähnten Geschmack nach verbranntem Gummi abzufinden.

Der Höllenprediger

Missionar Polleson hat ein Jahr an der grönländischen Westküste zugebracht. Was er dort sah und erlebte, hat ihn für sein ganzes Leben geprägt.

Zu behaupten, er sei tief erschüttert, hieße den Zustand verkennen, in dem er sich befand, als er dem Hauptquartier in Aarhus Bericht erstattete. Er war bleich vor Erbitterung und außer sich vor Zorn.

Pastor Polleson berichtete anschaulich, wie er zum Angriff auf die Gottlosen übergegangen war, und der Rat der Mission verstand, wie hart man ihm mitgespielt haben musste. Polleson hatte eigenhändig zwei der ausgesandten Priester aus ihren Talaren geprügelt und fünf Kirchen geschlossen, indem er Bretter kreuz und quer vor die Türen nagelte. Er hat seine Pflicht gegenüber der Mission und Gott erfüllt, und das bestritt auch keiner, aber gleichzeitig hat er eine gefährliche Verärgerung geschaffen.

Denn die Mission war nicht mehr das, was sie zur Jahrhundertwende gewesen war. Freundliche Winde waren mit dem Beginn des zwanzigsten Jahrhunderts über die Erweckungsbewegung hinweggegangen, und die bis dahin so pietistische und freudlose Haltung wurde allmählich durch eine positivere und tolerantere Sicht der Dinge ersetzt. Für die oberste Leitung waren Fanatiker wie Missionar Polleson deshalb so etwas wie eine heiße Kartoffel. Man musste einerseits seinen Einsatz in Grönland würdigen, wollte andererseits aber auf keinen Fall das neue Bild zerstören, mit dessen Aufbau man gerade beschäftigt war. Polleson hatte, wie man wusste, für den Herrn mit Worten und Fäusten gekämpft, und dem gebührte natürlich alle Ehre und aller Respekt. Aber durch ihn hatte die Mission nun drei nörgelnde Pastoren der Staatskirche am Halse, und das konnte man nicht dulden in einer Zeit, in der es immer weniger Geläuterte gab.

Pollesons absolute und über jeden Zweifel erhabene Ehrlichkeit war bekannt, und man konnte die Schilderung der Zustände, die er ein volles Jahr lang bekämpft hat, nicht ignorieren: Orgien in Kirchen, Weiße, die sich schlugen und sich um den Verstand tranken auf den Bänken unter der Kanzel, und Eingeborene, die an den Kirchenfenstern die Nase platt drückten und sich wunderten.

Er berichtete von der Frau eines hoch angesehenen Beamten, die von den Eingeborenen Adlikutak genannt wurde, was Matratze bedeutete. Pollesons Anstandsgefühl ließ keine weiteren Details zu.

»Aber«, so hatte er während seines Bekenntnisses ausgerufen, »ich sage euch, dass ich durch diese meine Brille einen europäischen Beamten gesehen habe, der mit der entkleideten Adlikutak über einem niedrigen und samtbezogenen Altarschemel kopulierte. Ich sah sie in einer Stellung, die eigentlich den Hunden zwischen den Häusern der Grönländer vorbehalten ist. Und während diese ungeheuerlichen Menschen vor den Augen der Eingeborenen ihren niederträchtigen Akt vollzogen, trank diese Frau aus dem Abendmahlskelch. Dies, meine Damen und Herren«, schloss Missionar Polleson mit einer Stimme, die sich vor verhaltener Wut überschlug, »sind die so genannten Christen, die wir zur Kolonisation in den hohen Norden geschickt haben. Das sind die Menschen, die dabei sind, das Licht der Hoffnung auszulöschen, das 1721 von Hans Egede entzündet wurde. Ich fordere einen besonderen Einsatz. Ich fordere, dass man diese Teufelsbrut, diese Handlanger des Satans zurückholt. Ich fordere ein Heer von Missionstruppen, das ins Feld geschickt wird. Ich fordere Gott für Grönland.«

Die Leitung hielt eine Klausursitzung ab. Man sprach gewichtig über Pollesons kompromittierende Anklagen und erwähnte mit keinem Wort seine Forderungen. Ein Heer junger Missionare nach Grönland zu senden, war in diesen Jahren ausgeschlossen und kam bei der Sitzung überhaupt nicht zur Sprache. Das Problem war Polleson, der damit drohte, umgehend zu der von Gott verlassenen Insel zurückzukehren. Nach einigen Diskussionen einigte man sich darauf, ihn in eine Gegend zu schicken, in der er sein alttestamentliches Genie entfalten konnte, ohne der Mission selbst zu schaden. Man wusste, dass die grönländische Nordostküste dünn besiedelt war. Es wohnten faktisch nur zwanzig Menschen zwischen dem 71. und 80. Breitengrad, und man hoffte, dass Polleson im Verlaufe eines Sommers dort oben kaum solche Zustände wie in Westgrönland vorfinden würde. Die Entfernungen zwischen den Menschen waren enorm, die Anzahl der Kirchen gleich Null. Außerdem war es ein ganz wesentlicher Vorteil, dass das andere Geschlecht abwesend war.

Eine solche Reise würde nach dem Dafürhalten der obersten Leitung der Mission Zeit lassen, die von Polleson zerschlagene Beziehung zur Staatskirche wiederherzustellen und die von der Mission gesammelten Unterlagen zu bearbeiten, sodass man etwas in den Händen hatte, wenn von den entmutigten Pastoren Beschwerden kämen.

Pastor Polleson reizte Grönland. West oder Ost – es war ihm gleichgültig, denn Sünder gab es überall.

Er ging an Bord der *Veslemari*, die in diesem Jahr zwei Fahrten unternehmen sollte, weil eine amerikanische Expedition hingebracht und wieder abgeholt werden musste, deren Ziel das Nordost-Höft war, um dort nach Vulkanen zu suchen.

Die Reise verlief erträglich. Polleson, der nichts von den Norwegern hielt, weil sie sich vom Mutterland losgesagt hatten, redete mit keinem der Besatzung. Und weil er nicht englisch sprach, war er von der Kommunikation mit den Expeditionsteilnehmern ausgeschlossen.

Er hielt sich abseits – im Krankenkabuff des Schiffes, einem schmalen, länglichen Schlauch unter der Brücke, wo der lange Missionar in einer durch zwei Stühle verlängerten Koje Platz gefunden hatte.

Kap Thompson kam bereits Mitte Juli in Sicht, ein Streifen freies Wasser führte vom Treibeis bis zur Station. Skipper Olsen stand auf der Brücke mit seinen Passagieren, die neugierig auf die braunen, runden Felsen starrten.

»Das also ist Grönlands Rücken«, nickte Olsen. Er blickte auf Polleson. »Und dort hinten auf der Bank am Haus sitzt eine Herde Schafe, die gut und gerne geschoren werden könnten, Herr Pastor.«

Der Missionar gab keine Antwort. Er drehte den Kopf und guckte den kleinen, rundlichen Skipper an, so wie ein amerikanischer Südstaatler einen entlaufenen Sklaven angesehen hätte.

Missionar Polleson ging in anständigem Schwarz an Land. Er trug einen reinweißen Vatermörder mit schwarzer Schleife, auf dem Kopf einen schwarzen, runden Hut, und seine enormen Füße steckten in schwarzen Socken und Knöpfstiefeln. Er trug eine schwarze Reisetasche aus faltigem Leder in der einen und einen schwarzen Regenschirm in der anderen Hand. Aus seiner rechten Jackentasche guckte eine schwarze Bibel mit Silberschnalle.

Er blieb lange vor der Schar auf der Bank stehen und guckte sie an, Gesicht für Gesicht, um an Ort und Stelle ihre Charaktereigenschaften festzustellen. Noch nie hatte er so etwas Abstoßendes gesehen. Nie hatte der Herr seinem Antlitz eine solche Herde von Sündern offenbart. Auch diesmal hatte der Herr seinen Fuß auf den richtigen Pfad geleitet. Polleson dankte seinem Erlöser von ganzem Herzen, weil er in seiner großen Weisheit diese Reise für ihn arrangiert hatte.

Skipper Olsen stellte vor: »Der da ist Pastor«, sagte er und zeigte auf Polleson. Er stand breitbeinig da, beide Hände tief in den Taschen seiner Seemannsjacke vergraben, und um seinen Mund ein verschmitztes Grinsen. »Die Waschlappen, die da am Strand herumlaufen, sind Mitglieder irgendeines Nähklubs, sie wollen am Neunundsiebziger-Fjord nach Vulkanen suchen. Also kriegt ihr eure Lieferung erst, wenn ich mit ihnen wieder an Bord bin.«

»Aber die könnten doch beim Löschen der Ladung ein bisschen mithelfen, wo sie doch schon mal hier sind«, wandte Mads Madsen ein.

»Ich laufe in der eisfreien Rinne, in der ich hereingekommen bin, wieder aus«, entgegnete Olsen, »sonst gehe ich das Risiko ein, dass der ganze Mist sich wieder schließt, und dann muss ich drinnen liegen und Heuer für nichts und wieder nichts bezahlen.«

Pastor Pollesons Herz klopfte heftig vor Freude. Er fühlte im Innersten, dass dieser Kampf der größte und ehrenvollste werden würde, den er jemals ausgefochten hatte. Um sicher zu sein, dass sein Eindruck auch richtig war, guckte er sich noch einmal die Gesichter an. Der Schwarze William war ein Hurenbock, das sah er. Eine liederliche Person, die ohne Bedenken an den wildesten Orgien teilnahm. Mads Madsen war ein dummer Rüpel und Raufbold und obendrein ein hartnäckiger Gottesleugner. Dies las der Pastor aus Mads Madsens kleinen, blinzelnden und unehrlichen Augen. Der Graf stand bereits mit einem Bein im Grabe auf Grund von Ausschweifungen. Das erkannte man an seinem ausgezehrten Körper und der fahlen Haut. Volmersen war ein seelisch kranker Mensch, der sich Kummerspeck anfraß, ein schwacher und unzuverlässiger Charakter, den es nach Gott dürstete. Valfred war Alkoholiker, der Leutnant ein Mörder, Bjørken ein gefährlicher Geisteskranker mit den Empfindungen eines Übermenschen. Sylte ein unbedeutendes Wrack, ihn könnte man ganz nach Belieben in jede Richtung lenken, und Lasselille ein bedauernswerter junger Mensch, von seinem Umgang verdorben. Er stempelte Lodvig als einen verschlagenen und bösartigen Antichristen, Siverts als einen Idioten und Fjordur als einen aus der Bahn geworfenen Trunkenbold ab. Anton, so erkannte er, besaß eine gewisse Intelligenz, die lediglich ausgerichtet werden müsste, und Herberts Anblick bereitete ihm Übelkeit.

»Ich bin Pastor Polleson«, sagte er laut. »Und ich trage Gottes Schwert in meiner Hand.«

Die Freunde auf der Bank starrten gebannt auf den Regenschirm, den der Missionar zum Gruß über seinem Kopf geschwenkt hatte.

»Mit den himmlischen Schmieden siehts übel aus«, flüsterte Sylte Bjørken zu. Polleson fuhr fort:

»Ich habe diese lange Reise gemacht, um euch dem Herrn zuzuwenden.« Pollesons Stimme war freundlich, und ein kleines, aufgesetztes Lächeln lag um seinen Mund. »Und ich verlasse dieses Land nicht eher, bis jede Seele ihre Sünden vor meinem Angesicht bekannt hat, so wahr ich hier stehe als Stellvertreter unseres Herrn.«

»Gott, wie lang ist er«, flüsterte Lasselille überwältigt.

»Gott ist allmächtig«, flüsterte Sylte zurück, »und der da ist doch sein Stellvertreter, du Dummkopf.« Bjørken zischte Ruhe gebietend. Er lauschte dem Pastor mit professionellem Interesse, weil er Geschichte und Religion eng miteinander verband. Mads Madsen war aufgestanden und zu dem Fremden gegangen.

»Ja, ja, wir werden sehen«, sagte er entgegenkommend. »Aber auf jeden Fall bist du willkommen. Es ist das erste Mal, dass wir hier oben einen Schwarzrock haben, es wird bestimmt fidel werden.« Er streckte seine Hand aus. »Bleib einige Tage hier und mach eine Rundreise durch den Distrikt. Neuigkeiten sind immer ermunternd.«

»Was ich zu verkünden habe«, entgegnete Polleson, der die ausgestreckte Hand völlig übersah, »ist keine Neuigkeit, Bruder. Es ist eine Geschichte, die vor tausend Jahren geschrieben wurde.«

»Dann ist es aber verdammt seltsam, dass sie hier oben bei uns nicht die Runde macht«, murmelte Valfred. Er lag wie immer lang ausgestreckt im Heidekraut und guckte hoch zu dem langen Pastor.

»Von Jesus haben alle gehört.« Polleson runzelte die Stirn und blickte auf Valfred hinunter. »Aber hast du deine biblische Geschichte vergessen, werde ich sie dir schon wieder auffrischen, mein Sohn.«

»Das kannst du gerne.« Valfred lächelte warmherzig, seine drei Zähne blitzten in der Sonne. »Ich bin immer für eine gute Geschichte zu haben, ich meine, wenn ich wach bin.«

»Bist du willens, den Weg des Herrn zu beschreiten?«

»Was ist das für ein Weg, wenn man fragen darf?«

»Es ist der Weg, der um den Schwefelpfuhl herumführt«, antwortete Polleson. Sein kleines Lächeln erstarrte langsam. »Der Weg, der zum Herrn und in den Paradiesgarten führt.«

»Das klingt gar nicht so dumm.« Valfred stützte sich interessiert auf einen Ellbogen. »Ist er lang, Kamerad, ich meine, gibt es nicht einen Abkürzungsweg, auf dem man schnell ankommt?« Valfreds Gesicht drückte völlige Unschuld aus, und Polleson konnte bei bestem Willen kein Misstrauen hegen.

»Es gibt nur einen Weg«, antwortete er, »und der ist nur für den, der glaubt.«

Valfred guckte hinaus zur *Veslemari,* die gerade Skipper Olsen an Bord nahm. »Was aber, wenn man weiß?«, fragte er.

»Glaube«, entgegnete Polleson. »Es ist der Glaube, der dich aus der Verirrung herausholt. Nur der Glaube kann dir helfen.«

Valfred legte sich mit einem zufriedenen Seufzer zurück ins Heidekraut. »Du kennst dich nicht richtig aus, Polleson. Ich meine schon, dass wissen besser als glauben ist, und du wirst sehen; es gibt bestimmt auch eine Abkürzung.«

Pollesons große Faust schloss sich krampfhaft um den Griff des

Regenschirms. Seine großen Nasenflügel begannen wie Schmetterlingsflügel zu flattern, und das Lächeln war aus seinen Mundwinkeln verschwunden. Seine struppigen, schwarzen Augenbrauen verdeckten fast die blitzenden Augen, als er zischte:

»Mir sind viele Dummköpfe in meinem Leben begegnet, Bruder, und du musst wissen, dass ich diese mit allen Mitteln bekämpfe, um sie dann als reuige Sünder dem Herrn zu übergeben.«

»Das kann ich gut verstehen«, antwortete Valfred. Er starrte in den blauen Himmel. »Es gibt viel zu viele Lumpen auf unserer Erde, die anständige Leute wie dich und mich belästigen. Und wenn dir eine tüchtige Faust fehlt, dann brauchst dus nur zu sagen.« Er stützte sich wieder auf einen Ellbogen auf. »Ich bin nämlich einer, der eine Überzeugung respektiert, musst du wissen. So etwas wie dein Christentum kann man nicht so ohne weiteres abschütteln, wenn man davon ehrlich gepackt ist. So wie von einer Erkältung oder Scharlach, nicht?« Er hob die Stimme, als er bemerkte, dass Polleson zu einer Erwiderung ansetzte.

»Was ich nur sagen will: einige werden getroffen, andere nicht. So zum Beispiel hatte ich einen Vetter in Slagelse, und er bekam Scharlach. Er sah aus wie eine Danebrogsfahne, als wir ihm die Klamotten auszogen. Und bevor das Fieber begann, stellten wir ihn den Jungen der Straße zur Schau. Fünf Öre pro Nase bezahlten sie, und ich habe satt verdient. Selbst bekam ich kein Scharlachfieber, und das war verdammt unvorteilhaft. Ich konnte ja nicht für Geld ausgestellt werden, nicht? Und als mein Vetter fieberfrei war, verprügelte er mich mit seinem Leibriemen, weil ich mich nicht angesteckt hatte.« Er legte sich wieder lang ins Kraut und lächelte über diese Erinnerung. »Wir verdienten zweiundzwanzig Kronen innerhalb von ein paar Stunden, und das war damals viel Geld.«

Missionar Polleson stand lange Zeit da und bekämpfte seinen Zorn. Dann stieß er ein lang gezogenes »Ohhh« aus und ging mit Sturmschritten an der Bank vorbei ins Haus, wo er vor der Wassertonne niederkniete, um sich mit seinem himmlischen Wegbegleiter zu beraten.

Die Tage auf Kap Thompson benutzte der Missionar Polleson zum Sammeln von Informationen. Er stellte zu seiner Enttäuschung fest, dass geschlechtliche Ausschweifungen an der Nordostküste nicht stattfanden, eine Sünde, die eigentlich seinem Herzen nahe stand. Er grübelte viel über dieses sonderbare Phänomen nach und kam zu dem Schluss, dass die Ausschweifungen, obgleich sie situationsbedingt unmöglich waren, rein körperlich, sicherlich desto häufiger in den schmutzigen Fantasien der Männer vorkamen. Durch freundliches und geduldiges Ausfragen Lasselilles konnte er diese interessante Theorie untermauern. Denn Lasselille tappte ahnungslos in die Falle und erzählte lang und breit von Emma, die einen ganzen Winter lang von Koje zu Koje gehüpft war, die Küste hinauf und herunter. Außerdem berichtete der Junge zutraulich von seinen eigenen Träumen, wenn er im schützenden Dunkel im Schlafsack lag, Berichte, die Polleson aufgeregt die Ohren spitzen ließen.

Schon nach einigen Tagen bei Mads Madsen hatte sich Polleson einen Schlachtplan zurechtgelegt. Er wusste, dass das Seelenleben dieser Männer in erster Linie durch den Alkohol in Unordnung geraten war. Der Verbrauch war unmäßig, allein schon in den Tagen, seit er sich auf der Station aufgehalten hatte, und er schloß daraus, dass man zur Aufrechterhaltung eines solchen Alkoholkonsums das ganze Jahr über selbst welchen brennen musste.

Der Missionar befasste sich gerne mit den ganz heißen Eisen. Diese Männer mussten erlöst werden. Zuerst vom Alkohol, dann von sündigen Gedanken, und erst, wenn dies getan war, konnte man sie zum Herrn hinwenden.

Ein weiteres vertrauliches Gespräch mit Lasselille deckte auf, dass alle Stationen ihre kleinen »Tripper« besaßen, wie der Junge die Destillierapparate nannte. Lasselille bestätigte, dass diese Teufelsgeräte in der gesamten »spritlosen« Saison in Betrieb waren, was bedeutete, elf von den zwölf Monaten des Jahres, und dass sie dazu noch zu Festlichkeiten ganztägig betrieben wurden.

Die *Veslemari* kehrte nach glücklicher Ausschiffung der Vulkansucher zurück, und man begann augenblicklich mit dem Löschen der Ladung. Mads Madsen, der den Pastor langsam satt hatte, schlug vor, dass dieser wieder nach Kopenhagen heimreisen sollte, dann würden sie sich sicher rasch selbst dem Herrn zuwenden. Aber Polleson war unbeugsam. Er wünschte bis zum letzten Schiff oder auch länger zu bleiben, wenn er es für erforderlich halten sollte. Und er hielt Mads Madsen ein Empfehlungsschreiben unter die Nase, das der Direktor der Kompanie geschrieben hatte, und in dem stand, dass die Jäger den Hünen beherbergen und bewirten und ihm im ganzen Distrikt behilflich sein sollten.

Skipper Olsen verstand Mads Madsens Besorgnis und zeigte den Einwohnern seine Sympathie, indem er ihnen eine Kiste westindischen Rum spendierte, die sie schon getrunken hatten, bevor die *Veslemari* außerhalb des Eises war.

Pastor Polleson fuhr mit den Bjørkenborgern mit. Er unterließ es, unterwegs zu bekehren oder zu predigen. Stattdessen saß er schwer und brütend im Bugbereich und starrte die drei Fänger scharf an.

Er wurde in der Station auf dem Dachboden untergebracht, wo Lasselille während des Besuches des Magisters der Zoologie gewohnt hatte. Er dankte Bjørken in der Stube feierlich für die glückliche Fahrt, und dann konnten alle hören, wie er den Himmlischen oben auf dem Dachboden dankte.

»Ein sonderbarer Kerl«, sagte Sylte. »Schade, dass solch ein großer und starker Bursche in feiner Kleidung herumlaufen und den Leuten alte Geschichten auftischen muss, die sie genauso gut selbst lesen können, wenn sie denn Lust dazu haben.«

»Aber dieser Jesus«, mischte sich Lasselille ein, »er litt am Kreuz für uns, Sylte, das vergisst du. Das sagt Polleson, das ist es, was er sagt, was wir nicht vergessen dürfen.«

»Es gibt verdammt viele, die sich geopfert haben«, mischte sich Bjørken ins Gespräch, »und es kann ja auch sein, dass es bei Jesus der Fall war. Aber was ist mit all den anderen, mein Freund?« Er hob fragend die Augenbrauen und blickte Lasselille an. »Ich habe die erstaunliche Eigenschaft, junger Mann, Leuten zuzuhören, meine eigenen Schlussfolgerungen zu ziehen und nach diesen zu handeln.«

»Was meinst du?«, fragte Lasselille.

»Ich meine, selbst wenn Jesus meinetwegen am Kreuz gelitten hat, es sind ungefähr zweitausend Jahre vergangen und also alles rein historisch.«

»Was der Pastor wohl macht?« Sylte guckte ablenkend zum Dachboden hoch. Er befürchtete eine Darlegung zum Thema Geschichte, Bjørkens Steckenpferd. »Es ist so ruhig dort oben.«

Aber Bjørken war nicht zu bremsen. Er schüttelte unbeteiligt den Kopf. »Geschichte, mein Freund, kann interessant sein, als Geschichte betrachtet. Aber sie kann uns nichts lehren, also kann dein historischer Jesus dir nicht helfen. Geschichte ist, wie du dir denken kannst, Vergangenheit, und Vergangenheit ist eine Ansammlung von Wörtern, und Wörter sind aus Hirngespinsten entstanden, und Hirngespinste wiederum aus Geschichte. Also drehen wir uns im Kreis, ohne weiterzukommen. Jesus ist weit weg, mein Freund.«

»Ja?« Lasselille versuchte, Bjørkens Betrachtungen zu erfassen, konnte aber nicht alles in seinem Kopf unterbringen. »Kannst dus nicht noch einmal wiederholen, Bjørk«, bat er, »ich bin noch nicht so richtig klug daraus geworden.«

»Mit Vergnügen.« Bjørken hielt die Finger der einen Hand hoch und bog dann einen Finger nach dem anderen um. »Also, Geschichte ist …« Weiter kam er nicht. Es erscholl ein fürchterliches Hämmern und Schlagen aus dem Nebenschuppen.

»Was ist das?« Sylte guckte kurzsichtig zur Wand.

»Das muss der Pastor sein«, antwortete Bjørken.

»Aber er ist doch auf dem Dachboden«, sagte Lasselille.

»Es kommt aus dem Nebenschuppen.« Sylte stand auf, »vielleicht ist er zur Luke im Giebel hinausgesprungen.«

Ein übertrieben freundliches Lächeln zierte Pastor Pollesons Gesicht, als er die drei versteinerten Männer in der Tür des Nebenschuppens entdeckte.

»Verdammt, was machst du da, Mann?«, rief Bjørken bestürzt.

»Ich schlachte eure Teufelskocher, und der Herr führt meine Hand«, antwortete Polleson. Er wischte sich den Schweiß von der Stirn und wies stolz auf den zermalmten Destillierapparat. »Dort, Bruder, liegt das Hindernis, welches zwischen dir und dem Himmel gestanden hat. Ich habe den Weg mithilfe des Allmächtigen und dieses Beils geebnet.«

Bjørken atmete schwer. Er schloss die Augen für einen Augenblick der Ohnmacht. Vor seinem inneren Auge sah er den schwarzen Riesen mit einem blitzenden Beil in der Hand, und wortlos machte er auf dem Absatz kehrt und ging noch krummer als sonst.

»Was sollen wir mit ihm machen?«, fragte Sylte, als sie später am Tisch saßen.

»Er muss überwältigt und in Fesseln gelegt werden. Wir binden ihn mit den Hundeketten und halten ihn solange fest, bis Olsen zurückkommt. Der Mensch ist ja wahnsinnig.« Er wandte sich an Lasselille. »Da kannst du mal sehen, wo Geschichte hinführen kann. Wenn dieser Mann nicht ein paar alte Flunkereien in den falschen Hals gekriegt hätte, wäre dies nie passiert.«

»Er ist vielleicht besessen«, meinte Lasselille. »Er sagt ja selbst, dass man vom Teufel besessen sein kann.«

»Das hier ist schlimmer als irgendeine Besessenheit. Er ist kein guter Christ, sondern ein religiöser Teufel. Ein Höllenprediger, das ist er.«

Die Bjørkenborger hatten jedoch keine Gelegenheit mehr, Pastor Polleson in Fesseln zu legen. Bei Nacht und Nebel stahl dieser das Motorboot der Station und fuhr zur Ross Bay, wo Lodvig mit dem Fänger Pedersen lebte. In Ross Bay zertrümmerte er eine Stunde nach seiner Ankunft den Destillierapparat, der verpackt für den Sommer auf dem Dachboden stand, er verprügelte Lodvig nachhaltig, als dieser protestierte, und fing sich vier Fuchsschrotkugeln ins Hinterteil aus Pedersens Büchse ein, bevor er sein Boot außerhalb der Schussweite zu Wasser bringen konnte.

Pastor Polleson schlug überall wie ein Blitz ein. Er war ein großer Stratege, der es verstand, seinen Gegnern zu schmeicheln, bis er herausgefunden hatte, wo das Brenngerät stand. Er zerstörte es vollständig und verschwand, während sein Feind noch vor Entsetzen gelähmt war. Des Weiteren sorgte er dafür, dass eine Verfolgung unmöglich wurde; er entfernte aus sämtlichen Booten die Bodenventile und schlug die Petroleumtanks mit dem Beil leck.

Je weiter sich Polleson in die Fjorde vorarbeitete, je mehr Stationen er stilllegte, desto stärker wurde sein Glaube an die eigene Stärke und

Gottes Gerechtigkeit. Er verschonte keinen, schlug hart zu, wohin er kam: das Beil für die Spritkocher und die Fäuste für die Menschen. Der Zweck heiligt die Mittel.

Valfred und Leutnant Hansen sorgten zum Winter immer für volle Depots. Weil Valfred bekanntlich gerne die meiste dunkle Zeit verschlief, benutzte man die langen Herbstmonate zum Brennen.

Vor Jahren schon hatte der Schwarze William zu diesem Zweck ein kleines Häuschen gebaut. Aalborghaus wurde es genannt, und hier war die gesamte Anlage auf zwei niedrigen Tischen installiert. Das Haus wurde nur im Herbst benutzt, weil man, sobald das Schnapsbrennen erledigt war, hier die Kisten mit Dynamit unterstellte, die Frost bekommen hatten und deshalb hochexplosiv waren.

Der Herbst war eine glänzende Zeit für diese geruhsame Beschäftigung.

Die Sonne schien aufs Dach und beschleunigte die Gärung, und die hellen Nächte ermöglichten einen langen Arbeitstag. Der Apparat war eine geniale Konstruktion, durch Williams geschickte Finger gebaut. Ein Flötenkessel enthielt die Maische, die von einem Petroleumkocher auf niedrigster Stufe aufgeheizt wurde. Von der Tülle des Kessels ging ein Kupferrohr in Spiralen ab, und dieses Rohr steckte in einem Viertelmeter Abflussrohr, das gebogen und beidseitig mit Lötzinn verschlossen war. Das Abflussrohr durchströmte Kühlwasser, das direkt dem Bach draußen entnommen wurde – durch einen Schlauch, der mit zwei Regelventilen ausgerüstet war. Da die Wassertemperatur im Bach immer konstant war, brauchte man sich um die Kühlung nicht zu kümmern, wenn die Ventile einmal eingestellt waren.

Das Brennen war abgeschlossen und der Alkohol im Haus, als Pastor Polleson am Strand anlegte.

Der Missionar war in glänzender Laune, als er die Jolle der Bjørkenborger unterhalb der Fimbul-Station auf den Strand zog. Er winkte herzlich zu Valfred und Leutnant Hansen, die überrascht in der Tür erschienen. Dann kniete er in den Strandkieseln nieder und dankte der himmlischen Vorsehung für eine angenehme Überfahrt.

Leutnant Hansen spürte eine seltsame Unruhe, als er den gewaltigen Menschen erblickte, der wie ein Messer zusammenklappte, zu den mittelhohen Stratokumuluswolken hinaufguckte und mit unsichtbaren Mächten konferierte. Er konnte sich seine Unruhe nicht erklären, denn offenbar hatte ihm der Pastor nie etwas zu Leide getan. Aber der Missionar hatte etwas an sich, das den Leutnant verunsicherte, und ihm als alten Krieger sagte, dass er auf der Hut sein musste.

Pastor Polleson war äußerst zuvorkommend und freundlich gegenüber seinen Wirtsleuten. Er erzählte von seinen Besuchen in den Fjorden, wo er gut aufgenommen worden war, wo alle Jäger schon die ersten unsicheren Schritte auf dem Weg zum Herrn hinter sich hatten. Seine Augen strahlten wie Weihnachtskerzen, als er erklärte, dass Nordostgrönland durch seinen Besuch eine Veränderung erfahren würde, die ihre deutliche Spur auch für die Zukunft hinterlassen sollte.

Valfred bot Heidelbeerschnaps aus dem letzten Jahr an, aber der Pastor lehnte dankend ab. Er ließ die anderen in Ruhe trinken und tat im Übrigen so, als ob er sich für das Destillat interessierte.

»Den Schnaps habt ihr bestimmt nicht gekauft«, sagte er und hielt die Flasche ans Licht.

»Nein, Gott bewahre«, Valfred zeigte auf die Flasche, »die da hats in sich, Polleson, wir mögens am liebsten, wenns ein bisschen kratzt auf dem Weg nach unten.«

Polleson lächelte äußerst freundlich. »Es ist eine Kunst zu brennen, habe ich mitbekommen, wie schaffst du es, dass die Flüssigkeit so klar wird?«

»Tja, in unserem Branntwein ist ja kein Fusel«, sagte Valfred. »Denn wir brennen zweimal und lassen es besonders langsam tropfen.«

»Das sieht man. Ihr habt wohl eine große Brennerei?«

»Die beste in dieser Gegend«, antwortete Valfred. Er zeigte zum Fenster hin. »Du kannst das kleine Haus dort drüben sehen. Aalborghaus nennen wir es. Da ist die ganze Fabrik. Ein einzigartiger Apparat, der Jahr für Jahr perfekt funktioniert hat.«

Pastor Polleson knetete seine großen Hände und guckte Valfred fast wohlwollend an. Er spürte tief in seiner Seele, dass die Schlacht um Nordostgrönland so gut wie gewonnen war und er, wenn dieser Apparat beseitigt war, die Bedingungen für eine Kapitulation diktieren konnte. Nach Fimbul kam Hauna, nach Hauna dann Kap Thompson, wo er die niedergeschmetterten Jäger zusammenrufen und diese von den unreinen Gedanken reinigen und ihre Bekenntnisse entgegennehmen würde, bevor er sich auf der *Veslemari* einschiffte. Polleson richtete sich auf seinem Stuhl auf und spürte seine Größe. Der Herr behütet seine Schafe, dachte er vertrauensselig – ohne zu ahnen, dass der Herr auch ein klein wenig Sympathie für seine ungeschorenen Schafe hatte.

Der Missionar saß auf dem Stuhl an Valfreds Tisch und fühlte sich siegesgewiss, wozu er nicht den geringsten Grund hatte. Er vertraute blind seinem Vandalismus, ohne in Betracht zu ziehen, dass Jäger auch unter schwierigen Umständen praktisch und schnell sein können. Die Boote, die er bei Hochwasser versenkt hatte, waren sechs Stunden nach seiner Abfahrt wieder klar, und die, die bei ablaufendem Wasser randvoll waren, konnten nach zwölf Stunden beladen werden. Die Tanks wurden schnell gelötet, die Motoren vom Salzwasser gereinigt, und bevor noch die Sonne ihre tägliche Runde abgeschlossen hatte, tuckerte ein kleines Geschwader nach Fimbul.

Die Bjørkenborger hatten kein Boot, sie konnten also an der Verfolgung des Pastors nicht teilnehmen. Aber Bjørken tobte, und nachdem er ein paar Tage nachgegrübelt hatte, fing er verbissen an, ein großes Floß zu bauen. Mit diesem plante er, den breiten Narwal-Sund bei Springflut zu überqueren, anschließend wollte er über Land weiter entweder nach Fimbul oder zur Hauna-Hütte.

Man merkt, dass es für Polleson überhaupt keinen Grund für seine Unbekümmertheit gab. Zwei Boote fuhren mit vollem Tempo durch den Vela-Sund, die Bjørkenborger waren bereits bei den Grus-Hügeln per Floß an Land gegangen, Herbert und Anton tuckerten außerhalb der Klippen, um den Weg zum Fimbul-Fjord abzukürzen, und Volmersen und der Graf fuhren in düsterem Schweigen über die Totmannsbucht, zutiefst erschüttert über die Entweihung des Treibhaus-Weines und der Tabakpflanzen durch den Pastor.

Missionar Polleson war ein geduldiger Mensch. Er lag lange wach und horchte auf des Leutnants und Valfreds Schnarchen, bevor er sich mit der größten Vorsicht aus dem Hause schlich. Leutnant Hansen, den niemand bisher überlistet hatte, kroch aus der Koje und folgte ihm. Er sah zu seinem Erstaunen, dass der Pastor zum Boot ging, das friedlich an der Anlegestelle schaukelte.

Der Leutnant ging hinter einem großen Stein in Deckung. Er riss ein Büschel Heidekraut aus, das er sich vor den Kopf hielt, sodass er unsichtbar dem Feind nachspionieren konnte.

Polleson kam mit einem großen Beil zurück. Er ging geradewegs zum Aalborghaus, und der Leutnant konnte hören, dass er einen Psalm summte.

Leutnant Hansen war Krieger, und Polleson war in diesem Augenblick ein Feind – ein Gefühl, das Hansen schon bei dessen Ankunft gehabt hatte und das jetzt bestätigt wurde, als der Pastor mit einem gezielten Fußtritt die Tür zu dem kleinen Destillierhaus öffnete. Mit einem zufriedenen Nicken ging Hansen hinter dem Stein ganz in Deckung, und kaum dachte er an das durch Frost geschädigte Dynamit, als auch schon die Explosion in seinen Ohren dröhnte.

Hansen guckte hoch: Zuerst kam das Dach, schwer und gemessen. Dann wurde es vom Missionar Polleson überholt, der wie eine Neujahrsrakete gen Himmel fuhr, wobei die schwarzen Rockschöße sich wie Flügel bewegten. Nach Polleson wirbelte der völlig in seine Einzelteile zerlegte Destillierapparat durch die Luft, das Holz der Dynamitkisten und eine Menge Steine und Erde.

Valfred, der merkwürdigerweise bei dem Krachen aufwachte, kroch aus seiner Koje. Als er die Tür öffnete, sah er Leutnant Hansen in scharfem Trab hinauf zum weggesprengten Aalborghaus eilen.

»Gott behüte, lieber Hansen, befinden wir uns mit jemandem im Krieg?« Er stieg in seine Strohschuhe und trottete zur Ruine.

Leutnant Hansen schüttelte den Kopf, und als Valfred ankam, zeigte er auf den entseelten Körper des langen Missionars.

»Er hat mit dem Beil ins gefrorene Dynamit gehauen«, erklärte er.

»Verdammt.« Valfred guckte den Leutnant nachdenklich an. »Warum?«

»Weil ich die Kisten auf den Tisch gestellt hatte und »Alkohol« auf die Deckel geschrieben habe«, teilte der Leutnant mit. »Ich meinte, dass es so am besten wäre.«

»Ja, wenn du das gemeint hast, brauchen wir auch nicht mehr darüber zu reden.« Valfred ging einmal um Polleson herum. »Aber er war nun wirklich ein richtig guter Prediger, versuchte nicht, uns etwas aufzuschwätzen und hat sich für Heidelbeerschnaps interessiert.«

»Genau«, entgegnete der Leutnant, »und das machte ihn gefährlich, Valfred. Ich habe es schon geahnt, als ich ihn auf dem Fjord sah. Er hatte es auf unseren Destillierapparat abgesehen.«

»Was du nicht sagst!« Valfred guckte erstaunt hoch. »Denk mal, dass ein Mensch so etwas fertig bringt, was?« Er schüttelte verständnislos den Kopf. »Aber wenn du es jetzt sagst, dann hatte er doch schon etwas Seltsames an sich. Und wir konnten ihn hier oben auch nicht richtig gebrauchen«, er zeigte auf den Fjord hinaus, wo man die ersten beiden Boote bei den Hunde-Inseln ahnen konnte, »es ist ja Religion, die ganze Sache«, sagte er.

Leutnant Hansen zog den Missionar aus den Trümmern und legte ihn ins Heidekraut, schloss ihm die erstaunten Augen und faltete seine Hände über dem gewaltigen Brustkasten.

»Tja«, sagte er, »man sollte ihm wohl einen Spruch gönnen. Aber ich erinnere mich bloß an einen aus der Kaserne in Fredericia.«

»Ich weiß nicht, ob er zu dieser Gelegenheit passt«, gab der Leutnant zu bedenken.

»Besser als gar nichts«, meinte Valfred. »Lass hören, Hansen.«

Leutnant Hansen nahm seine Mütze ab und nahm eine stramme Habacht-Stellung ein. Er hob den Kopf, dass die Nase auf den Gipfel des Fimbul-Felsens zielte, und sprach das alte Soldatenlied:

»Mit den Toten ists nichts mehr,
sie kommen ja doch nicht wieder.
Doch der Lauf der Zeit
lässt wieder Menschen werden.«

Valfred nickte. Er blickte auf den Fjord hinaus zu den heranpreschenden Motorbooten und wischte sich mit dem Handrücken eine Träne aus dem Augenwinkel. »Das war schön, Hansen«, sagte er, »das war genau richtig.«

Vor dem Morgen

Einen glücklichen Sommer verbringen die Inuit-Großmutter und ihr Lieblingsenkel auf einer unbewohnten Insel vor der Küste Grönlands. Aber dann, im Herbst, bleiben die Boote, die sie zurückholen sollen, aus. Was wäre, wenn sie den unbarmherzigen arktischen Winter alleine überstehen müssten? Wenn sie gar die letzten Menschen auf dieser Welt wären?

Nicht alle Eisbären halten Winterschlaf

In Nordostgrönland stranden die Männer, die die Nase voll haben von der Zivilisation. Mit Witz und Poesie erzählt Jørn Riel, wie man in diesem Land der atemberaubenden Naturschönheiten seinen ersten Eisbären fängt, in der Ödnis eine Funkstation errichtet, sich auf einem Eisberg durch die Fjorde treiben lässt oder sich eine Frau erträumt.

Das Haus meiner Väter

Mit achtzehn Jahren brach Jørn Riel nach Grönland auf. Sechzehn Jahre lebte er dort im unzugänglichen Nordosten. Als die Einsamkeit ihn zu überwältigen drohte, begann er, seinen Gefährten Geschichten zu erzählen. Dies ist die Geschichte des Inuit-Jungen Agorajaq, seiner zwei weißen Väter, seiner drei Onkel und ihrem Haus am Fuß des Berges Miss Molly.

Der Raub der Stammesmutter

Um das Jahr 1000 n. Chr. machen sich die Inuit aus Kanada auf in ein unbekanntes Land: Grönland, das »Land der großen Erwartungen«. Im ersten Buch der Grönland-Saga wird erzählt, wie die Stammesmutter Tewee-soo von den Inuit geraubt und wie ihr Mann Heq ein großer und mächtiger Schamane wird.

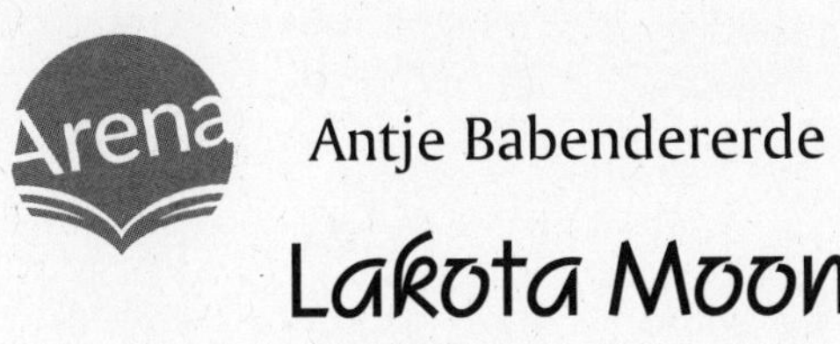

Antje Babendererde

Lakota Moon

Zur Erinnerung an Robert »Boo« Many Horses,
den man am 30. Juni 1999 kopfüber
in einem Abfallcontainer in Mobridge S.D. fand.
Er wurde nur 22 Jahre alt.

Ich danke der Stiftung Kulturfonds
für die Unterstützung meiner Arbeit
an diesem Roman.

Antje Babendererde

www.blauer-engel.de/uz195
• ressourcenschonend und umweltfreundlich hergestellt
• emissionsarm gedruckt
• überwiegend aus Altpapier

Dieses Druckprodukt ist mit dem Blauen Engel ausgezeichnet

MIX
Papier | Fördert gute Waldnutzung
FSC® C110508

11. Auflage als Arena-Taschenbuch 2023

Rottendorfer Str. 16, 97074 Würzburg

Umschlaggestaltung: Frauke Schneider
Umschlagtypografie: knaus. büro für konzeptionelle und visuelle identitäten, Würzburg
Gesamtherstellung: Westermann Druck Zwickau GmbH
ISSN 0518-4002
ISBN 978-3-401-02936-8

www.arena-verlag.de
Mitreden unter arena-verlag.de

Look at things
not with
the eyes in your face
but with the eyes in your heart.
Leonard Crow Dog

Laughter –
that is something
very sacred,
especially for us Indians.
John Fire Lame Deer,
Rosebud Lakota

1. Kapitel

Ich rannte durch die Nacht. Es regnete und die Straßen der Stadt waren beinahe menschenleer. Niemand beachtete mich und das war auch gut so. Ich heulte vor Wut und Verzweiflung. Ich wollte laufen, nur noch laufen, so weit weg von zu Hause wie möglich.

Nicht dass irgendetwas schlecht war an meinem Zuhause. Im Gegenteil, auf einmal schien es für mich nichts Schöneres zu geben als die kleine Zweizimmerwohnung im dritten Stock des alten Mietshauses, wo ich mit meiner Mutter wohnte. Auf einmal erschien mir sogar unsere Stadt attraktiv, obwohl an ihr eigentlich nichts Umwerfendes dran war.

Ich rannte weg, weil ich bleiben wollte.

Das klingt verrückt, aber genau so war es. Ich rannte, bis ich vollkommen durchnässt war und die kühle Luft in meine Lungen biss. Aber die Wut ließ nicht nach und der Schmerz auch nicht. Beides pochte in mir und nahm mir den Atem. Ich konnte einfach nicht fassen, was meine Mutter mir antun wollte: einen waschechten Indianer heiraten und nach Amerika auswandern.

Ich lachte laut in die Nacht. Es klang ein bisschen irre und tatsächlich hatte ich das Gefühl, jeden Augenblick verrückt zu werden. Es war nämlich kein Spaß und ich war auch nicht im falschen Film. Meine Mutter war tatsächlich fest entschlossen diesen Rodney Bad Hand zu heiraten und mit ihm in sein Reservat nach South Dakota zu ziehen. In ein Indianerreservat!

Und ich musste natürlich mit. Wo sollte ich denn auch hin? Ich war erst fünfzehn und meine Mutter durfte über mich bestimmen, als wäre ich ihr Eigentum. »Oliver«, hat sie gesagt, »jeder andere Junge wäre begeistert, wenn ihm ein solches Abenteuer bevorstünde.« Abenteuer! Dass ich nicht lache. Es war ein Alptraum. Ich würde irgendwo in einer klapprigen Indianerhütte ohne Wasser und Strom im Grasland hausen müssen, mit Indianern zur Schule gehen, meine Sprache nicht mehr sprechen können, meine Freunde niemals wieder sehen und Nina . . .

. . . ach verdammt, Nina war mein Traum, meine große Liebe, der Mittelpunkt meiner Gedanken und Gefühle und nun war sie mein größtes Problem. Weil ich sie verlassen musste. In meinem ganzen Leben hatte ich mich noch nie so schrecklich gefühlt wie nach dieser Offenbarung meiner Mutter.

Was sollte ich bloß tun? Mein Herz flimmerte vor Liebe. Nina war für mich das aufregendste Mädchen der ganzen Schule, mit den längsten Beinen und den schönsten grünen Augen, die ich je gesehen hatte. Sie war der Grund, warum ich überhaupt geboren wurde. Ich hatte mich schon vor einer Ewigkeit in Nina verliebt und sie wochenlang angehimmelt, bis ich mir endlich einen Ruck gegeben und sie angesprochen hatte. Und ich hatte unglaubliches Glück: Nina mochte mich auch. Ich meine, ich war nicht gerade der Typ, auf den die Mädchen flogen. Ich konnte ganz gut zeichnen und ein bisschen Gitarre spielen. Aber ich war nicht besonders sportlich. Körperlichen Rangeleien hielt ich mich fern, soweit dies möglich war, denn ständig eine neue Brille kaufen, das konnten wir uns nicht leisten.

Also, meine Kondition war nicht die beste. Ich war zu schnell gewachsen und machte im Augenblick einen etwas klapprigen Eindruck. Ich war ein langer Schlaks, eine Bohnenstange, wie meine Mutter zu sagen pflegte. Mir fehlte einfach der Mumm in den Knochen. Zu Hause, in meinem Zimmer, hatte ich heimlich begonnen Gewichte zu stemmen. Vielleicht brachte das ja was, wenn ich Nina mal verteidigen musste. Unsere Stadt war zwar klein, aber trotzdem ein ziemlich heißes Pflaster, jedenfalls bei Nacht.

Aber eigentlich war ich nicht erpicht darauf, meine Fäuste zu gebrauchen. Ich war mehr der sanftmütige Typ und hasste jede Art von Gewalt. Wahrscheinlich war es genau das, was Nina an mir gefiel. Dass ich von anderen Jungs hin und wieder als Weichei betitelt wurde, schien sie jedenfalls nicht zu stören.

Nina, meine Traumfrau. Wir gingen jetzt seit vier Monaten miteinander und meine Mutter hatte natürlich keine Ahnung, wie weit unsere Beziehung inzwischen fortgeschritten war. Kaum zu glauben, aber ich hatte Kondome gekauft. Was ich damit sagen will: Ich stand kurz davor, meine Unschuld zu verlieren, und da sollte ich nach Amerika auswandern. Das war einfach absurd, unmöglich. Ich würde mich nicht zum Indianer machen lassen – ich nicht. Mir blieb gar nichts anderes übrig, als wegzulaufen.

Aber wohin? Zu meinem Vater konnte ich nicht, ich wusste nicht einmal, an welchem Punkt der Erde er sich gerade aufhielt. Die letzte Postkarte von ihm war aus Brasilien gekommen, aber das war jetzt auch schon wieder drei Monate her. Es gab Momente im Leben, da konnte ein

Vater ganz nützlich sein, aber in solchen Momenten war meiner nie da gewesen. Nein, mein Vater konnte mir nicht helfen.

Er ging von uns weg, als ich neun war. Aber schon vorher, als er noch bei uns lebte, hatte ich begriffen, dass ich mich nicht auf ihn verlassen konnte. Hatte er den Auftrag, mich vom Kindergarten abzuholen, war ich meist der Letzte und manchmal vergaß er mich ganz. Das war dann immer richtig schlimm. Ich war unglücklich und heulte nach meiner Mutter. Waren wir beide allerdings allein zu Hause, lief meistens alles ganz prima. Ich durfte fernsehen bis zum Umfallen, wir aßen Pizza und Eis und er erzählte mir von seinen Rucksackreisen, die er als Student gemacht hatte. Das war mächtig interessant und damals wollte ich genauso werden wie er. Wir waren eine ganz normale Familie, bis er auszog und einen Neunjährigen zurückließ, der nichts begriff.

»Papa will frei sein«, hatte meine Mutter zu mir gesagt. »Er ist ein rastloser Mensch und wir sind ihm nur ein Klotz am Bein.«

Dieses Bild verfolgte mich lange. Meine Mutter und ich, geschnitzt aus schwerem Holz, wie wir als Gewichte an den Beinen meines Vaters hingen. Das war ein ganz schöner Brocken für einen Jungen von neun Jahren. Und dann, später, als mein Vater uns das erste Mal nach langer Zeit wieder besuchte und er mir in der Stadt ein Eis spendierte, erzählte er, dass meine Mutter ihn rausgeworfen hatte. Ich weiß bis heute nicht, wer von beiden nun im Recht gewesen war, aber ich denke, jeder von beiden ein bisschen.

Ich liebte meinen Vater. Obwohl ich ihn vor einem Jahr das letzte Mal gesehen hatte, liebte ich ihn. Wenn wir zusammen waren, hatten wir meistens eine Menge Spaß miteinander. Aber um zur Sache zu kommen: Ich hatte einen Vater, auch wenn der mir im Augenblick nicht helfen konnte. Was ich auf keinen Fall brauchte, war noch ein Vater. Und schon gar keinen, der Rodney Bad Hand hieß. »Schlimme Hand«, das konnte alles Mögliche bedeuten. Ich kannte den Mann überhaupt nicht, der mein neuer Vater werden sollte. Ich hatte ihn erst einmal kurz gesehen. Meine Mutter hatte ihn zweimal gesehen, aber ich hielt auch das für unzureichend. Sie musste von allen guten Geistern verlassen sein einen Mann heiraten zu wollen, den sie nur zweimal gesehen hatte.

Als ich meiner Mutter heute sagte, dass ich nicht mit nach Amerika kommen würde, fing sie an zu heulen. »Warum gönnst du mir nicht, dass ich glücklich bin?«, fragte sie mich. So ein Unsinn. Natürlich wollte ich, dass sie glücklich ist. Aber sie konnte ja schließlich auch hier glücklich werden. Warum musste es unbedingt Amerika sein? Und noch dazu ein Indianerreservat. Keine Ahnung, ob sie überhaupt begriff, was sie uns da einbrockte. Wenn dieser Rodney sie wirklich so sehr liebte, wie sie es behauptete, dann konnte er doch auch zu uns ziehen. Wir würden uns eine größere Wohnung mieten und alles wäre in Butter. Ich könnte Nina haben und meine Mutter Rodney. Ich meine, ich habe doch genauso das Recht, glücklich zu sein, wie meine Mom, oder?

Ich liebe Nina schon so lange. Wir kennen uns besser als meine Mutter diesen Indianer kennt. Sie haben sich Briefe geschrieben. Briefe! Als ob das was bringt. Da kann man den anderen überhaupt nicht richtig kennen lernen. Sie schreibt ihm nur Gutes über sich und er ihr nur das Beste über seine Person und sein Leben. Klar, dass jeder den anderen für einen tollen Typen hält. Aber so läuft das nicht. Das sind doch alles nur Hirngespinste.

Auf jeden Fall: Ich werde nicht mitkommen nach Amerika, niemals. Ich haue ab. Ich bleibe hier.

»Mein Gott Oliver«, rief meine Mutter erleichtert, als mich der Polizist um vier Uhr morgens an unserer Haustür ablieferte. Ich war sogar zu dämlich zum Abhauen. Als die Streifenpolizisten mich am Stadtrand aufgriffen, bin ich nicht mal weggerannt. Ich konnte einfach nicht mehr. Meine Kondition war eben nicht die beste.

Nachdem wir eine Weile im Streifenwagen umhergefahren waren, hatte ich dem Polizisten schließlich gesagt, wo ich wohne. Ich war müde, todmüde, und wollte nur noch in mein Bett. Und außerdem war er ein ganz netter Kerl. Er hat mir erzählt, dass er einen Sohn in meinem Alter hat, der auch schon mal abgehauen ist. Er sagte, von da an hätten sie immer über alles geredet.

Wahrscheinlich war er ein guter Vater. Ich ließ mich von ihm zu Hause abliefern, weil er dann mit einem besseren Gefühl seinen Nachtdienst beenden konnte.

Meine Mutter umarmte mich immer wieder. Sie sah verheult aus und auf einmal tat sie mir Leid. »Ich bin ja wieder hier, Mom«, sagte ich. »Und heute Nacht haue ich auch nicht mehr ab.«

Sie schluchzte wild auf und ich gab ihr einen Kuss auf die nassen Wangen. »Nun hör schon auf!«, sagte ich, weil mir ihre Tränen peinlich waren.

»Ich hätte nie gedacht, dass du so sehr dagegen sein würdest«, sagte sie. »Ich dachte immer, du würdest nach deinem Vater kommen und wärst froh mal was anderes zu sehen als Deutschland.«

»Ich hab ja auch nichts dagegen, mir Amerika anzusehen. Aber deswegen muss ich doch nicht gleich dort leben«, erwiderte ich. »Wenn du Schlimme Hand schon unbedingt heiraten musst, warum kann er dann nicht bei uns wohnen? Hier würde es ihm doch bestimmt besser gehen als in seinem Reservat.«

»Sprich nicht so über Rodney«, sagte sie leise, weil sie Angst hatte, dass unsere Nachbarn wach werden würden von meinem Geschrei. »Wir haben natürlich darüber geredet, wo wir leben werden, und uns die Entscheidung nicht leicht gemacht.«

»Aber du hast nachgegeben«, sagte ich und wurde gleich wieder wütend. »Indianermänner sind Machos, hast du das gewusst? Sie trinken und verhauen ihre Kinder und ihre Frauen.«

Das war dann wohl doch ein bisschen daneben gewesen, denn meine Mutter sah mich nur traurig an und sagte: »Reden wir morgen darüber, Oliver. Ich hatte einen harten Arbeitstag und bin vor Sorge um dich bald verrückt geworden. Ich muss jetzt schlafen.«

Mom ging in ihr Zimmer, schloss die Tür vor meiner Nase und ließ mich mit meiner Wut und meiner Verzweiflung allein zurück.

Am nächsten Tag war ich mit Nina verabredet, und bevor ich ihr von der ganzen Sache erzählen konnte, musste ich sie irgendwie geklärt haben. Wenn ich jetzt also verschwand, bevor meine Mutter aufgestanden war, legte ich mich nur selber rein.

Ich machte Frühstück, das würde sie mir gegenüber gnädig stimmen. Gegen zehn kam sie aus dem Bett und setzte sich zu mir in die Küche. Ich goss ihr einen Kaffee ein und sah sie an. Nicht aus dem Blickwinkel, aus dem ein Sohn seine Mutter sieht. Ich versuchte sie mit Rodney Bad Hands Augen zu sehen. Meine Mom – sie heißt Susanne – trug einen taubenblauen Samtbademantel und das Haar fiel ihr in schweren Locken auf die Schultern. Es hatte die Farbe von reifem Stroh und ich mochte es.

Über Nacht hatte sich meine Mutter von ihrer Furcht um mich erholt und sah jetzt wie ein junges Mädchen aus, obwohl sie schon 35 war. Also kein Wunder, dass Rodney sie heiraten wollte. Für jemanden, der nicht dazu verdammt war, von ihr erzogen zu werden, war sie wirklich eine tolle Frau. Ich meine, sie sah richtig klasse aus. Ein bisschen wie Sharon Stone, die Figur inbegriffen. Außerdem roch sie immer gut. Meine Mutter hätte wirklich jeden haben können, wieso musste es dann ausgerechnet Rodney sein?

»Warum muss es Rodney sein?«, fragte ich.

»Weil ich ihn liebe, Olli«, antwortete sie, »auch wenn du dir das vielleicht nicht vorstellen kannst. Rodney gibt mir das Gefühl, einzigartig zu sein.«

Oh ja, einzigartig, das war meine Mom wirklich. Besonders, was ihre Zukunftspläne betraf, die mich leider einschlossen. »Aber du kennst ihn doch überhaupt nicht«, wandte ich ein. »Wäre es nicht besser, mit der Hochzeit noch ein wenig zu warten? Du könntest deinen Urlaub bei ihm verbringen, sein Land kennen lernen, das Leben dort.« Mein Gott, ich hörte mich verdammt noch mal an wie ein Vater, der sich um seine minderjährige Tochter sorgt. Ich hätte mich eher darum kümmern sollen, was meine Mutter in ihrer Freizeit so treibt. Vermutlich hatte ich sie vernachlässigt, und das waren nun die Folgen.

Ihre blauen Augen wurden dunkelgrau. »Wahrscheinlich hast du mir nie zugehört, wenn ich dir von den Dingen erzählt habe, die mich interessieren. Ich beschäftige mich seit Jahren mit dem Leben der Lakota-Indianer. Ich weiß, was uns im Pine Ridge erwartet. Rodney ist ein wichtiger Mann im Reservat, ein Hoffnungsträger für sein Volk. Er kann nicht einfach wegziehen und seine Leute im Stich lassen.«

Ich stöhnte leise. Tatsächlich war meine Mutter schon immer von der Idee besessen gewesen, eines Tages dorthin überzusiedeln, wo sie ihre spirituellen Wurzeln vermutete. In unserer Wohnung sah es aus wie in einem Tipi. Überall hingen diverse indianische Gegenstände, die alle irgendeine tiefere Bedeutung hatten. Ich fand das Zeug ja ganz dekorativ, aber interessiert hatte es mich nie. Meine Kumpel dagegen waren jedes Mal hellauf begeistert, wenn sie in unsere Wohnung kamen. Besonders mein Freund Markus interessierte sich für all die Bilder, Holzschnitzereien, Leder- und Perlenarbeiten. Mom musste ihm dann immer etwas über das Leben der Indianer erzählen, was sie auch gerne tat. Sie war der Meinung, in dieser Hinsicht hätten wir Deutschen mächtige Bildungslücken und sowieso vollkommen falsche Vorstellungen.

Bis jetzt hatte ich den ganzen Hokuspokus einfach ignoriert, aber wenn meine Mutter es ernst meinte, dann würde ich das bald nicht mehr können. Dann würde es auf einmal mein Leben sein. Etwas, das ich mir beim besten Willen nicht vorstellen konnte.

»Ich komme nicht mit«, sagte ich. »Gewöhne dich an den Gedanken.«

»Du wirst es dort toll finden«, meinte sie, als hätte sie nicht gehört, was ich gerade gesagt hatte.

»Ich bleibe hier«, wiederholte ich mich. »Ich will mit Nina zusammen sein, genau so, wie du mit Rodney zusammen sein willst. Ich werde deinem Glück nicht im Wege stehen, aber du solltest es meinem auch nicht. Ich liebe Nina«, sagte ich und hoffte, meine ungewöhnlich klare Ausdrucksweise würde ihr die Augen öffnen.

Stattdessen sagte sie: »Du weißt doch noch gar nicht, was Liebe ist.«

Mir blieb die Luft weg. Das war ja wohl der Hammer. Ihre Worte hallten in meiner Magengrube wieder. Meine Mom hatte mich nie geschlagen, auch als ich klein war nicht. Aber nun hatte sie mich ungeheuer verletzt. Und verdammt, es tat weh. Wie konnte sie nur so etwas sagen? Sie wollte einen Typen von einem anderen Planeten heiraten und erzählte mir, ich wüsste nicht, was Liebe ist.

Ich stand wortlos auf und ging aus der Küche. Bevor ich die Haustür ins Schloss fallen ließ, rief ich noch: »Warte nicht auf mich, ich komme heute Nacht nicht nach Hause.«

Wie betäubt lief ich durch die Straßen und die Worte meiner Mutter hämmerten in meinem Kopf. »Du weißt doch gar nicht, was Liebe ist.« Und ob ich das wusste. Ich liebte Nina, mit allem was dazugehört. Seit ich sie hatte, interessierte mich kein anderes Mädchen mehr. Ich dachte unaufhörlich an sie und dabei war mir innerlich warm. Wenn sie redete, hörte ich ihr gerne zu, egal, was sie erzählte, und wenn es dabei um irgendwelche Klamotten ging. Mir gefiel ihr Stil. Sie sah immer perfekt aus, was sie auch anhatte. Ich sah Nina gerne an und am liebsten lachte ich mit ihr. Und natürlich wollte ich mit ihr schlafen. Wir hatten in diese Richtung schon einige Versuche unternommen, aber für den letzten Schritt hatte uns der Mut gefehlt. Es funktionierte einfach nicht, wenn jeden Moment die Türklinke heruntergehen konnte und sich draußen jemand darüber wundern würde, warum das Kinderzimmer abgeschlossen ist.

Aber wie auch immer, es war auch so schon aufregend genug und letztendlich hatten wir ja alle Zeit der Welt. Das hatten wir jedenfalls geglaubt. Und nun? Was würde Nina sagen, wenn ich ihr von den Plänen meiner Mutter erzählte? Ob sie einen Rat wusste oder eine rettende Idee hatte?

Vielleicht konnte ich bei ihr bleiben. Nina und ihre Eltern bewohnten ein großes Haus mit Garten am Stadtrand und es gab darin noch mindestens drei leere Zimmer, seit ihre Oma letztes Jahr gestorben war. Vielleicht konnte ich eines davon haben. Oder vielleicht konnte Nina mich im Keller verstecken, bis alles vorbei war.

Aber es würde nie vorbei sein. Nein, da brauchte ich mir keine Illusionen zu machen: Ohne mich würde Mom nicht nach Amerika gehen. Aber gehen würde sie, da kannte ich sie viel zu gut. Wenn sie sich einmal etwas in den Kopf gesetzt hatte, tat sie es auch. Ihre Entschlossenheit war beängstigend und raubte mir die letzte Hoffnung.

Als ich endlich vor Ninas Haustür stand, fühlte ich mich immer noch, als hätte ich einen Schlag mit dem Holzhammer bekommen. Nina öffnete mir und strahlte mich an. Sie trug Jeans mit weitem Schlag und ein kurzes dunkelbraunes T-Shirt, das ihren Bauchnabel frei ließ. Ihre Haare waren frisch gewaschen und noch feucht und dunkel. Der Duft nach Sommerwiese ließ mich aufwachen aus meiner Benommenheit.

»Komm rein!«, sagte sie. »Meine Haare sind noch nass, ich erkälte mich sonst.«

Sie hatte vielleicht Sorgen.

»Stimmt was nicht mit dir?«, fragte sie.

Das war auch etwas, das ich so an ihr mochte. Nina merkte gleich, wenn irgendetwas nicht stimmte. Sie konnte in meinem Gesicht lesen wie in einem Buch. Sie umarmte mich und gab mir einen Kuss. Es war so ein Kuss, der einem die Knie weich werden ließ. Dann nahm sie meine Hand und zog mich hinter sich her ins Wohnzimmer. Ihre Eltern waren übers Wochenende verreist und niemand würde uns stören. Wir setzten uns auf die gemütliche Ledercouch.

»Was ist los mit dir, Olli?«, fragte Nina erneut, während sie meine Hand immer noch hielt.

Am liebsten hätte ich angefangen zu heulen, aber das verkniff ich mir. »Meine Mutter will Rodney heiraten«, brachte ich hervor.

Nina überlegte eine Weile, dann warf sie den Kopf in den Nacken und lachte. »Ach Olli, bist du etwa eifersüchtig? Warum sollte sie nicht wieder heiraten? Deine Mutter ist eine schöne Frau und viel zu jung, um alleine zu bleiben.«

»Du verstehst nicht . . .«, hob ich an, da setzte sich Nina auf meinen Schoß. Ihre feuchten Haare streiften mein Gesicht. Mein Körper reagierte sofort und ich seufzte leise.

»Was verstehe ich nicht?«, flüsterte sie, ihre Lippen dicht

an meinem Mund. Sie strich mir das Haar hinter die Ohren, das tat sie immer, bevor sie mich küsste.

Ihr Kuss war ein Sommerwiesenwindstoß, der all die furchtbaren Gedanken aus meinem Hirn pustete. Da war nur noch Nina und ihr warmer Körper, die festen, kleinen Brüste unter ihrem kurzen Hemd. Es hatte Wochen gedauert, bis ich mit meinen Händen zu ihnen vordringen durfte, und jetzt genoss ich dieses Privileg in vollen Zügen. Ich schwebte irgendwo im Raum. In Windeseile waren wir dort, wo wir das letzte Mal aufgehört hatten. Wo hatte ich eigentlich die Kondome gelassen?

Aber dann zog Nina meine Hand unter ihrem T-Shirt hervor, warf ihre Haare über die Schultern und fragte: »Und was wird aus dir, wenn deine Mutter Rodney heiratet?«

Ich stöhnte und sagte: »Aus mir wird Oliver Schlimme Hand und ich werde nachts heulen wie ein Wolf, weil ich vor Sehnsucht nach dir nicht schlafen kann.«

Mit einem Ruck setzte Nina sich auf. Ihre grünen Katzenaugen blickten mich erschrocken an. »Heißt das etwa ...?« Sie sprach es nicht aus, aber nun hatte sie endlich begriffen.

»Ja«, erwiderte ich. »Genau das heißt es: Meine Mutter wird zu Rodney nach South Dakota ziehen und ich muss mit.«

»Amerika?«, fragte sie.

»Amerika«, antwortete ich.

Nina zupfte ihr T-Shirt zurecht und zog ihre Jeans wieder an. Ihr Traumkörper verschwand unter den Kleidungsstücken und ich wusste, ich würde Nina nicht haben können. Nun nicht mehr. Ich würde nie wieder solche herrlichen Brüste berühren.

Ein bisschen war es wie sterben.

Ich zog mich auch an, setzte meine Brille wieder auf und dann saßen wir schweigend nebeneinander auf der Couch und starrten auf den Teppich zu unseren Füßen. Die orientalischen Muster verschwammen zu eigenartigen Gebilden, die plötzlich wie Ungeheuer aussahen.

»Ich kann nichts machen, Nina«, sagte ich. »Ich habe nicht mal eine Oma, bei der ich bleiben könnte.«

»Scheiße!«, sagte Nina.

Schimpfwörter passten gar nicht zu ihr, Nina drückte sich immer sehr gepflegt aus. Verwundert sah ich sie an. Sie weinte und die Tränen tropften auf ihre Hände, die auf ihren Knien lagen.

»Was machen wir denn jetzt?«, fragte sie leise.

Ich zuckte mit den Achseln. »Keine Ahnung. Ich dachte, du hast vielleicht eine Idee.« Sie sah mich mit großen Augen an und ich kam mir unendlich einfallslos vor. »Wir könnten zusammen abhauen«, sagte ich schließlich.

An Ninas Blick erkannte ich, dass sie von meinem Vorschlag wenig begeistert war. Einen besseren hatte sie allerdings auch nicht. Ich glaube, schon damals fing ich an sie zu verlieren.

2. Kapitel

Unser Flieger landete kurz vor Mitternacht auf dem Flughafen von Rapid City in South Dakota und Rodney nahm Mom und mich am Gepäckband in Empfang. Irgendwie hatte ich ihn kleiner und schmächtiger in Erinnerung gehabt. Aber jetzt stand er da wie ein aufgerichteter Bär, mit langem, kräftigem Oberkörper und einem breiten Grinsen auf dem dunklen Gesicht.

Er und meine Mutter drückten und küssten sich lange. Ich sah weg, weil ich es kaum ertragen konnte, die beiden so glücklich zu sehen, während ich todmüde und zutiefst deprimiert war. Das wird ihnen schon noch vergehen, dachte ich griesgrämig.

Dann kam Rodney auf mich zu und boxte mich freundschaftlich vor die Schulter. »Hi, Oliver«, sagte er. »Willkommen in South Dakota.«

»Hmm«, antwortete ich.

Rodney übernahm einen der beiden Rollwagen, auf die wir unsere vielen Gepäckstücke verladen hatten, und schob ihn in Richtung Glastür. Meine Mutter lief neben ihm, eine Hand auf seinem Arm. Ich schob den anderen Gepäckwagen hinterher. Rodney trug dunkelblaue Jeanskluft, ein weißes T-Shirt und Cowboystiefel. Sein glänzender Pferdeschwanz war so lang wie seine Arme. Meine Haare waren auch mal lang gewesen. Aber einen Tag vor unserer Abreise war ich zum Frisör gegangen und hatte sie mir abschneiden lassen. Millimeterkurz. Ich sah aus wie ein GI, es fehlte nur noch die Tarnuniform. Es sollte hier nur ja keiner denken, ich hätte was übrig für Indianer und wollte versuchen wie einer auszusehen. Jeder sollte wissen, dass ich mein Leben von nun an in einer Art Verbannung verbrachte. Ich musste drei Jahre lang durchhalten, dann konnte ich wieder heimkehren. Zurück zu meinen Freunden, zurück zu Nina. Drei Jahre und ich würde frei sein.

Es würden drei harte Jahre werden, da machte ich mir nichts vor. In den letzten Wochen hatte ich mich im Internet eingehend darüber informiert, was mich im Pine-Ridge-Indianerreservat erwarten würde. Und was ich herausgefunden hatte, war nicht nur deprimierend, es war bedrohlich. Ich würde die meiste Zeit damit zu tun haben, mich am Leben zu erhalten. Viele Lakota im Reservat waren arbeitslos und hatten nichts zu tun, außer sich jede Woche ihren Scheck von der Wohlfahrt abzuholen. Weil sie das Nichtstun verrückt machte, kauften sie sich Alkohol von ihrem Geld und betranken sich sinnlos. Und wenn sie erst betrunken waren, dann fuhren sie ihre Autos zu Schrott, ballerten mit ihren Jagdgewehren wild in der Gegend herum und waren auf solche wie mich vermutlich nicht gut zu sprechen.

Aber was sollte ich machen? Ich konnte nur versuchen mich so unauffällig wie möglich zu bewegen und die meiste Zeit unsichtbar zu bleiben. Vielleicht schaffte ich es, die nächsten drei Jahre ohne Schaden zu überstehen. Im Nachhinein muss ich allerdings zugeben: Ein Großteil dessen, was mir hier im Reservat passieren konnte, kam mir damals nicht mal in den Sinn.

Aber da waren auch noch ein paar andere Dinge, die mir Sorgen machten. Meine Mutter und ich würden vollkommen von Rodney abhängig sein und niemand wusste, ob er ein großzügiger Mensch war oder ein Geizkragen. Ich nahm mal an, er war nicht so arm, dass wir Gefahr liefen, verhungern zu müssen, sonst hätte meine Mutter sicher nicht eingewilligt bei ihm zu leben. Aber würde ich auch ein ausreichendes Taschengeld bekommen?

Na ja, der silbergraue Van, in dem jetzt unser Gepäck verschwand, sah ja ganz passabel aus. Ich quetschte mich auf die Rückbank neben eine große Kiste und Rodney sagte, dass ich mich anschnallen solle. Ich tat, was er sagte, und kurze Zeit später flogen wir durch die Nacht. Tatsächlich hatte ich das Gefühl, wir würden jeden Moment abheben, so schnell fuhr der Indianer. Vermutlich hielt er nicht das Geringste von Geschwindigkeitsbegrenzungen und ich fragte mich, was er von anderen Regeln hielt.

Aber um diese Zeit waren die Straßen leer, in den nächsten anderthalb Stunden begegneten uns nur zwei oder drei Fahrzeuge. Es war stockdunkel draußen und ich sah nichts als schwarze Nacht, wenn ich aus dem Fenster blickte. Die Dunkelheit hatte die Landschaft völlig ausgelöscht.

Irgendwann drosselte Rodney das Tempo, denn die Fahrbahn wurde holprig und er musste Schlaglöchern ausweichen. Ich ahnte, dass wir uns nun auf Indianerland befanden und bald unser Ziel erreicht haben würden. Wir fuhren aber dann doch noch eine ganze Weile und ich sah im Dunkel vereinzelte Lichter auftauchen, wie verirrte Glühwürmchen. Bis Rodney nach rechts abbog.

Kurz darauf hielten wir vor einem Haus, das einsam auf einer Wiese stand, umgeben von ein paar Bäumen und einigen Sträuchern. Ich löste den Gurt, stieg aus und streckte mich. Durch ein Loch in der Wolkendecke schien auf einmal der Mond. Sein fahles Licht erhellte den Hügel, auf dem Rodneys Haus stand, und ließ die Blätter der Bäume wie Silbertaler aufleuchten. Immerhin, es war keine Hütte, wie ich es befürchtet hatte, sondern ein großes Haus. Es hatte eine eigenwillige Architektur, soweit ich das bei dieser Beleuchtung erkennen konnte. In der Mitte gab es ein oberes Stockwerk mit einem Satteldach und der untere Teil des Hauses hatte Dachflächen, die im gleichen Winkel abfielen. Das sah eigentlich ganz nett aus, aber etwas daran irritierte mich. Das Haus schien nagelneu zu sein und machte einen unfertigen Eindruck. Als ich ein paar Schritte lief, kam neben dem Gebäude ein großer Bretterhaufen zum Vorschein.

Wir zogen auf eine Baustelle, das war der Hammer.

Rodney hantierte mit einer Taschenlampe und schloss die Haustür auf. Er knipste drinnen das Licht an und machte eine einladende Handbewegung. Nichts Gutes ahnend, trat ich ein und fand meine Befürchtungen bestätigt. Auch drinnen war nichts fertig. Überall kahle, ungestrichene Wände, leere Zimmer, manche noch ohne Fußböden. Trotzdem zeigte uns Rodney ganz stolz jeden Raum. Nur die Küche und das Bad waren fertig und benutzbar. Ich konnte mich nicht darüber freuen, so wie meine Mutter es tat. Ich war sauer auf Rodney, weil er ihr und mir zumutete auf einer Baustelle zu leben. Als ob alles andere nicht schon genug wäre.

Was sollte das werden? Dachte er etwa, er hätte jetzt in mir und Mom billige Arbeitskräfte? Da hatte er sich gehörig verrechnet. Keinen Handgriff würde ich tun, nicht einen. Das ging mich alles nichts an, ich wollte überhaupt nicht hier sein.

»Ich bin müde«, brummte ich.

»Rede englisch!«, sagte meine Mutter. »Gewöhne dich daran, auch mit mir englisch zu reden. Auf diese Weise lerne ich es am schnellsten.«

Die Sprache war bei all dem, was mich hier erwartete, das kleinste meiner Probleme. Ich war bisher auf ein neusprachliches Gymnasium gegangen und hatte immer eine Eins in Englisch gehabt. In den letzten Wochen hatte meine Mutter mich ständig als Wörterbuch benutzt, weil sie einen riesigen Haufen Papierkram zu erledigen hatte, bevor wir auswandern konnten.

Ich schwieg trotzig, aber Rodney schien mich auch so verstanden zu haben. »Hilfst du mir noch ausladen, Oliver? Dann zeige ich dir dein Zimmer.«

Wir luden Kisten, Koffer und Reisetaschen aus dem Van und brachten sie ins Haus. Dann nickte Rodney und machte eine Handbewegung, dass ich ihm die Treppe hinauf folgen sollte. Ich schnappte meine beiden Taschen, und als er sah, wie ich mich abschleppte, nahm er mir eine ab und trug sie nach oben.

Der obere Flur sah auch nicht besser aus als der untere, aber als Rodney die Tür zu einem großen Zimmer am Ende des Ganges öffnete und das Licht anschaltete, da verschlug es mir für einen Augenblick die Sprache. Ich war dabei, den gemütlichsten Raum des ganzen Hauses zu betreten.

»Das ist dein Zimmer, Oliver«, sagte Rodney und lachte breit, als er mein Staunen bemerkte.

Die schräge Decke war mit hellem Holz verkleidet, die

Wände in einem warmen Rot-Ton gestrichen. Ein halbhohes Regal aus dicken Holzbohlen nahm eine ganze Wand ein, an der anderen stand ein Kleiderschrank. Ich hatte einen eigenen kleinen Fernseher und unter dem Fenster stand ein großer, ebenfalls selbst gezimmerter Schreibtisch. Passend dazu das Bett, an einer Wand, die mit einem bunten Webteppich bespannt war. Über dem Bett hing ein Traumfänger, so ein rundes Ding mit nachgebildeten Spinnweben und Perlen in der Mitte.

Meine Mutter hatte mir mal erklärt, was so ein Traumfänger bedeutet. Der lederumwickelte Ring aus Weidenholz symbolisiert den Kreis des Lebens. Das Netz, gewebt von der Perlenspinne, fängt die guten Träume auf und über die Federn werden sie in den Kopf des Träumers geleitet. Die schlechten Träume fallen durch das Loch in der Mitte. Natürlich glaubte ich nicht an solche Sachen, ich war da mehr der bodenständige Typ. Außerdem fragte ich mich, welche Überlegungen Rodney dazu veranlasst haben könnten, mir einen Traumfänger übers Bett zu hängen. Rechnete er etwa damit, dass ich Alpträume haben würde? Verdammt, auch diesen Gefallen würde ich ihm nicht tun.

»Ich habe alles selbst gebaut«, sagte er stolz. »Und beinahe hätte ich es nicht geschafft. Du kannst dir das Zimmer natürlich so gestalten, wie du es willst. Deine Mutter hat gesagt, du magst Rot. Es ist eine machtvolle Farbe.«

Ich brachte nur ein krächzendes »Danke« hervor.

Rodney zeigte mir dann noch ein kleines Badezimmer mit einer Dusche, das ich für mich alleine haben würde. Dann wünschte er mir eine gute Nacht und ging wieder nach unten.

Ich war zwar müde, aber schlafen konnte ich nicht, dafür war ich viel zu aufgekratzt. Dieses Zimmer war ganz in Ordnung. Nichts Besonderes eigentlich, aber im Gegensatz zu den übrigen Räumen ein richtiges Paradies. Es hatte keine feuchte Ecke wie mein Zimmer zu Hause und es gehörte mir. Das Wichtigste war: Ich konnte es abschließen. Mit diesem Zimmer hatte Rodney mich wirklich überrascht. Nach dem, was ich über die Lakota gelesen hatte, war ich davon ausgegangen, dass alle Indianer arm waren und in baufälligen Hütten hausten.

Mom musste von dem neuen Haus gewusst haben, hatte mir jedoch nichts erzählt. Ich knipste das Licht aus und verschränkte die Arme hinter dem Kopf. Die Matratze war okay und das Bettzeug schien neu zu sein, jedenfalls roch es so. Rodney wusste wahrscheinlich nicht, dass man neue Bettwäsche erst einmal in die Waschmaschine steckt, bevor man sie benutzt, aber das konnte man von einer Rothaut wohl nicht erwarten.

Doch auch wenn ich froh war über all diese Dinge, die mir das Leben hier erträglich machen sollten, würde ich mich nicht so einfach kaufen lassen. Rodney war schuld, dass ich jetzt hier sein musste, herausgerissen aus meinem schönen Leben, mit Problemen, die mir auf einmal winzig klein erschienen. Hier würde ich andere haben. Schwerwiegendere. Kaum auszudenken, was in der nächsten Zeit alles auf mich zukommen würde. Vor allem in zwei Monaten, Anfang September, wenn aus mir ein Senior der Little Wound High-School in Kyle werden würde. Mir wurde schon übel, wenn ich nur daran dachte.

Ich stand noch einmal auf, weil ich pinkeln musste, und als ich aus dem Bad kam, hörte ich Rodney und meine Mutter unten in der Küche sitzen und reden. Rodneys Stimme war tief und klang heiser. Er nannte meine Mutter »Susan« und »Darling«. Auch etwas, an das ich mich erst gewöhnen musste. Es hörte sich seltsam an, als wäre sie gar nicht meine Mutter, sondern eine fremde Frau. Und irgendwie war sie das auf einmal auch.

Noch war Mom zwar nicht mit Rodney verheiratet, aber ich wusste, die Hochzeit würde die erste schwierige Hürde werden, die ich hier zu meistern hatte.

Ich konnte nicht gut verstehen, was die beiden da unten redeten, also ging ich wieder ins Zimmer zurück und kroch in mein Bett. Ich löschte das Licht und lauschte auf das leise Zirpen der Grillen, dem einzigen Geräusch der Nacht. Diese Stille war ich nicht gewohnt. Mein Zimmer zu Hause hatte an einer viel befahrenen Straße gelegen, auf der eine Straßenbahnlinie entlangführte. Es war nie still gewesen, auch nachts nicht. Ich hatte mich an das Quietschen der Straßenbahn gewöhnt und nun würde ich mich an die Stille gewöhnen müssen.

Während ich noch darüber nachdachte, was ich verloren hatte und was mich hier erwarten würde, war ich auch schon eingeschlafen. Ich träumte von Nina, aber da wusste ich natürlich nicht, dass ich nur träumte. Die Sonne schien warm und wir liefen Arm in Arm über eine grüne Wiese. Ich machte mir keine Gedanken, wo diese Wiese war, Hauptsache, Nina war bei mir. Sie küsste mich und ich hörte die Glocken läuten. Aber dieses selige Bimbam wandelte sich plötzlich in Geheule, das mich an Kriegsgeschrei aus Indianerfilmen erinnerte. Ich öffnete meine Augen und blinzelte über Ninas Schulter. Da kamen sie auch schon auf ihren Pferden, bunt gekleidet, mit Kriegsbemalung im Gesicht, die Tomahawks über dem Kopf schwingend.

Weit und breit war kein Baum, kein Strauch, hinter dem wir uns verstecken konnten. Die Rothäute kreisten uns ein, ihr Geheul wurde immer wilder und drohender und der Kreis um uns immer enger. Ich machte mir vor Angst bald in die Hosen. Nina presste sich an mich und ich wusste: Sie erwartete von mir, dass ich etwas unternahm.

Auf einmal streckte der Wildeste von allen, ein Krieger mit schwarzen Augen und einem siegessicheren Grinsen im bemalten Gesicht, seinen muskelbepackten Arm nach Nina aus, entriss sie mir und hob sie zu sich aufs Pferd.

»Neiiiin«, schrie ich und schreckte schweißgebadet aus meinem Traum.

Ich war wach, saß in meinem Bett, aber das Geheule hörte nicht auf. War ich jetzt verrückt geworden? Waren sie tatsächlich da draußen unterwegs? Der Traumfänger hing zwar über meinem Bett, aber gewirkt hatte er nicht.

Ich stand auf und ging zum Fenster. Draußen heulte es inbrünstig und vielstimmig. Wölfe, dachte ich. Mom hatte nicht mit einer Silbe erwähnt, dass es im Reservat Wölfe gab. Ich ahnte, dass sie mir überhaupt eine Menge verschwiegen hatte. Mit einem unbehaglichen Gefühl legte ich mich wieder ins Bett und wartete auf den Morgen.

Ein leises Klopfen weckte mich aus dem Schlaf. Ich schreckte hoch und zuerst wusste ich nicht, wo ich überhaupt war. Dann stand meine Mutter im Zimmer. Der Stoff ihrer roten Bluse leuchtete mich an wie ein Warnsignal. »Was ist los?«, fragte ich erschrocken.

»Es ist schon Mittag«, sagte sie und lächelte. »Ich habe uns was zu essen gemacht.«

Ich ließ mich aufs Kissen zurückfallen und stöhnte. Die Sonne schien hell in mein Zimmer und durch das große, offene Fenster kam warme Luft herein. Meine Mutter sah sich um und sagte: »Du hast ein schönes Zimmer, Olli. Rodney hat in den letzten Tagen nichts anderes getan, als es für dich herzurichten.«

Anstatt ihr zu sagen, wie froh ich über das Zimmer war und dass ich sogar einen winzigen Funken Dankbarkeit gegenüber Rodney empfand, fragte ich: »Warum müssen wir auf einer Baustelle wohnen? Warum konntet ihr nicht wenigstens warten, bis das Haus fertig ist?«

Meine Mutter setzte sich zu mir aufs Bett und streckte die Hand nach meinem Kopf aus, aber ich zog ihn weg.

»Weil das noch lange dauern wird«, erwiderte sie schließlich. »Rodney arbeitet hart, aber er ist auch viel unterwegs und manchmal sind andere Dinge wichtiger. Nach und nach werden wir das Haus fertig bauen und es gemütlich einrichten. Mach dir da mal keine Sorgen.« Sie stand auf und ging zum Fenster. »Hast du schon mal rausgesehen?«, fragte sie. »Es ist wunderschön hier.«

»Warum hast du mir nicht gesagt, dass es im Reservat Wölfe gibt?«, brummte ich verdrießlich.

»Wölfe?« Mom sah mich stirnrunzelnd an.

»Hast du sie nicht gehört – in der Nacht?«

Auf einmal lachte meine Mutter. »Das waren Kojoten, Olli, keine Wölfe. Hier gibt es keine Wölfe, Kojoten dafür eine ganze Menge.«

»Worin liegt der Unterschied?«

»Da fragst du am besten Rodney, Schatz.«

Ich konnte es nicht leiden, wenn sie *Schatz* zu mir sagte, und schwieg. Schließlich ging sie. Ein bisschen tat sie mir Leid, weil sie es so schwer hatte mit mir, aber sie machte es mir auch nicht gerade leicht. Sie hatte meine ganze Lebensplanung über den Haufen geworfen und erwartete nun auch noch von mir, dass ich hier alles toll fand. Aber das war nicht der Fall, nicht mal annähernd. Ich sehnte mich jetzt schon zurück nach Hause, obwohl ich noch keinen einzigen Tag im Reservat verbracht hatte.

Es nützte nichts. Ich musste aufstehen, denn meine Lage würde sich nicht ändern, nur weil ich versuchte sie zu ignorieren. Ich tappte zum Fenster und sah hinaus. Die Sonne blendete mich und ich musste die Hand über die Augen halten, damit ich etwas sehen konnte.

Rodneys Haus stand auf einer kleinen Anhöhe und war umgeben von mehreren Hügeln, die mit Sträuchern und Kieferngruppen bestanden waren. Mit Sicherheit hatte es wochenlang nicht geregnet, denn das Gras war gelb bis zum Horizont. Alles sah vertrocknet aus, wie tot.

Einige Schritte entfernt vom Haus, sah ich ein längliches rotes Gebäude mit hellem Blechdach und großem Tor. Das war vermutlich die Scheune, denn Rodney züchtete Pferde, so viel wusste ich zumindest schon. Und dann sah ich sie auch, die Tiere, ein Stück weiter unten in einem kleinen Tal, wo ein paar grüne Büsche wuchsen und sie Wasser und Schatten fanden.

Was ich weit und breit nicht finden konnte, war ein anderes Haus, obwohl ich gestern Nacht Lichter gesehen hatte, bevor wir abgebogen waren. Sollten wir tatsächlich völlig allein hier draußen wohnen? Meine Mutter war zwar nicht von der ängstlichen Sorte, aber diese Einsamkeit war eine Herausforderung. Für uns beide. Ich hatte keine Ahnung, wo ich mich befand. War die nächste Ortschaft 10, 20 oder 50 Meilen entfernt? Wo lag der Ort Kyle und wie kam ich dorthin, wenn ich im September zur Schule gehen musste?

Zu Rodney Bad Hands Haus führte nur ein Feldweg. Was würde im Winter werden, wenn Schnee lag und Stürme tobten? Wo war das nächste Krankenhaus, wenn ich plötzlich eine Blinddarmentzündung bekommen sollte? Auf einmal wurde mir ganz schlecht bei all den vielen Fragen, deren Antworten sich so direkt auf mein Leben auswirken würden. Ich merkte, dass es eine Menge Dinge gab, über die ich mir bisher nie Gedanken gemacht hatte. Vieles war selbstverständlich für mich gewesen und jetzt war es das auf einmal nicht mehr. Ich war wütend, aber da war auch noch etwas anderes, das mich plötzlich beherrschte: Ich hatte Angst. Angst davor, dass Dinge mit mir geschehen würden, die ich nicht voraussehen und die ich nicht beeinflussen konnte.

Ganz plötzlich überfiel mich heftige Sehnsucht nach Nina. Der Gedanke an sie trieb mir Tränen in die Augen und ich bekam Bauchschmerzen. Mit Nina hätte ich über alles reden können. Sie hätte mich verstanden und mit ihrer Hilfe hätte ich vielleicht eine Richtung gefunden, in die ich gehen konnte. Aber Nina war immer noch in Frankreich mit ihren Eltern und ich konnte sie nicht einmal anrufen. Mir würde nichts anderes übrig bleiben, als ihr einen langen Klagebrief zu schreiben.

Der Abschied von Nina war schrecklich gewesen. Wir hatten einander gegenübergestanden wie Fremde. Keine

Ahnung, wieso. Es war unser letzter Abend und in Ninas Zimmer stand ihre Reisetasche, fertig zur Abfahrt. Ihr Vater wollte nachts fahren, denn der Weg war weit bis ans Mittelmeer und die Hitze tagsüber unerträglich. Dabei hatten sie doch eine Klimaanlage in ihrem nagelneuen BMW.

Nina fuhr nach Frankreich und der Flieger, der meine Mutter und mich nach Amerika bringen sollte, ging zwei Wochen später. Nina und ich, wir würden beide auf eine Reise gehen. Mit dem Unterschied, dass sie wiederkommen würde und ich nicht. Jedenfalls für eine sehr lange Zeit nicht.

»Ich vermisse dich jetzt schon«, hatte ich gesagt. Nina war in Tränen ausgebrochen.

Am Ende hatte ich ihr einen langen, verzweifelten Kuss gegeben und war wortlos gegangen.

Die Erinnerung an diesen Abschied schmerzte, als würde jemand mein Inneres mit Sandpapier bearbeiten. Ich war innen wund und es tat verflucht weh. Es war ein tiefer, pochender Schmerz, der vielleicht niemals aufhören würde. Seit Nina und ich zusammen waren, hatte es keinen Tag gegeben, an dem wir uns nicht gesehen hatten. Und nun musste ich schon 16 Tage ohne sie auskommen. Von den Wochen und Monaten, die vor mir lagen, ganz zu schweigen.

Ich ging duschen und zog meine alte Jeans und ein frisches T-Shirt an. Nachdem ich einen Blick in den kleinen Raum auf der anderen Seite des Flures geworfen hatte, der vollkommen leer war und noch keinen Fußboden hatte, tappte ich missmutig nach unten. Rodney saß in der Küche an einem großen hellen Holztisch und blätterte in seinem Terminkalender. Als ich kam, tat meine Mutter das Essen auf. Spaghetti mit Tomatensoße. Wahrscheinlich hatte Rodney nichts anderes im Haus.

»Morgen«, brummelte ich und Rodney lachte mir freundlich zu. Langsam ging mir sein Grinsen mächtig auf die Nerven. Als ob sich was ändern würde, wenn er mich nur lange genug anlachte. Auf jeden Fall hatte ich keinen Appetit und stocherte lustlos in den Nudeln auf meinem Teller herum.

»Hast du keinen Hunger?«, fragte meine Mutter.

Nicht auf Spaghetti, wollte ich sagen, aber ich schüttelte nur den Kopf. Rodney redete was von Jetlag und dass ich spätestens morgen wieder normalen Appetit haben würde. Tja, dachte ich, vielleicht hat er Recht, aber was, wenn nichts da ist, worauf ich Appetit habe. Mann, war ich vielleicht beschissen dran. Ich sollte von nun an hier zu Hause sein, würde aber garantiert ein schlechtes Gewissen bekommen, wenn ich auch nur die Kühlschranktür öffnete.

»Magst du Toast?«, fragte Rodney. »Oder vielleicht Cornflakes?«

Ich nickte überrascht. Konnte er etwa Gedanken lesen? Ich sah ihn an und zum ersten Mal sah ich ihn wirklich. Er hatte eine große Nase und narbige Wangen. Seine Augen waren dunkelbraun, fast schwarz und ich wette, das gefiel Mom. Die langen schwarzen Haare auch. Rodney war schon 44, also fast zehn Jahre älter als meine Mutter, hatte aber noch kein einziges graues Haar auf dem Kopf. Zugegeben, er war eine beeindruckende Erscheinung und vermutlich genau das, wonach meine Mom immer Ausschau gehalten hatte. Der Mann ihrer Träume sozusagen. Die

Wahrscheinlichkeit, dass sie einander begegneten, hatte schätzungsweise eins zu einer Million gestanden. Aber es war passiert. Das Schicksal hatte die beiden zusammengeführt und mir einen Strich durch die Rechnung gemacht.

Rodney war mit einer kleinen Delegation Lakota-Indianer nach Deutschland gekommen, um sich über die Möglichkeiten der Verarbeitung von Nutzhanf zu informieren. Dabei war er ausgerechnet in dem ökologischen Baustoffbetrieb gelandet, in dem Mom damals arbeitete. Zwischen den beiden hatte es sofort gefunkt. Meine Mutter hatte ihn einmal mit nach Hause gebracht und für ihn gekocht. Ich hatte das als nette Geste gesehen und nicht als Bedrohung für mein zukünftiges Leben.

Rodney stand auf, öffnete sämtliche Küchenschränke, die hell und neu waren, und zeigte mir, wo sich was befand. Es war eine Menge da, auch der Kühlschrank war gut gefüllt. »Du kannst dir natürlich alles nehmen, Oliver, du bist jetzt hier zu Hause«, sagte er. »Wenn du was aufbrauchst, dann schreib es auf einen Zettel. Damit der, der einkaufen fährt, Bescheid weiß. Okay?«

»Okay«, sagte ich und füllte mir eine Schüssel mit Cornflakes. Meine Mutter sah mich mit einem seltsamen Ausdruck in den Augen an. Vielleicht dachte sie, dass ich krank war, denn Cornflakes hatte ich das letzte Mal zu mir genommen, als mein Vater noch bei uns lebte. Aber was sollte ich machen, mir war nun mal danach.

Als Rodney mit seinen Spaghetti fertig war, wandte er sich an mich und sagte: »Ich habe ein paar Dinge zu erledigen und würde gern Susan und dir dabei ein Stück vom Reservat zeigen. Wie sieht's aus, Kumpel, hast du Lust?«

Ich war nicht sein Kumpel und nach berauschenden

Abenteuern klang das auch nicht. Aber wenn ich allein hier blieb, würde es noch langweiliger werden. Vielleicht verschaffte mir die Fahrt eine Vorstellung davon, wo ich hingeraten war. Ich nickte also.

»Hoka hey«, Rodney schlug mit beiden Handflächen auf die Tischplatte. »Auf geht's!«

Ich half meiner Mutter das Geschirr in die Spülmaschine zu räumen. Dass Rodney eine Spülmaschine hatte, fand ich ganz okay. Zu Hause war ich nämlich oft mit dem Abwasch dran gewesen. Außerdem fand ich es beruhigend, zu wissen, dass Rodney ein fortschrittlicher Indianer war. Hätte ja auch sein können, er stand auf Traditionen und all diesen Kram und wir hätten jeden Tag das Wasser aus einem Brunnen heranschleppen müssen. Nein, ich war froh, dass es dieses Haus gab, obwohl es noch nicht fertig war. Und die Spülmaschine war auch okay. Aber das war dann auch schon alles. Der Rest war einfach vollkommen daneben.

3. Kapitel

»*Hoka hey*, auf geht's, waren also die ersten Lakota-Worte, die ich lernte. Draußen haute mich die Hitze beinahe um. Ich hatte nicht gedacht, dass es so heiß werden konnte in dieser Gegend. Drinnen im Haus war es angenehm kühl gewesen, obwohl die Räume keine Klimaanlage hatten. Jedenfalls hatte ich keine gesehen.

Rodney bemerkte meine Überraschung und wieder machte sich ein Lachen auf seinem Gesicht breit. »Ganz schön heiß hier, was? Aber im Haus merkst du nichts davon. Das liegt an der guten Isolation. Dieses Haus ist eines der ersten Hanfhäuser im Reservat. Ein Pilotprojekt, sozusagen. Die ehemalige Firma deiner Mutter hat einen Teil davon gesponsert. Kann sein, dass ab und zu mal jemand kommt, um sich das Haus anzusehen.«

So war das also gelaufen. Stirnrunzelnd sah ich Rodney an. Hatte er meine Mutter etwa geheiratet, um an dieses Haus zu kommen? Eigentlich traute ich ihm das nicht zu, aber wer weiß . . .

Er erzählte weiter: »Baustoffe aus Hanffasern, das ist vielleicht unsere Zukunft. Die Pflanze ist anspruchslos und bietet eine Menge Vorteile. Sieh dir das Land doch an«, er breitetet die Arme aus. »Hier wächst nicht viel, aber Hanf wächst. Er ist genauso genügsam wie wir Indianer. Allerdings stellen sich die Bundesbehörden quer. Sie denken, wenn sie uns erlauben Nutzhanf anzubauen, wird es auch andere Hanffelder geben.« Rodney zwinkerte mir zu.

Redete dieser Mann wirklich mit mir? Ich drehte mich zu meiner Mutter um, aber sie war gar nicht da. Er redete tatsächlich mit mir. Als wenn ich jemand wäre, mit dem man über so was reden könnte.

»Siehst du dort drüben?« Rodney zeigte nach Westen auf einen nahen, baumlosen Hügel. »Dort wächst Hanf auf meinem Land. Wir haben den Samen Anfang Mai ausgesät. Bei Gelegenheit werde ich dir die Pflanzen zeigen. Der Hanf gedeiht diesmal prächtig, er überragt mich bereits, und das will was heißen.« Er lachte zufrieden.

Ich sah mich noch ein bisschen um. Auf der Wiese hinter dem Haus standen drei hohe Bäume, die Ähnlichkeit mit unseren Pappeln hatten. Es waren Cottonwoods, wie ich später erfuhr, eine Pappelart, die für den heiligen Sonnentanzbaum verwendet wurde.

Zwei verkrüppelte alte Apfelbäume standen da noch und ein paar Holundersträucher. Meine Mutter kam aus dem Haus und schloss ab. Rodney hatte nicht vor mit dem neuen Van zu fahren, er steuerte auf einen weißen Pick-up zu, der im Schatten des Hauses stand.

Als wir in den rostigen, alten Ford-Pick-up steigen wollten, kam ein anderes Fahrzeug über den Feldweg geholpert und zog eine dicke Staubwolke hinter sich her. Der klapprige Kleinlaster hielt vor dem Haus und ein junger Indianer stieg aus. Er trug eine schwarze Sonnenbrille und auf dem Kopf eine umgedrehte Baseballmütze, unter der schulterlange Haare hervorschauten. Der junge Mann hieß Dustin Shortbull und Rodney stellte ihm Mom und mich als seine neue Familie aus Deutschland vor.

Uns erklärte er, dass Shortbull zur Deer-Creek-Genossenschaft gehörte, die nicht weit von uns noch ein anderes Hanffeld besaß und einen alten Schuppen, in dem die Ziegelsteine für das Haus hergestellt worden waren. Hanffasern vermischt mit Lehm, Kalkstein und Beton. »Alles ist jetzt noch ein bisschen primitiv, aber bald wird es dort eine kleine Fabrik und Arbeitsplätze geben.«

Dustin war guter Laune, weil er Rodney noch angetroffen hatte, und beide machten Späße mit schnellen Worten, die ich nicht verstand. Dustin hatte eine Ladung Hanfschindeln auf seinem Pick-up, die für die Verkleidung des Hauses bestimmt waren. Also hieß es abladen. Genau wie ich es befürchtet hatte. Gleich am ersten Tag musste ich arbeiten.

Meine Mutter fasste sofort mit an, obwohl die Schindelpakete schwer waren. Natürlich konnte ich mich nicht drücken, auch wenn ich das am liebsten getan hätte. Mir fiel es nun mal schwer, andere zu enttäuschen.

Mit mürrischem Gesicht trug ich dazu bei, dass das Zeug vom Wagen runterkam und wir endlich losfahren konnten. Nach einer halben Stunde war alles erledigt und der Schweiß lief mir den Rücken hinunter. Dustin klopfte mir lachend auf die Schulter, so heftig, dass ich einen Schritt nach vorn machen musste, um mein Gleichgewicht zu halten. Dann stieg er wieder in seinen Laster und fuhr davon, eine dicke Staubwolke hinter sich her ziehend. Wir wuschen uns die Hände an einem Wasserhahn hinter dem Haus und es konnte losgehen.

In der Fahrerkabine eines Pick-ups sitzt man weit oben und kann gut sehen, wenn man nicht gerade mörderisch durchgeschüttelt wird, weil die Straße schlecht ist. Meine

Mutter saß zwischen Rodney und mir und hielt sich an uns beiden fest. Sie fand das Geschaukel ungeheuer lustig und ich verdrehte mehr als einmal die Augen, weil sie hemmungslos kicherte wie ein Teenager.

Nach einer halben Meile bogen wir auf die Schotterstraße und ich sah, dass links und rechts tatsächlich noch andere Häuser standen. Der Ausdruck *Häuser* war vielleicht ein bisschen übertrieben, Behausungen passte besser. Es waren längliche, kastenförmige Fertighäuser aus Plastik, Trailer genannt, die im Stück an Ort und Stelle gebracht worden waren. Alte Reifen auf den Dächern sollten wohl verhindern, dass die Bedachung davonflog, wenn es stürmte.

Manchmal stand auch nur ein alter Wohnwagen da, von dem die Farbe blätterte, bewacht von drei oder vier Hunden und ein paar Pferden. Überall lag Müll herum, der schon seit Jahren nicht mehr weggeräumt worden war.

Die Nachbarschaft scheint ja nicht sehr viel versprechend zu sein, dachte ich enttäuscht, war aber doch froh nicht selbst in so einem Wohnwagen zwischen Müllbergen hausen zu müssen. Ich glaube, dann hätte ich meine Sachen gar nicht erst ausgepackt und wäre gleich wieder nach Hause geflogen.

Von Rodney hatte ich eine Karte vom Reservat bekommen, damit ich mich auf der Fahrt ein wenig orientieren konnte. Nach sieben Meilen Schotterpiste erreichten wir die Asphaltstraße nach Kyle, jener Ortschaft, in der ich zur Schule gehen würde.

Kurz darauf waren wir da und ich sah mich um. Rodney erklärte alles. Es gab zwei Tankstellen – eine davon mit Lebensmittelladen –, ein Kulturzentrum mit einer Imbissbude davor, das Kyle Food Stop Café und eine Menge Wohnhäuser verstreut auf den Hügeln ringsherum, die alle irgendwie gleich aussahen. Die meisten Asphaltstraßen wurden nach dem letzten Haus zu Feldwegen.

Menschen waren kaum zu sehen. Nur an der Tankstelle und der Imbissbude sah ich ein paar Leute. Sie standen herum, mit Getränkedosen in der Hand, und erzählten. Eilig hat es hier niemand, dachte ich. Hektik kannten die Lakota nicht. Dafür schienen sie sich nur schwer von Dingen trennen zu können, die aus Altersgründen ausgedient hatten. Keine Ahnung, warum, aber statt die alten Möbel, den kaputten Kühlschrank oder das ausgeschlachtete Auto dorthin zu bringen, wo man sich um die fachgerechte Entsorgung kümmern würde, wurde alles neben oder hinter dem Haus gelagert. Fast jeder hatte also seinen privaten Müllplatz gleich nebenan. »Indianische Gartenkunst«, nannte Rodney das. Ich fand, es sah nicht unbedingt hübsch aus, und fragte mich, warum die Indianer ihren Mist nicht einfach wegräumten. Die Trostlosigkeit, die mich umgab, schlug mir mächtig auf den Magen und ich musste mich ganz schön zusammenreißen, um es mir nicht anmerken zu lassen. Es war nicht so, wie ich es mir vorgestellt hatte, nicht annähernd.

Alles, was ich denken konnte, war: Du bist jetzt weit weg von zu Hause, Olli. Zu weit weg.

Ich hätte maulen können, Unmut und Unverständnis durch Grunzlaute oder Kopfschütteln kundtun können, aber das war nicht meine Art. Irgendwie hatte mir der Anblick der vernachlässigten Fertigteilhäuser mit dem Gerümpel drum herum die Sprache verschlagen. Alles da draußen wirkte fremd, ja beinahe feindselig auf mich. Das war kein Spaß, kein Abenteuer – wie meine Mutter es bezeichnet hatte. Das war mein zukünftiges Leben. Hier würde ich ab September zur Schule gehen und meine Klassenkameraden lebten in diesen klapprigen Häusern, Trailern oder Wohnwagen.

Eine Welle von Selbstmitleid überschwemmte mich. Wie sollte ich hier leben? Die Indianer kannten es vielleicht nicht anders, aber ich schon. Herausgerissen aus der zivilisierten Welt, war ich mitten in einem Alptraum gelandet. Und ich hatte nicht mal versucht es zu verhindern.

In diesem Augenblick wurde mir auch klar, dass ich mir umsonst Sorgen um Taschengeld gemacht hatte. Ich würde keines brauchen. Denn hier gab es nichts, wofür ich es ausgeben konnte. In gewissem Sinne vereinfachte das die Sache gewaltig.

Während ich grollend meinen trüben Gedanken nachhing, hielt Rodney vor einem großen roten Gebäude mit einer eigenwilligen Architektur, deren Sinn sich mir nicht gleich erschloss. Auf einem großen Schild las ich, dass es die Little Wound High-School war, meine zukünftige Schule. Mister Superindianer, der sich hier mit allem wunderbar auskannte, stellte den Motor ab, um mir einen Vortrag zu halten. Vermutlich konnte er Gedanken lesen, denn zuerst löste er das Rätsel um die seltsame Bauweise des Gebäudes.

Das Mittelstück in dem komplett rot gefliesten Bau hatte ein abgeschrägtes Dach und runde Fenster. Es sollten Bullenaugen sein. »Das Hauptgebäude wurde von einem indianischen Architekten entworfen und stellt einen stilisierten Büffelkopf dar«, erklärte Rodney mir und Mom.

»Deshalb heißt sie auch *Büffelkopfschule*. Little Wound ist eine der besten Schulen, die wir hier haben«, wandte er sich nun direkt an mich. »Sie wird vom Stamm kontrolliert und hat einen demokratisch gewählten Vorstand. Es ist die größte Schule dieser Art in den gesamten USA, darauf sind wir sehr stolz.« Er lachte sein raues Lachen.

Verdammt, was ging mich das alles an: demokratisch gewählter Vorstand, vom Stamm verwaltet – was machte das für einen Unterschied? Ich musste auf diese komische Büffelkopfschule gehen und mich unter lauter Indianern behaupten, die bestimmt nicht glücklich darüber waren, einen wie mich in ihrer Mitte zu wissen. Sicher hatte Rodney es gut gemeint, als er mich auf dieser Schule anmeldete, aber mit einer öffentlichen Schule wäre ich vielleicht besser dran gewesen. Ich hoffte nur nicht der einzige Weiße zu sein, der ab September in diesem blutroten Bau seine helle Haut zu Markte tragen musste.

Rodney startete den Motor und sagte: »Inzwischen sieht das Gebäude ein bisschen baufällig aus, weil die Schule kein Geld für eine dringend notwendige Renovierung hat. Aber dafür gibt es einen modernen Computerraum und eine neue Turnhalle. Du wirst schon zurechtkommen, Oliver, glaub mir.«

»Was heißt *ramshackle?*«, fragte meine Mutter.

»Ich bin kein wandelndes Wörterbuch«, brummte ich.

»Olli, bitte!«

»Baufällig«, sagte ich. »*Ramshackle* heißt baufällig.« Ich sah weg, raus aus dem Fenster und der Kloß in meinem Hals wurde immer größer. Was ich sah, blieb hinter einer dicken Glasscheibe, als berührte es mich nicht. Das war nicht meine Welt und ich gehörte nicht hierher. Am liebsten hätte ich mich in Luft aufgelöst. *Simsalabim* und weg.

Während der restlichen Fahrt sank meine Stimmung immer mehr, denn welche Ortschaft wir auch passierten, sie glichen sich alle und keine machte mir in irgendeiner Weise Mut. Besonders beunruhigend fand ich die ohnehin schon spärlich gesäten Verkehrs- und Hinweisschilder im Reservat, die allesamt von Kugeln Schießwütiger durchsiebt waren.

Rannte denn hier jeder mit einer Knarre herum? Und gab es kein Gesetz, das Herumballern in der Gegend verbot? Vielleicht war der Ausdruck »Wilder Westen« doch kein Klischee. Vielleicht stimmte auch alles andere, was ich über Indianer gehört hatte . . . Mein Magen zog sich nervös zusammen.

Es schien so, als wolle Rodney uns nichts ersparen. Wir sahen Ansammlungen von traurigen Indianerhütten und Farmen mit Häusern, die gut in Schuss waren, aber weißen Familien gehörten. Es gab Mais- und Kornfelder im Reservat, aber meistens war da dieses bis zum Horizont reichende Meer aus vertrockneten Grashalmen. Baumlose Straßen ohne Namen. Ausgeschlachtete Autowracks am Straßenrand – wie große Tierkadaver.

Schließlich tauchten die weißen Berge aus dem Grasland, auf denen schwarze Pinien wuchsen, aufgereiht wie Perlen auf einer Schnur. Rodney erzählte uns, dass der Ort Pine Ridge, nach dem später auch das Reservat benannt worden war, seinen Namen von diesen Pinien auf dem Kamm hatte. Er erzählte noch mehr, aber ich wollte nichts mehr sehen, nichts mehr hören. Ich wollte nur noch allein sein, allein mit meinem Kummer. Von all dem da draußen, ließ ich nichts mehr in mein Inneres dringen. Ich machte einfach dicht.

Nach unserer Rückkehr führte Rodney Mom und mich durchs Haus und erklärte alles Notwendige, was wir wissen mussten. Im Obergeschoss gab es eine winzige Abstellkammer, zwei Zimmer – meins und das unfertige – und das kleine Bad. Unten war die Küche, ein größeres Bad, ein Schlafzimmer, ein Arbeitszimmer und das große Wohnzimmer. Im Wohnzimmer war zumindest der Fußboden schon drin, er bestand aus einfachen versiegelten Holzdielen. Aber die einzige Einrichtung waren ein hässliches blaues Sofa mit Kunstlederbezug und ein Fernseher. Die große Satellitenschüssel hinter dem Haus ermöglichte den Empfang von mindestens 20 Sendern, das hatte ich schon ausprobiert.

Als Rodney uns in sein Arbeitszimmer führte, staunte ich nicht schlecht. Eine massive Arbeitsplatte aus Holz ging von einer Wand zur anderen. Darauf ein nagelneuer Laptop, den, wie sich später herausstellte, meine Mutter ihm finanziert hatte. Aber was mich besonders verblüffte, war, was Rodney noch machte. Er war ein richtiger Künstler. An der Wand hing, in einen Rahmen aus geschälten Zweigen gespannt, eine fast weiß gegerbte Hirschhaut. Sie war mit indianischen Reitern und bunten Tipis bemalt. Ganz unten, in der rechten Ecke, entdeckte ich Rodneys Namen. Auf der Arbeitsplatte standen Farben, Töpfe mit Pinseln, Stiften und verschieden großen Scheren. Sogar eine angefangene Perlenarbeit lag da und ich fragte mich, ob er mit seinen großen, kräftigen Händen tatsächlich solche winzigen Perlen auffädeln konnte. Traumfänger in verschiedenen Größen, gefertigt aus den unterschiedlichsten Materialien, hingen im Fenster.

Mom lächelte stolz. Im Gegensatz zu mir war sie auch nicht zum ersten Mal in diesem Zimmer, da war ich mir sicher. Wahrscheinlich hatte sie erwartet, dass ich irgendetwas Bewunderndes sagen würde, aber den Gefallen tat ich ihr nicht. Irgendwann musste mal Schluss sein mit dem netten Olli und ich hielt den Zeitpunkt für gekommen.

»Wenn du mal an den Computer willst, eine E-Mail verschicken oder so«, wandte Rodney sich an mich. »Das ist okay.«

Wie großzügig, dachte ich und brummte bloß: »Hm.« Zu Hause hatte ich einen eigenen Computer besessen. Aber er war nicht mehr der jüngste gewesen und Mom der Meinung, es lohne sich nicht, ihn mitzunehmen, weil er den Transport sowieso nicht überstanden hätte. Und wie immer hatte ich nachgegeben.

Im Keller waren die Gasheizung untergebracht, die Waschmaschine und der Trockner. In einem größeren Raum lagerte allerlei Kram: gegerbtes Leder, Farben und Werkzeuge aller Art. Auch zwei Gewehre steckten in einer Halterung an der Wand. »Wahrscheinlich muss ich dir nicht sagen, dass du da besser nicht rangehst«, sagte Rodney. »Sonst bekomme ich höllischen Ärger.«

Da brauchte er sich ausnahmsweise keine Sorgen zu machen. Ich hasste Gewehre und würde niemals freiwillig eins anfassen.

Zuletzt zeigte Rodney uns den Vorratsraum. Darin war es auffallend kühl und an den Wänden standen Regale, in denen Lebensmittel aufbewahrt werden konnten. Eine große Tiefkühltruhe summte vor sich hin. Rodney öffnete sie und ich schreckte mit einem »Uh« zurück. Es lag ein halbes Tier darin, vermutlich ein Reh.

Rodney lachte über mein erschrockenes Gesicht. »Ein Gabelbock. Ist noch übrig von der letzten Jagd«, sagte er. »Den gibt es zur Hochzeit.«

In den kommenden Tagen war meine Mutter ausgiebig damit beschäftigt, das ganze Haus auf Vordermann zu bringen. Sie putzte Fenster, scheuerte die nach und nach vollständig verlegten Böden und entfernte Baudreck, wo er liegen geblieben war. Es war erstaunlich, in welch kurzer Zeit sie deutsche Gründlichkeit in einen Indianerhaushalt brachte.

Rodney war helfend zur Stelle, wenn sie ihn um Hilfe bat (ich natürlich auch), aber von Hausarbeit schien er nicht viel zu halten. Ich glaube, er flüchtete. Meist war er bei seinen Pferden oder werkelte in der Scheune herum. An einem Tag begann er mit der Schindelverkleidung am Haus, aber die sengende Hitze ließ ihn irgendwann aufgeben.

Als die Bude blitzte, machte Mom sich daran, das Wohnzimmer und Schlafzimmer gemütlich einzurichten und Küche und Bad etwas von ihrer Nüchternheit zu nehmen. Wir hatten unsere Möbel in Deutschland gelassen, weil ein Umzugscontainer zu teuer geworden wäre. Die übrigen Habseligkeiten waren in den Kartons, die wir mit unserem Gepäck aufgegeben hatten, und einige Kisten würden nach und nach mit der Post eintreffen.

Aber auch Rodney besaß kaum Möbel. Bevor er in das Haus gezogen war, hatte er in einem Wohnwagen gelebt und war mit einem Bett, einem Tisch und einem Schrank ausgekommen. Also mussten Möbel angeschafft werden.

Zu diesem Zweck machten wir uns mit dem Van auf den Weg nach Rapid City, jener größeren Stadt am Rande der Blackhills, auf deren Flughafen wir gelandet waren. Rodney fuhr dieselbe Strecke. Im Reservat gab es nur wenige ausgebaute Straßen und diese war der kürzeste Weg in die Stadt, die allerdings nicht mehr zum Reservat gehörte.

Eine ganze Weile blieb die Landschaft flach und trostlos wie gehabt und ich döste vor mich hin. Bis meine Mutter erstaunt ausrief: »Das ist ja irre, Olli, hast du so was schon mal gesehen?«

Ich setzte mich auf und schluckte überrascht. Nun war ich tatsächlich im falschen Film. Wäre da nicht die Straße gewesen, ich hätte glatt angenommen auf dem Mond spazieren zu fahren. Links und rechts der Straße erstreckte sich eine baumlose Felsenlandschaft mit bizarren Formationen. Zackige Gebirgsgrate wie Zinnen, steile Abhänge mit verschiedenfarbigen Gesteinsschichten und zerklüftete Schluchten. Wohin ich auch blickte, erstreckten sich die tief eingeschnittenen Trockentäler bis zum Horizont.

Der Anblick traf mich völlig unvorbereitet und ich wusste nicht, ob ich diese karge Mondlandschaft schön oder beängstigend finden sollte. »Was, zum Teufel, ist denn das?«, fragte ich.

»Das sind die Badlands«, erklärte Rodney. »Wir Lakota nennen sie *Maco Sica*. Ein großer Teil der Badlands ist Nationalpark. Eine Hälfte gehört zum Reservat, der Rest liegt außerhalb. Jahrmillionen stetiger Erosion haben diese Landschaft geformt. Hier gibt es auch eine Menge Fossilien. Man hat herausgefunden, dass die ältesten 35 Millionen Jahre alt sind.«

»Es sieht wunderschön aus«, sagte meine Mutter. »Wie ein Märchenland.«

»Im Herbst, wenn es tagsüber kühler ist, werde ich eine Tour mit euch machen«, versprach Rodney. »Aber jetzt ist es viel zu heiß in diesen Tälern, das ist gefährlich.«

Nach einer Weile öffnete sich eine weite grüne Ebene vor unseren Augen. Und dann sah ich sie: echte Bisons. Riesige schwarze Kolosse, die einfach so frei herumliefen. Büffelmütter mit ihren kleinen hellbraunen Kälbern. Es waren viele, bestimmt hundert, eine richtige Herde. Mom klatschte vor Begeisterung in die Hände.

»Diese Herde gehört dem Stamm«, sagte Rodney. »Aber es gibt auch noch kleinere Herden im Reservat, die einzelnen indianischen Büffelzüchtern gehören.«

»Sind die Viecher gefährlich?«, fragte ich.

»Eigentlich nicht«, erwiderte Rodney. »Aber wenn die Kühe Kälber haben, sollte man ihnen aus dem Weg gehen. Und mit den alten Büffelbullen ist auch nicht zu spaßen. Also, versuch lieber nicht einen von ihnen zu streicheln.«

Irgendwann wies ein Schild darauf hin, dass wir das Reservat verlassen hatten, und einige Zeit später kamen wir durch Scenic, eine alte, halb verlassene Westernstadt. Es gab nur ein paar Bretterbuden links und rechts der Straße. Was schließlich meine Neugier weckte, war ein Bau mit dieser typischen Bretterwand über dem Eingang, wie ich sie aus alten Western kannte. Unzählige Rinderschädel waren darauf angebracht. »Longhorn Saloon«, prangte in großen schwarzen Buchstaben auf den ehemals weiß gestrichenen Brettern.

Ein alter Indianer mit strähnigem, langem Haar stand wankend an einen der Stützbalken vor dem Saloon gelehnt. Offensichtlich war er schwer betrunken und konnte sich kaum noch aufrecht halten.

Dann waren wir auch schon raus aus dem Ort.

Rodney brummelte wütend. »Im Reservat ist der Besitz und das Trinken von Alkohol verboten, aber hier, in solchen Grenzstädten wie Scenic, bekommen die Leute ihren Alkohol. Schon am Vormittag sind sie sturzbesoffen. Es ist zum Heulen.«

»Verbote nützen erfahrungsgemäß nicht viel«, sagte Mom. »Das habe ich bei Ollis Erziehung gelernt.«

Ich warf ihr einen missmutigen Blick zu. Was sollte das nun wieder?

»Vielleicht hast du Recht«, erwiderte Rodney. »Das Verbot ändert nichts. Es sorgt nur dafür, dass die *Bootleggers*, die illegalen Alkoholhändler, immer was verdienen, die Stammespolizei beschäftigt ist und die Gefängnisse im Reservat ständig überfüllt sind.«

»Man kommt ins Gefängnis, bloß weil man Alkohol getrunken hat?«, fragte ich erstaunt.

»Ja. Es wird nicht mal ein Test gemacht. Erwischen sie dich mit einer Alkoholfahne, bekommst du eine Anzeige oder du gehst für acht Stunden in den Knast.«

»Und Amerika soll ein freies Land sein«, sagte ich missbilligend.

»Das Res ist nicht Amerika, Oliver. Wie der Name schon sagt, das Res ist der Rest von Amerika.«

»Warum gehst du dann nicht weg? Es hält dich doch niemand fest im Reservat.«

»Da hast du wohl Recht. Aber so einfach, wie du es sagst, ist es für jemanden wie mich nicht. Ich bin im Reservat geboren, nicht weit entfernt von jener Stelle, wo jetzt unser

Haus steht. Ich bin dort aufgewachsen, es ist mein Zuhause. Auch wenn du im Augenblick vielleicht die Schönheit des Landes nicht erkennen kannst, sie ist für immer in meinem Herzen. Ich liebe dieses Land und es liebt mich. Dort draußen aber, in der Welt der Weißen, gibt es niemanden, der auf einen wie mich wartet. Sie mögen uns Ureinwohner nicht, die *Wasicun,* daran hat sich in mehr als 500 Jahren nichts geändert. Aber im Reservat lebt meine Familie und die braucht mich. Genau so, wie ich sie brauche. Verstehst du?«

»Hm«, sagte ich. Irgendwie konnte ich es verstehen, aber nicht nachvollziehen. Wie konnte man freiwillig an einem Ort bleiben, an dem man von vorneherein keine Chance hatte, etwas zu bewirken oder in irgendeiner Weise voranzukommen? Das wollte mir einfach nicht in den Kopf.

4. Kapitel

In Rapid City, einer Stadt mit knapp 60 000 Einwohnern, gab es nur ein einziges Hochhaus. Es war das Rapid City Regional Hospital, ein moderner, ziemlich hässlicher Bau mit elf Stockwerken. Außer ein paar überdimensionalen Straßenkreuzungen, Supermärkten, Tankstellen, vielen Hotels und Fastfood-Restaurants hatte die Stadt nicht viel zu bieten. Alles war riesig und überraschend einfallslos. Ich hatte etwas anderes erwartet.

Das nahe Beieinander von Armut und Reichtum haute mich bald um. Da gab es Straßen, deren Häuser sich von denen im Reservat nicht im Geringsten unterschieden. Indianer, die herumstanden und um Dollars bettelten. Und gleich daneben auf einmal ein protziger Bau wie eine historische Villa oder ein Schloss. Ausgesprochen kitschig, weil es nicht in die Gegend passte. Und davor ein Auto so lang wie ein Bus, mit verspiegelten Scheiben natürlich.

Irgendwann wurde mir klar, dass Rapid City eigentlich gar keine richtige Stadt war, jedenfalls nicht so, wie ein Europäer sich eine Stadt vorstellen würde. Es gab kein Zentrum, nur eben eine Hauptstraße mit etlichen Kreuzungen und ein paar alten Häusern. Die Straßen schienen hier sowieso das Wichtigste zu sein.

Rodney stellte den Van auf dem Parkplatz vor einem Einrichtungshaus ab und meine Mutter kaufte ein. Ich nahm mal an, dass es unser Geld war und nicht Rodneys, das sich da in Holzregale, Stühle und einen Tisch verwandelte. Rodney nickte zu allem, wenn Mom seine Zustimmung wollte. Außerdem kam noch eine Menge anderer Kram dazu. Vorhänge, ein Teppich, Lampen ... bis Rodney meiner Mutter eine Hand auf den Arm legte und sagte: »Warte doch erst einmal ab, bis wir verheiratet sind. Zur Hochzeit bringen alle einen Haufen Geschenke. Sie werden enttäuscht sein, wenn du schon alles hast.«

Das überzeugte meine Mutter schließlich und sie gab sich zufrieden. Voll beladen, traten wir den Heimweg an.

Mit einer Engelsgeduld baute Rodney für Mom die Regale und den Tisch zusammen und schob mit ihr alles so lange von einer Ecke zur anderen, bis sie zufrieden war. Manchmal erwischte ich Rodney, wie er hinter ihrem Rücken die Augen verdrehte, aber er beschwerte sich nicht. Für seine Geduld bewunderte ich ihn.

Und meine Mutter bewunderte ich auch. Sie schaffte es in kürzester Zeit, die Räume behaglich einzurichten, und das mit den wenigen Mittel, die ihr zu Verfügung standen. In solchen Dingen war sie einfach spitze. Dank meiner Mom fühlte ich mich in Rodneys Haus bald zu Hause.

In der darauf folgenden Woche war meine Mutter mit Hochzeitsvorbereitungen beschäftigt. Noch einmal machten wir den weiten Weg nach Rapid City, um im Walmart frische Lebensmittel einzukaufen, weil es dies und das im Sioux-Nation-Supermarkt in Pine Ridge angeblich nicht gab.

Irgendwann, wir befanden uns gerade in einem besonders ärmlichen Wohnviertel, das mich sehr an die Siedlungen im Reservat erinnerte, hielt Rodney vor einem Trailer und sagte: »Bin gleich wieder da.«

Meine Mutter schien zu wissen, was er hier wollte, und jetzt drehte sie sich zu mir um, weil sie wohl das Gefühl hatte, mir etwas sagen zu müssen.

»Wir sind nicht nur zum Einkaufen in Rapid City«, sagte sie, ausnahmsweise mal auf Deutsch.

Ich sah sie nur fragend an.

»Rodney holt seinen Freund ab. Er soll unser Trauzeuge sein. Wir werden uns heute standesamtlich trauen lassen.«

Ich schluckte. Meine Mutter war immer so entwaffnend ehrlich. Es dauerte eine Weile, bis ich ihre Auskunft verarbeitet und meine Sprache wieder gefunden hatte. »Ihr wollt heute heiraten?«, fragte ich mit belegter Stimme. »Einfach so, zwischen den Einkäufen? Was ist mit Rodneys Familie, mögen die uns nicht? Müsst ihr deshalb heimlich heiraten?«

Meine Mutter lächelte kopfschüttelnd. »Nein, wir müssen überhaupt nicht heimlich heiraten. Rodneys Leute legen nur nicht viel Wert auf eine standesamtliche Hochzeit. Sie muss sein, und das ist alles. Das Fest am Wochenende wird die eigentliche Hochzeit sein. Dann werden wir auch Rodneys Familie kennen lernen.«

Ich sah aus dem Fenster, dorthin, wo Rodney jetzt mit seinem Freund aus dem Trailer kam. Die beiden lachten und für einen Augenblick hatte ich das Gefühl, sie lachten über Mom und mich. Ich fühlte mich zunehmend unbehaglicher.

Der Mann, den Rodney uns vorstellte, hieß Arlo Has no Horse. Wir erfuhren, dass er nicht nur Rodneys Freund, sondern sein Schwager war, der Mann seiner verstorbenen Schwester Donna.

Arlo Hat kein Pferd war ein fröhlicher Mensch, der uns herzlich willkommen hieß und auf dem Weg zum Friedensrichter noch ein paar Späße machte, sodass meine Stimmung sich wieder etwas besserte.

Was meine Mutter mir nicht gesagt hatte, war, dass ich der zweite Trauzeuge sein sollte. Und obwohl ich es nicht gerne tat, ihr zuliebe willigte ich ein. Mir blieb ja mal wieder gar nichts anderes übrig.

Wenn ich heute darüber nachdenke, dann ging alles ganz schnell und war so unwirklich wie ein Film. Nur dass ich zu den Hauptdarstellern gehörte. Die Augen meiner Mutter leuchteten wie die einer jungen Braut, als sie dem alten, graubärtigen Kauz im schwarzen Anzug, der sie und Rodney soeben verheiratet hatte, ihre Unterschrift gab.

Es gab nicht mal Eheringe, aber meine Mutter war trotzdem richtig glücklich und ich konnte nicht begreifen, warum. Arlo boxte mich einmal freundschaftlich vor die Schulter, als ich bei der kurzen Zeremonie ein allzu langes Gesicht machte. Nun war es passiert. Es gab kein Zurück mehr. Meine Mutter war mit einem Indianer verheiratet und ich hatte einen Stiefvater mit Zöpfen.

Rodney lud uns nach der Trauung in ein mexikanisches Restaurant ein und dort erfuhr ich, dass seine Schwester Donna vor drei Jahren an Krebs gestorben war und ihre beiden Töchter in Santa Fe Kunst studierten. Arlo, der als Automechaniker in einer Werkstatt in Rapid City arbeitete, versprach auf jeden Fall zur Hochzeitfeier zu kommen.

»So ein Ereignis lasse ich mir doch nicht entgehen«, sagte er grinsend. »Ich hätte nie gedacht, dass der alte Rodney noch mal heiratet, wo doch Ella Rae so ein alter Drachen war und er mit ihr keine ruhige Minute hatte.«

Zum ersten Mal erlebte ich Rodney verlegen. Meine Mutter konnte auch ein Drachen sein, wenn sie wollte. Alle Frauen konnten das. Ob er das ahnte?

»Susan ist anders«, sagte er. »Deshalb habe ich sie auch geheiratet. Sie macht mich glücklich.« Treuherzig sah er meine Mutter an. Es war unerträglich und ich musste meinen Blick abwenden.

Nachdem wir Arlo Hat kein Pferd zu seinem Trailer zurückgebracht hatten, fuhren wir zu Walmart einkaufen. Ich war ja wirklich einiges gewöhnt, aber so einen riesigen Supermarkt hatte ich noch nie gesehen. Draußen war eine Höllenhitze und drinnen, vor den Kühlregalen, klapperten mir die Zähne. Ich hätte mir was drüberziehen sollen. Rodney und meine Mutter kauften Unmengen an Lebensmitteln, Pappgeschirr und Plastikbesteck, und ich fragte mich, ob der ganze Stamm zu ihrer Hochzeit kommen wollte, denn danach sah es inzwischen aus.

Den ganzen nächsten Tag war Rodney unterwegs. Er war schon fort, als ich am Morgen aufstand, und ich war froh, mal wieder mit meiner Mutter allein zu sein – wenigstens für eine Weile.

Als ich am Tisch saß und mein Müsli löffelte, umarmte sie mich von hinten und legte ihre Wange an meine. Das hatte sie lange nicht mehr getan. Sie roch gut, so vertraut, und ich hätte auf der Stelle losheulen können.

Schließlich setzte sie sich mir gegenüber und legte ihre Hand auf meine. Ihr war natürlich nicht entgangen, dass ich, seit wir hier waren, mit einer Leidensmiene herumschlich. »Gibt es hier gar nichts, das dich ein wenig interessieren könnte?«, fragte sie, zwei Sorgenfalten über der Nasenwurzel.

»Mir fehlt die rosarote Brille«, erwiderte ich kopfschüttelnd. »Die hast du nämlich auf.«

»Warum sagst du das, Olli?«, fragte sie traurig. »Macht es dir Freude, mich zu quälen?«

»Fragt sich, wer hier wen quält, Mom. Hier zu sein ist wie eine Strafe für mich und ich habe keine Ahnung, womit ich die verdient habe.« Irgendwie war ich in der Phase des Selbstmitleids stecken geblieben und konnte nichts dagegen tun.

Meine Mutter zog ihre Hand zurück und verschränkte sie mit der anderen, wie um sich daran festzuhalten. »Ich war lange allein, Oliver«, sagte sie. »Du warst da, das hat mich gerettet. Trotzdem war ich oft sehr einsam. Jetzt habe ich jemanden gefunden, mit dem ich mein Leben verbringen möchte. Ich habe nur dieses eine. Vermutlich wird es nicht einfach, aber das habe ich vorher gewusst. Du hast dein Leben noch vor dir und du musst hier auch nicht für immer bleiben. In drei Jahren kannst du deine eigene Entscheidung treffen.«

»Drei Jahre sind eine endlos lange Zeit, Mom.«

»Nur, wenn man so jung ist wie du.«

»Mir gefällt aber auch nicht, dass du für immer hier sein wirst.«

Meine Mutter lächelte traurig. »Mach dir mal um mich keine Sorgen. Ich bin gerne hier. Es ist das, was ich immer wollte: ein Haus in der Prärie, Pferde, für jemanden der Halt sein.«

»Okay«, sagte ich. »Aber verlange nicht von mir, dass ich dasselbe empfinde wie du. Lass mich einfach damit in Ruhe und versuche nicht mir hier irgendetwas schönzureden.«

Die Sehnsucht nach Nina packte mich mal wieder wie ein Raubvogel, der seiner Beute die scharfen Krallen in den Rücken schlägt. Es tat so weh, dass mir die Luft wegblieb. Ich hatte ihr schon drei dicke Briefe geschrieben, mit kleinen Bleistiftzeichnungen, die ich gemacht hatte. Zeichnungen vom Haus, den scheckigen Pferden und einem traurigen Olli. Nina hatte mir erst einmal geschrieben, einen Brief aus Frankreich, der gar nicht traurig klang, sooft ich ihn auch daraufhin untersuchte.

Ich wählte Ninas Nummer, aber es war nur ihre Mutter dran, die mir erzählte, dass Nina bei irgendeiner Party war. Mich überkam die große Eifersucht, Selbstmitleid und furchtbare Wut, alles auf einmal. Ich rannte den Hügel hinter dem Haus hinauf und warf mich auf die Erde, riss mir die Brille vom Gesicht und heulte. Ich heulte so viel und lange, dass ein paar Tage später an dieser Stelle plötzlich Blumen wuchsen. Meine Tränen hatten ihre Samenkörner geöffnet.

Aber an diesem Morgen fühlte ich mich so elend wie lange nicht. Ich kam mir vor wie in der Verbannung, so weit fort von allem, das in irgendeiner Weise etwas mit Freude zu tun gehabt hätte. Um mich herum diese verdammten Hügel, bedeckt mit braunem, filzigem Gras. Kein Mensch in der Nähe, mit dem man ein paar Worte hätte reden können. Geschweige denn einer, der meinen Kummer verstanden hätte.

Ich konnte hier auf dem Hügel sitzen und vergehen vor Langeweile oder ich konnte in meinem Zimmer hocken und dort dasselbe tun. Da gab es wenigstens noch den Fernseher, aber ich war noch nie sonderlich wild auf Fernsehen gewesen und die langen Werbeunterbrechungen in den amerikanischen Filmen verleideten es mir endgültig. Eigentlich konnte ich mich gleich erschießen. Das würde überhaupt das Beste sein: eins von Rodneys blöden Jagdgewehren nehmen und mir eine Kugel in den Kopf jagen. Peng und aus. Aber ich hasste Gewehre und ich konnte sowieso keiner Fliege was zu Leide tun, geschweige denn mir selbst. Dazu fehlte mir einfach der Mumm.

So lag ich da, zerkratzte mir das Gesicht an den harten Halmen und hoffte, irgendwer dort oben würde mich aufheben, zwischen zwei Finger nehmen und zurücksetzen nach Deutschland, wie eine Figur in einem Schachzug.

»Bitte, Großer Geist!«, murmelte ich voller Hingebung. Aber nichts dergleichen passierte. Vielleicht erhörte *Wakan Tanka* die Gebete von Weißen nicht, ich konnte es ihm nicht verübeln. Schließlich war er Indianer.

Irgendwann wurde es zu heiß, um liegen zu bleiben, und dann hörte ich die Pferde wiehern. Ich richtete mich auf und setzte die Brille wieder auf meine Nase. In meinem Kopf drehte sich alles und ich sah Sterne tanzen. Die Pferde standen im Tal am Koppelzaun und sahen zu mir herüber. Wahrscheinlich machten sie sich Sorgen um mich. Ich machte mir auch Sorgen um mich.

Mühsam, mit bleischweren Gliedern, stand ich auf und wankte hinunter ins Tal. Die Pferde begrüßten mich mit nickenden Köpfen und ich fragte mich, womit ich das verdient hatte. Es waren sieben Tiere, mit kräftigem, kompaktem Körperbau und geflecktem Fell. Behütet wurde die kleine Herde von einem dunkelgrauen Hengst mit weißem Hinterteil, das mit faustgroßen grauen Punkten gesprenkelt war. Ein richtiges Indianerpferd, wie aus dem Bilderbuch. Auch die Stuten waren gescheckt oder hatten Flecken. Zwei waren trächtig, eine hatte ihr Fohlen schon. Auf langen, staksigen Beinen stand es dicht neben der Mutter und beäugte mich misstrauisch. Beinahe musste ich lachen, als ich es ansah. Die beiden anderen Stuten schienen noch jung zu sein und waren sehr neugierig.

Der Hengst schnaubte und ich hielt es für besser, ihn nicht zu berühren. Eine der Stuten, eine graue, die am ganzen Körper mit weißen Punkten gefleckt war, ließ sich streicheln, bis der Hengst dazwischen ging. Er rollte mit den Augen und ließ mich wissen, dass er es nicht mochte, wenn ein Fremder seine Frauen anfasste, noch dazu einer, der so aussah wie ich.

Die Pferde gefielen mir, auch wenn ich mich ein bisschen vor ihnen fürchtete. Sie gefielen mir, aber es waren Rodneys Pferde. Ich meine, Rodney war keineswegs der böse Stiefvater. Er ließ mich in Ruhe und war immer freundlich. Aber ich traute dem Frieden nicht. Ich hatte keine Ahnung, woran ich bei ihm war und ob ich mich auf ihn verlassen konnte.

Bei dieser Gelegenheit bekam ich auch noch Sehnsucht nach meinem richtigen Vater. Keine Ahnung, ob er überhaupt wusste, wo Mom und ich waren. Seine Alimente gingen weiterhin auf ein Konto in Deutschland. Ob er mal vorbeikam, wenn er erst unsere Adresse hatte? Möglich war es immerhin, schließlich kam er ziemlich herum in der Welt. Aber wenn ich ganz ehrlich war, wollte ich ihn gar nicht sehen. Er hatte mich im Stich gelassen, und dass ich plötzlich Sehnsucht nach ihm hatte, hing sicher damit zusammen, dass meine Nerven bloß lagen. Ich streckte die Hand erneut nach der Stute aus und versuchte nicht mehr an meinen Vater zu denken.

Beim Abendessen fragte mich meine Mutter nach den Schrammen in meinem Gesicht und ich erzählte ihr, dass ich gestolpert und hingefallen war. Sie glaubte mir nicht, fragte aber nicht weiter nach, denn sie hatte ganz andere Sorgen. Es dämmerte schon und Rodney war immer noch nicht nach Hause gekommen. Meine Mutter wurde mit jeder halben Stunde, die verrann, immer nervöser und schließlich sah ich Tränen in ihren Augen. Halb blind starrte sie das Telefon an.

»Mach dir mal keine Sorgen, Mom«, versuchte ich sie zu trösten. »Er wird schon noch kommen.«

»Vielleicht ist etwas passiert«, flüsterte sie Hände ringend, als irgendwann der Mond zum Fenster hereinschien.

»Was soll schon passiert sein?«, brummte ich und Mom warf mir einen Mangel an Phantasie vor.

»Er könnte ja wenigstens anrufen.«

»Vielleicht rufen Indianer nicht an, wenn sie sich verspäten«, sagte ich. »Vielleicht ist alles bloß ein kulturelles Missverständnis.«

Das tröstete meine Mutter kein bisschen. Irgendwann hörte ich sie »*Wakan Tanka*, bitte!« murmeln.

»Gib dir keine Mühe«, sagte ich. »Er ist jemand, der die Gebete von Weißen nicht erhört.«

Das verblüffte sie einigermaßen. »Woher willst du das wissen?«

»Ich habe es auch schon versucht.«

»*Wakan Tanka* ist kein Jemand, Olli. Er ist kein Gott, wie du ihn dir vorstellst«, sagte meine Mutter.

»Ich stelle mir gar nichts vor. Ich glaube nicht an höhere Wesen«, sagte ich, vorsichtig ausgedrückt.

»*Wakan Tanka*, der Große Geist, wird auch Großes Geheimnis genannt. Die Lakota beten zu diesem Geheimnis, indem sie die Natur verehren. Mutter Erde ist *Wakan*, sie ist heilig. Und alles, was aus ihren Kräften wächst, ist es auch.«

»Und du glaubst daran?«

»Natürlich.«

Mom hatte schon zu Hause, in Deutschland so geredet, aber nun ging sie richtig darin auf. Ich konnte ihr nicht folgen, aber ich wollte sie ein bisschen ablenken und so redeten wir noch eine Weile über Dinge, von denen wir beide nicht viel verstanden.

Irgendwann ging ich ins Bett und ließ meine Mutter mit ihrer Sorge um Rodney allein. Schlafen konnte ich nicht, weil ich über all das nachdenken musste, was meine Mutter mir erzählt hatte. Ich machte mir keine Sorgen um Rodney, denn er war ein Fremder für mich. Ich wusste kaum etwas über ihn, und wenn er nicht zurückkehrte, konnten wir wieder nach Hause fliegen und alles wäre nur ein merkwürdiger Traum gewesen. Ein Traum, den ich schnell vergessen würde.

Am nächsten Morgen hatte meine Mutter rote, verquollene Augen und da wusste ich, dass Rodney nicht nach Hause gekommen war. Mir fiel nichts ein, womit ich sie trösten konnte, und so redeten wir kaum miteinander. Irgendwann machte ich mir dann auch Sorgen, keine Ahnung, warum. Als am Nachmittag der weiße Pick-up, beladen mit langen Stangen den staubigen Weg zum Haus heraufrollte, verzog ich mich in mein Zimmer. Wenn der Zorn meiner Mutter auf Rodney niederging, wollte ich nicht dabei sein.

Rodney kam ins Haus und zuerst war es ganz furchtbar still. Ich hatte meine Tür einen Spaltbreit geöffnet und lauschte. Nichts. Das war typisch für meine Mutter, wenn sie auf jemanden wütend war. Zuerst strafte sie ihn mit Schweigen, das hatte sie mit meinem Vater und mir auch immer so gemacht. Aber dann brach das Donnerwetter los.

»Warum hast du nicht angerufen, wenn du über Nacht nicht nach Hause kommst?«, sagte Mom laut und vorwurfsvoll. »Ich habe mir solche Sorgen gemacht.«

»Die Leute, bei denen ich letzte Nacht war, haben kein Telefon«, verteidigte sich Rodney.

»Aber wenn du doch gewusst hast, dass du nicht nach Hause kommst, warum hast du mir das dann nicht gesagt?«

»Weil ich es eben nicht vorher gewusst habe, es ist was Unvorhergesehenes dazwischengekommen.«

Der erste Ehekrach war also im Gange, und das noch vor der eigentlichen Hochzeit. Na, das fing ja gut an. Genau so hatte ich es mir gedacht. Schließlich kannten sie sich überhaupt nicht richtig. Alles war ein einziges, riesengroßes Missverständnis.

Meine Mutter war immer noch aufgebracht, während Rodney ganz ruhig blieb. »Du musst dich daran gewöhnen, Susan, dass ich manchmal nicht nach Hause komme«, eröffnete er ihr. »Das bringen meine Arbeit und die großen Entfernungen hier so mit sich. Und schließlich bist du ja nicht allein, sondern hast einen erwachsenen Sohn im Haus.«

Meinte er damit etwa mich?

Irgendwann, ziemlich rasch, kam es dann zur Versöhnung. Meine Mutter entschuldigte sich und Rodney entschuldigte sich und dann umarmten sie sich wahrscheinlich. Was sonst!

Kurze Zeit später rief Rodney nach mir und ich ging nach unten.

»Ich brauche deine Hilfe, Oliver«, sagte er. »Die Tipis müssen aufgebaut werden.«

Tipis? Was hatte das nun wieder zu bedeuten? Wollten wir jetzt »Der mit dem Wolf tanzt« spielen?

Ich half Rodney die etwa sieben Meter langen Stangen und die Zeltplane vom Pick-up zu laden. Die Stangen waren schwer und die Plane auch und ich kam ganz schön ins Schwitzen. Dann tat Rodney seltsame Dinge und ich sah ihm dabei zu. Er breitete die Plane auf der Wiese aus und errechnete so die Höhe, in der die drei Hauptstangen zusammengebunden werden mussten. Dabei zeigte er mir, wie der Strick um die Stangen geschnürt wurde, damit er beim Aufstellen nicht verrutschte.

Schließlich richteten wir diese Stangen in einem Dreieck auf und Rodney prüfte, ob sie auch sicher standen. Dann setzte er die übrigen Stangen in demselben Winkel ein, der durch die drei Hauptstangen entstanden war. Immer wieder prüfte er, ob die Stangen richtig saßen, und befestigte sie mit dem langen Strick, indem er rund um das

Holzgerüst marschierte und das Seil festzurrte. Mir wurde klar, dass ein Tipi aufzubauen eine Wissenschaft für sich war.

»Früher haben das die Frauen gemacht«, erzählte er mir augenzwinkernd. »Zwei Frauen konnten ein Tipi in kurzer Zeit aufstellen. Tja«, er zuckte die Achseln, »die Zeiten haben sich wohl geändert. Heutzutage müssen die Männer ran.«

Ich sagte nichts dazu, ich hatte keine Lust, mit Rodney zu reden. Als die Stangen komplett aufgestellt waren, band er den Strick fest und dann wurde die schwere Plane nach oben gezogen. Einmal dachte ich, das ganze Stangengestell würde jeden Moment in sich zusammenklappen, aber Rodney zog die Plane über die Stangen, ohne dass sie verrückten. Dann holte er eine Holzleiter aus der Scheune und lehnte sie an das Tipi.

»Jetzt musst du nach oben steigen und die Plane mit diesen Holzstiften verbinden«, sagte er, als wäre es das Selbstverständlichste auf der Welt.

Ich sah Rodney an und die Leiter und beide schienen mir wenig vertrauenswürdig. Wenn ich runterfiel, konnte ich mir fix den Hals brechen.

»Na komm schon«, sagte Rodney, der mein Zögern bemerkte. »Du bist leichter als ich und ich werde die Leiter halten.«

Ich nahm die Holzstäbe, kletterte nach oben und schob sie nach Rodneys Anweisungen durch die dafür vorgesehenen Löcher. Die Zeltplane war nun am oberen Ende miteinander verknüpft und ich konnte wieder absteigen.

»Danke«, sagte Rodney. »Das hast du gut gemacht.«

Ich pfiff auf sein Lob und zum Reden hatte ich immer

noch keine Lust. Rodney schien das überhaupt nicht zu stören. Er baute weiter am Tipi, verrückte die Stangen noch einmal um Zentimeter, bis die Plane sie straff umspannte. Dann gab er mir neue Anweisungen, wie sie mit Holzpflöcken am Boden befestigt wurde, und ich tat, was er mir auftrug. Es machte sogar Spaß, aber das konnte ich nicht mal vor mir selbst zugeben.

Zum Schluss schob Rodney zwei besonders lange Holzstangen durch die Rauchklappen, die Flaps genannt wurden. Damit konnte man den Rauchabzug regeln oder das Luftloch am oberen Ende des Tipis verkleinern, falls es regnen sollte.

Später kam meine Mutter dazu und spannte innen eine halbhohe Stoffbahn an die Stangen, die in den Nächten für etwas mehr Wärme sorgen sollte. Rodney grub ein Feuerloch in der Mitte des Tipis, das ich mit Steinen umlegen musste. Schließlich wurde der Boden mit einer Plane und dann mit Decken ausgelegt. Das Innere des Tipis war so geräumig wie eine Einzimmerwohnung. Aber wozu brauchte man ein Tipi, wenn man ein großes Haus hatte? Vielleicht wegen der Lagerfeuerromantik?

Als wir mit diesem Tipi fertig waren, holte Rodney noch ein weiteres, ein etwas kleineres aus seiner Scheune. Und alles begann noch einmal von vorn.

5. Kapitel

Am nächsten Morgen wurde ich durch laute Stimmen und Gelächter geweckt, die von unten aus der Küche kamen. Ich zog mich an und blickte aus dem kleinen, schrägen Fenster in meinem Bad. Da standen zwei fremde Autos, ein roter Pick-up und ein großer beiger amerikanischer Wagen. Rodney und eine junge Frau in Jeans waren dabei, ein weiteres Tipi aufzustellen, und zwei langhaarige Indianerkinder in filmreifen Klamotten tollten um die beiden herum.

Die ersten Hochzeitsgäste waren über Nacht eingetroffen. Seltsame Sitten, dachte ich. Mir blieb nichts anderes übrig, als nach unten zu gehen, sie zu begrüßen und mich begaffen zu lassen. Niemand konnte ahnen, wie schwer mir das fiel, wie elend mir an diesem Morgen zu Mute war. Ich wünschte, es würde ein Kraut auf diesen Hügeln wachsen, das mich unsichtbar machen könnte, um diesen Tag und alle folgenden zu überstehen.

In Zeitlupentempo wusch ich mich und putzte meine Zähne. Im Badezimmerspiegel sah mir ein Fremder entgegen. Stoppelhaarschnitt, rote Haut von der Sonne. Ich schälte mich auf der Nase wie eine Pellkartoffel und hatte blutige Kratzer auf der rechten Wange, wo ich mich gestern an die raue Erde geschmiegt hatte. Ich war eine Witzfigur, eine richtige Rothaut mit Brille und Kriegsverletzungen. Es würde ein furchtbarer Tag werden.

Noch langsamer, als ich mich gewaschen hatte, stieg ich die Stufen nach unten. Mein Weg führte mich in die Küche, in der Hoffnung, meine Mutter dort vielleicht zu treffen, und zwar allein. Leider erfüllte sich meine Hoffnung nicht. Mom hantierte wie erwartet am Herd, aber sie war nicht die Einzige in der Küche. Am Tisch saßen zwei richtige Krieger, junge Männer mit glitzernden schwarzen Augen, tiefbrauner Haut und offenen Haaren, die ihnen bis zu den Hüften reichten.

Meine Mutter hatte rote Flecken im Gesicht, wie immer wenn sie aufgeregt war und kurz davor, in Hektik zu geraten. Sie bewirtete die beiden Männer mit Pancakes, großen, in Fett gebackenen Teigfladen und Kaffee.

»Das ist mein Sohn Oliver«, sagte sie, als sie mich in der Türöffnung stehen sah.

Ich quälte mir ein »Guten Morgen« heraus.

»Hi, Oliver«, sagte der eine der beiden freundlich und reichte mir seine Hand, die ich gehorsam schüttelte. »Wie geht's denn so?«

»Mir geht's gut«, log ich.

Der andere, er mochte drei oder vier Jahre älter sein als ich, lachte nicht. Er musterte mich nur mit einem undurchdringlichen Blick aus seinen argwöhnischen schwarzen Augen. Er war eine jüngere Ausgabe von Rodney Bad Hand und ich ahnte Schlimmes. Mir wurde schlecht und ich wollte wieder gehen, aber meine Mutter drückte mich auf einen Stuhl und stellte einen Teller mit einem duftenden Pancake vor mich hin.

»Das ist Steve Red Crow«, stellte mir meine Mutter den freundlich grinsenden, jungen Mann vor, »Rodneys Schwiegersohn. Und das – sie machte mit dem Kopf eine

Bewegung in Richtung Finsterling – ist Ryan, Rodneys Sohn.«

Genau so hatte ich es mir gedacht. Ich nickte beiden noch mal kurz zu, bevor ich mich über meinen Pancake hermachte. Der finstere Krieger war also Rodneys Sohn, und wie es aussah, schien er nicht besonders glücklich darüber zu sein, dass es mich gab. Ich konnte es ihm nicht verdenken. Er hasste mich. Und ich würde nicht die Gelegenheit bekommen, ihm zu erklären, dass ich nicht vorhatte, ihm seinen Platz wegzunehmen; dass ich am liebsten gar nicht hier sein wollte. Ryan Bad Hand ignorierte mich einfach. Wahrscheinlich konnte er seine Wut so am besten zügeln.

Nachdem ich meinen Pancake heruntergewürgt hatte, ging ich nach draußen. Die Sonne schien und es würde wieder ein heißer Tag werden, genauso brütend wie all die anderen zuvor, die ich nun schon im Reservat verbracht hatte.

Rodney hatte mich entdeckt. Er winkte mich heran und stellte mir seine Tochter Sadie und ihre beiden Kinder Priscilla und Tim vor. Sadie musterte mich mit den gleichen schwarzen Augen wie ihr Bruder Ryan, aber in ihren lag so etwas wie Bereitschaft zur Versöhnung und schließlich erschien ein Lächeln auf ihren Lippen.

»Guten Morgen, Oliver«, sagte sie. »Vielleicht kannst du mir helfen unsere Sachen aus dem Auto ins Tipi zu tragen.«

Ich folgte Sadie, dankbar, dass ich eine Aufgabe hatte. Sadie war eine richtige Schönheit, was mich total verlegen machte. Sie hatte Mandelaugen, volle Lippen, schöne braune Haut und eine spitzenmäßige Figur. Alles, was ein

Männerherz höher schlagen lässt, meins nicht ausgenommen. Zum Glück redete sie gern und war außerdem neugierig und so lief zwischen uns alles erstaunlich locker. Gemeinsam schleppten wir allerhand Kram vom Auto ins Zelt, unter anderem auch Pampers für Tim, der mit seinen zwei Jahren immer noch in die Hosen machte, sehr zum Unmut seiner Mutter.

»Es macht ihm nichts aus, wenn ihm warm und weich ist am Hintern und er erbärmlich stinkt«, beklagte Sadie sich bei mir. »Von mir kann er das nicht haben, ich war mit zwei Jahren sauber. Muss wohl ein Erbteil seines Papas sein.«

Ich dachte an den Krieger in der Küche und musste lachen. Ich musste wirklich lachen, das hatte ich Sadie zu verdanken. Sie lachte mit und ich war froh, dass es meine Stiefschwester gab.

Nach und nach kamen dann immer mehr Indianerautos über den Weg zum Haus gefahren. Pick-ups, rostige und chromglänzende, Thunderbirds, eckige Pontiacs, mit Kindern voll gestopfte Vans und klapprige Zweisitzer, aus denen ungeheuer viele Menschen purzelten, wenn die Türen sich erst öffneten.

Der Platz neben Rodneys Haus wurde zum Indianerlager. Ein Tipi nach dem anderen erstand aus dem Prärieboden, dazwischen einfache Zelte, die mit Tabakbeuteln und Stoffbändern geschmückt waren. Klapptische wurden aufgestellt und Campingstühle. Es sah so aus, als wollten die Indianer hier ihr Sommerlager einrichten und länger bleiben.

Ein Anflug von Panik befiel mich. Inzwischen waren so viele Leute eingetroffen, dass ich Verwandte und Bekannte von Rodney nicht mehr auseinander zu halten vermochte, und Namen konnte ich mir schon gar nicht merken. Da klang einer märchenhafter als der andere. Dabei wurde mir wieder bewusst, dass ich ja jetzt auch so einen verrückten Namen hatte.

Mein neuer Name. Oliver Bad Hand. Es war nur ein Name. Ich hatte ihn bekommen, weil Mom mir zu verstehen gegeben hatte, dass er hier von Vorteil für mich sein würde. Inzwischen bereute ich, dass ich mich breitschlagen lassen hatte. Ich war nicht wie sie und würde nie so sein. Was hier passierte, war mir völlig fremd. Zu Hause hatten wir zwar manchmal Gäste gehabt, aber nie so viele. Mehr als sechs Leute hatten gar nicht an unseren Tisch gepasst. Unsere Familie war klein. Ich hatte keine Großeltern mehr und meine Mutter keine Geschwister. Meinen Onkel Jürgen, den Bruder meines Vaters, hatte ich nur selten gesehen, er wohnte irgendwo an der Grenze zu Frankreich und hatte nie geheiratet. Ich hatte also nicht mal Cousins und Cousinen. Eigentlich hatte ich das immer sehr bedauert, denn ich mochte große Familien und Nina und ich, wir wollten mal viele Kinder haben. Zwei mindestens, hatten wir uns vorgenommen. Ich hatte Kinder gern, auch wenn sie einem fix mal auf die Nerven gehen konnten.

Die siebenjährige Priscilla, die von allen nur Cilla genannt wurde, und ihr Bruder Tim mussten das schnell gemerkt haben. Seit Sadie ihnen gesagt hatte, dass ich ihr neuer Onkel aus Deutschland war, hingen sie mir am Rockzipfel. Cilla ähnelte ihrer Mutter, mit ihren großen dunklen Augen und der sehr braunen Haut. Ihre schwarzen Zöpfe glänzten. Zur Feier des Tages hatte Sadie ihr ein mit gefärbten Stachelschweinborsten besticktes Lederkleid angezogen, und wenn Cilla zwischen den Tipis umherhuschte, hätte man denken können in einer anderen Zeit zu sein.

Die Kleine redete nicht mit mir und lachte mich auch nicht an. Aber sie war mir ständig auf den Fersen. Vielleicht ging es ihr gar nicht um mich, sondern um ihren Bruder Timmy. Der hatte sich fest an mein Hosenbein gekrallt und hinderte mich so daran, dorthin zu gehen, wohin ich gerne wollte: in mein Zimmer. Ich hätte ihn abschütteln können, aber das brachte ich nicht fertig, nicht unter dem wachsamen Blick von Cilla.

Irgendwann machte ich versehentlich einen zu großen Schritt für den kleinen Kerl und er fiel hin und schlug sich die Lippe blutig. Ich nehme mal an, es tat weh, aber das ließ er sich nicht anmerken, da war er ganz Indianer. Er rappelte sich auf und streckte mir seine Ärmchen entgegen. Ich hob ihn hoch und betupfte seine blutende Lippe vorsichtig mit einem Taschentuch. Tim grinste zufrieden. Endlich war er da, wo er schon die ganze Zeit hinwollte. Und ich fand es auch ganz okay so. Wenigstens einer, der mich mochte.

Bis ich was roch. Ich hatte absolut keine Erfahrung mit solchen Dingen, aber hier war die Kacke ganz gewaltig am Dampfen, das merkte sogar ich.

»Oje, kleiner Mann, du riechst verdammt unappetitlich«, sagte ich und verzog naserümpfend das Gesicht. Cilla, die jeden meiner Handgriffe genau beobachtet hatte, wohl um notfalls einzugreifen, falls ich etwas falsch machen sollte, grinste auf einmal über beide Ohren.

»Weißt du, wo deine Mom ist?«, fragte ich sie.

»Sie ist mit Dad weggefahren, den Großvater holen.«

»So, so.« Ein wenig hilflos sah ich mich um. Alle schienen furchtbar beschäftigt zu sein und ich hatte ein Problem.

»Aber ich weiß, wo Timmys Windeln sind«, sagte sie.

»Das weiß ich auch«, stöhnte ich nach einigem Zögern und folgte ihr ins Tipi.

Sadie hatte aufgeräumt. Der Boden war mit Decken ausgelegt und die Schlafsäcke darauf ausgebreitet. Ich ließ Timmy herunter und er legte sich gleich brav auf den Rücken. Wahrscheinlich war er doch froh das klebrig warme Paket endlich loszuwerden.

Cilla reichte mir eine Pampers und eine Dose mit Öltüchern, um Tims Hintern abzuputzen. Alles war da, ich musste nicht Gras oder Blätter nehmen, wie ich zuerst befürchtet hatte. Mit angehaltenem Atem säuberte ich Tims Hintern und Cilla sah mir dabei zu. Ich konnte nicht glauben, was ich da tat: in einem Tipi hocken und einen kleinen Indianerpo säubern.

»Hast du das schon mal gemacht?«, fragte Cilla.

»Nee.«

»Das sieht man.«

Das war nun der Dank. Frustriert sah ich sie an und da lachte sie wieder. Geschickt ließ sie die benutzten Öltücher in der Windel verschwinden und klebte sie zu einem sauberen, runden Paket. »Ich bringe sie weg, okay.«

»Danke«, sagte ich und Timmy bekam von mir eine neue Pampers, was mir seine ganze Zuneigung einbrachte.

Ich war gerade fertig, da kam Sadie zum Einstieg herein. Sie schnupperte und rümpfte die Nase. Tim sagte so etwas wie »A-A« und grinste zufrieden.

Sadie lachte. »Hey kleiner Bruder, du bist ja richtig gut.

Wirst mal ein prima Papa werden. Steve liebt seine Kinder zwar, aber ihre Windeln wechselt er nur im Notfall.«

»Das war ein Notfall«, sagte ich und bekam rote Ohren.

»Na vielen Dank jedenfalls. Timmy wird dir das nie vergessen.«

Tim untermalte Sadies Drohung, indem er auf meine Beine kroch und seine Arme um meinen Hals legte. Was soll's, dachte ich. Einen Freund konnte ich gut gebrauchen, auch wenn es nur ein kleiner Hosenscheißer war.

Sadie nahm Tim von meinem Schoß und sagte: »Steve und ich, wir haben Großvater Joe geholt. Er möchte dich gerne kennen lernen.«

Auch das noch. Mir blieb wirklich nichts erspart an diesem Tag.

»Na geh schon!«, meinte sie aufmunternd. »Er ist ein großartiger, alter Mann und du wirst ihn bestimmt mögen.«

Am liebsten wäre ich den ganzen Tag im Tipi bei Sadie und Timmy geblieben, aber Sadie knuffte mich sanft nach draußen. Als ich aus dem Tipi kletterte, wäre ich beinahe rückwärts wieder hineingefallen. Auf der Wiese neben dem Haus tummelten sich mindestens hundert Rothäute. Es war ein ganzer Stamm. Männer, Frauen und Kinder. Das konnten unmöglich alles Rodneys Verwandte sein. Manche sahen nicht mal wie Indianer aus. Ein paar Jungs mit Bürstenhaarschnitt und schwarzen Sonnenbrillen saßen auf der Wiese und schienen sich köstlich zu amüsieren. Ich hatte meine Haare also vollkommen umsonst abgeschnitten und jetzt tat es mir Leid. Ich hatte sie nämlich gemocht, meine langen Haare. Jetzt kam ich mir nackt vor um die Ohren und sah zu allem Übel auch noch zwei Jahre jünger aus.

Sadie stieg hinter mir aus dem Zelt.

»Sind das jetzt alle meine Verwandten«, fragte ich mit strohtrockener Kehle.

Sadie lachte herzlich. »Nein, keine Angst. Da sind auch ein paar dabei, die nicht direkt zur Familie gehören. Sie haben von der Hochzeit gehört und traditionsgemäß gibt es bei einem Fest so viel zu essen, dass auch noch ein paar hungrige Mäuler mehr satt werden. Aber wenn du sie fragst, werden sie dir sagen: »Ich bin Rodneys Cousin oder Rodneys Cousine. Das ist bei uns eben so. Eigentlich sind wir alle eine große Familie. Wir nennen es *Tiospaye.«*

»*Tio* was?«, fragte ich.

»*Tiospaye*. Das heißt so viel wie Großfamilie. Wenn es einem schlecht geht, dann sorgen wir füreinander.«

Das kann ja heiter werden, dachte ich.

Sadie nickte mit dem Kopf in Richtung eines bunten Tipis, das aufgebaut worden war, während ich Timmys Hintern gesäubert hatte. Es war nicht so groß wie die anderen, dafür aber mit bunten Motiven bemalt. Ein blaues Pferd, darauf ein speerschwingender Reiter. Daneben ein roter Büffel. Was noch drauf war, konnte ich von dieser Seite aus nicht erkennen, aber ich würde es mir bei Gelegenheit ansehen.

»Es ist unser Familientipi«, sagte Sadie. »Und der alte Mann davor, das ist Großvater Joe.«

Großvater Joe, ein großer Mann in Jeans, Turnschuhen und weißem Baumwollhemd, der sich gerade mit Sadies Bruder Ryan unterhielt, hatte uns entdeckt und winkte uns zu. »Geh schon!«, sagte sie. »Er beißt nicht.«

Er vielleicht nicht, aber möglicherweise der Finsterling neben ihm, dachte ich. Trotzdem schlenderte ich los, weil ich Sadie nicht zeigen wollte, dass ich Schiss vor ihrem Bruder hatte – meinem Stiefbruder Ryan Bad Hand. Und solange der alte Mann dabei war, würde Ryan mir auch nichts tun.

»Hi«, sagte ich, als ich bei den beiden angelangt war. »Ich bin Oliver, Susans Sohn«, wandte ich mich an den Alten. »Sadie sagt, Sie wollen mich sprechen.«

Großvater Joe grinste freundlich. Er hatte graues, zu zwei dünnen Zöpfen geflochtenes Haar und ein längliches Gesicht mit einer großen Nase. Seine Haut war dunkel und wettergegerbt, aber noch erstaunlich glatt. Die Ähnlichkeit des Alten mit Rodney war unverkennbar, aber er sah jünger aus als er meiner Schätzung nach sein musste.

Mit einem verschmitzten Grinsen sah der Alte mich an. »Weiß nicht, ob wir was zu besprechen haben, mein Junge«, sagte er. »Aber kennen lernen wollte ich dich erst einmal, bevor ich meinen Sohn mit deiner Mutter verheirate.«

Ryan hatte einen fiesen Spruch auf den Lippen, das sah ich ihm an, aber in Gegenwart seines Großvaters traute er sich nicht ihn anzubringen. Er verdrehte zornig die Augen und trollte sich.

»Er mag mich nicht«, stellte ich nüchtern fest.

Der alte Indianer legte mir seine schwere Hand auf die Schulter. »Ryan hat lange Zeit gehofft, sein Vater und seine Mutter würden wieder zusammenkommen. Dabei hat Ella Rae längst einen anderen. Ryan ist sauer auf seinen Vater, weil er eine weiße Frau heiratet. Der Junge muss noch eine Menge lernen.«

Mir wurde ganz schlecht bei Großvater Joes Offenbarungen. Ryan hasste mich gleich aus zweierlei Gründen, wo blieb da meine Chance? Sadie hatte mir erzählt, dass er mit seiner Mutter in Potatoe Creek wohnte, und das war weit genug weg von hier. Doch obwohl er älter aussah, war er erst 17 und musste noch ein Jahr auf die Büffelkopfschule gehen. Spätestens dort würde ich seinem Unmut gnadenlos ausgeliefert sein. Alles war nur eine Frage der Zeit.

»Ich bin vor vielen Jahren mal in Deutschland gewesen«, sagte der Alte. »Deshalb weiß ich, wie fremd dir das alles hier vorkommen muss. Ich kann nachempfinden, wie du dich jetzt fühlst. Um sich an einen Ort wie diesen zu gewöhnen, braucht man eine lange Zeit. Aber wenn du dich öffnest und das Land und die Menschen in dein Herz hineinlässt, wirst du bald besser zurechtkommen. Mein Sohn Rodney ist ein guter Mann und er wird versuchen dir ein guter Vater zu sein.«

Mir saß ein dicker Kloß im Hals, der jegliche Antwort unmöglich machte.

»Wenn du Probleme hast, Junge, ich bin immer für dich da.« Joe sah mich eindringlich an und ich hatte das Gefühl, dass er das nicht nur so dahersagte.

»Danke«, würgte ich hervor. »Aber ich weiß gar nicht, wo Sie wohnen.«

Der alte Indianer lachte, dass ihm die falschen Zähne im Mund herumrutschten. »Wenn du mich wirklich brauchst, wirst du mich schon finden. Und ich würde mich freuen, wenn du Großvater Joe zu mir sagst, wie alle anderen auch.«

Unser Gespräch war beendet und ich ging ins Haus, um

nachzusehen, ob meine Mutter Hilfe brauchte. Die Küche war voll gestellt mit Schüsseln, Schalen und Tellern, auf denen die verschiedensten Speisen angerichtet waren. Es roch gut. Drei Frauen hantierten mit Messern und Kellen und eine war pausenlos damit beschäftigt, Kaffee zu kochen. Als ich nach Susan fragte, drehte sich die an der Kaffeemaschine zu mir um und ich sah, dass es ein Mädchen in meinem Alter war.

Verdammt noch mal, ich wollte es verhindern, aber es funktionierte nicht. Ich wurde rot. Jedenfalls glühte ich und meine Haut prickelte überall, als würde ich mit Nadelspitzen attackiert. Das Mädchen sah ein bisschen aus wie Sadie, nur dass sie ein breiteres Gesicht hatte und ihre Augen noch asiatischer aussahen. Es war der Schalk in ihrem Blick, der mich so aus der Fassung brachte.

»Du musst Oliver sein«, sagte sie. »Ich bin Tammy, deine Cousine.« Sie deutete auf die anderen drei. »Und das sind Bonni, Maren und Bernadette, die fleißigen Küchenfeen.«

Die drei jungen Frauen lächelten mir kurz zu, ohne die Bewegung ihrer geschäftigen Hände zu unterbrechen. Ich hoffte, ich würde mir nicht all die Namen merken müssen, denn das würde ich nie schaffen. Wenigstens waren die drei nicht auch noch meine Cousinen, denn das wäre gleich ein bisschen viel gewesen.

»Deine Mutter ist im Schlafzimmer«, sagte Tammy. »Sie zieht sich um. Es ist bald so weit.«

Ich nickte und verschwand im Flur. Zaghaft klopfte ich an die Schlafzimmertür von Rodney und meiner Mutter.

»Wer ist da?«, rief Mom. Sie hatte diesen genervten Ton in der Stimme, den ich überhaupt nicht mochte.

»Ich bin's«, sagte ich. »Olli.«

»Komm rein.«

Ich drückte die Klinke herunter und betrat das Zimmer. Ich war nur einmal kurz drin gewesen bisher und seitdem hatte es sich mächtig verändert. Meine Mutter hatte wirklich ein geschicktes Händchen, wenn es darum ging, einen Raum gemütlich einzurichten.

Aber es war nicht der Raum mit seinen bunten Vorhängen und der sonnengelben Tapete, der mich so beeindruckte. Was mir die Sprache verschlug, war der Anblick meiner Mutter. Sie war von oben bis unten in weiches hellbraunes Leder gekleidet, das kunstvoll mit winzigen Glasperlen und eingefärbten Stachelschweinborsten bestickt war. Eine rundliche Indianerin um die vierzig war dabei, ihr das Haar zu Zöpfen zu flechten.

»Muss das sein, Mom?«, stieß ich hervor. »Meinst du nicht, dass das ein bisschen übertrieben ist? Du siehst aus wie eine Squaw aus einem schlechten Western.«

Ich hatte deutsch gesprochen, aber bei dem Wort Squaw war die Indianerin zusammengezuckt.

»Das ist Alvina«, sagte meine Mutter tapfer. »Sie ist Rodneys Schwester.«

»Hi«, sagte ich zum hundertsten Mal an diesem Tag und Alvina nickte mir zu, ohne ihre Miene zu verziehen.

»Du meinst, es ist albern?«, fragte Mom zerknirscht.

»Ein bisschen«, sagte ich, weil ich sie nicht kränken wollte.

»Rodney hat sich gewünscht, dass ich das anziehe. Es gehörte seiner Mutter.«

»Wie wäre es mit einem Kompromiss«, schlug ich nach kurzem Überlegen vor.

»Einem Kompromiss?«

»Lass die Zöpfe weg und die Lederhosen. Trag dein Haar wie immer und zieh eine von deinen Hosen an. Das Hemd kannst du ja anlassen, es steht dir.«

Meine Mutter stieß erleichtert Luft durch die Lippen. »Du hast Recht, Olli. Das ist ein guter Vorschlag. Ich habe mich selbst nicht wohl gefühlt, so als falsche Indianerin.« Sie sagte zu Alvina auf Englisch, dass sie es sich anders überlegt habe, und die Indianerin zog achselzuckend das Band aus dem fertigen Zopf.

»Ich wollte fragen, ob ich noch was helfen kann«, sagte ich auf Englisch und Alvinas Gesichtsausdruck wurde gleich eine Nuance freundlicher.

»Ich fürchte, ich habe den Überblick verloren«, sagte meine Mutter, während sie aus den ledernen Hosen schlüpfte. »Aber du kannst die Augen offen halten, ob du jemanden Alkohol trinken siehst. Rodney hat es ausdrücklich verboten. Wer trinkt, muss das Fest verlassen. Wenn du jemanden siehst, dann geh zu Rodney und sag es ihm.«

»Hmm«, sagte ich und verließ das Schlafzimmer. Das war ja der Hammer. Nun sollte ich mich auch noch als Verräter hervortun. Als ob es nicht reichte, dass ich weiß war und schon von daher keine Chance auf ein paar Sympathien hatte, obwohl ich eigentlich ein ganz netter Kerl war.

6. Kapitel

Es wurde Nachmittag, bevor meine Mutter und Rodney Hand in Hand vor dem bunt bemalten Tipi erschienen. Mom sah toll aus. Sie hatte ihr Haar hochgesteckt, wie sie es gerne trug: geschickt festgemacht mit zwei hölzernen Stäben, die ich ihr zu Weihnachten geschenkt hatte. Das blau-weiß-rot bestickte Lederhemd mit den langen Zipfeln stand ihr gut. Sie hatte meinen Rat befolgt und eine helle Leinenhose und schwarze Wildlederschuhe angezogen.

Rodney trug hellblaue Jeans, ein blütenweißes Hemd und eine schwarze Lederweste mit Fransen, die ebenfalls mit blau-weiß-roten Perlen bestickt war. Beide sahen glücklich aus, auch wenn meine Mutter im Augenblick ein wenig unsicher dreinblickte. Sie waren ein schönes Paar, und wie ich sie so sah, wurde ich plötzlich spinneeifersüchtig. Auf Rodney, dass er meine Mutter kriegte. Darauf, dass die beiden glücklich waren und sich haben konnten und ich vor Sehnsucht nach Nina jeden Abend mit Bauchschmerzen einschlafen musste.

Mit finsterer Miene harrte ich der Dinge, die da kommen würden. Und als ich Ryan entdeckte, gegen den Stamm einer Pappel gelehnt, sah ich, dass außer mir noch jemand ganz und gar nicht einverstanden war mit dieser Hochzeit.

Großvater Joe begann mit der Hochzeitszeremonie und das Gelächter und Gemurmel auf der Wiese verstummten. Sogar das Geschrei der Kinder ließ nach. Alles lauschte auf die feierlichen Worte des alten Mannes, der uns etwas von Liebe erzählte.

»Liebe ist ein heiliges Ritual«, sagte er. »Sie gibt uns die Kraft für viele Dinge, auch für so manches, was wir nicht für möglich gehalten hätten. Liebe kennt keine Grenzen, keine Entfernungen, sie lässt sich von Äußerlichkeiten nicht beirren. Die Liebe vermag Brücken zu schlagen und der Vernunft Raum zu geben. Liebe schließt viel mehr ein als das, was man begehrt.

Wir sind heute hier versammelt, um die Hochzeit meines Sohnes Rodney mit der Frau zu feiern, in die er sich in Deutschland verliebt hat. Sie heißt Susan und ist eine tapfere, kluge Frau. Susan hat einen Sohn mitgebracht, sein Name ist Oliver.«

Ein paar Köpfe drehten sich nach mir um und manch einer lächelte mir freundlich zu. Einige allerdings schienen sich zu fragen, ob mir klar war, worauf ich mich da eingelassen hatte.

»Ich werde Rodney und Susan jetzt auf Lakota-Tradition verheiraten«, sagte Joe. »Dadurch werden die beiden zu Mitgliedern unserer Familie. Das heißt, wir werden uns um sie kümmern und für sie sorgen, wenn sie uns brauchen.«

Zum Glück war der Alte kein Mann von großen Reden, auch wenn seine Stimme mich schwer beeindruckte. Sie trug seine Worte über die Wiese hinweg in die offene Prärie hinaus bis zu den Hügeln. Man konnte ausruhen darauf und sich sicher fühlen. So ehrfurchtsvoll, wie ihm alle lauschten, war er vermutlich ein wichtiger Mann. Und als er mit der Zeremonie begann, sahen zu meiner Erleichterung alle auf ihn, Mom und Rodney. Für mich interessierte sich niemand mehr.

Der Alte hüllte meine Mutter und Rodney in eine rote Decke und befächerte sie ausgiebig mit einem Zopf aus angesengtem Süßgras. Ein schwerer Duft zog über den Platz, der mich betäubte und mir das Ganze auf seltsame Art erleichterte. Später wickelte Großvater Joe behutsam etwas aus sehr altem Leder, das Sadies Mann Steve ehrfurchtsvoll in den Händen gehalten hatte. Was zum Vorschein kam, waren ein verzierter Stiel und ein Pfeifenkopf aus rotem Stein. Ein unterdrücktes Raunen ging durch die Anwesenden, als er beides zusammensteckte.

»Die heilige Pfeife unserer Familie«, flüsterte Tammy, die plötzlich hinter mir stand. »Großvater hütet sie und später wird Onkel Rodney sie bewahren, weil er der einzige Sohn ist.«

Der alte Mann nahm die Pfeife, murmelte ein Gebet und schloss die Hände von Mom und Rodney um den Pfeifenkopf. Dann band er ihre Handgelenke mit einem roten Stoffstreifen zusammen.

Nun sind sie aneinander gefesselt bis an ihr Ende, dachte ich und war nahe dran, in Panik auszubrechen. Irgendwie schien mir diese Hochzeitszeremonie auf der Wiese neben unserem Haus viel glaubhafter als die förmliche Angelegenheit beim Friedensrichter in Rapid City. So gerührt, wie Rodney guckte, nahm er all den Hokuspokus wirklich ernst. Und meine Mutter erst. Voller Ehrfurcht hing ihr Blick an den Lippen des alten Mannes.

»Was meinst du?«, fragte Tammy plötzlich. »Wird sie es im Reservat aushalten?«

Verblüfft starrte ich das Mädchen an. In der Küche hatte sie ihr Haar noch zu einem Zopf gebunden gehabt, jetzt fiel es ihr offen über die Schultern. Im Licht der Sonne schimmerte es blauschwarz. Erst jetzt sah ich, dass sie eine kleine Lücke zwischen ihren Schneidezähnen hatte.

»Da kommen viele Frauen aus Europa jedes Jahr«, sagte sie. »Aber nur ein paar sind noch da. Du kannst sie an einer Hand abzählen. Die meisten halten es nicht lange aus hier. Spätestens wenn der Winter kommt, sind sie wieder weg. Die kalten Stürme machen jedem zu schaffen, der nicht daran gewöhnt ist.«

»Meine Mutter ist eine ziemlich harte Nuss«, erwiderte ich. »Was sie sich einmal in den Kopf gesetzt hat, zieht sie auch durch. So schnell wird sie nicht aufgeben.«

»Und was ist mit dir?«

Ich sah Tammy an. »Was soll mit mir sein?«

»Du bist doch bestimmt nicht freiwillig hier.«

»Wie hast du das bloß erraten?«, brummte ich.

»Man sieht es dir an, Cousin. Dir geht das hier alles mächtig auf die Nerven und am liebsten wärst du ganz woanders.«

»Stimmt.«

»Und wieso bist du dann hier?«

»Weil ich keine andere Wahl hatte.«

»Die hat man immer«, sagte sie.

Blöde Kuh, dachte ich. Solche schlauen Sprüche hatten mir jetzt gerade noch gefehlt. Ich ging weg und ließ Tammy stehen. Die Hochzeitszeremonie war zu Ende und die Gäste fielen über das Essen her wie hungrige Raupen. Der halbe Gabelbock röstete über dem Feuer. Über einem anderen Feuer, in einem großen Kessel, köchelte Suppe. Es gab gekochte Maiskolben, in Fett gebackenes Indianerbrot und *Wojapi*, dunkle Beerengrütze. Ich kostete hier und da und hatte mir eine Schüssel mit Suppe füllen lassen, die ich vorsichtig aß, denn sie war heiß. Kartoffeln, Möhren und Maiskörner schwammen darin, kleine Zwiebeln und gräuliche Fleischstücke. Die Suppe war nicht sehr gewürzt, aber sie ließ sich essen.

Bis Steve neben mir auftauchte, mich anfeixte und sagte: »Hm, lecker Hundesuppe, was!«

Der Bissen, der schon fast in meinem Magen angelangt war, rutschte flugs wieder in meinen Mund zurück. Meine Wangen blähten sich und mir traten fast die Augen aus den Höhlen. Ich rannte zu einem Gebüsch, spuckte und würgte das ganze Essen wieder heraus, immer das schallende Lachen von Steve Red Crow in meinen Ohren.

Mann, war das vielleicht abscheulich. Ich hatte schon davon gehört, dass die Lakota-Indianer früher hin und wieder einen Hund verspeist hatten, aber irgendwie war ich der Meinung gewesen, diese Zeiten seien vorbei. *Hundesuppe*. Was für ein Hochzeitsessen.

Von diesem Schock erholte ich mich nur langsam. Meine Augen tränten, immer wieder würgte es mich und am Ende spuckte ich nur noch bitteren Magensaft. Der Appetit war mir für diesen Abend gründlich vergangen und ich hatte auch keinen Bock mehr auf Indianer. Gerade wollte ich unbemerkt im Haus verschwinden, als mich eine harte Hand an der Schulter packte und herumschleuderte. Es war Ryan, der finstere Krieger. Ich fragte mich, was ich falsch gemacht hatte und auf welche Weise er mich dafür bestrafen wollte. Wahrscheinlich hatte er mich schon eine ganze Weile auf dem Kieker und ich hatte es bloß nicht bemerkt.

»Willst dich verdrücken, was?«

»Was dagegen? Ich muss mal pinkeln«, erwiderte ich geistesgegenwärtig.

»Ah, bist dir wohl zu gut, um auf die Wiese zu pissen.«

Als er mit seinem Gesicht ganz nahe an meinem war, roch ich den Alkohol in seinem Atem. Was Rodney wohl dazu sagen würde, wenn ich ihm petzte, dass sein eigener Sohn getrunken hatte. »Lass mich in Ruhe«, sagte ich. Ich war nicht auf Streit aus und würde bei einer körperlichen Auseinandersetzung sowieso den Kürzeren ziehen.

»Das werde ich, wenn's so weit ist.«

»Ich geh jetzt rein.«

»Wirst du nicht.«

»Ist mein gutes Recht«, sagte ich. »Ich wohne hier.« Verdammt noch mal, wie ich solche Momente hasste, in denen Dinge passierten, die man nicht wollte und gegen die man trotzdem nichts tun konnte.

»Oh ja«, höhnte Ryan in mitleidiger Verachtung. »Das kleine weiße Arschloch wohnt im schicken, neuen Haus meines Vaters.«

»Hast du irgendein Problem damit?«

Das hätte ich nicht sagen sollen. Ryans Hand packte zu wie ein Schraubstock und ich ging vor Schmerz in die Knie. »Lass mich los, verdammt noch mal!«, ächzte ich. So schnell würde ich mich nicht geschlagen geben, auch wenn ich Angst um meine Brille hatte. Die Kassengestelle, die die meisten Indianer trugen, sahen bemitleidenswert aus.

»Bitte mich, vielleicht tu ich's dann«, fauchte Ryan und seine Augen funkelten vor Wut.

Ich hatte zwar ein bisschen mit Hanteln trainiert, aber gegen diesen Burschen kam ich nicht an. Obwohl er nicht größer war als ich und gar nicht kräftig aussah, war er doch sehnig und hatte lange Muskeln – im Gegensatz zu mir.

Ich hätte schreien können, aber das wollte ich nicht. Dann hätte er erst recht Grund gehabt, sich über mich lustig zu machen. »Lass bitte deinen Stiefbruder los, Ryan Bad Hand«, sagte ich so fest ich konnte, ohne dabei vor Schmerz aufzujaulen. »Sonst erzähle ich deinem Vater, dass du getrunken hast.«

Mit meinen Worten hatte ich vermutlich eine empfindliche Seite getroffen, denn Ryan lockerte seinen Griff und zerrte mich nach oben. »Du wohnst zwar in seinem Haus und hast das Zimmer, das er immer für mich bauen wollte, aber er ist *mein* Vater und du wirst nie sein Sohn sein. Du bist und bleibst ein stinkender *Wasicun*, auch wenn er dir seinen Namen gegeben hat.«

Das war es also, was Ryan am meisten grämte. Dass einer wie ich seinen Namen trug. »Ich hab ihn nicht haben wollen, deinen blöden Namen«, erwiderte ich wütend und machte mich mit einem Ruck von ihm los. »Und wer hier mehr stinkt, das fragt sich noch. Wenn's nach mir ginge, würde ich gar nicht hier sein in eurem beschissenen Reservat. Was gibt es denn hier schon außer vertrocknetem Gras, kaputten Autos und ein paar armseligen, windschiefen Hütten mit betrunkenen Indianern? Nichts!«, schrie ich ihn an, und weil er mit meinem Ausbruch nicht gerechnet hatte, wich er für einen Augenblick erschrocken zurück. Psychologische Kriegsführung nennt man das. Wenn man nicht mit Muskeln gesegnet war, sollte man sie beherrschen.

Aber dann war Ryan doppelt so sauer wie zuvor. Ich hätte wissen müssen, dass er nicht auf sich sitzen lassen konnte, dass ich sein Land und sein Volk beleidigt hatte. Eine derart wilde, fast wahnsinnige Feindseligkeit hatte ich noch nie zuvor erfahren. Ryan schäumte vor Zorn. Mit einem gurgelnden Laut stürzte er sich auf mich. Ich wollte noch versuchen meine Brille in Sicherheit zu bringen, da bog Tante Alvina um die Ecke.

Ryan ließ augenblicklich von mir ab und ich nutzte die Gelegenheit, um mit der Indianerin ins Haus zu gehen. Vielleicht hatte sie gesehen, was los war, aber sie fragte nichts und mischte sich auch nicht ein.

Ich ging in mein Zimmer, schloss ab und versuchte Nina anzurufen. Es dauerte ewig, bis sie abnahm und ihren Namen ins Telefon brummelte.

»Hallo Nina«, sagte ich. »Hier ist Olli.«

»Weißt du, wie spät es ist«, hörte ich ihre verschlafene Stimme. »Es ist zwei Uhr morgens.«

Mir war immer noch übel, ich war niedergeschlagen und unglücklich und eben erst den Fäusten meines ärgsten Feindes entkommen. Es war mir egal, wie spät es in Deutschland war. Ich wollte Ninas Stimme hören und mich bei ihr ausheulen.

»Tut mir Leid«, sagte ich trotzdem.

»Wie geht es dir?«, fragte Nina, die gemerkt hatte, dass etwas nicht stimmte.

»Beschissen. Nun ist es passiert.«

»Was ist passiert?«

»Weißt du, was ich jetzt bin? Ein *Stiefsohn*. Und zwar der eines Mannes namens Schlimme Hand. Wie soll es mir da gehen?«

»Aber du hast doch gewusst, dass sie heiraten werden«,

bemerkte Nina ungeduldig und ich vermisste das Mitleid in ihrer Stimme.

»Es zu wissen und dabei zu sein ist etwas ganz anderes. Da draußen toben mindestens hundert Rothäute auf der Wiese herum und futtern sich dick und rund. Es gibt Hundesuppe, Nina. Kannst du dir das überhaupt vorstellen? Die Gestalten da draußen sind jetzt meine neue Familie. Mein Stiefbruder Ryan hat noch vor zwei Minuten versucht mir die Knochen zu brechen. Er ist auf dem Kriegspfad. Da fragst du, wie es mir geht!«

Nina schwieg und nach einer Weile fragte ich: »Bist du noch dran?«

»Ja.«

Ich seufzte tief.

»Was hast du ihm denn getan?«, wollte Nina wissen.

»Nichts. Er kann mich einfach nicht ausstehen, das ist alles.«

»Ist niemand dabei, den du vielleicht mögen könntest?«

»Meine Stiefschwester ist ganz nett.«

»Wie heißt sie?«

»Sadie«, antwortete ich und langsam kam ich mir vor, als hätte ich eine vom Sorgentelefon an der Strippe und nicht Nina.

»Na das ist doch schon mal ein Anfang. Versuch nett zu sein, Olli.«

»Wie soll ich nett sein, wenn mich jemand als kleines weißes Arschloch beschimpft?«

Hörte ich da eben ein Glucksen in Ninas Stimme?

»Lachst du über mich?«

»Würde ich nicht wagen.«

»Sie sind über hundert, Nina, und ich bin schrecklich allein. Wenn du wenigstens hier wärst, dann . . . ich hab solche Sehnsucht nach dir. Ich kann hier nicht leben . . .«

»Du fehlst mir auch«, sagte sie sanft und ich weiß nicht, warum ich das Gefühl hatte, dass es nicht ganz ehrlich klang. Es hörte sich überhaupt nicht so an, als würde sie leiden.

»Hast du meinen letzten Brief bekommen?«

»Ja, hab ich. Die Zeichnungen sind sehr schön, ich habe sie an meine Zimmerwand gepinnt.«

»Wirklich?«

»Ja«, sie seufzte. »Ich muss jetzt trotzdem schlafen, Olli. Wir haben morgen einen Volleyballwettkampf und ich muss früh raus.«

»Verstehe.«

»Versuch einfach mal an die acht Stunden zu denken, wenn du mich anrufst, ja? Meine Eltern beschweren sich schon, dass du mich dauernd aus dem Schlaf holst.«

»Okay«, sagte ich. »Ich liebe dich.«

Eine Weile war es ganz still, während ich darauf wartete, dass sie dasselbe sagte.

»Ich dich auch«, brachte sie schließlich heraus und ich ahnte, dass es sie einige Überwindung gekostet hatte.

Ich warf mich auf mein Bett und rollte mich zusammen wie ein Embryo. Ich hatte Nina verloren, das spürte ich ganz deutlich. Selbst wenn ich jetzt auf der Stelle nach Deutschland zurückkehren würde, wäre nichts mehr wie zuvor. Ich hatte sie verloren. Während sich alle anderen draußen köstlich amüsierten, war ich so einsam wie noch nie in meinem Leben. Ich war allein. Nina kam auch ohne mich ganz gut zurecht und meine Mutter war jetzt Rodneys

Frau, sie gehörte zu ihm. Ich hatte niemanden mehr. Keinen Menschen, der verstand, was in mir vorging. Irgendwann würde ich einfach so wegsterben, aus Mangel an Zuneigung und Aufmerksamkeit. Und keiner würde es merken.

Ich weiß nicht, wie lange ich so gelegen und über mein Unglück nachgegrübelt hatte. Irgendwann klopfte es an meiner Zimmertür und in der Annahme, es wäre meine Mutter, rief ich grollend: »Lass mich in Ruhe!«

Der Türknauf drehte sich. »Hast du dich eingeschlossen?«, fragte eine dunkle Mädchenstimme.

Ich setzte meine Brille auf und ging zur Tür. »Wer ist da?«

»Ich bin's, Tammy.«

»Was willst du denn hier?«, fragte ich erschrocken.

»Ich soll dich holen«, sagte sie. »Nun mach schon auf!«

»Ich habe aber keine Lust, zu feiern«, brummte ich.

»Es gibt da ein paar Leute, die dich vermissen. Dein Großvater Joe erzählt Geschichten und möchte dich gerne dabeihaben.«

Nach einigem Zögern öffnete ich Tammy die Tür. Sie bewegte sich nicht über die Schwelle. Erst als ich zur Seite trat und eine einladende Handbewegung machte, kam sie rein und sah sich um.

»Du hast ein tolles Zimmer«, sagte sie und schob anerkennend die Unterlippe vor.

»Es ist ganz okay.«

»Es ist ganz okay?«, wiederholte sie in einem fragenden Tonfall und sah mich an.

»Es ist ganz okay«, sagte ich ein zweites Mal. »Mein Zimmer, das ich in Deutschland hatte, war viel kleiner und dunkel und es war in einer Ecke feucht. Trotzdem wäre ich jetzt lieber dort. Ich weiß nicht, ob du das verstehst.«

»Hast du dich wegen Ryan eingeschlossen?«, fragte sie, ohne auf meinen letzten Satz einzugehen.

Woher zum Teufel wusste sie . . .?

»Meine Mutter hat euch gesehen«, sagte Tammy achselzuckend.

»Er kann's nicht ertragen.«

»Was?«

»Dass ich weiß bin und seinen Namen trage. Dass ich in diesem Haus wohne und dieses Zimmer habe. Dass sein Vater meine Mutter geheiratet hat.«

»Ryan war schon immer ein schwieriger Fall«, sagte Tammy. »Er ist jähzornig und manchmal unberechenbar. Geh ihm lieber aus dem Weg.«

Wie denn, dachte ich, wenn er auf dem Kriegspfad ist.

»Kommst du nun mit runter oder möchtest du, dass ein anderer dich bittet?«, fragte Tammy.

»Schon okay«, seufzte ich. »Ich komme mit.« Sie sollte bloß nicht denken, dass ich mich vor Ryan fürchtete, auch wenn ich mir vor Angst bald in die Hosen machte.

7. Kapitel

Ich folgte Tammy nach draußen und sie steuerte geradewegs auf ein großes Lagerfeuer zu, um das sich fast alle Gäste in einem Halbkreis versammelt hatten, weil sie den Geschichten von Großvater Joe lauschen wollten.

In der Nähe des Feuers ließen wir uns nieder und der alte Mann nickte mir lächelnd zu, ohne seine Geschichte zu unterbrechen.

»Es geht um die Weiße Büffelkalbfrau«, erklärte mir Tammy leise. »Sie hat unserem Volk die heilige Pfeife gebracht.«

Und so hörte ich zum ersten Mal die Geschichte von den zwei Jägern, die von ihrem hungernden Stamm ausgeschickt worden waren, um nach Büffeln zu suchen, denen stattdessen aber eine wunderschöne, junge Frau in einem weißen, kunstvoll verzierten Lederkleid begegnete.

»Einen der Jäger packte ein Gefühl tiefer Ehrfurcht, der andere betrachtete die junge Frau mit Begierde und wollte nach ihr greifen«, erzählte Joe. »Aber da traf ihn ein Blitzschlag und sein Körper verbrannte, dass nur noch ein Häuflein Knochen und Asche von ihm übrig blieb. Zu dem anderen jungen Mann sprach die Büffelkalbfrau: ›Geh zu deinem Volk zurück und sage eurem Häuptling, dass er ein heiliges Zelt aufstellen soll. In vier Tagen werde ich kommen und euch eine Nachricht bringen.‹ «

Inzwischen war es dunkel geworden und Großvater Joes

Gesicht leuchtete rot im Schein des Feuers. »Der junge Jäger eilte ins Dorf zurück«, fuhr er fort, »und brachte seinem Volk die Kunde von der schönen Frau. Sie errichteten ein heiliges Zelt mit genau 24 Stangen und nach vier Tagen kam die Frau zu ihnen ins Zeltdorf.

Was sie dem Häuptling im Zelt aus ihrem Bündel überreichte, war unsere heilige Pfeife.« Der Großvater hielt die Pfeife in seinen Händen, mit der rechten den Stiel und mit der linken den steinernen Kopf. Er hob sie nach oben, damit jeder sie sehen konnte. Dann zündete er sie an, nahm drei Züge und Rauch stieg daraus auf. »Dieser Rauch ist der lebendige Atem von *Tunkashila,* dem mächtigen Großvater«, sagte der alte Mann. »Solange wir die Pfeife ehren, werden wir Lakota leben und uns selbst bewahren.«

Joe schwieg und rauchte und es blieb bei einem gedämpften Murmeln unter den Zuhörern, bis der alte Mann eine neue Geschichte begann.

»Du hast diese Geschichten doch bestimmt schon hundertmal gehört«, sagte ich leise zu Tammy.

»Ich kann sie nicht oft genug hören«, sagte sie achselzuckend. »Diese Geschichten halten unser Volk zusammen. Die *Canunpa*, die heilige Pfeife hält unsere Familie zusammen.«

»Du glaubst an diesen Hokuspokus?«, fragte ich leichthin.

Befremdet blickte das Mädchen mich an. »Hast du auch nur ein Wort von dem verstanden, was Großvater da gesagt hat?«

»Klar«, erwiderte ich. »So schwer zu verstehen war es ja wohl nicht.«

»Scheinbar doch.«

Neben uns zischte jemand und legte den Finger auf die Lippen. Wir hörten auf zu reden. Etwas später sah ich, wie sich ein junger Mann zum Geschichtenerzähler vordrängelte, sich neben ihn setzte und seinen Kopf auf Großvater Joes Knie legte wie ein kleines Kind. Niemand außer mir schien das seltsam zu finden und der alte Mann streichelte den Kopf auf seinem Schoß.

»Was ist denn das für ein Spinner?«, fragte ich.

»Der Spinner ist mein Bruder Boo«, antwortete Tammy, ohne mit der Wimper zu zucken.

»Dein Bruder?« Zielsicher trat ich in sämtliche Fettnäpfchen, die herumstanden. Es war so leicht, etwas falsch zu machen, wenn man fremd war und sich nicht auskannte.

»Meine Eltern haben Boo zu sich genommen, als er fünf war. Eigentlich sollte er bei uns bloß eine Nacht bleiben und dann zu Pflegeeltern kommen, die man schon für ihn ausgesucht hatte. Aber als sie ihn am Abend brachten, lief er mit seinem kleinen Rucksack durch alle Räume unseres Hauses und sagte: ›Hier möchte ich bleiben.‹ Da hatte sich meine Mutter schon in ihn verliebt und so behielten meine Eltern ihn.«

»Und was stimmt mit ihm nicht?«

»Alles.«

Boo lachte plötzlich laut, wie um Tammys Offenbarung zu untermalen. Der alte Mann legte seinen Arm um den Jungen und machte keine Anstalten, ihn wegzuschicken. »Seine Mutter hat während der Schwangerschaft getrunken und deshalb ist er nicht so, wie er sein sollte«, sagte sie. »Boo hat FAS, das Fetale Alkohol-Syndrom.«

Ein anderer Junge war aufgestanden, beugte sich über

Boo und flüsterte ihm etwas ins Ohr. Boo kam auf die Beine und folgte dem Jungen bereitwillig.

»Das war Jaron«, sagte Tammy. »Mein richtiger Bruder. Boo liebt Jaron und gehorcht ihm aufs Wort. Meistens jedenfalls. Meine Eltern und ich haben da weniger Glück.«

Es war spät geworden und der alte Joe beendete seine letzte Geschichte. Ein paar Gäste gingen schlafen, andere vergnügten sich beim leisen Klang der Trommel mit Handgames, einem Geschicklichkeitsspiel mit markierten Knochenstücken. Der Rest blieb am Feuer sitzen und es wurden Geschichten erzählt, die noch nicht so alt waren wie die von Joe. Einige davon waren traurig, aber die meisten waren lustig und das Lachen der Zuhörer hallte über den Hügel.

Die Indianer lachten viel und gerne, was mich wunderte, weil sie eigentlich keinen Grund zum Lachen hatten. Also jedenfalls, seit ich im Reservat wohnte, gab es für mich kaum noch was zu lachen.

Mom kam zu mir und setzte sich neben mich. Sie legte ihren Arm um meine Schulter und ich hätte nichts lieber getan, als mich an sie zu lehnen und ihre Wärme zu genießen. Stattdessen machte ich mich steif, weil ich fürchtete, Ryan könnte mich beobachten und für ein weißes Muttersöhnchen halten. Irgendwann würde ich das aufs Butterbrot geschmiert bekommen, da war ich mir sicher.

Manchmal hatte Mom feine Drähte und sie nahm ihren Arm wieder weg. »Ich bin glücklich«, sagte sie. »Genau so habe ich es mir vorgestellt.«

»Du brauchst das nicht immer wieder zu betonen«, brummte ich. »Du hättest mich wenigstens vor der Hundesuppe warnen können.«

»Hundesuppe?« Plötzlich presste sie ihre Hand vor den Mund, um nicht laut loszulachen. »Wer hat dir denn das erzählt?«

»Steve.« Dieser Blödmann.

»Das war ein Scherz, Olli, und du bist drauf reingefallen. In der Suppe war gutes Büffelfleisch.« Sie stieß mir ihren Ellenbogen in die Seite. »Mach dir nichts draus, hm. Die Lakota haben eben ihre ganz eigene Art von Humor.«

»Ich gehe jetzt schlafen«, sagte ich beleidigt.

»Gute Nacht, Olli«, sagte meine Mutter, aber dann hielt sie mich am Arm fest. »Rodney und ich verbringen die Nacht im Familientipi. Ein paar Leute werden im Haus schlafen, weil sie kein Zelt haben. In deinem Zimmer ist viel Platz. Sollte jemand an deine Tür klopfen, schick ihn nicht weg. Zeig ihnen, dass sie irren, wenn sie uns *Wasicun* nennen.«

Na toll, dachte ich. Das hatte mir noch gefehlt. Nun hatte ich nicht mal mehr einen Platz, an den ich mich zurückziehen konnte. Was, wenn ausgerechnet Ryan Bad Hand in meinem Zimmer schlafen wollte? Musste ich ihn reinlassen und dann die ganze Nacht befürchten im Schlaf abgemurkst zu werden? Ich hatte keinen blassen Schimmer, wie groß sein Hass auf mich war und wozu er in der Lage war. Jähzornig und unberechenbar, hatte Tammy gesagt. Da ließ ich mich doch lieber als *Wasicun* betiteln, auch wenn das kein schmeichelhafter Ausdruck für Weiße war. Mom hatte mir mal erklärt, was er bedeutet. *Wasicun* hieß so viel wie »Die immer nur das Beste wollen und alles für sich behalten«.

»Ich habe aber keine Lust, irgendwelche Penner in mein Zimmer zu lassen«, murrte ich.

»Die meisten gehören zur Familie, Olli.«

»Es ist deine Familie, Mom. Nicht meine.«

»Okay. Es ist dein Zimmer und ich kann dich nicht zwingen.« Sie strubbelte mir über den Kopf und ich zog ihn zur Seite. »Schlaf gut«, sagte sie.

»Schöne Träume«, erwiderte ich.

Ich hätte gerne geduscht, aber meine Dusche war besetzt und so ging ich in mein Zimmer und schloss mich ein. Schließlich war es warm draußen, und wer kein Zelt hatte, konnte auch im Gras pennen. Und *Wasicun* würden sie mich so oder so nennen, ob ich nun mein Zimmer mit ihnen teilte oder nicht.

Ich versuchte zu schlafen, aber es ging nicht. Die Bilder des Tages irrten in meinem Kopf herum und ich kam nicht zur Ruhe. Irgendwann erhellten Blitze mein Zimmer und ich hörte Donner grollen. Mist, dachte ich. Wenn es anfängt zu regnen, kommen sie alle ins Haus.

Kurz darauf klopfte es an meiner Tür.

Ich stellte mich schlafend und antwortete nicht. Bis ich Tammys Stimme erkannte. »Mach auf, Oliver, wir brauchen einen Platz zum Schlafen.«

Wir?

So wenig, wie ich *wir* in meinem Zimmer haben wollte, brachte ich es doch nicht fertig, Tammy vor der Tür stehen zu lassen. Also machte ich Licht an, kroch aus meinem Bett und öffnete ihr.

»Es regnet«, sagte Tammy, ihren Schlafsack im Arm. »Können wir uns bei dir auf den Boden legen?«

Ich ließ sie rein. Außer ihr standen noch Jaron und Boo vor der Tür. Boo grinste mich fröhlich an. Zum ersten Mal sah ich ihn aus der Nähe und mir fiel auf, dass sein Kopf zu klein war für seinen Körper. Das Gesicht sah irgendwie verschoben aus. Als wäre es aus verschiedenen Gesichtern zusammengesetzt und nichts passte zum anderen. Seine Augen waren klein und die Augenlider hingen unnatürlich herab. Er hatte eine Stupsnase und seine Unterlippe war nur ein Strich. Trotz allem wirkte er viel älter, als ich zuerst vermutet hatte. Tammy hatte Recht: An Boo stimmte alles nicht.

Als die drei in mein Zimmer gegangen waren, warf ich vorsichtshalber noch einen Blick in den Flur. Aber alles war ruhig, keine Spur vom finsteren Krieger Ryan Bad Hand.

Ich wollte Tammy anbieten sich auf mein Bett zu legen, da sah ich, dass Boo es sich schon darin bequem gemacht hatte. Jaron versuchte ihn dazu zu bewegen, sich neben das Bett auf den dicken Teppich zu legen. »Das ist Olivers Bett«, sagte er. »Du kannst dich da nicht einfach reinlegen.«

Aber Boo schnarchte schon zufrieden.

»Lass ihn«, winkte ich entmutigt ab. »Ich lege mich auf den Teppich.«

Zum Glück hatte ich einen Schlafsack, in den ich mich einrollen konnte. Aber so hart zu liegen war ungewohnt. Boo schnarchte wie ein Bär und Blitze zuckten, bevor der Donner grollte. Das Gebälk des Daches ächzte. Ich hörte Jaron und Tammy, die auf der anderen Seite des Zimmers lagen, etwas vom Donnervogel flüstern.

Wahrscheinlich glaubten sie tatsächlich an all die Märchenwesen, von denen der Alte heute erzählt hatte. Wie soll ich bloß mit solchen Leuten klarkommen?, war mein letzter Gedanke, bevor der Schlaf mich übermannte.

Die Sonne schien ins Zimmer am nächsten Morgen. Ich wusste nicht genau, was mich geweckt hatte, bis mir ein stechender Geruch in die Nase stieg. Neben mir roch es penetrant nach Pisse. Aber es dauerte noch eine Weile, bis ich begriff, was eigentlich los war. Boo hatte in mein Bett gepinkelt. Er schlief und merkte es nicht einmal.

»Sauerei«, fluchte ich laut und setzte mich auf. Da sah ich, dass sich über Nacht in meinem Zimmer noch weitere Schlafgäste eingefunden hatten. Als sie verschlafen hochblickten, erkannte ich zwei der Küchenfeen wieder, ihre Namen hatte ich allerdings vergessen. Und da war ein älterer Mann, den ich noch nie gesehen hatte. Er grinste mir zu und ich sah, dass ihm vorne ein paar Zähne fehlten.

»Was ist denn los?«, fragte Tammy aus ihrer Ecke.

»Boo hat in mein Bett gepinkelt«, sagte ich.

Sie stöhnte. »Auch das noch.«

Ja, auch das noch, dachte ich. Es war schließlich mein verdammtes Bett und nicht ihres.

Tammy kroch aus ihrem Schlafsack und versuchte Boo wachzurütteln. Sie zerrte unsanft an seinem Arm. »Wach auf, Boo! Du hast in Olivers Bett gepinkelt, du Ferkel.«

Boo knurrte unwillig. Er begriff überhaupt nicht, was Tammy von ihm wollte. Jaron kam ihr schließlich zu Hilfe und er schaffte es, den Bettnässer zu wecken. »Gehen wir Mom suchen«, sagte er. »Sie hat frische Sachen für dich.« Jaron führte den verschlafenen Boo aus dem Zimmer.

Ich begann mein Bett abzuziehen.

»Ich mach das schon«, sagte Tammy. »Schließlich ist er mein Bruder.«

Mir war übel vom Uringeruch und überhaupt war dicke Luft in meinem Zimmer. Gestern hatte es viele Gerichte mit Zwiebeln und Knoblauch gegeben und die Luft war von Fürzen geschwängert. Ich öffnete das Fenster und nahm einen tiefen Atemzug.

Der frische Duft von nassem Gras wehte mir in die Nase, während Tammy mein Bett abzog. Ich fand selber blöd, dass ich sie das machen ließ, aber ich brachte einfach nicht fertig, es selbst zu tun. Ich ekelte mich.

Die anderen ließen sich von der Aufbruchsstimmung nicht stören und pennten fröhlich weiter. Ich hielt es nicht mehr aus in meinem belagerten Zimmer und ging nach unten. Im ganzen Haus lagen irgendwelche schlafenden Leute herum, sogar im Flur.

Die Küche sah aus wie ein Schweinestall. Überall dreckiges Geschirr und irgendwelche Essensreste. Jemand hatte die Kaffeemaschine angestellt und sie gurgelte leise vor sich hin. Mom würde einen Anfall kriegen, wenn sie das sah. Ihre Küche war immer blitzblank, auch wenn sie es sonst nicht so mit der Ordnung hatte.

Um ihr das Schlimmste zu ersparen, räumte ich so viel Geschirr in den Spüler, wie hineinging, und stellte ihn an. Pappteller und Essensreste flogen in den Müll, bis jemand mich von hinten an der Schulter packte.

»He, nicht so eilig mit dem Wegwerfen«, sagte der Zahnlose, der in meinem Zimmer geschlafen hatte. »Das ist gutes Hundefutter.«

Ich gab es auf. Diese Küche würde nie wieder so aussehen wie zuvor und ich würde niemals mit der Mentalität dieser Menschen zurechtkommen. Ich schnappte mir eine Scheibe Weißbrot und ging nach draußen.

Die ersten Gäste waren bereits aufgestanden. Sie saßen oder standen vor ihren Zelten, tranken Kaffee und erzählten sich irgendetwas. Überall hörte ich Gelächter. Cilla und Timmy kamen aus ihrem Tipi gekrochen und hefteten sich an meine Hosenbeine. Ein Mädchen mit einer großen schwarzen Plastiktüte war dabei, den Müll einzusammeln. Ich beschloss ihr zu helfen. So konnte ich mich wenigstens nützlich machen. Sie hieß Lisa und freute sich über meine Unterstützung. Sogar Timmy packte mit an. Jedes Mal, wenn er einen nassen Pappteller aufhob und ihn in die Tüte steckte, die Lisa ihm aufhielt, sagte er: »A-A.«

Ja, die ganze Wiese war voller A-A und mein Bett auch. Aber es nahm mich gar nicht so sehr mit, wie ich eigentlich gedacht hatte. Alles war bloß eine Frage der Perspektive.

Nach einer Weile halfen uns noch andere bei der Müllbeseitigung und bald sah es wieder ganz manierlich aus auf dem Platz. Mom und Rodney kamen aus dem bemalten Tipi gekrochen und beide sahen ziemlich müde aus. Sie mussten sich einiges anhören, von wegen wilder Nacht mit aufgebrachten Donnerwesen.

Rodney lachte kopfschüttelnd und legte seinen Arm um meine Mutter. Sie genoss es eine Weile, dann machte sie sich von ihm los und ging ins Haus. Ich hob den kleinen Timmy auf Lisas Arm und lief Mom hinterher. Im selben Moment, als ich sie erreichte, betrat sie ihre Küche. Darauf gefasst, sie auffangen zu müssen, wenn sie gleich der Schlag treffen würde, blieb ich dicht hinter ihr. Aber nichts dergleichen geschah.

»Guten Morgen«, sagte sie lächelnd zu Tammy und Alvina, die in der Küche standen, Kaffee kochten und Pancakes buken. Jetzt traf mich bald der Schlag. Die Küche sah wieder tipptopp aus. Keine Spur mehr von Müll und Essensresten, alles stand wieder an seinem Platz. Jemand hatte sogar den Fußboden gewischt. Es duftete gut nach frischem Kaffee und Fettgebackenem.

Tammy lächelte mir zu und ich sah, dass sie Grübchen bekam, wenn sie lachte. Mit ihrer Zahnlücke sah sie aus wie ein Kobold. »Deine Matratze hab ich abgeschrubbt so gut es ging, sie trocknet draußen in der Sonne. Der Rest ist in der Waschmaschine.«

»Danke«, sagte ich verlegen.

Mom sah mich fragend an.

»Boo hat in Olivers Bett geschlafen und ihm ist ein Missgeschick passiert«, erklärte Tammy meiner Mutter.

Alvina seufzte. »So geht das nun schon seit 17 Jahren. Er kriegt es einfach nicht auf die Reihe.«

»Boo ist schon 17?«, fragte ich verblüfft. Ich hätte ihn höchstens auf 14 geschätzt.

»Boo ist 21«, sagte Tammy. »Der Alkohol, den seine Mutter während der Schwangerschaft getrunken hat, hat sein Hirn und seine Organe schwer geschädigt. Er hat den Verstand eines kleinen Kindes.«

»Tut mir Leid, das mit deinem Bett«, sagte Alvina. »Jaron hätte nicht zulassen dürfen, dass Boo darin schläft.«

»Es war meine Idee«, sagte ich.

Tammy nickte mir unmerklich zu und ich versuchte ein Lächeln.

8. Kapitel

Die Lakota wurden es nicht müde, beieinander zu sitzen, Kaffee zu trinken und sich Geschichten zu erzählen. Einige, die am Montag wieder einer Arbeit nachgehen mussten, packten am Nachmittag zusammen und reisten ab. Aber viele hatten keine Arbeit und so drängte sie auch nichts, aufzubrechen. Ich hoffte, die Hochzeitsgäste würden nicht noch eine Nacht bleiben, denn ich war so k. o., dass ich mich nach meinem Bett sehnte und allein sein wollte.

Rodney hatte ein paar Jungs entdeckt, die trotz seines ausdrücklichen Verbots Alkohol mitgebracht hatten, und zusammen mit seinem Schwager Arlo Hat kein Pferd nötigte er sie dazu, sein Land zu verlassen. Ich hörte, wie sie Rodney als *Wasicun* und *Apple* bezeichneten, bevor sie verärgert in ihren Schrottautos davonbrausten.

Tammy, die die Szene ebenfalls beobachtet hatte, kam zu mir. »Onkel Rodney wird es von nun an schwer haben«, sagte sie. »Die Alten achteten ihn und die Jungen haben ihn verehrt. Aber nun hat er eine weiße Frau geheiratet und jeder wird ihn mit Skepsis betrachten.«

»Was ist ein *Apple?«,* fragte ich.

»Außen rot und innen weiß.«

»Gibt es eigentlich auch ein Wort für den umgedrehten Fall?«

»Wie meinst du das?

»Na ja, wenn einer weiß ist und trotzdem ein guter Indianer.«

Tammy hob die Schultern und schüttelte gleichzeitig den Kopf.

»Ich muss mich hier also meiner weißen Hautfarbe wegen schämen«, sagte ich. »Wo bin ich bloß hingeraten?«

»Du musst dir die Achtung der Leute eben erarbeiten«, sagte Tammy.

»Es ist rassistisch, wenn ihr dauernd darauf guckt, was ich denken könnte oder wie ich mich verhalte, bloß weil ich weiß bin«, erwiderte ich.

Tammy blickte zu Boden. »Bis jetzt hast du dich ja tapfer gehalten.«

»Ich bin, wie ich bin, Tammy.«

»Dann ist es doch gut.«

Oh nein, nichts war gut. Gar nichts war gut.

Gegen Abend war die Zahl der verbliebenen Hochzeitsgäste auf weniger als 20 geschrumpft. Nur noch die beiden Tipis von Rodney und das Familientipi standen auf der Wiese. Arlo Hat kein Pferd war noch da, Tammy und ihre Familie und Sadie mit Steve und den beiden Kindern. Und natürlich Großvater Joe. Sie alle kannte ich schon ein bisschen und ich wusste, dass sie mit dem Gedanken, dass Mom und ich nun zur Familie gehörten, ganz gut zurechtkamen. Deshalb entspannte ich mich ein wenig und lauschte den Gesprächen.

Steve setzte sich neben mich und klopfte mir auf die Schulter. »Nichts für ungut, Oliver«, sagte er. »Das mit der Hundesuppe war ein kleiner Scherz.«

Die anderen lachten und mir war klar, dass diese Story

bereits die Runde gemacht hatte und ich zum Gespött aller geworden war. Die Demütigung war vollkommen.

»Dieser Gag ist uralt, aber er funktioniert immer wieder«, sagte Steve beinahe entschuldigend. Eigentlich hatte ich ihn gemocht. Nun wusste ich nicht mehr, was ich von ihm halten sollte.

»Mach dir nichts draus«, sagte Großvater Joe. »Steve ist ein *Hunkpapa,* die waren schon immer ein bisschen anders als die Lakota.«

»Ein *Papa* was?«, fragte ich mit großen Augen.

»Ein *Hunkpapa«,* sagte Rodney. »Das ist eine der sieben Hauptgruppen, aus denen wir Sioux uns zusammensetzen. Die *Hunkpapa* sind aus dem Norden, wir *Oglala-Lakota* leben zum größten Teil in Pine Ridge, die *Brule* im Rosebud-Reservat, gleich nebenan. Wenn es dich interessiert, werde ich dir davon erzählen.«

»Und es war wirklich keine Hundesuppe?«, fragte ich, schon halb versöhnt.

»Also, Charlie hat es mir als Büffelfleisch verkauft«, sagte Rodney. »Aber wenn ich's recht bedenke, dann habe ich Tess, seinen fetten Köter, gar nicht bellen hören, als ich's abgeholt habe.«

Und wieder konnten sich alle ausschütten vor Lachen, und ob ich nun wollte oder nicht, ich musste mitlachen.

Später wurde das Gespräch ernst. Rodney war sauer darüber, dass seine Bitte, keinen Alkohol mitzubringen, nicht respektiert worden war. Der Alkohol hatte die heilige Pfeife entweiht, die nun in einer Zeremonie erst wieder gereinigt werden musste.

»Woher kamen die Jungs überhaupt?«, fragte Sadie, die

mit Steve und den Kindern in Rapid City lebte, und was das Reservat betraf, nicht mehr ganz auf dem Laufenden war.

»Das waren irgendwelche Neffen von Ella Rae«, antwortete Rodney. »Eigentlich ganz passable Burschen, soweit ich mich erinnern kann. Zwei sind gute Sportler. Ich weiß nicht, was sie damit bezweckt haben. Vielleicht wollten sie ein bisschen Unruhe stiften.«

Ich hätte Rodney sagen können, dass auch sein Sohn Ryan Alkohol getrunken hatte, aber ich verkniff es mir. Ryan zu verraten würde mir nichts als Ärger einbringen. Obwohl noch eine Menge Zeit bis dahin war, graute mir jetzt schon vor meinem ersten Schultag und dem Augenblick, in dem ich meinem Stiefbruder hilflos ausgeliefert sein würde.

Bisher war ich jemand gewesen, der nirgends aneckte und leicht zu übersehen war. Ich kleidete mich unauffällig, und abgesehen von meinen langen Haaren, hatte es nichts an mir gegeben, das die Aufmerksamkeit anderer auf mich gezogen hätte. Das sollte sich nun ändern. Hier brauchte ich gar nichts tun, um aufzufallen. Meine weiße Haut und die hellen Haare genügten schon.

AUSLÄNDER RAUS!, hatte ich vorhin auf einem Autoaufkleber gelesen. Ausländer, das waren hier Mom und ich. Und im weitesten Sinne alle außer den Indianern in diesem Land. War das nicht verrückt?

Plötzlich hörten wir einen zornigen Brüller und drehten uns alle um. George, Tammys Vater, hatte Boo dabei erwischt, wie er den Rest aus einer Whiskyflasche in sich hineinkippte. Sie hatte irgendwo im Gras gelegen, bis Boo sie gefunden hatte. »Verdammt noch mal, Junge, ich habe es dir verboten, diesen Mist zu trinken«, schimpfte George und schleuderte die leere Flasche in die Prärie.

Boo, der kein Empfinden für Richtig und Falsch hatte, wurde wütend und schlug um sich. Rodney kam seinem Schwager zu Hilfe und beide hielten Boo fest, bis er sich beruhigt hatte. »Ich hab's gefunden«, jammerte er, »es gehörte mir. Ich bin 21, ich kann machen, was ich will.«

Ich sah Tränen in Tammys Augen, dann senkte sie den Kopf, als würde sie sich schämen für Boo. Trotzdem sprach sie von ihm als ihren Bruder, obwohl er es gar nicht war. Da gab es so manches, das ich nicht verstand.

Die Männer brachten den Jungen ans Feuer und er machte sich los, um sich neben mich zu setzen. Seit ich Boo mein Bett überlassen hatte, war ich sein neuer Freund. Er mochte mich, und das zeigte er jetzt, indem er seinen Kopf an meine Schulter legte und verschwörerisch lächelte.

Ich legte meinen Arm um ihn und sagte: »Schon gut, Boo.«

Alle beobachteten mich, doch niemand sagte etwas. Ich hätte zu gerne gewusst, was sie dachten, aber ich konnte in ihren Gesichtern nicht lesen.

Gegen Abend fuhren Sadie und Steve mit den Kindern wieder nach Rapid City und Familie Fool Bear brach schließlich auch auf.

Tammy reichte mir zum Abschied die Hand. »Besuch uns doch mal mit deiner Mutter«, sagte sie. »Wir wohnen in der Nähe von Kyle, es ist gar nicht so weit weg.«

»Okay«, sagte ich verlegen. Tammy lächelte, dass ihre Zahnlücke zum Vorschein kam, und in ihren schwarzen

Augen sah ich, dass sie mich mehr verstand, als sie bisher zugegeben hatte.

Jaron klopfte mir auf die Schulter. »*Toksa*«, sagte er. »Wir sehen dich.«

Boo fiel mir um den Hals und Tante Alvina schaffte es nur mit Mühe, ihn dort wieder wegzukriegen.

Als das Auto der Familie Fool Bear hinter dem Hügel verschwunden war, blieben als Schlafgäste nur noch Arlo und Großvater Joe zurück. Beide bestanden darauf, im Tipi zu schlafen, und Mom schien darüber ganz froh zu sein.

Im Wohnzimmer häuften sich die Hochzeitsgeschenke und ich kam erst jetzt dazu, sie mir richtig anzusehen. Was mir zuerst auffiel, war eine große Patchworkdecke, ein Quilt, in mühsamer Kleinarbeit zusammengenäht aus vielen bunten Stoffstücken. In der Mitte prangte ein großer, sechszackiger Stern. Ich fragte mich, wer sich diese Mühe gemacht hatte. Die Decke war sehr schön. Ansonsten gab es da eine Menge Dinge, mit denen ich nicht viel anfangen konnte: Süßgraszöpfe in allen Größen, mit rotem Faden umwickelte Salbeibündel, bunte Stoffstreifen, Schmuck für Mom. Aber auch Praktisches: Kochtöpfe und Pfannen, noch mehr Decken, Handtücher. Die Lakota waren großzügige Menschen, auch wenn sie selbst nicht viel hatten.

Ich war müde und ging schlafen. In meinem Zimmer sah es wieder ganz leidlich aus. Nicht dass ich ein Ordnungsfanatiker gewesen wäre, aber wenn, dann machte ich mir meine Unordnung schon lieber selber. Die Matratze war wieder an ihrem Platz und mein Bett frisch bezogen. Der Gedanke, dass Tammy das gemacht hatte, war mir peinlich. Meine neue Cousine war in Ordnung und ich hätte gerne gewusst, was sie wirklich von mir dachte.

Ich duschte und legte mich schlafen. Die vergangenen beiden Tage kamen mir so vollkommen unwirklich vor, als hätte ich stundenlang im Kino gesessen, in einem Film, den ich eigentlich gar nicht hatte sehen wollen. Ich fragte mich, wann der Punkt kommen würde, an dem ich begriff, dass es kein Film war, sondern die Wirklichkeit? Dass ich tatsächlich hier war, im Pine-Ridge-Reservat, und das nicht nur für einen verrückten Sommer, sondern für die nächsten Jahre meines Lebens. Ich wünschte, ich würde aufwachen aus diesem Traum, einem Alptraum, und wieder zu Hause sein, zusammen mit Nina.

Mein häufigster Gedanke in diesen Tagen war, dass ich nie wieder glücklich sein würde. Niemals. Da lag ich nun und versuchte mir Nina vorzustellen, um mich ein wenig an ihr Lächeln zu klammern. Aber da war kein Bild, nur Schmerz. Eine Art Verzweiflung, von der ich mir nicht vorstellen konnte, dass sie je wieder weggehen würde.

Doch in der Nacht, da wurden meine Träume wahr. Nina und ich spazierten Hand in Hand durch den Park und dann hockten wir uns auf eine Wiese und küssten uns. Nina konnte wunderbar küssen. Ihre Lippen waren weich und ich roch den wunderbaren Veilchenduft ihrer warmen Haut. Es war herrlich, neben ihr zu liegen und sie zu berühren. Schließlich gingen wir zu ihr nach Hause und schlossen uns in ihrem Zimmer ein. Ninas Eltern waren nicht da und wir konnten es kaum erwarten, endlich zusammen zu sein.

Alles war perfekt und irgendwann kamen wir richtig zur

Sache. Doch bevor es passierte, rüttelte mich jemand wach. Es war meine Mutter, die kopfschüttelnd neben meinem Bett stand. »Es ist gleich Mittag, Olli. Willst du nicht endlich aufstehen?«

»Mmmm«, brummte ich und versteckte meinen Kopf unter der Decke. Das war typisch Mom. Die richtige Nina durfte ich nicht haben und die Traum-Nina auch nicht. Am liebsten hätte ich meine Mutter weggezaubert, damit ich in Ruhe weiterträumen konnte. Im Traum seine Jungfräulichkeit zu verlieren war immer noch besser als überhaupt nicht. Aber Mom gab natürlich nicht eher Ruhe, bis ich mich aus dem Bett quälte.

Ich aß ein paar Cornflakes und ging nach draußen, um Rodney und seinem Vater dabei zu helfen, das bemalte Tipi abzubauen. Irgendwie kriegte Mom mich jedes Mal dazu, das zu tun, was sie wollte. Ich mochte sie sehr, und bis sie Rodney kennen gelernt hatte, waren wir – von einigen Meinungsverschiedenheiten abgesehen – ein wunderbares Team gewesen.

Doch seit einiger Zeit machte ich dauernd, was sie von mir erwartete, und meine Wünsche kamen dabei ständig zu kurz. Meine Mutter hatte mich zu einem höflichen Jungen erzogen, ein Sorgenkind war ich nie gewesen. Aber langsam bekam ich diese Rolle satt. Ich wollte nicht mehr der hilfsbereite, brave Olli sein, der Freund von kleinen Hosenscheißern und Bettnässern.

Als das Tipi zusammengepackt und samt Stangen auf Rodneys Pick-up geladen war, gab es eine Kartoffelsuppe und nach dem Essen wollte Rodney seinen Vater nach Hause fahren.

»Wenn du mitkommst«, sagte Joe zu mir, »dann weißt du, wo ich wohne.«

Ich hatte keine Lust, mitzukommen, aber der gute Olli nickte brav und stieg in den Pick-up. Wir fuhren den Berg hinunter und wieder hinauf bis zur Schotterstraße und bogen dann nach rechts ab.

»Es ist gar nicht weit«, sagte Rodney. »Nur knapp vier Meilen.«

Wir zogen eine mächtige ockerfarbene Staubwolke hinter uns her. Rodney hatte das Radio angemacht, das immer auf Kili-FM eingestellt war, einen Sender, der im Reservat ausgestrahlt wurde. Indianer sangen im Rhythmus der Trommel und Großvater Joe sang mit. Er und Rodney beherrschten die Lakota-Sprache und meine Mutter war darum bemüht, sie zu lernen. Ein paar Brocken hatte ich auch schon aufgeschnappt, aber ich hatte nicht vor Lakota zu sprechen. Wozu auch.

»Das ist Powwow-Musik«, unterbrach Joe seinen Gesang. »Warst du schon mal auf einem Powwow, Oliver?«

Ich schüttelte den Kopf. Ich wusste zwar, dass ein Powwow ein indianisches Tanzfest ist, aber gesehen hatte ich noch keins.

»Nächstes Wochenende findet ein großes Powwow in Pine Ridge statt«, sagte Rodney. »Da werden wir dabei sein.«

»Ich hoffe, Arthur hat bis dahin die Ersatzteile für meinen Wagen«, sagte Joe.

»Wenn nicht, holen wir dich ab, Dad«, erwiderte Rodney.

Großvater Joe bewohnte ein altes Blockhaus in einem kleinen Tal. Ein Bachbett führte neben dem Haus vorbei, in dem jetzt allerdings nur noch ein Rinnsal zu sehen war. Ein paar Pappeln spendeten Schatten und zwischen ihren

Stämmen weideten zwei Pferde, ein Grauschimmel und ein Brauner mit hellen Flecken. Als sie uns kommen hörten, hoben sie lauschend die Köpfe.

Ein Stück vom Haus entfernt, sah ich einen graslosen braunen Kreis am Boden mit einem Loch in der Mitte, das mit Steinen umlegt war. Dort hatte vermutlich das Familientipi gestanden. Gleich neben dem Kreis befand sich ein bienenkorbartiges Gebilde aus gebogenen Zweigen, über das eine ausgeblichene Segeltuchplane geworfen war. Ich nahm an, dass das eine Indianersauna war.

Ein paar windschiefe Strommasten führten durch das Tal und ich registrierte, dass der alte Mann wenigstens Elektrizität in seiner Hütte hatte. Das Blockhaus hatte eine kleine Veranda, auf der eine massive Holzbank stand. Als wir aus dem Pick-up stiegen, kam unter den Brettern der Veranda ein staubig graues Etwas hervorgeschossen und sprang, freudig bellend, um uns herum.

»He Skippy«, begrüßte Joe seinen Hund. »Na, du hast wohl gedacht, ich komme überhaupt nicht mehr wieder, was? Hast du denn gut auf Tom und Jerry aufgepasst?«

Tom und Jerry? Vermutlich waren damit die Pferde gemeint.

Der Hund, er war schon alt, leckte dem alten Mann die Finger und jaulte vor Freude, dass er nun nicht mehr allein sein musste. Joe ging ins Haus und Rodney und ich folgten ihm, mit all den Speisen, die Mom für den alten Mann mitgegeben hatte. Skippy beobachtete mich misstrauisch. Als ich durch die Tür wollte, knurrte er mich an.

Lass mich rein, sonst kommst du in die Suppe, dachte ich.

Joe redete beruhigend auf den Hund ein. »Das ist Oliver«, sagte er. »Am besten du gewöhnst dich an ihn.« Der alte Mann wandte sich an mich. »Skippy hat nur noch einen Zahn, aber mit dem kann er kräftig zubeißen. Also lege dich lieber nicht mit ihm an.«

Skippy ließ mich schließlich rein, beobachtete mich aber weiterhin wachsam. Vielleicht hatte er auch was gegen mich, weil ich weiß war. Vielleicht rochen Weiße anders. Immerhin hatte er mich nicht dusslig angekläfft, was ich ihm hoch anrechnete.

Rodneys Vater holte eine Kanne mit Limonade aus einem uralten Kühlschrank, und während er sie in drei Gläser goss, sah ich mich um. Das Haus bestand aus zwei Räumen. Einer großen Wohnküche, in der wir uns gerade befanden, und noch einer Kammer, deren Tür offen stand. Ein Bett stand darin, mehr konnte ich nicht erkennen.

Die Einrichtung der Wohnküche bestand aus dem Kühlschrank, einem einfachen, arg zerkratzten Küchenschrank, einem Holztisch mit vier Stühlen. Das große, moderne Sofa sah genauso aus wie jenes in unserem Wohnzimmer und wirkte wie ein Fremdkörper in der Hütte. Joe hatte eine Spüle und fließendes Wasser aus der Leitung. Die Arbeitsfläche war voll gestellt mit sauberem Geschirr. Obwohl es einen älteren Elektroherd gab, besaß der alte Mann auch noch einen gusseisernen Ofen, den er mit Holz befeuern konnte. Das Eindrucksvollste am ganzen Raum aber war der Kamin, über dem eine Sammlung von Kräuterbündeln hing. Er war aus Granitsteinen gemauert und machte einen sehr soliden Eindruck. Da ich keine andere Heizquelle entdecken konnte, nahm ich an, dass der Alte im Winter eine Menge Holz zu hacken hatte.

Rodney packte die Plastikbehälter mit dem Essen in den

Kühlschrank und murrte: »Du musst ihn mal abtauen, Dad, sonst kühlt er nicht mehr richtig.«

»Ich find's da drinnen außerordentlich kalt«, sagte Joe. »Ist doch alles voller Schnee.«

»Deswegen ja. Außerdem könntest du endlich nachgeben und dir von mir einen neuen Kühlschrank kaufen lassen.«

»Ich mag den alten aber«, entgegnete Joe. »Ich habe ihn deiner Mutter geschenkt und sie war sehr glücklich damit. Er erinnert mich an sie.«

Rodney murmelte etwas, das ich nicht verstehen konnte. Dann bedankte er sich bei seinem Vater für die Hochzeitszeremonie und wir verabschiedeten uns.

Wir liefen zum Pick-up, und als ich einsteigen wollte, rief Rodney plötzlich: »Hey Oliver!«, und warf mir den Autoschlüssel zu. Ich fing ihn auf und sah meinen Stiefvater mit großen Augen an. »Du bist dran«, sagte er.

»Aber ich kann gar nicht Auto fahren«, erwiderte ich.

»Dann wird's Zeit, dass du es lernst.« Er grinste breit.

Nun war es nicht so, dass ich noch nie am Steuer eines Autos gesessen hätte, aber meine Fahrpraxis war nicht der Rede wert. Mom hatte mich mal auf einem Feldweg fahren lassen. Fünf Meter nach vorn und fünf Meter zurück. Und nun sollte ich einen Pick-up über Schotterstraßen lenken.

Aber feige wollte ich auch nicht sein und außerdem konnte man nie wissen, wofür es mal gut war. Der Pick-up war alt, hatte aber Automatikschaltung, was die Sache erheblich erleichterte. Rodney erklärte mir die Hebelstellungen, dann startete ich den Motor, ging mit dem Fuß von der Bremse und die Kiste rollte los. Es war ein Kinderspiel. Jedenfalls glaubte ich das.

»Geh ein bisschen vom Gas«, sagte Rodney.

Ich wollte bremsen, trat aber versehentlich aufs Gaspedal und die Kiste schoss nach vorn. Ich kriegte die Kurve nicht, kam vom Weg runter und steuerte auf einen Absatz im Gelände zu. Alles ging rasend schnell und ich sah uns schon, wie wir uns mehrmals überschlugen und auf dem Dach endeten.

Plötzlich stand der Pick-up mit einem Ruck und wir wären beinahe durch die Windschutzscheibe geflogen. Rodney hatte die Handbremse gezogen.

»Das war knapp«, sagte er. »Ein Pick-up ist kein Landrover.«

»Tut mir Leid«, sagte ich zerknirscht und machte mich auf Ärger gefasst.

»Kein Problem«, meinte Rodney ruhig. »Du musst langsam fahren und erst mal ein Gefühl für den Wagen kriegen. Manchmal ist er ein bisschen bockig wie ein alter Gaul. Dann musst du ihm gut zureden. Fahr vorsichtig, vor allem im Gelände, wenn du den Untergrund nicht einschätzen kannst.«

»Du lässt mich weiterfahren?«

»Klar doch. Deine Mutter wartet auf uns.«

Ich schob den Rückwärtsgang rein, fuhr ein Stück zurück und dann kriegte ich die Kurve. Von da an lief alles prima. Ich lenkte einen Pick-up durch die Prärie und ein merkwürdiges Gefühl von Unantastbarkeit erfasste mich, das mich für den Augenblick eine Menge vergessen ließ. Sogar Rodney, der wachsam, aber lächelnd neben mir saß.

Mann, wenn mein Freund Markus mich hätte sehen können, die Augen wären ihm rausgefallen vor Neid. Der musste noch drei Jahre warten, bis er ans Steuer eines Autos durfte.

Ich parkte den Pick-up neben dem Haus und Rodney sagte: »Schon viel besser. Du darfst ihn fahren, wenn du willst. Aber nur hier, auf unseren Schotterpisten. Und sieh zu, dass du im September so schnell wie möglich deinen Führerschein machst. Ohne Auto bis du im Res verloren.«

»Okay«, sagte ich und gab ihm den Autoschlüssel zurück.

9. Kapitel

Auto fahren war nicht das Einzige, was ich an diesem Tag im Schnellkurs lernen sollte. Rodney verlor keine Zeit, mich mit dem anderen der beiden wichtigsten Fortbewegungsmittel eines Indianers vertraut zu machen. Zuerst das Auto, klar. Und am späten Nachmittag saß ich dann auf dem Rücken eines Pferdes. Es war die gefleckte Stute, mit der ich mich schon ein wenig angefreundet hatte. Sie sei gefügig und trittsicher, hatte Rodney mir versichert. Er selbst ritt den Hengst, sein Name war Tatanka. Mom ritt die andere Stute, die nicht trächtig war. Nun war es natürlich nicht so, dass ich noch nie in meinem Leben auf einem Pferd gesessen hätte. Da meine Mutter Pferde liebte, hatten wir oft Ferien auf einem Bauernhof gemacht. Aber ebenso wie beim Autofahren, ließ meine Praxis sehr zu wünschen übrig. Die Stute, sie hieß Moon, war sanft und ich vertraute ihr. Sie wusste inzwischen einiges über mich, weil ich manchmal mit ihr redete, wenn kein anderer da war, der mir zuhörte.

Mein Stiefvater ritt voran, Mom folgte mit ihrem Pferd und zum Schluss kam ich. Wir ritten den Hügel hinauf und ich versuchte mich den Bewegungen des Pferdes anzupassen. Rodneys Erklärung, was ich beim Reiten zu beachten hatte, war nicht länger gewesen als seine Erläuterungen zum Schalthebel im Pick-up.

Oben, auf dem Hügel, entdeckte ich dann auch die kleinen, kurzstieligen lila Blumen, genau an jener Stelle, wo ich vor ein paar Tagen meine Tränen vergossen hatte. Vielleicht bildete ich mir das ja nur ein, aber genau dort hatte ich im Gras gelegen. Das war ganz schön verrückt, ein kleines Wunder. Nur dass ich's niemandem erzählen konnte.

Vom Hügel aus konnte man das Land weit überblicken, vor allem wenn man auf dem Rücken eines Pferdes saß. Es war jetzt nicht mehr so heiß wie zur Mittagszeit und ein angenehmes Lüftchen strich über die trockenen Halme.

»Na kommt«, sagte Rodney. »Ich möchte euch etwas zeigen.«

Wir ritten den Hügel hinunter und den nächsten wieder hinauf. Oben befand sich das Hanffeld, von dem Rodney erzählt hatte. Trotz der Trockenheit standen die Hanfpflanzen mannshoch und höher. Rodney verkündete stolz, dass es diesmal eine gute Ernte geben würde.

»Es ist mein dritter Versuch«, sagte er, »und diesmal hat es funktioniert. Vor zwei Jahren ist die Saat gar nicht erst aufgegangen und im vergangenen Jahr sind die jungen Pflänzchen abgestorben. In diesem Jahr hat die ganze Familie zusammengelegt, um einwandfreies Saatgut zu kaufen. Mit dieser Ernte werden wir alle gut über den Winter kommen.«

Ich sah den Stolz in seinen Augen und eine Menge Hoffnung. Sollte dieses Hanffeld die Grundlage unserer Existenz sein? Ich versuchte nicht darüber nachzudenken.

Rodney stieg ab und untersuchte die Blätter der Pflanzen. »Der Hanf ist eine ganz erstaunliche Pflanze, Oliver«, sagte er. »Beim Wachstum bindet er CO_2 und gibt Sauerstoff ab. Auf diese Weise leisten wir unseren Beitrag zum Klimaschutz.« Er grinste breit. »Aber der Hanf hat noch andere erstaunliche Eigenschaften. Er benötigt keine Pflanzenschutzmittel, weil die Hanffasern kein Eiweiß enthalten und dadurch resistent gegen Schädlingsbefall sind. Hanffasern sind extrem reißfest, schalldämmend und diffusionsoffen. Ein hervorragendes Baumaterial also. Und noch dazu eines, das nachwächst. Zum Beispiel die Ziegelsteine von unserem Haus. Sie bestehen zu 50 % aus Hanf und der Rest ist eine Mischung aus Lehm, Kalkstein und Zement. Die Steine wurden bisher in einem Schuppen hergestellt, unter primitivsten Bedingungen. Aber im nächsten Jahr soll an derselben Stelle eine richtige Ziegelfabrik entstehen, gleich neben dem großen Hanffeld von der Deer-Creek-Genossenschaft. Dustin Shortbull, der die Hanfschindeln gebracht hat, ist dort der Chef. Unsere Ernte wird verkauft und dafür werden neues Saatgut und Maschinen angeschafft. Die Ernte der Genossenschaft bleibt im Reservat und wird verarbeitet.«

»Und wenn die Drogenbehörde euch einen Strich durch die Rechnung macht?«, fragte meine Mutter.

»Wieso denn das?«, wollte ich wissen. »Ich denke, es ist Nutzhanf.«

»Kann sie gar nicht«, erwiderte Rodney. »Die Stammesregierung hat 1998 ein Gesetz verabschiedet, das zukünftig den Anbau von Nutzhanf im Reservat erlaubt. Der Hanf darf nicht mehr als ein Prozent THC haben, das Tetrahydrocannabinol, das die berauschende Wirkung verursacht. Ich habe vor einem Monat eine Probe an die Universität in Mississippi geschickt und sie haben kein THC in der Pflanze gefunden. Alles hat also seine Ordnung.«

»Und wann wird geerntet?«, fragte meine Mutter.

»In sechs Wochen, Anfang September, je nachdem, wie das Wetter ist.«

Mom nickte. Sie kannte sich gut aus mit Hanf, weil sie seit der Wende in einer Ökobaufirma gearbeitet hatte. Trotzdem, irgendwie schien ihr das Ganze nicht geheuer und mir war auch unwohl zu Mute.

»Nun sieh mich nicht so an, Susan«, sagte Rodney, als er das skeptische Gesicht meiner Mutter sah. »Immerhin waren es deine Landsleute, die den Hanf ins Reservat brachten.«

»Wirklich?«, fragte ich erstaunt.

»Ja, das war vor mehr als hundertfünfzig Jahren. Die Pflanze lieferte den Jesuitenpriestern und Nonnen Kleidung und Nahrung. Inzwischen wächst der Hanf wild und ähnlich wie wir Lakota braucht er nicht viel zum Überleben. Der Hanf und wir, das könnte funktionieren. Mit dieser Pflanze lässt sich eine Menge anfangen. Wir könnten zum Beispiel Hanföl aus den Samen pressen. Es ist gut gegen Neurodermitis. Im Herbst wollen wir eine Ölpresse kaufen, wenn die Ernte gut wird und der Erlös genug Geld einbringt.«

»Die Pflanzen sehen wirklich gut aus«, sagte meine Mutter, wohl um Rodney nicht die Freude zu verderben.

»Die ganze Familie hat dafür gebetet«, bemerkte er.

Tatsächlich sah ich einen Stab am Rande des Feldes in der Erde stecken, an dessen oberem Ende Stoffstreifen, Tabakbeutel und Federn befestigt waren. Der indianische Zauber war überall und ich fragte mich, wie viel da wohl dran war. Vielleicht konnte Großvater Joe mir darauf eine Antwort geben.

Ungefähr eine Stunde lang waren wir mit den Pferden im Gelände unterwegs gewesen. Rodney hatte Mom und mir gezeigt, wo die Grenzen seines Landes verliefen, und uns gebeten darauf zu achten, dass niemand hier herumschnüffelte.

Am Abend, als Mom schon ins Haus gegangen war, um uns ein Abendessen zu bereiten, und er und ich die Pferde versorgten, fragte ich Rodney: »Und dieses Hanffeld ist wirklich legal?«

Rodney seufzte. »Nicht ganz, Oliver. Der Bundesstaat South Dakota verbietet auch weiterhin jeglichen Hanfanbau, selbst den Anbau solcher Sorten, die nicht als Rauschmittel verwendet werden können. Die sind da furchtbar verbohrt, erst recht, weil es uns Lakota betrifft.«

»Und was bedeutet das?«

»Dass ich mich nach bundesstaatlichem Gesetz strafbar mache, indem ich dieses Feld besitze«, sagte Rodney. »Je nachdem, welches Gesetz für mich zuständig ist. Es wäre vielleicht ganz gut, wenn du deiner Mutter nichts davon erzählst. Sie macht mir sonst die Hölle heiß.«

»Können sie dich einsperren?«

Rodney lachte breit. »Wenn sie mich einsperren wollen, brauchen sie nicht unbedingt ein Hanffeld. Da gibt es viele Möglichkeiten. Ich muss immer auf der Hut sein. Die weißen Gesetzeshüter mögen mich nicht.« Rodney legte mir eine Hand auf die Schulter. »Nun schau mal nicht so frustriert, Olli. Hier im Reservat gelten unsere eigenen Gesetze und wir haben eine eigene Rechtssprechung. Wir dürfen ja auch Kasinos bauen. Und seit fünf Jahren gibt es bei uns dieses Gesetz, das den Anbau und die Verwertung von Nutzhanf erlaubt.«

Ich hoffte, dass er die Wahrheit sprach. Aber als ich später in meinem Bett lag, konnte ich lange nicht einschlafen. Zum einen, weil mein Hintern und meine Oberschenkel fürchterlich schmerzten, und zum anderen, weil ich über all das nachdenken musste, was Rodney mir erzählt hatte. Er stand sozusagen immer mit einem Fuß im Gefängnis. Ob Mom das wusste? Ob sie überhaupt etwas über Rodney Bad Hand wusste, fragte ich mich. Denn ich wusste nur wenig über ihn. Da waren ein paar Puzzleteile, sagen wir, der Rand eines 200-Teile-Puzzles. Aber in der Mitte war ein großes Loch. Ich wurde nicht schlau aus Rodney, hatte keine Ahnung, was er eigentlich machte und womit er seinen Lebensunterhalt verdiente.

Die Kojoten heulten und eine Meute Hunde fing an zu bellen. Aber daran hatte ich mich inzwischen gewöhnt. Es war ein netteres Gutenachtlied als das Quietschen einer Straßenbahn.

Am nächsten Tag hatte Rodney geschäftlich in Rapid City zu tun und war schon weg, als ich aufstand. Ich fragte meine Mutter, was »geschäftlich« bedeutete.

Mom seufzte, bevor sie mir antwortete. »Rodney macht viele Dinge, Olli. Da ist einmal das Hanffeld, von dessen Ernte er sich einen guten Erlös erhofft, und außerdem ist er am Bau der Ziegelfabrik beteiligt. Die Pferde sind sein Kapital, bald wird es zwei neue Fohlen geben. Im Sommer führt er manchmal Reisegruppen durch die Badlands und im Herbst ist er mit Hobbyjägern unterwegs. Seine kunsthandwerklichen Arbeiten hast du ja gesehen. Die verkauft er an Touristen und in einem Laden in Rapid City.«

»Hört sich alles nach einer Menge Arbeit an«, sagte ich. »Aber kann man damit auch Geld verdienen?«

Mom zuckte die Achseln. »Rodney mag das Thema Geld nicht«, sagte sie. »Wenn ich ihn darauf anspreche, verändert er sich und ich kann in seinen Augen sehen, was er denkt.«

»Was denkt er denn?«

»Ich glaube, er denkt: Typisch weiß. Dauernd hat sie nur das Geld im Kopf.« Es klang ein bisschen resigniert.

»Aber ohne geht es doch nun mal nicht.«

»Rodney sagt, er wäre immer irgendwie über die Runden gekommen.«

»Aber jetzt sind wir da.«

»Deshalb wird er sein Leben nicht ändern«, sagte Mom.

Ich sah sie mit großen Augen an.

»Rodney ist Lakota, Olli. Entweder wir nehmen ihn, wie er ist, oder das Experiment ist gescheitert.«

Experiment? Ich dachte daran, was Tammy über die europäischen Frauen im Reservat gesagt hatte. Dass die meisten es hier nicht lange aushielten.

»Was, wenn er dich mal enttäuscht, Mom?«

»Dann muss ich damit fertig werden.«

»Und wie geht es jetzt weiter?«.

»Wir vertrauen auf *Wakan Tanka«,* antwortete meine Mutter mit einem seltsamen Lächeln. »So wie alle anderen im Reservat auch.«

Nach diesem Gespräch versuchte ich Nina anzurufen, um ihr zu sagen, dass ich vielleicht doch bald nach Hause kommen würde. Aber Nina war nicht da. Ihre Mutter sagte mir, dass sie zu einer Geburtstagsfete gegangen war.

Ich klingelte bei Markus an, aber der war auf dem

Sprung, denn er wollte auch zu dieser Fete gehen. »Wer hat denn Geburtstag?«

»Sebastian«, sagte Markus.

»Welcher Sebastian?«

»Der vom Volleyball.«

Verdammter Mist, der lange Sebastian, den alle Mädchen wegen seiner sportlichen Figur und seinem glänzenden Humor bewunderten. Nina hatte Sebastian nie leiden können und nun war sie auf seiner Geburtstagsparty. Ich spürte, wie die Dinge mir aus den Händen glitten, und ich konnte nichts tun. Ich war zu weit weg. Es tat weh, aber es war nicht mehr derselbe grelle Schmerz wie am Anfang, als ich vor Sehnsucht nach Nina fast verrückt geworden war. Was ich spürte, war ein dumpfes Pochen in der Magengegend.

»Du denkst doch an dein Versprechen?«, erinnerte ich Markus.

»Klar. Aber es ist wirklich alles im grünen Bereich. Geht's dir gut?«

»Ich kann jetzt Auto fahren und reiten«, sagte ich. »Schnellkurs.«

»Wow!«, bemerkte Markus. »Das musst du mir unbedingt genauer erzählen. Aber ein anderes Mal, jetzt muss ich los. Kopf hoch, Alter. Und grüß deine schöne Mutter.«

»Hmmm«, brummte ich und legte auf, als das Freizeichen ertönte.

Vor unserer Abreise in den Wilden Westen hatte ich Markus gebeten mich wissen zu lassen, wenn sich zwischen Nina und einem anderen Jungen etwas anbahnte. Ich wollte nicht wie ein verliebter Trottel am Telefon nach ihr betteln, während sie sich längst anderweitig amüsierte. Aber bis jetzt hatte Markus jedes Mal Entwarnung gegeben.

Nina wäre bestimmt sauer gewesen, wenn sie von dieser Abmachung gewusst hätte, aber ich war so weit weg und konnte nichts anderes tun, als ihr zu schreiben oder sie anzurufen. Und ich wusste, wie unangenehm es war, mit Zuneigung überschüttet zu werden, wenn man nicht dasselbe empfand. Bevor ich mit Nina zusammenkam, hatte mich ein Mädchen aus der 9a mit schmachtenden Blicken und selbst verfassten Liebesgedichten verfolgt. Sie war ein nettes Mädchen und sah gar nicht mal übel aus. Aber in mir regte sich nichts, und auch wenn ich damals gerne eine Freundin gehabt hätte, wollte ich ihr nicht wehtun. Man macht sich lächerlich, wenn man den Punkt nicht mitkriegt, an dem man den Bogen überspannt.

Ich wollte nicht, dass mir das mit Nina passiert. Obwohl wir einander geschworen hatten ehrlich zu bleiben und es dem anderen zu erzählen, wenn es aus war, wollte ich lieber auf Nummer sicher gehen. Meine Chancen standen nicht besonders gut, da machte ich mir nichts vor. Aber noch gab es Hoffnung.

Als Mom am Nachmittag nach Kyle fuhr, um einzukaufen, begleitete ich sie. Das Angebot in dem kleinen Supermarkt hinter der Tankstelle war kläglich, aber hungern mussten wir nicht. Was es an frischem Obst und Gemüse gab, war dürftig und teuer, so teuer, dass es sich niemand leisten konnte, schon gar nicht die Lakota, von denen viele auf Sozialhilfe angewiesen waren.

Ich fragte meine Mutter, warum die Preise für Früchte und Gemüse hier so unverschämt waren.

»Die Straßen im Reservat sind schlecht«, sagte sie, »sodass die Ware immer durchgeschüttelt und fleckig hier ankommt. Weil sie dann keiner mehr kaufen will, bleibt sie liegen und vergammelt. Also bringen die Zulieferer erst gar nichts oder sie bieten es zu teuren Preisen an. Aber mach dir keine Sorgen. Im nächsten Frühjahr werde ich hinter dem Haus einen Obst- und Gemüsegarten anlegen. Ich habe schon mit Rodney darüber gesprochen.«

Wir kauften also ein, und während Mom an der Kasse bezahlte, las ich die Anschläge an der Pinnwand. Da warnten sie vor Moskitos, die den West-Nile-Virus in sich trugen. Eine Krankheit, die zu Lähmungen und sogar zum Tod führen konnte. Im Jahr zuvor waren 14 Menschen in South Dakota am West-Nile-Virus gestorben. Ich las und schluckte, und als meine Mutter fertig war, fragte sie: »Was gibt es denn so Interessantes?«

»Hast du gewusst, dass hier Killermoskitos herumfliegen?«

Mom nickte. »Ja, Rodney hat mir davon erzählt. Er sagt, es gibt keinen Grund zur Panik.«

Ich half meiner Mutter die Tüten ins Auto zu tragen und wurde nicht fertig damit, wie leichthin sie die Sache abtat. Ich hatte nicht vor an einem Mückenstich zu sterben. Gleich juckte es mich überall und ich untersuchte meine Arme und Beine nach roten Huckeln.

»Es ist zu trocken für Mücken in diesem Jahr«, sagte Mom.

»Aber mich hat eine gestochen«, erwiderte ich aufgebracht. »Da«, sagte ich und hielt ihr meinen Arm hin.

Sie lachte. »Nun dreh bloß nicht durch, Olli. Wir sind

nicht die einzigen Menschen, die hier leben. Du wirst nicht sterben an diesem Mückenstich.«

»Aber es wäre möglich.«

»Vieles ist möglich, Olli«, sagte Mom. »Dort, wo wir herkommen, genauso wie hier.«

Ich wollte sagen, dass man bei uns in Deutschland nicht Gefahr lief, an einem Mückenstich zu sterben, aber ich verkniff es mir. Meine Argumente prallten an meiner Mutter ab wie alles andere, was ich zuvor gegen ein Leben im Reservat einzuwenden gehabt hatte. Meiner Mutter gefiel es hier, trotz Trockenheit und Müllbergen und Killermücken. Da war nichts zu machen.

Um mich aufzumuntern, entschloss sich Mom zu einem Besuch bei Familie Fool Bear. Rodneys Schwester Alvina wohnte ein Stück außerhalb von Kyle, in einem hellblauen Holzhaus, das in meinen Augen einen soliden Eindruck machte.

Tammy saß im Garten und las. Sie lachte wie ein kleiner Kobold, als sie mich begrüßte. Tammy war nicht schön, sie war einzigartig. Bei ihrem Anblick vergaß ich die Killermücken.

»Hübsches Haus«, sagte ich verlegen.

»Natürlich nicht so schön wie eures«, erwiderte sie. »Die Regierung hat diese Fertigteilhäuser bauen lassen, überall im Reservat. Die Miete richtet sich nach dem Einkommen der Bewohner. Papa repariert dauernd daran herum, aber wenn er einen Schaden behoben hat, taucht der nächste auf.«

»Eigentlich sieht es ganz nett aus«, sagte ich.

»Ja, aber der Schein trügt.« Sie führte mich ins Wohnzimmer und zeigte in eine Ecke, wo sich die Tapete vollständig abgelöst hatte, darunter keimte schwarzer Schimmel. »Im Sommer wird alles trocken, dann tapeziert Papa, und im Winter wird die Ecke wieder schwarz.«

»Ist das Zeug nicht giftig?«

»Das ist es«, antwortete Tammy. »Aber was sollen wir machen?«

Teufel, dachte ich. Killermücken und schwarzer Schimmel. Hört das denn nie auf?

Boo fläzte im Wohnzimmer auf der Couch und guckte fern. Tom und Jerry tobten über den Bildschirm. Als Boo mich wahrnahm, kam er freudestrahlend auf mich zu und zog mich an der Hand zur Couch.

»Er sucht immer jemanden, der mit ihm fernsieht«, bemerkte Tammy achselzuckend, als ich ihr einen hilflosen Blick zuwarf. »Er ist nicht gerne alleine.«

Eine Viertelstunde musste ich Boos Begeisterung für Trickfilme ertragen, bis Tammy mich erlöste. »Ich möchte Olli die Pferde zeigen«, sagte sie und schleppte mich aus dem Haus.

Onkel George schien die gleiche Sammelleidenschaft zu haben wie viele andere Lakota auch. Neben und hinter dem Haus lagerte so allerhand, das einmal ausrangiert worden war und bisher noch keine neue Verwendung gefunden hatte: Ein vollkommen verrosteter, uralter Pick-up, der bestimmt schon Altertumswert hatte, Autoreifen in zwei hohen Stapeln, Bretter und Latten in verschiedenen Längen, Dachpappe, ein altes Waschbecken und zwei Kunstledersessel.

Tammy schien das gar nicht zu sehen, als wir daran vorbeigingen. Ich sah es schon und dabei wurde mir klar, dass wir verschieden waren, etwas, dass ich kurzzeitig vergessen hatte.

Die Pferdekoppel war nicht weit entfernt. Wir liefen am Pappelwäldchen vorbei, das hinter dem Haus wuchs. Zwei Hunde begleiteten uns. Vermutlich waren sie mit Großvater Joes Hund Skippy verwandt. Jedenfalls reimte ich mir das zusammen, als ich sie mir genauer ansah. Pico, der größere, war glatthaarig und schwarz und hatte ein blindes Auge. Bernie hatte ein zotteliges erdfarbenes Fell. Sie trotteten ganz friedlich neben uns her und freuten sich, wenn sie ein paar Streicheleinheiten von Tammy bekamen. Ich hielt mich mit dem Streicheln zurück, denn ich war kein Hundefreund, und wer weiß, was sich für Viehzeug im Fell der Köter versteckt hatte. Irgendwelche Zecken, die mir später den Garaus machen würden, falls die Killermücken das nicht schon erledigt hatten. Außerdem fühlte ich mich von Picos milchigem Auge abgestoßen.

Die Pferde, es waren vier, empfingen uns neugierig mit erhobenen Köpfen. Auch sie waren alle irgendwie gefleckt. Sie stupsten nach Tammys Hand, als sie auf den Koppelzaun kletterte, um ihre Lieblingsstute zu begrüßen, die einen mächtig kugeligen Bauch hatte.

»Sind das auch Appaloosa-Pferde?«, fragte ich.

»Ja. Wir haben sie aus Rodneys Zucht. Es sind gute Reitpferde. Die Nez-Perce-Indianer haben sie gezüchtet. Sie haben den Spaniern ihre Pferde gestohlen und die gesündesten und schönsten miteinander gekreuzt. Appaloosa-Pferde haben alle dieses auffallende Scheckenmuster.«

»Indianerpferde«, sagte ich.

»Ja, Indianerpferde. Sie sind ausdauernd und anpassungsfähig und haben ein gutmütiges Wesen. Deshalb sind sie als Reitpferde sehr beliebt und eine ganze Menge wert.« Tammy streichelte die trächtige Stute liebevoll. »Bald kommt Whirlwinds Fohlen«, sagte sie. »Dad hat versprochen, dass es mir gehören wird. Seinen Bruder mussten wir im Winter verkaufen, weil wir kein Geld für Heizgas hatten. Der Winter war zu kalt und zu lang. Ein paar Leute im Reservat sind in ihren Hütten erfroren, weil sie nichts mehr hatten, was sie verheizen konnten.«

»Willst du mir Angst machen?« Ich sah Tammy fragend an.

Sie warf mir einen merkwürdigen Blick zu. »Du brauchst keine Angst zu haben, Oliver. Onkel Rodney wird schon für euch sorgen. Er hat immer für seine Familie gesorgt. Aber es gibt Männer, die tun das nicht. Sie vertrinken ihre Wohlfahrtsschecks gleich am ersten Tag und ihre Frauen und Kinder gehen leer aus.«

»Warum machen sie das?«

»Weil sie ihr Leben nicht mehr ertragen können, weil sie alles vergessen wollen.« Tammy lehnte ihre Stirn an den Kopf der Stute. »Irgendwann, wenn du eine Weile hier lebst, wenn du erst einen Präriewinter mitgemacht hast, wirst du es vielleicht verstehen.«

»Ihr Indianer seid schwer zu verstehen«, sagte ich.

»Ihr Weißen auch«, erwiderte sie und lächelte. Wenn Tammy lachte, sah sie richtig hübsch aus. Keine Ahnung, warum, aber ich fand ihre Zahnlücke und die Grübchen sexy. Ich ertappte mich dabei, wie ich versuchte Tammy mit Nina zu vergleichen. Aber das ging gar nicht. Nina war perfekt, wie Traumfrauen es nun mal sind. Perfekte Figur, perfekte Kleidung, perfekte Frisur und perfekt verliebt in mich. Tammy war ein bisschen mollig, ihre Klamotten immer ein bisschen vernachlässigt und eine Schönheit war sie auch nicht. Aber Tammy besaß dafür etwas anderes. Tammy hatte Magie.

Ich lächelte zurück.

»Kommst du zum Powwow am Wochenende?«, fragte sie.

»Ich denke schon.«

»Das wird dir bestimmt gefallen. Zum Powwow nach Pine Ridge kommen viele Leute von überallher. Jeder hier freut sich drauf. Ich werde auch tanzen.«

»Du?«

»Klar. Den ganzen Winter habe ich an meinem Kleid gearbeitet und am Wochenende werde ich es das erste Mal tragen.« Ein kurzes Leuchten kam in ihre Augen.

»Jetzt hast du mich richtig neugierig gemacht«, sagte ich.

»Willst du es mal sehen?«

»Ja, gern.«

Wir gingen zum Haus zurück, die Hunde trotteten neben uns her. Mom und Tante Alvina saßen draußen auf einer Bank und tranken Eistee. Scheinbar hatten sie sich jede Menge zu erzählen. Tammy führte mich in ihr Zimmer und da wusste ich dann auch, warum sie von meinem Zimmer so begeistert gewesen war. Ihr Zimmer war sehr klein, höchstens 3 x 4 Meter und auch hier wucherte in einer Ecke der schwarze Schimmel, *Black Mold*, wie er hier genannt wurde. Es war warm und stickig im Raum, obwohl das Fenster offen stand.

Ich weiß nicht, was ich erwartete hatte, vielleicht ein paar Poster von Popstars oder Schauspielern an den Wänden. Stattdessen hatte Tammy Gedichte und Zeichnungen an ihre Wände gepinnt. Einige der Bilder waren mit Buntstiften gezeichnet und zogen mich auf seltsame Weise in den Bann. Es waren Landschafts- und Tierbilder und auch zwei Porträts. Die Strichführung war ungewöhnlich. Ein Kind konnte sie gezeichnet haben oder ein Genie.

»Die sind von Boo«, sagte Tammy. »Die Schulzeit war eine Qual für ihn. Er kann nur schlecht lesen und in Mathe hat er überhaupt nichts kapiert. Aber in Kunst war er immer einer der Besten. Leider macht er jetzt nichts mehr, seit er raus ist aus der Schule. Er sieht nur noch fern oder treibt sich irgendwo herum. Ich habe ihm Stifte geschenkt, aber er hat andere Interessen.«

»Was denn für welche?«

Tammy blickte zu Boden. »Boo ist ein sehr einsamer Junge, er sehnt sich nach Freunden. Also hängt er sich an Leute, irgendwelche Farmerjungs, und macht, was immer die von ihm erwarten. Sie nutzen ihn aus und lachen sich schlapp über ihn. Er merkt es nur nicht.«

Inzwischen hatte ich Tammys Kleid entdeckt, dass in der halb offenen Schranktür hing. »Darf ich?«, fragte ich sie.

Tammy nickte und ich öffnete die Schranktür ganz. Das Kleid war aus fast weiß gegerbtem Leder, über der Brust bestickt mit einem geometrischen Muster aus winzigen, farbigen Glasperlen. Am unteren Rand waren drei Reihen konischer Glöckchen aufgenäht, die silbern schimmerten.

»Es ist aus Hirschleder«, erklärte sie mir stolz. »Es wird so lange gegerbt, bis es fast weiß ist. Ich habe das Kleid selbst genäht und die Perlenstickerei ist auch von mir. Die Glöckchen hat Jaron mir zu Weihnachten geschenkt. Es sind die echten, aus den Deckeln von Tabakdosen gedreht.«

»Es ist schön«, sagte ich. »Du wirst bestimmt toll darin aussehen.«

Tammy lachte, dass ihre weißen Zähne schimmerten. Am liebsten hätte ich sie umarmt, aber das traute ich mich nicht und dafür gab es drei verschiedene Gründe. Erstens war ich verklemmt, zweitens war Tammy meine Cousine und drittens: Vielleicht hatte sie ja einen Freund. Irgend so einen langhaarigen, wilden Krieger, der mir, ohne mit der Wimper zu zucken, die Knochen brechen würde, wenn ich Tammy zu nahe kam.

»Ist was?«, fragte sie.

Ich schüttelte den Kopf. Dann hörte ich meine Mutter rufen, sie wollte nach Hause fahren. *»Toksa«*, sagte ich. »Bis zum Wochenende.«

Tammy nickte und grinste wie ein Kobold.

10. Kapitel

Das große Powwow auf der Festwiese von Pine Ridge sollte mittags beginnen und Mom hatte dafür gesorgt, dass wir pünktlich von zu Hause loskamen. Großvater Joes Wagen war noch nicht repariert und so nahmen wir ihn im Van mit. Er und Rodney hatten sich für die Tanzwettkämpfe angemeldet und schon auf der Hinfahrt trugen sie ihre Tanzkleidung, abgesehen von ihrem Kopfschmuck und den großen schweren *Bustles,* den kreisförmigen, kunstvoll gearbeiteten Federbündeln, die sie sich zum Tanzen auf den Rücken schnallen würden. Die lagen hinten im Kofferraum.

Rodney sah beeindruckend aus in seiner bunt verzierten Lederkluft, mit all den Fransen, Perlen und Federn. Aber Großvater Joes Anblick verschlug mir erst einmal die Sprache. Was er am Leibe trug, schien geradewegs aus einem Museum zu stammen, so alt wirkte es. Das Leder seines Hemdes schien etliche Jahrzehnte auf dem Buckel zu haben. Der obere Teil war nachtblau gefärbt und die Glasperlenstickerei auf der Brust war von einem komplizierteren Muster als die auf Rodneys Hemd.

Sogar die Ärmel waren mit blau-weißen Perlenstickereien verziert und jemand hatte in gleichmäßigen Abständen schwarze Haarzöpfe angebracht, ungefähr zehn Zentimeter lang. Ich nahm an, dass es Pferdehaar war, aber ganz sicher war ich mir nicht.

Großvater Joe sah umwerfend aus.

Auf der Fahrt, es waren immerhin mehr als 80 Meilen bis Pine Ridge, spielte Rodney eine Kassette mit Powwow-Liedern, um uns alle einzustimmen. Er und Joe sangen wieder kräftig mit. Irgendwann stimmte auch meine Mutter mit ein und es juckte sogar mir in der Kehle. Aber ich brachte es nicht fertig, mitzusingen. Ich hatte Angst, mich lächerlich zu machen.

Unterwegs kamen wir an einem Hügel vorüber, auf dem einsam ein weißes Backsteintor stand, mit einem schmiedeeisernen Bogen darüber, auf dem ein Kreuz prangte. Ein paar Autos standen auf dem kleinen Parkplatz am Fuße des Hügels.

»Wounded Knee«, sagte Rodney und ich erinnerte mich dunkel, davon schon mal was im Geschichtsunterricht gehört zu haben. Der fröhliche Gesang im Wagen verstummte und Rodney stellte auch die Musik aus. »Vor langer Zeit wurden auf diesem Hügel mehr als 300 Männer, Frauen und Kinder unseres Volkes von der amerikanischen Armee erschossen«, sagte Rodney. »Damals war eisiger Winter und viele unserer Verwundeten erfroren im Schnee. Es ist genau 113 Jahre her, aber keiner von uns wird es jemals vergessen.«

Wir waren am Hügel vorbei, aber Rodney stellte die Musik nicht wieder an. Eine bedrückende Stille herrschte im Van, bis wir Pine Ridge erreichten und Rodney an der Tankstelle stoppte, um den Bus aufzutanken. Pine Ridge war der Hauptort des Reservats und um einiges größer als Kyle. Keine Ahnung, wie es sonst hier zuging, aber heute herrschte reges Treiben in der Stadt, was sicher mit dem Powwow zusammenhing.

Als wir den Festplatz erreichten, standen dort schon zahllose Wagen im Rund auf der Wiese und Rodney hatte Mühe, noch einen Parkplatz zu finden. Er und sein Vater trugen ihren Rückenschmuck und die Kopfhauben und Mom und ich jeder einen Campingstuhl. Die Tanzarena, ein weiter Kreis, umgeben von überdachten Zuschauerplätzen, war riesig. Rodney ging voran und steuerte zielgerichtet auf jene Stelle zu, wo die Familie seiner Schwester sich bereits niedergelassen hatte. Dort war noch genug Platz, um unsere beiden Klappstühle aufzustellen.

Die Begrüßung war herzlich, und als ich Tammy in ihrem neuen Kleid entdeckte, packte mich endlich auch ein Gefühl von Neugier und Freude. Tante Alvina war dabei, ihrer Tochter Lederbänder mit Federn in die glänzenden Zöpfe zu binden.

»Hi«, begrüßte ich Tammy. »Du siehst toll aus.«

Tammy wurde tatsächlich rot. Ich hätte nie gedacht, dass ihr Derartiges passieren konnte, wo sie doch so braun war. Aber ich bemerkte es trotzdem und es verblüffte mich.

Ihr Kleid saß perfekt. In der Hüfte hatte sie es mit einem Gürtel zusammengenommen, der mit einem blau-weißen Perlenmuster bestickt war. An den Füßen trug sie perlenbesetzte Mokassins. Wenn Tammy einen Schritt machte, schepperten die Glöckchen an ihrem Kleid.

»Sollte es nicht längst losgehen?«, fragte ich, mit einem enttäuschten Blick auf den leeren Tanzplatz.

Alvina lachte kopfschüttelnd über meine Frage und sah mich nachsichtig an.

»Schon mal was von *Indian Time* gehört?«, fragte Tammy und zeigte grinsend ihre Zahnlücke.

Ich verneinte. Schon wieder etwas, das ich nicht wusste.

»*Indian Time* heißt: mindestens zwei Stunden später. Im Klartext: Es geht los, wenn alle bereit sind.«

Ich zuckte mit den Achseln.

Es dauerte dann noch mindestens anderthalb Stunden, bevor es wirklich losging und über die Lautsprecher der *Grand Entry* angesagt wurde, der große Einzug der Tänzer. Alle eingetragenen Teilnehmer des Powwows hatten sich am Haupteingang der Arena eingefunden und eine der vielen Trommelgruppen spielte den *Grand-Entry-Song*. Die lange Reihe der Tänzer wurde von einigen Männern angeführt, die Fahnen trugen.

»Das ist die Ehrengarde«, erklärte uns Tante Alvina, die neben mir und Mom im Klappstuhl saß. Rodneys Schwester trug zwar auch Tanzkleidung, beteiligte sich aber nicht am *Grand Entry*, weil sie ein Auge auf Boo haben wollte. »Es sind Kriegsveteranen und wichtige Männer des Stammes, die die Fahnen tragen«, fügte sie hinzu.

Die Ehrengarde strebte irgendwann in die Mitte des Platzes und die endlose Schlange der Tänzer bewegte sich schneckenförmig um sie herum. Fasziniert starrte ich auf dieses farbenprächtige Schauspiel, den immer enger werdenden Kreis der Tänzer, bis sie sich schließlich auf der Stelle bewegten. Ich hatte Rodney und Joe entdeckt und schließlich auch Tammy. Auch Jaron war unter den Tänzern. Sein ganzer Körper war mit langen bunten Wollfransen bedeckt, also eine ganz andere Art Tanzkleidung als die der älteren Männer.

Der *Grand Entry* zog sich fast eine Stunde in die Länge und danach begannen gleich die ersten Wettkämpfe. Zuerst blieben die älteren Männer in der Arena, um einen

Traditional zu tanzen. Tammy und Jaron kamen zu uns zurück. Tammy erklärte mir die unterschiedlichen Tänze und die dazugehörige Kleidung. »Wollen wir eine Runde laufen?«, fragte sie nach einer Weile. »Es dauert noch lange, bis ich an der Reihe bin.«

Ich war einverstanden und Jaron schloss sich uns an. Wir liefen den großen Kreis um die Tanzarena, wo Händler ihre Stände aufgebaut hatten und sich eine Imbissbude an die andere reihte. Indianer verkauften Hotdogs und Indian-Tacos, das waren große Frybread-Fladen mit einer Mischung aus dicken Bohnen, Tomaten, Zwiebeln, grünem Salat und geriebenem Käse oben drauf.

Tammy und Jaron teilten sich einen Taco, ich hatte noch keinen Hunger. Aber sie ließen mich mal abbeißen. »Schmeckt lecker«, sagte ich, was auch stimmte.

»Johnnys Tacos sind die besten«, meinte Jaron kauend. Wir kauften uns jeder eine Coke und liefen weiter, vorbei an Ständen mit Kassetten und CDs, Traumfängern in allen Variationen, Armschmuck aus eingefärbten Stachelschweinborsten, Navajo-Silberschmuck und überhaupt – es gab alles, was das Herz eines Indianerfans begehrte. Mom würde begeistert sein, wenn sie die Sachen sah.

»Hoppla«, sagte plötzlich ein Kerl in bunter Fransenkleidung, nachdem er mich unsanft angerempelt hatte. Sein Gesicht war bemalt, ein schwarzer Streifen über die Augen, ein weißer Streifen darunter. Senkrechte schwarzgelbe Streifen bis unter das Kinn. Die Lippen waren schwarz wie bei einem Blackmetalfan.

Cola tropfte mir vom Kinn, ich hatte die Dose nämlich gerade zum Trinken angesetzt. Braune Flecken zierten mein weißes T-Shirt. Ich wollte noch was sagen, aber da war der Typ schon verschwunden. Seine Stimme war mir irgendwie bekannt vorgekommen, aber mit dieser Dachsmaske hätte ich unmöglich jemanden erkennen können.

»Ryan, der Idiot«, sagte Jaron. Mir rutschte beinahe das Herz in die Hose. Ryan Bad Hand war hier und jetzt, wo ich das wusste, würde ich keine ruhige Minute mehr haben. Ich zitterte bei dem Gedanken, Ryan könnte mir irgendwo auflauern. Jaron sah gleich, dass ich mir vor Schiss bald in die Hosen machte, und klopfte mir grinsend auf die Schulter. »Bleib mal ganz ruhig, alter Junge. Solange wir bei dir sind, traut er sich nicht.«

Traut er sich *was* nicht?, hätte ich gerne gewusst. Aber vielleicht war es auch besser, ich wusste es nicht.

»Gehen wir zurück«, sagte Jaron. »Ich glaube, ich bin bald dran. Und ich will mir die Gelegenheit nicht entgehen lassen, Ryan Bad Hand zu zeigen, wer der bessere Grastänzer ist.«

Auf dem Rückweg liefen wir zwei Touristinnen mit gezückten Fotoapparaten in die Arme. »Sind die beiden nicht süß«, sagte eine von ihnen auf Deutsch.

Auch das noch. Eigentlich hätte ich erfreut sein müssen nach so langer Zeit zwei Landsleute zu treffen, aber seltsamerweise war ich es nicht.

Die eine Frau, behängt mit Indianerschmuck wie ein Weihnachtsbaum, ging auf Tammy zu und fragte sie, ob sie ein Foto machen dürfe. Tammy sah Jaron an und der verdrehte die Augen. »Wenn's unbedingt sein muss.« Er wollte es schnell hinter sich bringen.

»Okay«, sagte Tammy. Sie stellte sich auf meine linke Seite und Jaron stand an meiner Rechten.

Die beiden Frauen machten enttäuschte Gesichter. »Geht das auch ohne euren Freund?«, fragte die eine.

»Er gehört dazu«, bemerkte Tammy, ohne mit der Wimper zu zucken. »Er ist unser Cousin.«

Die deutschen Frauen machten ihr Foto. Ich war sicher, dass es später im Papierkorb landen würde, weil ich es entweihte, so weiß und voll gekleckert, wie ich war. »Nichts für ungut«, sagte ich auf Deutsch, als wir an ihnen vorübergingen. Ihre langen Gesichter amüsierten mich und ich vergaß Ryan Bad Hand.

Es war eine Schau, Jaron Fool Bear tanzen zu sehen. Die rot-gelben Fransen an seiner Kleidung schienen ein Eigenleben zu entwickeln, während er sich im immer schneller werdenden Rhythmus der Trommeln bewegte. Wenn er sich drehte, war sein Körper vollkommen in schwebende Wollfäden eingehüllt und alles verschwamm in einem Rausch aus Farben.

Ganz in seiner Nähe tanzte Ryan Bad Hand in Weiß und Blau. Rodneys Sohn war ein guter Tänzer, das konnte sogar ich erkennen. Keine Ahnung, aber irgendwie hatte ich ihm das nicht zugetraut, nachdem ich ihn mit einer Alkoholfahne erwischt hatte. Als ob das nicht zusammenpasste. Die Indianer überraschten mich immer wieder.

Tammy beugte sich zu mir herüber und flüsterte: »Letztes Jahr war Ryan Sieger in seiner Altersklasse. Aber Jaron hat wie ein Verrückter geübt. Er will ihn schlagen.«

Großer Gott, dachte ich. Wenn Jaron siegte, würde Ryan erst recht sauer sein. Und an wem würde er seine Wut wohl auslassen?

»Was glaubst du, wer der Bessere ist?«, fragte ich Tammy.

»Es kommt auf den Schluss an«, sagte sie. »Genau mit dem letzten Schlag der Trommel muss jeder Grastänzer zum Stehen kommen. Jeder versucht im Schlussteil etwas Eigenes zu machen und damit die Jury zu begeistern. Aber wenn einer der Tänzer den letzten Trommelschlag verpasst, hat er keine Chance auf den Sieg.«

Jaron und Ryan tanzten jetzt nebeneinander und die anderen hatten etwas Abstand genommen, um den beiden nicht in die Quere zu kommen. Rodney und George beobachteten alles mit gespannten Mienen. Das Ganze geriet zu einem Duell zwischen den beiden Jungen, die – von der Menge angefeuert – immer wilder über den Rasen wirbelten. Und dann passierte es: Ryan war so damit beschäftigt, den Schluss seines Tanzes zu etwas Besonderem werden zu lassen, dass er den letzten Trommelschlag verpasste und noch eine Drehung machte, während die anderen schon standen.

Ein enttäuschtes Raunen ging durch die Zuschauermenge, aber dann gab es großen Beifall für beide. Dennoch, die Aussicht auf einen Sieg hatte Ryan durch seine kleine Unachtsamkeit verschenkt und Jaron wurde von der Jury zum Sieger im Grastanz gewählt.

Tammy sprang vor Freude herum und klatschte in die Hände. Dann umarmte sie mich kurz, ließ mich aber gleich wieder los, um ihrer Mutter um den Hals zu fallen. »Er hat es geschafft«, jauchzte sie. »Er hat es geschafft.«

Sie erzählte mir, dass der Sieger in jeder Kategorie ein Preisgeld von 1 000 Dollar bekam. Das war eine Menge

Geld für einen siebzehnjährigen Jungen und ich fragte mich, was Jaron damit anfangen würde.

Tante Alvina legte ihrer Tochter einen roten Schal mit angenähten Lederfransen um die Schulter und wünschte ihr viel Glück. Tammy eilte auf den Tanzplatz, denn nun waren die Mädchen in ihrem Alter mit dem *Jingle Dress*-Tanz an der Reihe. Die vielen Glöckchen an den verschiedenfarbigen Kleidern der Mädchen klingelten im Rhythmus, als sie sich in kleinen Spiralen über die Wiese bewegten. Die bunten Tücher trugen sie ausgebreitet, sodass es aussah, als wären sie Schmetterlinge und wollten davonfliegen. Die langen Fransen wirbelten bei jeder Bewegung.

Es gefiel mir, Tammy bei ihrem Tanz zuzusehen, der Ausdruck ihrer ungehemmten Lebensfreude war. Sie war gerne Indianerin, daran gab es keinen Zweifel. Ich konnte es nicht verstehen, aber es faszinierte mich. Ihre unfassbare Fröhlichkeit wirkte ansteckend und ließ mich jedes Mal vergessen, wo ich war.

Siegerin beim *Jingle Dress*-Tanz wurde eine andere, aber Tammy bekam einen Preis für das schönste Kleid. Mit strahlenden Augen kam sie zu uns zurück und ich drückte sie und spürte das Pochen ihres Herzens an meinem.

Später, es wurde langsam dunkel, lud Rodney Mom und mich zu einem Indiantaco ein. Diesmal hatte ich Hunger und nahm einen ganzen. Der Taco schmeckte köstlich und ich haute mächtig rein. Irgendwann drückte mir die Blase und ich verschwand hinter der Tacobude, um an den Maschendrahtzaun zu pinkeln, der das Powwowgelände umgab.

»Na sieh mal einer an«, sagte plötzlich jemand hinter

mir. »Das kleine weiße Arschloch kann doch im Freien pinkeln, wenn ihm nichts anderes übrig bleibt.« Ich drehte mich um und sah drei gefiederte Gestalten. Ryan mit der Dachsbemalung in der Mitte. Er trug nicht mehr seine Tanzkleidung, die hätte ja Schaden nehmen können. Grinsend schwang er ein Messer in der Hand. Die kurze Klinge blitzte im Lichtstrahl der Laterne.

»Ein vollwertiger Skalp ist hier zwar nicht zu holen, aber besser als nichts«, sagte er und kam mit seinem Messer meinem Haaransatz bedrohlich nahe.

Noch bevor ich mir meiner Angst bewusst werden konnte, hatte ich die Reste eines Tacos im Gesicht und sah nichts mehr. Ich hörte höhnisches Gelächter, wurde gegen den Zaun geschubst und meine Brille blieb darin hängen. Der Zweite langte kräftiger zu und der Schmerz, der aus der Magengrube kam, schoss wie ein greller Blitz in mein Hirn. Ich hatte nicht gewusst, dass Schmerz so lebendig sein kann. Keuchend rang ich nach Luft. Da kam der nächste Hieb, diesmal vor die Nase. Es knirschte und ich hing rücklings im Zaun, der leicht federte und mich wieder nach vorne drückte. Dann ging ich in die Knie. Ein warmer Strom lief mir über die Lippen. So ungefähr musste sich Custer gefühlt haben, auf dem Schlachtfeld am Little Bighorn. Er war nicht mit dem Leben davongekommen. Keine Ahnung, was aus mir werden würde.

Aber auf einmal ließen sie von mir ab.

Ich versuchte mich aufzurappeln, als mir jemand hilfreich unter die Arme griff. Mit dem Handrücken wischte ich über meine Augen. Es war Rodney, der mir auf die Beine half. »Alles in Ordnung?«, fragte er.

Ich nickte. Abgesehen davon, dass ich beinahe skalpiert

worden war, war eigentlich alles in Ordnung. »Meine Brille«, sagte ich und meine Stimme war immer noch heiser vor Angst. »Sie muss hier irgendwo im Zaun hängen.«

Rodney fand sie. Er bog sie gerade und machte mit seinem Taschentuch die Gläser sauber. Ich setzte mich ins Gras und die Panik verebbte langsam. Rodney brachte mir einen nassen Lappen aus der Tacobude, damit ich mein Gesicht abwischen konnte. Inzwischen war es dunkel geworden und ich ganz froh drüber. So konnte mich wenigstens keiner sehen.

»Kanntest du die Jungs?«, fragte Rodney und setzte sich neben mich.

»Nein.« Verdammt, mein Nasenbein tat höllisch weh. Wahrscheinlich war es gebrochen.

Rodney musterte mich eindringlich. Er glaubte mir nicht. »Ist schon ein bisschen seltsam, das Ganze«, sagte er nachdenklich. »Es kommt zwar hin und wieder zu irgendwelchen Rangeleien auf dem Powwow-Gelände, aber einen Weißen hat es dabei noch nie erwischt. Hast du die Burschen vielleicht in irgendeiner Weise provoziert?«

Ich schniefte und setzte meine Brille wieder auf. »Sehe ich vielleicht so aus, als ob ich mich mit irgendwelchen Rothäuten anlegen würde?« Ich begann mich zu fragen, ob er sie noch alle hatte.

Rodney lachte kopfschüttelnd. »Nein, eigentlich nicht. Aber vielleicht hast du es unbewusst getan. Es gibt da eine Menge Missverständnisse, die nicht unbedingt zur Völkerverständigung beitragen.«

Das größte Missverständnis war, dass ich überhaupt hier war.

Wind kam auf und ich hörte, wie der Gesang und die Trommeln wieder einsetzten. Das Powwow würde bis weit nach Mitternacht andauern, hatte Tammy mir erzählt. Ich hatte, ehrlich gesagt, die Nase voll, im wahrsten Sinne des Wortes. In Gedanken verwünschte ich Ryan, die Lakota und das ganze Reservat.

»Ich dachte immer, diesen Hass zwischen Indianern und Weißen gibt's nur noch im Film«, sagte ich schließlich, nachdem wir eine Weile schweigend nebeneinander gesessen hatten.

Rodney hob die Schultern. »Ich weiß nicht, wie das bei euch ist, Olli, aber für uns Indianer gibt es keine Grenze zwischen der Vergangenheit und heute. Das Leben im Reservat ist anders als das, das du kennst.«

»Da wäre ich nie drauf gekommen«, erwiderte ich beleidigt. »Einer der Typen wollte mich skalpieren.«

Rodney blickte amüsiert. »Na, dass muss ja ein ganz besonderer Witzbold gewesen sein.«

Der blöde Witzbold war dein Sohn, hätte ich ihm am liebsten ins Gesicht geschrien, aber ich ließ es sein. Es würde mir nichts helfen, wenn Rodney es wusste.

»Du musst lernen auf dich selbst aufzupassen, Oliver. Ich kann dich nicht beschützen, einfach weil ich nicht immer in deiner Nähe bin.«

»Ja, klar.«

»Im Res kommst du am besten zurecht, wenn du dir selbst hilfst.«

»Schon begriffen«, seufzte ich. »Aber was mach ich, wenn sie auf dem Kriegspfad sind?«

Rodney lachte. »Es leben viele Weiße im Reservat und mit den meisten haben wir keine Probleme. Wir sind nicht auf dem Kriegspfad, Oliver. Wir versuchen miteinander auszukommen, glaub mir.«

»Mom hat mal zu mir gesagt, dass jedes Volk seine eigene Art hat, herzlich oder abweisend zu sein.«

Rodney schwieg einen Moment, dann fragte er: »Hat meine Familie dich nicht herzlich aufgenommen? Sadie, Tammy, meine Schwester Alvina . . .«

»Doch, schon, aber . . .«

»Aber?«

Ich widerstand dem Impuls ihm von Ryans Attacken zu erzählen und sagte: »Na die Typen eben. Die hassen mich, nur weil ich weiß bin.«

»Das ist eine lange Geschichte, Olli«, sagte Rodney. Der Wind wurde immer stärker und wehte uns Staub in die Augen. Plastiktüten und Pappteller flogen umher und blieben im Drahtzaun hängen. Rodney erhob sich und reichte mir seine Hand. »Wenn du willst, werde ich sie dir eines Tages erzählen. Aber jetzt lass uns lieber von hier verschwinden, bevor uns der ganze Mülleimer um die Ohren fliegt.«

Auf dem Weg wurde der Wind so stark, dass wir unsere Gesichter vor herumfliegenden Dreckteilchen und Pappbechern schützen mussten. Mom hatte sich schon Sorgen gemacht und war froh uns kommen zu sehen. Als sie bemerkte, wie ich zugerichtet war, erschrak sie. »Was ist denn mit dir passiert, Olli?«

»Mein Wagentreck wurde angegriffen«, sagte ich. »Alle anderen sind tot. Ich bin nur knapp dem Skalpmesser entkommen.«

Mom sah Rodney fragend an. Ihre Augen funkelten vorwurfsvoll. Jetzt kam der Mutterinstinkt durch. Klar, sie liebte Rodney. Aber in erster Linie musste sie ihren Nachwuchs schützen. Ich war froh, dass ich sie hatte.

»Ein paar Jungs haben ihn verprügelt«, sagte er. »Als ich dazukam, sind sie abgehauen.«

»Wir reden später darüber«, sagte sie und ich hörte Groll in ihrer Stimme. »Jetzt fahren wir besser nach Hause. Es hat eine Tornadowarnung gegeben.«

Auch das noch, dachte ich. Mir blieb nichts erspart. Ob Indianer, Killermücken oder Sturm, das hier war Feindesland und ich wollte nichts als weg.

Tante Alvina rang verzweifelt die Hände. »Boo ist mal wieder verschwunden«, sagte sie. »George und Jaron suchen nach ihm. Ich kann hier nicht weg. Aber könnt ihr vielleicht Tammy mit zu euch nehmen? Ich hole sie morgen ab.«

»Na klar«, sagte Rodney. Und zusammen zogen wir los: Großvater Joe, meine Mutter, Rodney, Tammy und ich – die Körper gegen den Wind gelehnt, die Augen zu Schlitzen gekniffen, bis wir endlich unseren Van gefunden hatten.

Gerettet. Jedenfalls dachte ich das.

Die Wipfel der Bäume bogen sich im Wind. Blätter, Dreck und Abfall wurden gegen die Windschutzscheibe geschleudert, während Rodney versuchte den Van auf der Straße zu halten. Draußen war stockfinstere Nacht und ich wunderte mich, dass er überhaupt wusste, wohin er fahren sollte.

Was, wenn der Tornado uns erwischte, bevor wir zu Hause angekommen waren? Wenn er den Van von der Straße holte und in die Luft schleuderte wie eine leere

Blechschachtel? Oder wenn er genau über jenem Hügel tobte, auf dem unser Haus stand? Ich hatte »Twister« im Kino gesehen und die Erinnerung an den Film mobilisierte meine Phantasie.

Alle im Wagen schwiegen beklommen, als würden sie dasselbe denken. Rodney musste sich mächtig konzentrieren, weil die Windböen, die ganz plötzlich von der Seite kamen, manchmal so heftig waren, dass es ihm bald das Steuer aus der Hand riss.

Einmal flog ein Zweig krachend auf das Autodach und wir zuckten alle zusammen. Mom schrie leise auf. Dann wurde es plötzlich hell. Blitze zuckten am schwarzen Horizont, fünf oder sechs auf einmal, dick und verzweigt wie ein Baum. Donner grollte in der Ferne.

»Die Donnerwesen«, sagte Tammy.

»Irgendetwas hat sie erzürnt«, meinte Joe und fing leise an zu singen. Er sang auf Lakota und seine tragende Stimme beruhigte uns ein wenig. Sie schien auch den Sturm innehalten zu lassen.

Die Fahrt kam mir endlos vor. Meine Nase tat höllisch weh, und weil sie zuschwoll, musste ich durch den Mund atmen. Bald war meine Kehle trocken wie die Sahara und ich bekam mörderischen Durst. Immer wieder blitzte es am Horizont. Der Sturm nahm nicht zu, wurde aber auch nicht schwächer. Vielleicht half ja Großvater Joes Gesang.

Pine Ridge wurde mir von Tag zu Tag unbegreiflicher. Dieser Sturm war aus heiterem Himmel gekommen, genau so wie Ryans Angriff. Immer wieder erwischte es mich unvorbereitet, das machte mir ganz schön zu schaffen.

11. Kapitel

Endlich waren wir da. Auch auf unserem Hügel wehte es, aber nicht mehr so heftig wie in Pine Ridge. Der Sturm hatte einen anderen Weg genommen und wir hofften alle, dass er nicht zu viel Schaden anrichten würde.

Meine Mutter wollte mich noch über den Vorfall auf dem Tanzplatz ausfragen, doch ich hatte keine Lust, zu reden. Ich blieb dabei, dass ich die Jungs nicht gekannt, sie aber auch nicht provoziert hatte. Mom beließ es dabei, doch ich merkte, dass das Thema für sie noch nicht abgeschlossen war.

Sie baute Großvater Joe eine Schlafgelegenheit auf der Couch im Wohnzimmer und Tammy kam mit in mein Zimmer. Ich ging ins Bad, um endlich aus meinem voll gekleckerten T-Shirt zu kommen, das mich wie einen schwer Verwundeten aussehen ließ. Cola, Tomaten, Blut. Es würde wohl nie mehr sauber werden, deshalb beschloss ich, es an meine Wand zu hängen. Als Erinnerung an die erste Schlacht, sozusagen.

Ich besah mich im Spiegel und fragte den Fremden mit der dicken Nase und der schiefen Brille, der mich daraus anstarrte, ob er Lust hatte, zu duschen. »Du hast es wirklich nötig, mein Freund«, redete ich ihm gut zu.

Ich duschte, und als ich wieder auf dem Flur stand, hörte ich Mom und Rodney unten reden.

»Wieso verprügelt ihn jemand grundlos?«, hörte ich meine Mutter fragen.

»Ich glaube, er verschweigt uns was«, erwiderte Rodney.

»Er ist mein Sohn und ich lasse nicht zu, dass ihm ein Leid geschieht.«

Oh Mom, dachte ich. Du warst es, die mir das größte Leid zugefügt hat, indem du mich mit hierher genommen hast. Ich lehnte den Kopf an die Wand und kämpfte mit den Tränen.

Dann hörte ich, wie Rodney sagte: »Oliver ist jetzt auch mein Sohn und jeder, der ihn quält, kriegt es mit mir zu tun.«

»Ich nehme dich beim Wort«, sagte meine Mutter. Dann hörte ich, wie eine Tür sich schloss.

Ich ging in mein Zimmer zurück.

Tammy, die in Unterwäsche dastand, fragte: »Hast du vielleicht ein T-Shirt für mich, Olli? Eins, das ich zum Schlafen anziehen kann.«

»Klar.« Mann, ihre Arme und Beine waren rund und glatt und so braun wie ihr Gesicht. Ihre kleinen Brüste zeichneten sich deutlich unter dem weißen Baumwollhemd ab. Ich holte schnell ein T-Shirt aus meinem Schrank und gab es ihr.

Sie bedankte sich lächelnd. »Ich geh dann auch mal duschen.«

Tammy brauchte nicht lange, und als sie mit nassen Haaren wiederkam, setzte sie sich zu mir aufs Bett. Ich war gerade dabei, noch ein bisschen an meiner Brille herumzubiegen.

»Es war Ryan, stimmt's?«, sagte sie.

Vorsichtig betastete ich meine geschwollene Nase. »Ich verweigere die Aussage.«

»Er hatte sich das Gesicht geschwärzt, um es vor *Wakan*

Tanka zu verbergen. Weil er etwas Verbotenes tun wollte und sich dafür schämte.«

Ich sah Tammy an und fragte mich, ob sie eigentlich begriff, wie merkwürdig solche Sachen in meinen Ohren klangen. Schließlich kapierte ich, dass es ihr todernst war.

»Warum hast du es Rodney nicht gesagt, Olli? Er würde Ryan so gehörig die Leviten lesen, dass er sich nicht traut dich noch mal anzufassen.«

Ich hob die Schultern und ließ sie wieder fallen.

»Es ist dumm, jemanden zu verhauen, nur weil er eine weiße Haut hat«, sagte sie.

»Rodney hat mir erzählt, dass es viele Jahre andersherum gewesen ist. Da wurden die Indianer von Weißen verhauen, nur weil sie Indianer waren. Jetzt rächt sich's eben.«

»Wenn's so wäre, dann wärst du jetzt tot«, sagte Tammy. »Sie haben uns nicht nur *verhauen*, Olli, sie haben uns einfach umgebracht.«

»Aber warum?«

»Weil sie uns gehasst haben. Es gibt auch heute noch eine Menge Leute, die uns hasst.«

»Müsste es nicht umgedreht sein?«

»Umgedreht ist es dasselbe. Das hast du ja heute am eigenen Leibe zu spüren bekommen.«

»Warum hat Rodney dann meine Mutter geheiratet und uns hierher geholt?«

»Weil er sie liebt, nehme ich mal an. Onkel Rodney hat oft mit meiner Mutter darüber geredet. Er wollte das Richtige tun.«

»Und was hat sie gesagt?«

»Sie hat gesagt, wenn du sie wirklich liebst und sie dich

liebt, dann heirate sie. Deine Familie steht hinter dir.« Tammy sah mich mit ihren schönen Augen an und sagte: »Hey, es muss immer mal ein paar mutige Leute geben, die den Kreis durchbrechen. Weißen gegenüber misstrauisch zu sein, wird uns Indianern in die Wiege gelegt. Weißt du was Mütter ihren Kindern sagen, wenn sie nicht gehorchen?«

Sie erwartete keine Antwort und ich sah sie fragend an.

»Sie sagen: ›Sei brav, sonst holt dich der Weiße Mann.‹ «

»Bei uns war es der Schwarze Mann«, sagte ich. »Als Kind hatte ich Schiss vor Schwarzen und es hat eine Weile gedauert, bis ich es besser wusste.«

»Na siehst du«, meinte Tammy. Sie schlang die Arme um ihre nackten braunen Beine und sagte: »Ich habe überhaupt keine Vorstellungen, wie es bei euch ist in Deutschland.«

»Ganz schön anders«, sagte ich. Dann hatte ich eine Idee. Ich besaß zwei Fotoalben und die konnte ich Tammy zeigen. Das erste hatte meine Mutter für mich geklebt, darin waren Fotos von mir als Säugling und dann aufwärts, bis ich zehn war. Das zweite Album hatte ich selbst geklebt und Mom kannte es gar nicht.

Ich holte die beiden Fotoalben aus dem Schrank und wir begannen mit Nummer eins. Tammy war entzückt. »Du warst als kleiner Knopf ja richtig süß«, sagte sie.

Na toll, dachte ich. Und wie steht es mit jetzt?

Ich erzählte ihr von meinem Vater und von der Welt, in der ich aufgewachsen war. Meine Sorgen waren andere gewesen als die, mit denen sie sich von klein auf herumschlagen musste. Unsere Welten waren so verschieden, dass wir schon wieder drüber lachen mussten.

Dann kam Album zwei. »Du hast ja mal lange Haare gehabt«, bemerkte Tammy begeistert.

»Ja«, sagte ich. »Bis vor drei Wochen.«

»Warum hast du sie abgeschnitten?«

»Ich wollte nicht mit einem Indianer verwechselt werden.«

Tammy presste sich eine Hand auf den Mund und prustete los. »Ich glaube, darüber musst du dir keine Sorgen machen. Aber mit langen Haaren gefällst du mir besser.«

Na klar. Wie sollte es auch anders sein. Ich hatte es mal wieder verbockt. Resigniert blickte ich zu Boden. Tammy strich mir übers Stoppelhaar und grinste mich schelmisch an. »Mach dir nichts draus, das wächst ja wieder.«

Dann kamen die Fotos mit Nina und ich brauchte nicht viel zu sagen, das erledigten die Bilder von allein.

»Sie heißt Nina«, sagte ich.

Tammys braune Augen schimmerten fast schwarz. »Du hast sie sehr gern, nicht wahr?«

»Ja«, antwortete ich.

»Das muss schlimm für dich gewesen sein, von ihr wegzugehen. Sie ist sehr schön.«

Ich nickte nur, weil es mir die Kehle zuschnürte und darin brannte, als hätte ich Rasierwasser getrunken.

»Ich verstehe dich gut«, sagte Tammy. »Es muss hart sein für dich. Das Res, Ryan und überhaupt. Bestimmt hasst du Rodney. Gäbe es ihn nicht, müsstest du nicht hier sein.«

»Meine Mutter sagt immer: ›Hass macht einsam und schadet dem, der ihn hegt.‹ Ich glaube, ich kann gar nicht hassen.«

»Auch Ryan nicht?«

Ich schüttelte den Kopf.

»Und das Res?«

»Es ist ja nicht alles schlecht.«

»Nein«, sagte sie leise. »Nicht alles.«

Ich blickte auf und sah einen feuchten Schimmer in Tammys Augen. Was musste sie von mir denken? Die Welt, die sie liebte, war ein Alptraum für mich.

»Erwarte einfach nicht zu viel für den Anfang«, sagte sie und ich machte mir Gedanken, wie sie das meinte. »Lass uns jetzt schlafen, ja!« Tammy klappte das Album zu und wickelte sich in die Wolldecke, die über meinem Bett lag. »Ich leg mich runter«, sagte sie.

Ich hielt sie fest. »Sei nicht albern, das Bett ist groß genug für uns beide.«

»Okay.« Sie rutschte bis zur äußersten Kante und ich musste lächeln.

»Ich tu dir nichts, Tammy. Ich habe viel zu viel Angst vor dir.«

Da lachte sie auch und kam wieder ein Stück näher. Ich roch den frischen Duft ihrer feuchten Haare und hätte mich gerne noch ein wenig an sie gekuschelt. Einfach so, weil ich sie mochte und ein bisschen Trost gebrauchen konnte. Aber womöglich hätte sie das falsch verstanden und dieses Risiko wollte ich nicht eingehen. Ich knipste das Licht aus und an ihrer Seite war mir warm und zufrieden zu Mute.

»Tut es noch sehr weh?«, fragte Tammy nach einer Weile.

Zuerst dachte ich, sie meinte Nina, aber dann wurde mir klar, dass es um meine Nase ging. »Es pocht, aber es ist auszuhalten.«

»War es das erste Mal?«

»Was?«

»Dass du verprügelt worden bist.«

»Nein. So ein blöder Nazi hat mir mal die Faust ins Gesicht gefahren. Ich hatte eine Platzwunde, die genäht werden musste. Man sieht es kaum noch. Es ist schon ein Jahr her.«

»Hast du ihn provoziert?«

»Nein. Ihm gefielen meine langen Haare und mein Gesicht nicht. Sie laufen rum mit kurz geschorenem Schädel, schwarzen Klamotten und Springerstiefeln. Die Dummheit springt ihnen förmlich aus dem Gesicht und ihre Fäuste sitzen locker.«

»Gibt es viele solche Leute in Deutschland?«

»Jeder mit faschistischen Gedanken im Kopf ist einer zu viel.«

Tammy schwieg eine ganze Weile und ich konnte nur ihren Atem hören. Es war schön, so neben ihr zu liegen, auch wenn ich nicht unbedingt in bester Verfassung war.

Irgendwann drang ihre Stimme wieder aus der Dunkelheit zu mir. »Was hast du eigentlich über uns gewusst, bevor du ins Res gekommen bist?«

»Nicht viel«, gab ich zu.

»Aber irgendwas musst du doch gewusst haben?«

»Na ja . . .«

»Das Übliche, nicht wahr? Dass wir zu faul sind arbeiten zu gehen und von der Wohlfahrt leben. Dass die meisten Indianer den ganzen Tag betrunken sind, dass das Reservat ein großer Müllhaufen ist, dass . . .«

»Hör auf!«, sagte ich. So unerwartet mit den eigenen Vorurteilen konfrontiert, fühlte ich mich ziemlich dämlich. »Ja, so was in der Art«, murmelte ich.

»Hey Olli«, sagte sie. »Wir leben beide auf demselben Planeten.«

Taten wir das wirklich? Manchmal zweifelte ich daran. »Es gibt ja auch eine Menge Touristen, die begeistert sind vom Reservat.«

Tammy stöhnte leise. »Sie sind die Schlimmsten.«

»Das verstehe ich nicht.«

»Ich manchmal auch nicht. Es ist zu verzwickt. Großvater Joe kann dir das besser erklären. Er sagt, die Leute, die da kommen, wollen mit indianischer Spiritualität ihre persönlichen Probleme überwinden.«

»Aber ihr habt doch selbst Probleme«, sagte ich verwundert.

»Eben. Die meisten meinen es ja gut, aber ihnen fehlt das wahre Verständnis.«

»Hasst du die Touristen?«

»Nein, warum sollte ich. Aber manchmal sind sie eben Störenfriede.«

Ich schluckte und schwieg eine Weile. »Tammy?«, flüsterte ich schließlich.

»Ja?«

»Mein ganzes Leben ist vollkommen umgekrempelt und, zugegeben, im Augenblick bin ich alles andere als gut aufgelegt. Aber ich kann mir auch nicht mehr vorstellen, wie's ohne dich wäre.«

»Das hast du schön gesagt, Olli.«

»Ich glaube, wir sollten jetzt schlafen«, brummelte ich.

»Ja, das sollten wir.«

Nach kurzer Zeit hörte ich Tammy gleichmäßig atmen. Sie war eingeschlafen.

Am nächsten Morgen weckte mich Tammy. Sie war schon

angezogen und rief: »Steh auf, du Langschläfer! Das Frühstück ist fertig.«

Ich hatte nicht bemerkt, wie sie aufgestanden war, und nun lachte sie mich an mit ihrer unwiderstehlichen Zahnlücke. »Ich komme ja schon«, sagte ich verschlafen.

Tammy ging wieder nach unten, von wo es gut nach frischem Kaffee und Pancakes duftete. Ich wusch mich und begutachtete mein Gesicht. Die Schwellung der Nase war zurückgegangen und ich sah wieder einigermaßen normal aus. Es tat auch nicht mehr so furchtbar weh wie am gestrigen Abend. Ich war noch einmal glimpflich davongekommen, aber nur weil Rodney aufgetaucht war. Er hatte Recht: Er konnte nicht immer in meiner Nähe sein. Ich hatte keine Lust, weiter darüber nachzudenken, nicht an diesem Morgen.

Fröhliches Lachen kam aus der Küche, als ich nach unten ging. Mom, Rodney, Großvater Joe und Tammy saßen schon am Tisch und amüsierten sich über Geschichten, die Joe von seinem Hund Skippy erzählte. Ich aß einen dicken Pancake mit Ahornsirup und danach noch eine Portion Rührei mit Speck. Es war ein gemütliches Frühstück und ich fühlte mich wohl.

»Meine Mutter hat vorhin angerufen, sie kann mich erst am Nachmittag abholen«, sagte Tammy zu mir. »Wollen wir ein Stück reiten?«

Ich sah Rodney fragend an. Obwohl mir mein Hintern immer noch wehtat, wollte ich gern mit Tammy allein sein.

Er nickte. »Du musst mich nicht fragen, wenn du Moon reiten willst«, sagte er. »Tammy kann die andere Stute nehmen. Sie kennt sich aus mit den Pferden.«

Ich ging noch mal nach oben und zog lange Hosen an,

dann liefen Tammy und ich zur Koppel. Die Pferde begrüßten uns wieder mit ihrem lustigen Nicken.

»Wieso machen sie das?«, fragte ich.

»Sie freuen sich.«

»Hat Rodney ihnen das beigebracht?«

Tammy sah mich seltsam an und lachte. »Nein, natürlich nicht. Alle Pferde nicken.«

»In Deutschland nicht.«

»Das glaube ich nicht.«

»Glaub es nur. Ich habe das noch nie vorher gesehen.«

»Hattet ihr denn Pferde?«

Bei dieser Vorstellung musste ich lachen. »Nein, wir haben mitten in der Stadt gewohnt.«

»Und wo hast du reiten gelernt?«

»Wir haben oft Urlaub auf einem Bauernhof gemacht. Aber in Wahrheit kann ich gar nicht reiten. Moon weiß das und . . .«

Wieder musterte sie mich mit ihren schönen braunen Augen. »Du brauchst also einen Sattel.«

»Natürlich brauche ich einen Sattel.«

Wir holten Moon und die braune Scheckenstute von der Koppel und führten sie zur Scheune, wo das Sattelzeug war. Gemeinsam sattelten wir Moon, die andere Stute bekam nur eine leichte Decke. »Ich mag nicht im Sattel reiten«, erklärte mir Tammy.

Wir ritten langsam los und Tammy lenkte ihre Stute auf den Hügel von Rodneys Hanffeld. Moon trottete brav hinterher. Oben angekommen, begutachtete Tammy lächelnd den Hanf. »Der sieht ja richtig gut aus«, sagte sie erfreut. »Es scheint, als würden meine Gebete erhört werden.«

»Du betest für Rodneys Hanf?«

»Er gehört der ganzen Familie und ja, ich bete für ihn. Wir beten alle für ihn. Mit dem Erlös werden wir gut über den Winter kommen und müssen keine Pferde verkaufen.«

Wir ritten den Hügel wieder hinunter und den nächsten hinauf, bis unser Haus nicht mehr zu sehen war. Tammy war eine gute Reiterin. Ihr Körper verschmolz mit dem der Stute, während mir schon nach kurzer Zeit wieder Hintern und Oberschenkel schmerzten und ich steif im Sattel hockte.

Ohne dabei schulmeisterlich zu klingen, gab sie mir hin und wieder ein paar Tipps, was ich besser machen könnte. Und siehe da, es wurde einfacher und ich verkrampfte mich nicht mehr so.

Irgendwann erreichten wir eine von Bäumen und Sträuchern bestandene Senke und ich hörte das Glucksen eines Baches. Sonnenblumen blühten hier, die dunklen Köpfe mit dem gelben Kranz zur Sonne gedreht. Wir stiegen ab und ließen die Pferde trinken. Ich setzte mich neben Tammy ins Gras und fragte mich, was Nina jetzt wohl gerade machte. Ob sie mit den anderen im Freibad war oder mit einer kalten Cola in ihrem Garten saß und las? Ob sie manchmal noch an mich dachte, so wie ich gerade an sie?

»Ist irgendwas?«, fragte ich, als ich merkte, dass Tammy mich beobachtete.

»Träumst du?«

Ich wollte ihr sagen, dass ich an Nina gedacht hatte. Aber etwas in der Art, wie sie mich ansah, ließ mich schweigen.

»Es ist schön hier«, sagte ich nach einer Weile.

»Ja. Ich komme gerne hierher. Wegen der Sonnenblumen.«

»Bei uns in Deutschland sind die Leute verrückt nach Blumen«, erzählte ich ihr. »Sie haben Blumenkästen in den Fenstern und eigentlich überall, wo sich ein Platz dafür findet. Die Gärten sind voller Blumen. Hier dagegen wachsen sie, wo man sie am wenigsten erwartet. Ich glaube, das Erste, was meine Mutter im nächsten Frühjahr machen wird, ist, Blumen ums Haus zu pflanzen.«

»Da wird sie wenig Glück haben, denn der Boden gibt nicht viel her. Außerdem wachsen an eurem Haus bereits Sunchokes, das sind kleine Sonnenblumen, deren Wurzeln ein bisschen wie Kartoffeln aussehen und die man essen kann. Bald werden sie anfangen zu blühen.«

Wir plauderten noch ein wenig, und als mir die Blase drückte, stand ich auf und sagte: »Ich komme gleich wieder.«

»Wo willst denn hin?«

»Ich muss mal.«

»Sei vorsichtig«, sagte Tammy.

»Wieso?«

»Hier gibt es Schlangen.«

Ich sah Tammys Koboldlachen und erwiderte: »Ja, ja, alles klar.«

Es war gar nicht so leicht, ein Plätzchen zwischen den Sträuchern zu finden, wo Tammy mich nicht mehr sehen konnte. Aber dann fand ich was Passendes. Ich pinkelte fröhlich vor mich hin, als plötzlich ein Rasseln ertönte, das mir durch Mark und Bein ging. Live hatte ich so etwas noch nie gehört, wusste aber gleich, was los war. Hier gab es Klapperschlangen. Tammy hatte mich gewarnt und ich hatte das Ganze für einen Scherz gehalten.

Es kam kein Tropfen mehr, aber ich wagte auch nicht mich zu rühren. Das Rasseln war verstummt und ich wusste nicht mehr, aus welcher Richtung es gekommen war. Da stand ich nun, zur Steinsäule erstarrt, und lauschte. Aber nur das leise Klickern des Baches war zu hören.

Ganz langsam trat ich den Rückzug an. Drei kleine Schritte und da war es plötzlich wieder. Hinter mir. Ich fuhr herum. Und nun sah ich sie auch. Den breiten, flachen Kopf drohend aufgerichtet, der Rest zusammengeringelt im Gras. Keine Ahnung, wie lang der Rest war, auf jeden Fall hatte ich Angst. Große Angst. Ich glaube, sogar mehr Angst als auf dem Powwow, als Ryan mir mit dem Messer vor der Nase herumgefuchtelt hatte.

Solche großspurigen Typen wie Ryan Bad Hand gab es auch in Deutschland, was man von ausgewachsenen Klapperschlangen nicht sagen konnte. Das Reptil vor mir war bräunlich grau und hatte diese deutliche dunkle Fleckenzeichnung, die mir zumindest von Bildern ein Begriff war. Die Entfernung zwischen uns betrug ungefähr einen Meter, und das war mehr oder weniger nichts. Sie hatte eine schwarze Zunge, die immer wieder aus ihrem Maul schnellte, und unfreundliche Augen.

Schweißperlen standen auf meiner Stirn und ich war wie gelähmt. Sie hatte mich hypnotisiert, die Schlange. Ich versuchte darüber nachzudenken, wie ich mich aus dieser misslichen Lage befreien konnte, aber auch meine Gedanken waren gelähmt.

»Oliver?«, hörte ich Tammy nach mir rufen, aber ich wagte nicht ihr zu antworten, aus Angst, die Schlange könnte sich erschrecken und angreifen. Ihr Hornschwanz klapperte warnend. »Geh endlich weg!«, schien sie mir damit sagen zu wollen, aber ich konnte nicht. Ich starrte sie nur an.

Und dann sah ich auf einmal ein ringelndes, sich windendes Gewimmel. Ihr Körper schien sich zu teilen, zu einem vielköpfigen, zischenden Ungeheuer zu werden. Es war eine lebendige, bedrohliche Masse, etwas, das nur darauf wartete, in meine Hosenbeine zu kriechen, sich um meine Beine zu winden und mich zu verschlingen.

Als die Klapperschlange mit ihrem erhobenen Kopf nach mir stieß, erwachte ich aus meiner Starre, machte kehrt und jagte mit einem Entsetzensschrei aus dem Gebüsch, als wäre der leibhaftige Teufel hinter mir her. Ich prallte mit Tammy zusammen und wir purzelten beide ins Gras.

Da lagen wir und hielten uns die Köpfe. Tammy fing an zu lachen. »Du hast eine ganz schön harte Rübe«, sagte sie. »Was war eigentlich los? Hast du ein Gespenst gesehen?«

Ich setzte mich ins Gras und rieb mir die Stirn. »Da war eine ... da waren viele ... sie wollte mich ... oh Gott«, ich ließ mich rücklings ins Gras fallen.

»Du hast eine Klapperschlange aufgescheucht«, sagte Tammy. Sie kam auf allen vieren zu mir gekrochen und beugte sich über mich. »Hat sie dich gebissen?«

Ihre schwarzen Zöpfe kitzelten über meinen Hals und ich atmete Tammys Duft. Ihr Gesicht war dicht über meinem.

»Ich glaube nicht«, sagte ich, aber Tammy genügte das nicht. Ehe ich mich versah, untersuchte sie schon meine Beine, schob die Hose nach oben und ich richtete mich mit einem Ruck auf. »Hey, lass das!«

»Ihr Biss kann tödlich sein«, sagte sie.

»Ich weiß, verdammt noch mal«, knurrte ich. »Es war schrecklich. Ein irres braunes Gewimmel.«

»Im Juli bekommen sie ihre Kinder«, sagte Tammy. »Dann sind sie besonders aggressiv. Ich hatte dich gewarnt.«

»Ja, ja, ja.« Der Schreck saß mir immer noch in den Gliedern. »Ich weiß nicht, wie du das hier aushältst, Tammy«, sagte ich kopfschüttelnd. »Jeder falsche Schritt, jede falsche Bewegung oder Bemerkung können ungeahnte Folgen haben. Du hast keine ruhige Minute, musst ständig auf der Hut sein.«

Tammy setzte sich neben mich. Sie sagte lange nichts, starrte nur in weite Ferne. Schließlich erwiderte sie: »Auf der Hut zu sein ist die erste Lektion, die Indianerkinder lernen, Oliver. Als Nächstes lernen wir dann keinen falschen Schritt und keine falschen Bemerkungen zu machen. Aus diesem Grund gibt es uns überhaupt noch.«

»Aber was ist das für ein Leben? Wie kommt es, dass du so oft lachst?«

»Ich lache gern, Olli, auch wenn du glaubst, dass es für mich nichts zu lachen gibt. Da täuschst du dich gewaltig. Lachen ist Medizin gegen viele Krankheiten, auch gegen die Angst. Vielleicht solltest du es einfach mal versuchen.«

»Ich wäre beinahe gestorben und da soll ich lachen?«

»Du wärst nicht beinahe gestorben, sondern beinahe gebissen worden, das ist ein großer Unterschied«, sagte Tammy. Sie klang nun ein bisschen ärgerlich.

Ich stand auf, weil ich keine Lust mehr hatte, darüber zu diskutieren. Ich würde so oder so dumm dastehen. Als ich ein ersticktes Quieksen hinter mir hörte, drehte ich mich um. Tammy hatte eine Hand auf den Mund gepresst und ich sah das koboldhafte Funkeln in ihren Augen.

Dann prustete sie los. »Dein Hosenstall ist offen«, sagte sie. »Ich nehme an, du bist auf der Flucht nicht mehr dazugekommen . . .«

Beleidigt drehte ich mich um und ging zu den Pferden. Dabei zerrte ich wütend am Reißverschluss meiner Hose.

»Ich hab nur Spaß gemacht«, hörte ich Tammy sagen. Aber ich reagierte nicht darauf.

12. Kapitel

Wir ritten zurück zum Haus, ohne miteinander zu reden. Ich war mächtig sauer, am meisten auf mich selbst. Mein Selbstmitleid hatte ich längst satt, auch wenn ich noch nicht in der Lage war, es abzuschütteln. Jeder Tag im Reservat erwies sich als Lektion für mich und manche davon waren bitter. Aber heute, auf dem Heimritt, wurde mir klar, dass ich es überstehen würde.

Ich würde nicht daran sterben, dass ich Nina nicht mehr hatte, leider. Und auch das Res würde mich nicht umbringen. Diese Erkenntnis machte mich noch wütender.

Beim gemeinsamen Mittagessen redeten alle anderen genug, es fiel nicht auf, dass Tammy und ich schwiegen. Nur wenig später kam Tante Alvina und holte sie ab. Als sie zu ihrer Mutter ins Auto stieg, sah sie mich nur traurig an.

Großvater Joe fragte mich, ob ich ihn nach Hause fahren würde und Lust hätte, eine Nacht bei ihm zu verbringen. »Ich könnte jemanden brauchen, der mir ein bisschen Holz hackt.«

Obwohl ich mich nach meinem Klapperschlangenabenteuer am liebsten in mein Zimmer verkrochen hätte, um das alles erst einmal zu verdauen, brachte ich es nicht fertig, dem alten Mann seine Bitte abzuschlagen.

»Nimm deinen Schlafsack mit«, sagte Rodney und zwinkerte mir zu. Was das wohl sollte? Wollten Mom und er mich etwa loswerden?

Ich holte meine Zahnbürste und den Schlafsack und Rodney gab mir die Schlüssel für den Pick-up. Er sagte nicht »Fahr vorsichtig!« – was ich ihm hoch anrechnete. Überhaupt, er war ein prima Kerl, und wenn er Klaus heißen und in Deutschland leben würde, hätte ich ihn gern als Stiefvater gehabt.

Großvater Joe stieg ein und ich startete den Pick-up. Er rollte los, und als ich einen Blick in den Rückspiegel warf, sah ich, wie Rodney den Arm um meine Mutter legte und sie an sich zog. Mom winkte uns.

Großvater Joe pfiff leise vor sich hin und irgendwann sagte er: »Du hast keine Lust, für einen alten Mann Holz zu hacken, stimmt's?«

Ich hob die Schultern. »Das ist schon in Ordnung.«

Nach allem, was ich bisher erlebt hatte, schien mir Holz hacken ein vergleichsweise kleines Übel zu sein. Außerdem mochte ich den alten Mann. Allerdings hatte ich null Erfahrung, was diese Arbeit betraf, und schon eine halbe Stunde, nachdem ich angefangen hatte das Beil zu schwingen, bildeten sich Blasen an den Händen und meine Arme wurden bleiern schwer. Einmal, ich holte gerade zum nächsten Hieb aus, flog mir das Beil aus der Hand, weil ich keine Kraft mehr in den Händen hatte. Es flog in hohem Bogen davon und hätte beinahe Skippy getroffen, der im Schatten lag und döste. Er sprang erschrocken auf und bellte mich an. Kläffte und zeigte mir seinen verbliebenen Zahn. Ich entschuldigte mich bei ihm, aber er zog beleidigt von dannen.

»Lass uns eine Limonade trinken«, sagte Joe. »Danach löse ich dich für eine Weile ab.«

Dankbar für die Pause nahm ich das eiskalte Limonadenglas entgegen und wir setzten uns auf die Bank unter dem Dach der Veranda. Mit dem Handrücken wischte ich mir den Schweiß von der Stirn. Ich trank nur ein paar Schlucke von Joes Zitronenlimonade, weil ich sie noch brauchte, um die Blasen an meinen Händen zu kühlen.

Irgendwann kam Skippy und legte sich zu unseren Füßen. Er hatte mir verziehen. So saßen wir eine Weile und es war ganz still, nur die Grillen zirpten und ab und zu schnaubte eines der Pferde hinter der Hütte. Und auf einmal spürte ich eine seltsame Art von Frieden, so, als ob alles seine Ordnung hätte. Es war absurd: Noch vor wenigen Stunden hatte ich mich dem Giftzahn einer Klapperschlange gegenübergesehen und jetzt brannten meine Hände von Blasen, unter deren abgelöster Haut sich Flüssigkeit sammelte. Nichts war in Ordnung und gleichzeitig war es das doch. So ein merkwürdiges Gefühl hatte ich noch nie gehabt.

Großvater Joe schwieg, als ob er meine Gedanken nicht stören wollte. Irgendwann erhob er sich, griff nach dem Beil und begann Holz zu spalten. Ich sah ihm zu und mir wurde klar, dass ich das Beil falsch gehalten hatte. Ich beobachtete den alten Mann und sah meine Fehler. Ich hatte den Stiel zu weit unten angefasst und meine Kräfte nicht richtig eingesetzt.

Der Körper des alten Mannes war immer noch kräftig. Er hatte stärkere Muskeln als ich und mir wurde klar, dass er mich nicht wirklich brauchte, um sein Holz zu hacken. Das konnte er viel besser und es war auch keine große Anstrengung für ihn. Aber wozu brauchte er mich dann? Wozu wollte er mich hier haben? Vielleicht, um ihm die Einsamkeit zu vertreiben. Aber ich hatte nicht den Eindruck, dass Großvater Joe einsam war.

Als der Stapel Holzscheite groß genug war, beendete er seine Arbeit und ich fing an die Scheite einzusammeln, um sie an der Hüttenwand aufzustapeln. Meine Handflächen waren übersät mit nässenden Wunden und jeder Handgriff schmerzte. Ich musste ganz schön die Zähne zusammenbeißen.

»Ich weiß jetzt, was ich falsch gemacht habe«, sagte ich.

»Das ist gut«, antwortete er. Mehr nicht.

Wir säuberten den Platz von Holzresten, die ich auf Großvater Joes Wunsch in einem Weidenkorb sammelte. »Zum Anzünden eines Feuers sind diese Stücke bestens geeignet«, sagte er. Danach fütterten wir die Pferde mit etwas Hafer, und wie ich sie so kauen sah, wurde mir mein eigener Hunger bewusst. Es war Zeit für das Abendessen. Und als hätte ich ihn gerufen, fing mein Magen an zu knurren. Großvater Joe hörte es.

»Du hast Hunger?«

Ich nickte.

»Wir können jetzt etwas essen oder später«, sagte der Alte. »Ich dachte, vielleicht wäre es gut, wenn wir heute Abend ein *Inipi* machen.«

»Ein *Inipi?*«

»In die Schwitzhütte gehen«, übersetzte er mir und deutete auf die mit Segeltuch und alter Plane abgedeckte Halbkugel neben dem Tipi. Die Plane war auf einer Seite hochgeklappt, sodass ich darunter das gebundene Geflecht aus Weidenstangen erkennen konnte.

»Ich war noch nie in einer Sauna«, sagte ich. Ich war nicht scharf auf ein *Inipi* und hätte jetzt lieber etwas gegessen.

Joe musterte mich mit seinen glänzenden schwarzen

Augen und lächelte. »Ein *Inipi* ist keine Sauna, Oliver. Es ist viel mehr. Wenn wir schwitzen, reinigen wir nicht nur unseren Körper, sondern auch unsere Seele. Du fängst an klarer zu sehen. Und du kannst um Hilfe bitten für Dinge, die du allein nicht bewältigst.«

Wie zur Antwort knurrte mein Magen laut. Aber Großvater Joe gab nicht auf. »Da ist noch etwas, Oliver. Ein paar meiner Heilkräuter und Gewürze sind aufgebraucht. Auch mein Shampoo ist alle. Ich will morgen in die Badlands fahren, um meine Vorräte aufzufrischen. Es ist nicht gut, allein dort herumzusuchen, und für manche Kletterpartie sind meine Knochen auch zu alt. Deshalb wollte ich dich bitten mich zu begleiten.«

»Okay«, sagte ich spontan. Gegen die Badlands hatte ich nichts einzuwenden, auch wenn Rodney angedeutet hatte, dass man zu dieser Jahreszeit lieber nicht dort herumlaufen sollte. Aber was hatten die Badlands mit dem *Inipi* zu tun?

»Es ist besser, wir reinigen uns, bevor wir in die Weißen Berge gehen«, sagte Joe. »Es gibt Stellen dort, die heilig sind.«

»Verstehe.« Ich gab mich geschlagen, auch wenn mein Magen inzwischen knurrte wie ein Wolf.

Großvater Joe zündete einen sorgfältig aufgeschichteten Holzstapel an, in dem sich handtellergroße Steine befanden. Dann holte er einen kleinen Blecheimer mit Wasser aus der Hütte und stellte ihn in das Kuppelzelt. Das Feuer brachte die Steine zum Glühen. Es war verrückt. Den ganzen Tag hatte die Sonne unbarmherzig vom Himmel gebrannt und jetzt, wo der Abend die lang ersehnte Abkühlung brachte, sollte ich in einer Indianersauna schwitzen.

Es wurde bereits dunkel, als die Steine endlich heiß genug waren und wir mit dem Schwitzen beginnen konnten. Meinen Hunger hatte ich inzwischen übergangen und ich war nun doch neugierig darauf, was mich erwartete. Auf einmal sah ich die Scheinwerfer eines Autos den Weg zur Hütte herankommen. Ich hatte mich schon halb ausgezogen und war nicht scharf auf Besuch.

Es war Rodneys Van, und als ich erkannte, wer außer ihm noch drin saß, haute es mich fast um. Es war Ryan, sein Sohn. Was noch schlimmer war: Der alte Mann schien die beiden erwartet zu haben. Sie stiegen aus und mein Blick streifte den meines Stiefbruders. Ich spürte ihn wie seine Faust in meinem Magen. Was sollte das werden? Wusste Rodney Bescheid und wollte Frieden zwischen uns stiften? Das würde ihm nicht gelingen. Ryan hasste mich und ich konnte ihn nicht ausstehen. Er war ein großspuriges Arschloch und ich wollte nichts mit ihm zu tun haben.

Rodney und Joe wechselten ein paar Worte auf Lakota. Alle schienen zu wissen, was hier ablief, abgesehen von mir natürlich. Ryan zog sich wortlos aus. Nur bekleidet mit seinen schwarzen Shorts, sah er immer noch wie ein ernst zu nehmender Gegner aus. Der Schein des Feuers beleuchtete seinen muskulösen, sehnigen Körper. Als sich unsere Blicke erneut trafen, sah ich darin keinen Hass, nur Gleichgültigkeit. Nicht ich beherrschte Ryans Denken in diesem Augenblick, sondern das bevorstehende *Inipi*.

Auch Joe zog sich bis auf die Unterhosen aus. Er trug Boxershorts im Tarndesign und nur ich stand im ausgeleierten Slip herum, weil ich am Morgen noch nicht gewusst hatte, was mir am Abend blühen würde. Joe zündete ein Salbeibündel an und befächerte Ryan und mich mit Rauch, während er murmelnd vor sich hin betete, dass wir alle Verwandte seien, die Tiere, die Menschen, die Bäume, die Steine.

Ryan nahm den weißen Rauch mit seinen offenen Händen entgegen und ließ ihn über seinen Körper gleiten. Offensichtlich nahm er diesen Hokuspokus sehr ernst, während Großvater Joe es locker anging. Zum Schluss übernahm Rodney den sengenden Salbei und reinigte seinen Vater mit Rauch. Dann streckte er seine Hand in meine Richtung und sagte: »Deine Brille, Oliver. Ich werde sie für dich aufheben.«

In diesem Augenblick hätte ich noch gehen können. Ich hätte bloß sagen brauchen: »Hey Leute, ich mache das nicht mit. Ich bin keine verdammte Rothaut, die sich von irgendetwas reinigen muss. *Mein* Herz ist rein.« Stattdessen gab ich Rodney brav meine Brille und beugte mich zum Eingang, um hineinzukriechen. Aber Rodney hielt mich an der Schulter zurück und sagte: »Zuerst er«, und nickte in Großvater Joes Richtung. Der Alte ließ sich auf alle viere nieder und kroch in die dunkle Kuppelhöhle. Ryan folgte ihm und zum Schluss kam ich. Joe saß am Eingang neben dem Wassereimer, ich ihm gegenüber.

Noch beleuchtete der Schein des Feuers das Innere der Schwitzhütte und ich sah zu, dass der Abstand zwischen mir und Ryan groß genug war. Er hockte im Schneidersitz da und Schatten tanzten auf seiner nackten Brust. Ich zog meine Knie unters Kinn, schlang die Arme um meine Beine und harrte der Dinge, die da kommen würden.

Mit einer großen Eisengabel holte Rodney die ersten glühenden Steine aus dem Feuer, reichte sie herein und ließ sie in das Erdloch in der Mitte der Hütte gleiten. Joe hatte das Geweih eines Gabelbockes in der Hand und schob die Steine damit in die richtige Position, zentimetergenau. Immer mehr Steine reichte Rodney herein, bis ein kleiner Berg vor uns aufgetürmt war. Auf Joes Anweisung hin klappte Rodney die Plane vor dem Eingang herunter und es wurde dunkel. Nun war ich gefangen. Gefangen in warmer Schwärze, zusammen mit Ryan, dem finsteren Krieger und dem alten Mann, den wir beide Großvater Joe nannten. Und das Schlimmste war, ich hatte mich selbst in diese absurde Lage gebracht. Weil ich zu gutmütig war und mich immer überreden ließ. Oder besser: Weil ich ein Blödmann war.

Noch konnte ich etwas sehen. Die Steine glühten rot und meine Augen hatten sich an die Dunkelheit gewöhnt. Der alte Mann murmelte etwas davon, dass die Erde, auf der wir saßen, unsere Mutter ist und alles Leben von ihr kommt. Ich meine, ich hatte mir schon immer Gedanken über Umweltschutz gemacht. Ich ging sparsam mit Wasser um, ließ Licht nicht unnütz brennen und gegen Atomkraftwerke war ich auch. Ich hatte Petitionen gegen das Abholzen der Regenwälder und den Bau von Staudämmen unterschrieben. Aber hier, im engen Dunkel der Schwitzhütte, merkte ich, wie abstrakt mein Denken und Fühlen gewesen war. Wenn du in einer Stadt lebst, stehst du die meiste Zeit des Tages auf Beton oder Asphalt. Du berührst die Erde nicht wirklich, hast keine Verbindung zu ihr. Aber nun saß ich fast nackt auf dem Boden und ich spürte sie, die Mutter Erde. Sie war im Augenblick alles, woran ich mich festhalten konnte.

Großvater Joe beendete sein Gebet und kippte mit einer Kelle Wasser über die glühenden Steine. Ihr matt rotes

Leuchten erlosch in einer Explosion von Wassertropfen, als das kalte Wasser auf die Steine traf. Es zischte und dampfte und ich riss meinen Kopf zurück, um nicht erwischt zu werden. Aber es war vergeblich. Eine heiße Wolke hüllte mich ein und nahm mir die Luft zum Atmen. Voller Panik schlug ich die Hände vors Gesicht und stöhnte laut. Die Poren in meiner Haut öffneten sich und Schweißbäche strömten hervor. Das Salz brannte in meinen Augen, obwohl ich gar nicht mehr versuchte sie zu öffnen. Ich saß in der Hölle und war nur noch ein glitschiges, bebendes Etwas – ein japsendes Nichts.

Wieder zischte Wasser auf den Steinen. Es wurde noch heißer, obwohl ich fest geglaubt hatte, dass das nicht möglich war. Nur raus hier, dachte ich, bevor sich dein Körper im Dampf aufzulösen beginnt. Aber ich war unfähig mich zu bewegen. Gelähmt wie im Angesicht der Klapperschlange.

Ich hörte mein Herz, das in einem seltsamen Rhythmus schlug. Bumm, bumm, bumm. Zu gleichmäßig. Dann sang jemand. Es war Großvater Joes Stimme. Und was da in mir vibrierte, waren die dumpfen Töne seiner Trommel, die meinen Herzschlag bestimmten.

Plötzlich hörte ich noch ein anderes Grollen. Eines, das nicht aus meinem Inneren, sondern von draußen kam.

»Die Donnerwesen«, flüsterte Joe in die Dunkelheit. »Sie sind zornig. Einer von euch Jungs hat schlechte Gedanken.«

Schlechte Gedanken? Ich konnte gar nichts denken, geschweige denn etwas Schlechtes. Oder doch? Ich war am Verglühen und wer war schuld daran? Rodney, mein Stiefvater. Er war schuld daran, dass ich überhaupt hier war, in diesem Land, in dieser furchtbaren Lage.

Der Donner grollte jetzt über uns und Großvater Joe begann zu beten. Er bat *Tunkashila,* den heiligen Großvater, um Hilfe, Ryan und mich von dem zu befreien, das uns gefangen hielt. Bestimmt hat Ryan schlechte Gedanken, dachte ich. Er hasste mich und mit seinem Hass hatte er die Donnerwesen erzürnt.

Hilfe! Wurde ich jetzt verrückt?

»Mitakuye Oyasin«, sagte Joe. Die Plane vor dem Eingang wurde hochgehoben und frische Luft strömte herein. Ich machte ein paar gierige Atemzüge. Der salzige Schweiß prickelte auf meiner Haut, als die kühle Luft darüber strömte. Großvater Joe reichte mir eine Kelle Wasser mit den Worten »Wasser des Lebens« und ich trank gierig, bis sie leer war. Ich wollte sie ihm zurückgeben, aber er deutete auf Ryan. Bis ich begriff: Alles war ein Kreis. Ich musste die Kelle an Ryan weitergeben und er überreichte sie seinem Großvater mit den Worten *»Mitakuye Oyasin«,* was so viel bedeutet wie »Alles ist mir verwandt«. War es das, was wir begreifen sollten? Dass wir einander verwandt waren, obwohl nicht dasselbe Blut in unseren Adern floss, obwohl wir uns hassten?

Der alte Mann füllte die Kelle erneut und ich reichte sie an Ryan weiter. Der trank nicht, er kippte das Wasser auf die heißen Steine und gab die leere Kelle an seinen Großvater zurück.

Dann schloss sich der Eingang und alles begann von vorn. Kaum zu glauben, welche Hitze die Steine noch in sich bargen, als Joe weitere Kellen mit Wasser über sie kippte. Ich steckte den Kopf zwischen meine Knie, weil ich gemerkt hatte, dass es am Boden etwas kühler war. Draußen war es still. Die Donnerwesen hatten sich verzogen. Hier drinnen hatte niemand mehr schlechte Gedanken.

Es war höllisch heiß, aber ich spürte keinen Groll in mir, hatte keine Angst mehr. Ich öffnete die Augen und starrte in die Dunkelheit. Bilder tauchten auf und begannen sich zu bewegen. Nina, die mir mit einem traurigen Lächeln winkte. Ich winkte zurück. *Auf Wiedersehen, Nina, es war schön mit dir.* Nein, bleib!, schrie es in mir. Bleib, lass mich nicht in allein in dieser dunklen Höhle zurück, wo ich immer ein Fremder sein werde. Aber ich war nicht allein. Jemand schützte mich mit seinen Gedanken. *Tammy.* Ihr Koboldgrinsen erreichte mich durch die Finsternis. »Lerne über dich selbst zu lachen, Olli«, sagte sie. »Dann wirst du es leichter haben.«

Wieder öffnete sich der Eingang. Die Bilder verschwanden und frische Luft strömte herein. Beim vierten und letzten Durchgang forderte Großvater Joe uns auf unsere Bitten zu sprechen. Ryan redete auf Lakota. Er schien die Sprache perfekt zu beherrschen, sie bildete eine Einheit mit seiner dunklen Stimme. Dann war ich dran und ich überlegte krampfhaft, was ich erbitten könnte, ohne dass die beiden sich über mich amüsieren würden.

»Du kannst deine Gebete auch in Gedanken sprechen«, kam der alte Joe mir zu Hilfe.

Das tat ich dann auch. Ich wünschte mir wieder glücklich zu sein.

Großvater Joe beendete die Zeremonie mit einem zufriedenen *»Mitakuye Oyasin«,* und als Rodney die Plane vor dem Eingang hob, kroch er aus der Schwitzhütte. Ryan und ich folgten ihm. Im Schein des Feuers sah ich drei

Wassereimer stehen, und als Joe sich den ersten über den Kopf kippte, tat ich es ihm nach. Es war herrlich kalt und wusch den Schweiß von meinem Körper. Ich schüttelte mich wie ein Hund.

Rodney reichte mir ein Handtuch und meine Brille. »Alles in Ordnung?«, fragte er.

»Ja«, sagte ich. »Alles in Ordnung.« Das war nicht gelogen. Ich fühlte mich gut. So sauber und gestärkt wie noch nie. Die Gedanken frei. Was auch immer mir zugedacht war, ich würde es bewältigen.

Ich rubbelte mich mit dem kratzigen, harten Handtuch ab und schlüpfte wieder in meine Kleider. Zum Abschluss gab es etwas zu essen. Wir brieten jeder ein Stück Kaninchenfleisch über dem Feuer und ich verzehrte es mit Genuss, obwohl ich eigentlich gar keinen Hunger mehr hatte. Irgendwann stand Rodney auf und sagte: »Ich fahr dann mal. Ihr müsst jetzt schlafen, wenn ihr morgen so früh loswollt. Ich wünsche euch viel Glück.«

Er verschwand in der Dunkelheit. Ryan machte keine Anstalten, ihm zu folgen. Erst jetzt begriff ich, dass er morgen mit Joe und mir in die Badlands kommen würde. Ich schluckte vor Enttäuschung, als ich Rodney allein wegfahren hörte. Inzwischen hatte ich mich darauf gefreut, mit Großvater Joe einen Tag zu verbringen und ihm helfen zu können. Aber nun würde Ryan dabei sein und ich traute meinem Stiefbruder nicht über den Weg.

»Ihr könnt im Tipi schlafen, Jungs«, sagte Joe. »Ich wecke euch morgen früh.« Er verschwand in der Hütte und ich saß mit Ryan allein am Feuer. Ich war auf alles gefasst, aber nichts passierte. Er starrte in die Flammen und sie spiegelten sich in seinen schwarzen Augen. Er war weit weg mit seinen Gedanken und schien mich gar nicht wahrzunehmen.

Aber dann hob er plötzlich den Kopf und fragte: »Bist du auch einer von denen, die noch die andere Backe hinhalten, wenn sie geschlagen werden?« In seiner Stimme schwang mitleidige Verachtung.

»Eigentlich nicht«, sagte ich. »Aber ich weiß, wann ich keine Chance habe.« Ich holte meinen Schlafsack aus dem Pick-up, ging ins Tipi und legte mich schlafen. Der Boden unter der Plane war mit Stroh gepolstert und ich lag sogar einigermaßen bequem. Eine Weile lag ich auf dem Rücken und blickte durch das Rauchabzugsloch in den Himmel. Er war von Sternen übersät. Winzige, funkelnde Lichtpunkte. Ich roch das Holzfeuer und hörte in der Ferne die Kojoten heulen. Ich hatte keine Angst. Ich weiß nicht, warum, aber es war so.

Auch vor dem finsteren Ryan fürchtete ich mich nicht. Er konnte sonst was mit mir anstellen und es wie einen Unfall aussehen lassen, das war mir klar. Er kannte sich hier aus und hatte die besseren Karten. Aber mir war es egal. Ich drehte mich zur Seite und schlief vor Erschöpfung auf der Stelle ein.

13. Kapitel

Der Morgen dämmerte, als Großvater Joe uns weckte. Ich hatte tief und traumlos geschlafen und ich lebte noch, so viel war schon mal sicher. Es war auch noch alles dran an mir, soweit ich das auf den ersten Blick feststellen konnte.

»*Hoka hey,* Jungs«, sagte Joe. »Auf geht's!«

Ich wurstelte mich so schnell es ging aus dem Schlafsack und trottete dem alten Mann hinterher. Zähne putzen und Gesicht waschen, darauf legte er Wert, also tat ich ihm den Gefallen.

Zum Frühstück gab es geröstete Getreideflocken mit Milch und Honig. Auch Ryan aß Müsli, das passte gar nicht zu ihm. Ich hatte angenommen, einer wie er würde mindestens ein blutiges Steak zum Frühstück verspeisen. Aber nun kaute er ganz brav seine Flocken und würdigte mich keines Blickes. Vielleicht war er ja gar nicht so finster und unberechenbar, wie er immer tat. Ich wünschte, ich könnte mal ein vernünftiges Wort mit ihm reden, einfach so, unter Stiefbrüdern. Aber Ryan Bad Hand war nicht der Typ für Gespräche. Seine Blicke jedoch, seine Gesten und Bewegungen, sagten mehr als alle Worte.

Großvater Joe drängte zur Eile und so brachen wir bald auf. Der Alte setzte sich selbst ans Steuer des Pick-ups. Ich war froh, dass ich nicht fahren musste, weil ich doch nicht mal wusste, wo es hingehen sollte. Joe fuhr erst die Schotterpiste in Richtung Kyle und bog dann nach links auf die

Teerstraße in Richtung Sharps Corner ab. Im Ort – wenn man die drei Häuser als Ort bezeichnen konnte – bog er wieder nach rechts auf die Bundesstraße 27. Es ging also mitten hinein in die Badlands.

In der Dämmerung sahen die muschelgrauen Berge noch gespenstischer aus als am Tag. Unheimliche Schatten lagen in den Tälern und gaben den Felsen fast den Anschein, lebendig zu sein. Dass die Indianer hier heilige Orte hatten, konnte ich mir sehr gut vorstellen. Mir wurde ein wenig mulmig zu Mute, wenn ich daran dachte, dass ich in diesen Bergen umherklettern sollte.

Großvater Joe fuhr irgendwann von der Hauptstraße ab, wieder auf eine Schotterpiste, von denen es im Reservat eine Menge gab. Und nach einer ganzen Weile bog er nach rechts auf einen Feldweg. Der Pick-up verschwand in einem Labyrinth aus spitzen Hügeln und tief eingeschnittenen Tälern. Es dämmerte und der rötliche Streifen am Horizont war ein Zeichen dafür, dass bald die Sonne aufgehen würde.

Irgendwann ging es nicht mehr weiter. Der Weg endete an einem Stacheldrahtzaun. Joe parkte den Wagen und wir stiegen aus, jeder mit einer Umhängetasche aus Sackleinen bewaffnet, in der sich weitere, verschieden große Beutelchen aus Stoff und eine große Wasserflasche befanden.

Etwas Gras wuchs hier und ein paar Sträucher. Kleine Sonnenblumen blühten. Ein großes Schild mit einigen Schusslöchern, das am Zaun befestigt war, warnte: MILITÄRISCHES ÜBUNGSGEBIET – BETRETEN VERBOTEN – LEBENSGEFAHR!

Na klasse, dachte ich, davon hatte mir niemand etwas gesagt.

Der alte Mann sah meinen zweifelnden Blick. »Von 1942 bis 1965 hat die US-Armee diese Gegend als Testgelände für konventionelle Waffen benutzt«, sagte er. »Über hundert Lakota-Familien, die hier lebten, wurden davongejagt. ›Packt eure Sachen und geht', hat man ihnen gesagt‹ – so einfach war das. Nun liegt hier ein Haufen scharfe Munition herum, Überreste von Bomben und Artillerieraketen. Es gibt ein Programm zur Säuberung des Geländes, aber die Gelder dafür sind erst einmal gestrichen worden. Ist ja bloß Indianerland.«

Ich sah Großvater Joe immer noch fragend an und er nickte. »Du fragst dich, wieso wir ausgerechnet hierher gehen müssen, um Pflanzen zu sammeln. Ich werde es dir sagen, Junge. Im Frühjahr hat es wenig geregnet und der Sommer war bisher heiß und trocken. Sämtliche Beeren im Reservat sind von hungrigen Vögeln aufgepickt worden. Doch da oben, auf dem Cedar Butte, wächst immer was. Als ob die Geister unserer Ahnen es für uns behüteten. Nur ist der Weg so steil, dass ich es nicht mehr bis hinauf schaffe. Ryan kennt den Weg sehr gut, er wird dich führen. Du musst dir keine Sorgen machen.«

Wir kletterten durch den Zaun und liefen dem Alten hinterher, einen schmalen, festgetretenen Pfad in die hellen Kalkberge hinein. Alles war trocken, der Pfad hart wie Beton und nirgendwo stand ein Hälmchen. Ich fragte mich, wo hier Heilkräuter wachsen sollten, wo doch gar nichts wuchs. Und jetzt begriff ich auch den Namen: Badlands – Schlechtes Land. *Maco Sica* nannten die Lakota dieses riesige Gebiet, was ungefähr dasselbe bedeutete.

Aber dann erreichten wir ein kleines Tal, in dem es grünte. Und Großvater Joe fand, was er suchte. Red-Cedar-

Wacholderbüsche, Königskerze und wilde Sonnenblumen. Er zeigte mir, was ich zu pflücken hatte und worauf es ankam.

»Nimm die Beeren und die Nadeln«, sagte er. »Außerdem wächst da oben auch Soapweed, eine Yuccapflanze, aus der wir unser Shampoo machen.«

Shampoo! Das haute mich fast um. Er schickte mich in ein Gebiet, in dem Blindgänger herumlagen, nur um Shampoopflanzen zu sammeln. Als ob man nicht genauso gut in den Laden in Kyle gehen und sich ein Fläschchen Shampoo für einen Dollar kaufen könnte!

Als ich den Kopf hob, um nach oben zu sehen und vielleicht einen Weg auf das Plateau zu finden, blendete mich ein warmes, rotes Licht. Die Sonne war aufgegangen und schickte ihre Morgenröte über die scharfen Zacken der Berge. Es war ein unglaubliches Schauspiel. Ein Anblick, den ich nie vergessen würde, weil ich noch nie etwas Vergleichbares gesehen hatte. Großvater Joe murmelte ein Gebet und auch Ryan sagte etwas auf Lakota.

Joe drückte mir schließlich ein Päckchen Tabak in die Hand. »Wenn du etwas von Mutter Erde nimmst, musst du ihr auch etwas dafür geben. Spendier ihr etwas Tabak und bedanke dich. Tabak ist heilig und die Erde wird deine Gegengabe annehmen. Und nun geht«, sagte der alte Mann. Er zeigte mit ausgestrecktem Arm auf eine hohe Kalkwand, die mir unerreichbar schien. »Ryan kennt den Weg«, sagte Joe noch einmal und schärfte uns ein zusammenzubleiben.

Ryan lief los. Er war schnell und beweglich und hatte die richtigen Schuhe an: weiche Mokassins mit nachgiebigen Sohlen. Ich trug feste Turnschuhe und hatte Mühe, ihm zu folgen. Als wir den breiten Felsturm erreicht hatten, sah ich, dass es tatsächlich Pfade gab, die um ihn herum- und hinaufführten. Man hatte kaum Halt auf diesen Pfaden, da sie fest und glatt wie Beton waren. Und es gab auch nichts, woran man sich festhalten konnte: keinen Strauch, keine Wurzel, keinen Stein.

Ryan schien das nichts auszumachen. So sicher und leichtfüßig, als würde er sich ständig in diesem Terrain bewegen, eilte er seinem Ziel entgegen. Ich beneidete ihn um seine Kraft und seine Ausdauer. Ryan Bad Hand hatte Mumm in den Knochen. Er war ein richtiger Krieger, bloß zu spät geboren, um gegen solche wie mich zu kämpfen. Er sang vor sich hin, während ich schon anfing zu japsen und den ersten Schluck aus meiner Wasserflasche nehmen musste.

Die Sonne stieg immer höher und fing schnell an zu wärmen. Ich bekam eine Ahnung davon, was sich hier abspielen würde, wenn sie erst ihren höchsten Stand erreicht hatte. Immer wieder blieb ich stehen und sah hinter mich. In ein graues Felsgewirr, das ausgedörrt, menschenfeindlich und trotzdem wunderschön war. Auf einmal bewegte sich etwas. Es war so grau wie die Berge, hatte aber vier Beine und gebogene Hörner. Ein Bergschaf. Noch mehr gesellten sich dazu. Es waren vier oder fünf Tiere. Sie witterten etwas und horchten wachsam auf. Plötzlich eilten sie über den steilen Grat davon, sie waren gute Kletterer. Ich fragte mich, wovon sie hier lebten.

Als ich mich wieder umwandte, war Ryan verschwunden. Ich sah ihn nicht mehr, sosehr ich meine Augen auch anstrengte. Alles verschwamm zu einer unbestimmten grauweißen Masse. Kein schwarzer Punkt, der sich bewegte. Im selben Augenblick wurde mir bewusst, dass es auch keine Pfade mehr gab. Nichts, woran ich mich orientieren konnte. Ich schluckte und meine Kehle war strohtrocken. Wo war Ryan?

»Das ist nicht lustig«, rief ich.

Schweißperlen standen auf meiner Stirn. Ich fühlte mich beobachtet. Irgendwo versteckte er sich wahrscheinlich und lachte sich ins Fäustchen. Ryan Bad Hand weidete sich an meiner Angst und ich hasste ihn dafür. Ja, in diesem Augenblick hasste ich ihn wirklich. Ich stand in der Sonne, schwitzte, als würde ich ein *Inipi* machen, und um mich herum steckten irgendwelche scharfen Geschosse und Minen in der Erde. Jeder Schritt konnte der falsche sein. Bumm! Deshalb bewegte ich mich nicht von der Stelle. Bis es mir zu bunt wurde.

Ich hatte Ryans blöde Späße satt und lief weiter. Auf einmal hallte sein »Bleib stehen!« durch die Canyons.

Abrupt blieb ich stehen. Endlich lag ein grüner Flecken vor mir. Wacholderbüsche, an denen Rankenpflanzen mit dreigeteilten rötlichen Blättern emporwuchsen.

»Wieso?«, rief ich. »Liegt hier vielleicht ’ne Bombe?«

Ich hatte keine Lust mehr, mich von ihm einschüchtern zu lassen. Wahrscheinlich flunkerte er sowieso nur und hier lag gar nichts herum. Sonst hätten auch die Bergschafe irgendwann in die Luft gehen müssen, denn die hielten sich noch weniger an irgendwelche Pfade als ich. Ich machte einen Schritt auf den Wacholder zu, weil wir ja schließlich hier waren, um etwas zu sammeln.

Ryan brüllte: »Finger weg, *Wasicun!* Geh zurück und nimm den Weg zwischen den Felswänden hindurch.«

In seiner Stimme war etwas, das mich zurückschrecken

ließ. Ich machte kehrt und fand nach einer Weile Ryans Fußspuren. Hier war der Boden nicht mehr festgetreten. Und es wurde steil. Ich musste auf allen vieren gehen, um nach oben zu kommen.

»Pass auf die Klapperschlangen auf«, hörte ich ihn sagen.

Er lachte. Ich blickte hinauf und sah Ryans schwarze Gestalt im Strahlenkranz der Sonne. Wie ein Geist. Geblendet kniff ich die Augen zusammen, und als ich noch einmal hinsah, war er verschwunden.

Oben angekommen, glaubte ich meinen Augen nicht zu trauen: Ich konnte weit über die Badlands blicken. Im Süden bis zu ihren Ausläufern, die wie Eisberge aus einem flimmernden gelbgrünen Meer ragten. Diese Weite war ungeheuerlich, kaum zu erfassen mit dem Verstand. Ein leichter Wind wehte mir um die Nase, trocknete meinen Schweiß und brachte den Duft von Wacholder mit.

Vor mir lagen runde, farbige Felsbuckel, dazwischen kleine grüne Täler und in einem sah ich Ryan, wie er sich an einem mannshohen grünen Busch zu schaffen machte.

»Beeil dich«, rief er mir zu. »In einer Stunde ist es hier so heiß, dass deine weiße Haut Blasen schlagen wird.«

So ein Kotzbrocken. Ich rutschte auf dem Hintern hinunter ins Tal und klopfte mir unten den Staub von der Hose. Ryan nickte mit dem Kopf zu einem anderen Wacholderbusch hinüber. Ich fing an die grünen Beeren zu pflücken, als er mich anbrüllte: »Du hast den Tabak vergessen, du Idiot.«

Erschrocken zuckte ich zusammen und ließ die Beeren fallen, die ich schon in der Hand gehalten hatte. Ryan, das Scheusal, lachte. Ich holte den Tabak aus der Tasche und streute etwas davon auf den Boden um den Wacholderbusch. Wenn mir gestern einer gesagt hätte, dass ich mal Tabak verstreuen würde, um Mutter Erde dafür zu danken, dass ich ihre Wacholderbeeren pflücken durfte, ich hätte ihn glatt für verrückt erklärt. Aber ich tat es wirklich. Und ich kam mir nicht mal komisch vor dabei. Ryan allerdings schüttelte den Kopf. Wahrscheinlich hatte ich mal wieder etwas falsch gemacht.

Als ich sah, wie er mit seinem Tabak in der Hand in die verschiedenen Himmelsrichtungen betete, bevor er ihn unter dem Wacholderbusch ablegte, wusste ich es. Aber es war mir egal. Ich hatte mein Bestes getan, meinen guten Willen gezeigt. Ich war nun mal kein Indianer und aus mir würde auch nie einer werden.

Ich holte einen Beutel aus meiner Umhängetasche und hängte ihn an meinen Gürtel. Endlich konnte ich anfangen zu pflücken. Es waren genügend Beeren da, der Strauch war voll davon. Trotzdem war es mühsam, sie zu pflücken, und der Beutel füllte sich nur langsam. Ich tat meine Arbeit und versuchte dabei an etwas anderes zu denken. An Nina, die jetzt vielleicht irgendwo im Freibad auf der grünen Wiese lag und sich mit den anderen amüsierte. Nina im Bikini, das war eine Schau! Sie hatte eine Figur wie ein Model und alle blickten ihr hinterher, sogar die Frauen. Auch ich hatte ihr hinterhergeblickt, damals, als wir noch nicht zusammen waren.

Die Traumblase mit Nina im Bikini darin zerplatzte in der Hitze der Badlands. Mein Schädel dampfte unter der Baseballmütze und meine Hände zitterten, als sie nach den kleinen grünen Beeren griffen. Ab und zu warf ich einen Blick auf Ryan, nur um mich zu vergewissern, dass er noch da war. Er pflückte und pfiff dabei leise vor sich hin.

Etwas später, ich war inzwischen dazu übergegangen, die Nadeln des Busches abzupflücken, sah ich ihn mit einer kleinen Schaufel Yuccawurzeln ausgraben. Ich hörte ihn fluchen. Der Boden war knochentrocken und er hatte Mühe, an die Wurzeln heranzukommen.

Es wurde immer heißer, und als ich auf meine Armbanduhr sah, war es schon kurz vor zwölf. Verrückt, wie schnell beim Pflücken die Zeit verging. Die Backofenhitze war kaum noch auszuhalten und ich fragte mich, wann Ryan endlich den Rückweg antreten wollte. Sein Pfeifen war verklungen. Eigentlich, das wurde mir jetzt klar, hörte ich es schon eine ganze Weile nicht mehr. Ryan war wieder einmal verschwunden! Ich lief um alle Wacholderbüsche herum, aber er war nicht mehr da. Schließlich hörte ich oben auf dem Plateau sein heiseres Kichern.

Verwünschungen ausstoßend, kletterte ich zurück auf das Plateau. Bergab war es einfacher gewesen, doch jetzt hatte ich ganz schön zu kämpfen. Meine Hände fanden keinen Halt am Boden und ich rutschte immer wieder zurück. Als ich endlich oben angekommen war, hatte ich den feinen weißen Staub überall, auch im Mund.

Zuerst putzte ich meine Brille, denn durch die staubigen Gläser konnte ich überhaupt nichts mehr sehen. Mit meinem Wasser war ich sparsam umgegangen, aber jetzt nahm ich einen gierigen Schluck. Es zischte in meiner ausgedörrten Kehle. Die Brühe war richtig heiß.

Zur Abwechslung sah ich mich nach Ryan um, aber er war nicht zu sehen und ich hatte auch nichts anderes erwartet. Also machte ich mich auf den Weg. Ging in die Richtung, aus der ich gekommen war, oder besser: von der ich annahm, dass ich aus ihr gekommen war. Kurzzeitig sah ich Ryans dunkle Gestalt auftauchen, aber das konnten auch Halluzinationen sein – bei der Hitze wäre das nicht weiter verwunderlich.

»Du langweilst mich«, rief ich.

Ich sah ihn auftauchen und hinter grauen Hügeln verschwinden. Er schien überhaupt nicht erschöpft zu sein und es war mir schleierhaft, woher er seine verdammte Energie nahm. Ich verfiel wieder darauf, ihn mit Verwünschungen zu bedenken. Das bewahrte mich davor, in Tränen auszubrechen.

Dann sah ich ihn nicht mehr. Es war auf einmal furchtbar still – so still, dass ich das Gefühl hatte, die Luft flimmern zu hören. Bunte Kreise tanzten vor meinen Augen, aber ein Ryan Bad Hand war nirgendwo zu sehen.

»Ryan?«, rief ich. Das vielstimmige Echo klang beängstigend. Eine Antwort bekam ich nicht.

»Ryan?«, rief ich noch einmal. Nichts. Jetzt fing ich wirklich an zu heulen. Es gab einfach kein Halten mehr: Die Tränen flossen und ich fluchte wie noch nie in meinem Leben. Ein dunkler Klumpen wuchs in meinem Bauch und auf einmal wusste ich, wie sich Verzweiflung anfühlte.

Dieses verflixte Arschloch ließ mich einfach hier in der Sonne schmoren und ich konnte nichts dagegen tun. Ich verfluchte Rodney und Großvater Joe, weil sie mich in diese blöde Situation gebracht hatten, egal, was sie damit bezweckten. Das Flimmern wurde dicht, bunte Schlieren waberten durch die Luft und mein Kopf drohte zu platzen. Nicht mehr lange und ich würde bewusstlos zusammenbrechen.

Plötzlich flog ein Schwarm Vögel mit wildem Gezeter aus einer Senke auf und gleich darauf hörte ich einen markerschütternden, lang gezogenen Schrei. Ich fuhr herum und blickte erschrocken in die Richtung, aus der er gekommen war. Und in der flimmernden Hitze der weißen Felsen sah ich ein großes Tier davoneilen. Ein geschmeidiger Körper, starke Vorder- und Hinterbeine, gelbes Fell – ein Puma!

»Verdammter Mist«, flüsterte ich und sah mich verzweifelt nach einem Fluchtweg um. Aber alles sah gleich aus. Ich kannte den Weg nicht und in die falsche Richtung zu laufen konnte mich das Leben kosten. Genauso wie ein Zusammentreffen mit dem Berglöwen. Mit klebriger Zunge leckte ich über meine aufgesprungenen Lippen. Die Luft flimmerte und gaukelte mir Bilder vor. Ich sah Gestalten in bunt bemalten Hemden tanzen. Ihr langes Haar, in das Federn geknüpft waren, flog, wenn sie sich drehten. Als hätten sie schwarze Flügel. Und ich hörte die Trommel. Bumm, bumm, bumm.

Es war mein eigener Herzschlag. Wurde ich jetzt verrückt? Hatte die Hitze mir schon den Garaus gemacht, obwohl ich eine Baseballkappe trug?

Die bunten Gestalten lösten sich in ihre Einzelteile auf. An den Felshängen glimmerte es rot und blau. Es funkelte und glitzerte und ich schloss die Augen, um den Zauber loszuwerden, um von mir zu weisen, was ich sah und was doch nicht sein konnte.

Als ich die Augen wieder öffnete, war der Spuk verschwunden. Ich stand allein in der trockenen Einöde und war immer noch keinen Schritt weitergekommen. Zumindest konnte ich wieder klar denken. Und da ich nicht wusste, wie lange der wache Moment anhalten würde, musste ich mir schnell etwas einfallen lassen.

Ich konnte nicht einfach losgehen, weil hier Munition herumlag und ich nicht wusste, wo. Andererseits: Ryans Schrei war keine Einbildung gewesen. Auch wenn er ein Blödmann war – ich musste versuchen ihn zu finden. Schließlich konnte er sich ernsthaft verletzt haben. Es war einer dieser Augenblicke, in denen ich mir wünschte irgendwo anders zu sein, nur nicht dort, wo ich mich gerade befand.

»Ryan?«, rief ich, die Hände wie einen Trichter vor den Mund gehalten.

»Ich bin hier«, kam die Antwort sofort.

Es hörte sich nah an und ich ging Ryans Stimme nach. Ich kletterte den Hügel hinauf, und als ich oben stand, sah ich ihn unten in einer bewachsenen Rinne liegen. Ein großer Wacholderbusch hatte seinen Sturz aufgefangen. Nun war er dabei, auf allen vieren wieder nach oben zu kriechen, wobei er seine kleine Schaufel zu Hilfe nahm. Ich konnte warten, bis er von allein bei mir angelangt war; ich konnte ihm aber auch helfen.

Ich wartete.

Ryans Energie schien plötzlich vollkommen verbraucht zu sein. Er bewegte sich langsam. Sein Körper wirkte verkrampft und er kam kaum vorwärts. Vielleicht hatte er sich bei dem Sturz doch verletzt. Seine Ellenbogen bluteten. Das Schaufelblatt blinkte in der grellen Sonne.

»Kommst du klar oder soll ich dir helfen?«, fragte ich.

Ryan blickte nach oben und sah mich einen Augenblick an. Dann sagte er: »Ich komme schon klar.«

Ich sah noch eine Weile zu, wie er sich quälte, dann rutschte ich ihm entgegen und streckte meine Hand aus, um ihm zu helfen. Doch er schüttelte den Kopf. Ich wollte schon was sagen, von wegen falschem Stolz und dergleichen, als ich Ryans Arme und seine Hände sah. Sie waren feuerrot und von dicken, wässrigen Blasen überzogen. Er sah aus, als wäre er zu nah ans Feuer geraten. Oder in Säure gefallen.

»Was zum Teufel ist denn mit dir passiert?«, fragte ich erschrocken.

»Giftefeu«, ächzte er. »Ich bin abgestürzt und reingefallen«.

Er deutete nach unten in die grüne Rinne. Ich erkannte die dreigeteilten rötlichen Blätter der Rankenpflanze wieder. Beim Aufstieg hatte Ryan mich davor zurückgehalten, nach ihnen zu greifen.

»Der Milchsaft ist überall auf meiner Haut und an meinen Kleidern«, sagte er. »Wenn du mich anfasst, passiert mit dir das Gleiche.«

»Und was jetzt?«

»Ich bräuchte Wasser und Seife, um den Saft abzuwaschen, dann wird es vielleicht nicht ganz so schlimm.«

Wasser und Seife. Ebenso gut hätte er nach einem Erdbeereis mit Schlagsahne verlangen können.

»Ich habe Seifenkraut im Beutel«, sagte Ryan. »Aber meine Wasserflasche ist beim Sturz kaputtgegangen. Wasser habe ich keines mehr.«

Ich holte meine Flasche aus dem Beutel und schüttelte sie. Sie war noch zu einem Viertel voll und ich gab sie Ryan.

Er sah mich eindringlich an. Seine Augen wurden zu schmalen Schlitzen. »Bist du dir ganz sicher?«, fragte er. »Du hast dann nichts mehr für den Rückweg.«

»Nimm es. Und beeil dich.«

Ryan holte eine Yuccapflanze aus seinem Beutel, schnitt sie mit seinem Taschenmesser an und mischte den austretenden dicken Saft mit Wasser. Es schäumte. Er wusch sich Hände und Arme so gründlich, wie es ging, und spülte den Schaum mit dem letzten Rest Wasser ab. Er verzog das Gesicht und ich ahnte, dass er Schmerzen hatte, sie aber nicht zeigen wollte.

»Kann ich dich jetzt anfassen?«, fragte ich.

Ein kaum merkliches Grinsen huschte über sein dunkles Gesicht. »Ich denke schon. Aber mach langsam, ich glaube, ich habe mir den Knöchel gebrochen.«

Ich fasste seine Hand, zog und Stück für Stück arbeiteten wir uns nach oben. Ich hörte das leise Pfeifen seines Atems. Er war jetzt genauso erledigt wie ich. Auf dem Plateau angekommen, half ich Ryan auf die Beine. Ich japste nach Luft, mein Kopf glühte wie im Fieber und ich hörte wieder die Trommel. Bumm, bumm, bumm.

»Da geht es lang«, sagte Ryan und zeigte in eine Richtung, die ich nicht vermutet hätte. Dann zog er sein T-Shirt aus, vorsichtig darauf bedacht, dass er mit der äußeren Seite seinen Körper nicht berührte, und knotete es um den Riemen seiner Umhängetasche. »Okay, so müsste es gehen.«

Einen Arm um meine Schulter gelegt, in der anderen Großvaters Schaufel, humpelte er neben mir her. Immer wenn er seinen linken Fuß benutzte, huschte ein Ausdruck des Schmerzes über sein Gesicht. Aber er klagte nicht. Das würde er niemals tun.

Ich hatte Narben auf Ryans brauner Brust gesehen, parallele Schnitte über beiden Brustwarzen. Während wir uns vorsichtig voranbewegten, zurück zum Auto, musste ich dauernd an diese Narben denken. Ryan Bad Hand war ein Sonnentänzer wie sein Vater. Er hatte sich Holzsplinte durch die Brusthaut ziehen lassen und mit seiner Haut am Sonnentanzbaum gehangen, bis sein Fleisch gerissen war. Großvater Joe hatte mir von dieser Zeremonie der Lakota erzählt. Dass der Sonnentanz lange Zeit verboten war und trotzdem immer stattgefunden hatte, irgendwo in den Bergen, an geheimen Orten. Joe hatte gesagt, dass jeder, der tanzte, ein persönliches körperliches Opfer brachte, um *Wakan Tanka* zu ehren und den Fortbestand des Volkes zu sichern. Ryan hatte seinem Volk ein Fleischopfer gebracht.

Ich konnte meinen Stiefbruder nicht ausstehen, aber ich war tief beeindruckt. Er besaß all das, was ich nicht hatte: einen trainierten Körper, Ausdauer und die Fähigkeit, Schmerz nicht über die Lippen kommen zu lassen.

»Wie ist das eigentlich passiert?«, fragte ich ihn.

»Da war plötzlich ein . . .« Er blieb stehen und sah mich ganz seltsam an.

»Ein Puma?«, fragte ich.

Ryan riss die Augen auf. »Du hast ihn auch gesehen? Ich dachte schon, ich hätte mich vor einem Geist erschreckt.«

»Ich habe ihn gesehen«, sagte ich. Weil ich mir nun sicher sein konnte, dass ich keinen Geist gesehen hatte.

Wir holperten und stolperten, rutschten und klammerten uns an dürre Wurzeln. Manchmal hörte ich Ryan stöhnen oder vielleicht war ich das auch selbst. Wo seine Haut meine berührte, war sie heiß. Er glühte. Ich nahm an, dass er so schnell wie möglich in ein Krankenhaus musste.

Und endlich – ich hatte schon nicht mehr daran geglaubt, dass wir es schaffen würden – hatten wir die Grasebene erreicht und konnten den Pick-up erkennen. Großvater Joe, der im Schatten des Kleinlasters gewartet hatte, sah uns kommen und lief uns entgegen.

Seltsamerweise stellte er keine Fragen. Er half Ryan zum Pick-up und nahm uns die Beutel mit unserer Ernte ab. Ryan zog auch seine Hose aus, bevor er sich in den Pick-up setzte. Das musste wahrlich ein Teufelszeug sein, dass er solchen Respekt davor hatte.

Großvater Joe fuhr mit uns direkt ins Krankenhaus nach Rapid City, ein Weg, für den wir zwei Stunden brauchten. Während ein Arzt Ryans Knöchel röntgte und seine blasige Haut behandelte, saßen der Alte und ich in der gekühlten Empfangshalle in weichen Ledersesseln.

Joe fragte noch immer nichts. Das war ich nicht gewohnt. Mom hätte mich nach dieser Aktion mit ihren Fragen gelöchert. Sie hätte geheult vor Sorge und mir tausend Vorwürfe gemacht.

Ryan kam auf Krücken zurück, einen Verband um seinen Knöchel. Der indianische Arzt, der ihn begleitete, sagte: »Der Knöchel ist nicht gebrochen, nur verstaucht. Er braucht jetzt ein paar Tage Ruhe. Die Verätzungen sind ja zum Glück gleich mit Wasser und Seife behandelt worden. Aber trotzdem muss das beobachtet werden, es kann sich entzünden.«

Großvater Joe nickte. »Ich habe Erfahrungen damit.«

»Na gut.« Der Arzt lächelte. »Und das nächste Mal ein bisschen vorsichtiger, junger Mann. Okay?«

Ryan nickte. Für ihn musste es eine Demütigung sein, halb nackt und auf Krücken in der Empfangshalle des Krankenhauses zu stehen, wo jeder ihn so sehen konnte und die Gerüchte schnell ihren Umlauf nehmen würden. Aber er trug es mit Fassung.

14. Kapitel

Als wir wieder bei Großvater Joes Blockhütte ankamen, juckte auch meine Haut und es zeigten sich ein paar Blasen. Der Juckreiz war höllisch. Ich hatte Mühe, mich zu beherrschen und mir nicht die Haut vom Leib zu kratzen. Der alte Mann behandelte unseren Ausschlag mit einer kühlen Salbe und fragte immer noch nichts. Aber ich spürte, dass es an der Zeit war, ihm einiges zu erklären.

»Wir haben dort oben einen Berglöwen gesehen«, sagte ich. »Dabei hat Ryan das Gleichgewicht verloren und ist abgerutscht.«

Großvater Joe musterte seinen Enkelsohn, als würde er nicht ganz glauben, was ich da erzählt hatte. Aber Ryan sagte: »Es war ein riesiges Tier und er stand plötzlich vor mir. Ich habe mich mörderisch erschreckt.«

Joe nickte und ließ es dabei bewenden. Wir tranken Zitronenlimonade und der Alte begutachtete unsere Ausbeute. Er war zufrieden und bedankte sich bei uns. Die Beutel steckte er in eine Plastiktüte und bat mich sie in unserer Waschmaschine zu waschen.

»Und nun fahrt nach Hause«, sagte er. »Euer Vater wartet schon auf euch.«

Euer Vater! Hatte ich richtig gehört?

Ich fuhr den Pick-up und Ryan saß schweigend neben mir. Der Ausschlag auf seinen Armen und Händen sah furchtbar aus. Alles war rot und geschwollen, mit dicken Blasen darauf. Es musste höllisch jucken und wehtun.

»Wie lange dauert es, bis das wieder verheilt ist?«, fragte ich Ryan.

»Eine Woche, wenn ich Glück habe, vielleicht auch zehn Tage.«

Ich hielt vor unserem Haus und stieg aus. Ryan, der seine Hose und sein T-Shirt in einem Plastikbeutel verwahrt hatte, stieg auch aus und folgte mir auf seinen Krücken nach drinnen. »Mom«, rief ich, aber niemand antwortete.

Ryan fand den Autoschlüssel zu seinem Buick in der Küche, nahm ihn und sagte: »Danke für das Wasser und deine Hilfe.«

Ich zuckte verlegen die Achseln. Dass Ryan Bad Hand so etwas sagen würde, hatte ich nicht erwartet. Er war nicht mein Freund und würde sich für das, was er mit mir gemacht hatte, auch nicht entschuldigen. Aber dass er sich für meine Hilfe bedankte, tat richtig gut.

»Willst du deinen Vater nicht sehen?«, fragte ich. »Er ist bestimmt bei den Pferden.«

Ryan schüttelte den Kopf und ging. Ich sah ihm nach, wie er davonhumpelte und in seinen verbeulten Wagen stieg. Und ich dachte, dass ich von nun an keine Angst mehr vor ihm zu haben brauchte. Ryan Bad Hand würde mich nicht mehr quälen. Also hatte dieser Tag trotz allem etwas Gutes gehabt. Ob Großvater Joe das vorausgesehen hatte?

Ich suchte nach meiner Mutter, aber sie war nicht da. Rodney fand ich bei den Pferden. Er kam auf mich zu und ich sah die Besorgnis in seinen Augen. »Alles in Ordnung?«, fragte er und fasste mich an der Schulter.

Ich nickte.

»Du siehst erledigt aus, Oliver.«

»Bin ich auch. Aber Ryan ist viel schlimmer dran.«

Rodney nickte. »Mein Vater hat mich angerufen und mir erzählt, was passiert ist. Wo ist Ryan überhaupt?«

»Er ist gefahren. Ich nehme an, er wollte nicht, dass du ihn so siehst.«

Rodney lachte kopfschüttelnd. »Typisch Ryan.« Er legte den Arm um meine Schulter und sagte: »Komm, lass uns ins Haus gehen, dort ist es kühler. Wie es aussieht, hast du heute schon genug Sonne abbekommen.«

Wir gingen zurück und Rodney sagte mir, dass meine Mutter einkaufen gefahren war. Er wärmte mir die Reste des Mittagessens in der Mikrowelle auf, und während ich aß, zeigte er auf meine geröteten Arme. »Du hast auch was abgekriegt.«

»Ryan hat sich bei seinem Sturz den Knöchel verstaucht und ich musste ihn stützen. Das Zeug war überall an seinen Klamotten.«

Rodney nickte. »Giftefeu ist ein wahres Teufelszeug. Aber eigentlich kennt sich Ryan gut aus am Cedar Butte. Es wundert mich, wie ihm das passieren konnte.«

Ich hätte ihm die Frage beantworten können. Stattdessen fragte ich: »Stimmt es, dass dort überall noch scharfe Munition herumliegt und irgendwelche Bomben?«

»Das stimmt schon«, antwortete Rodney, »aber natürlich nicht dort, wo ihr gewesen seid. Das Gebiet ist schon geräumt worden. Aber tiefer drin in den Badlands, hinter dem Cedar Butte, da liegt das Zeug noch herum. Die Regierung hat das Räumungsprogramm wegen Geldmangel gestrichen. Ist ’ne ganz schöne Schweinerei. Uns ist das

Land nämlich heilig. Am Stronghold Table, nicht weit vom Cedar Butte, gibt es einen alten Geistertanzplatz.«

»Geister. . . was?«, fragte ich.

»Ein Geistertanzplatz. Es ist schon mehr als hundert Jahre her. Die Weißen wurden immer mehr und nahmen uns unser Land weg. Sie töteten uns und töteten die Büffel, die wir zum Leben brauchten. Unsere großen Häuptlinge waren verzweifelt und wussten nicht mehr weiter. Da tauchte ein Prophet auf, Wovoka hieß er. Und der sagte, wir sollten uns Hemden nähen und sie bemalen und wir sollten in diesen Hemden tanzen. Dann würden sie kugelfest werden und uns im Kampf gegen die Weißen beschützen. Er prophezeite, dass unsere Toten wieder auferstehen und die Büffel zurückkommen würden. Die Weißen jedoch würden für immer von unserem Land verschwinden.«

»Und?«, fragte ich.

»Wir haben getanzt«, sagte Rodney. »Wir hatten geheime Plätze in den Badlands. Dort tanzten wir, in der Hoffnung, die Prophezeiung von Wovoka würde sich erfüllen.«

»Ich habe sie gesehen«, sagte ich und schluckte beklommen, als ich an die bunten Gestalten dachte, die ich im Hitzegeflimmer der weißen Berge erblickt hatte.

»*Wen* hast du gesehen?«

»Die Männer. Ich sah sie tanzen. Es war so höllisch heiß und die Luft flimmerte und überall funkelte es blau und rot und dann habe ich sie gesehen, in ihren bunten Hemden. Sie tanzten. Ich habe die Trommel gehört. Vielleicht war es auch nur mein eigenes Herz, aber ich dachte . . .«

»Hey«, sagte Rodney überrascht, »dann hattest du eine mächtige Vision. Nicht jeder, der dort oben herumkraucht, sieht die Geistertänzer. Aber du hast sie gesehen. Du hattest Glück. Das ist ein starkes Zeichen.

»Ein Zeichen für was?«

»Ich weiß es nicht, Oliver. Aber du wirst es wissen, wenn es so weit ist.«

»Ryan ist einem Berglöwen begegnet«, sagte ich.

»Hat er das gesagt?«

»Ja. Ich habe ihn auch gesehen. Es war ein riesiges Tier.«

Rodney nickte wieder. »Ich habe schon davon munkeln gehört, dass am Cedar Butte ein Pumaweibchen leben soll. Aber ich dachte immer, da wollte sich irgendjemand wichtig machen.«

»Wir haben sie gesehen.«

»Wahrscheinlich hat sie versucht Bergschafe zu jagen.«

»Die sind mir auch begegnet.«

»Ja, nachdem man sie zu Forschungszwecken in den Tod gestürzt hat, vermehren sie sich langsam wieder. Sie stehen unter Artenschutz.«

»Was meinst du damit: zu Forschungszwecken in den Tod gestürzt?«, fragte ich.

»Na ja. Irgendwann hatte man erfreut festgestellt, dass sich die seltenen Bergschafe in den unwegsamen Regionen der Badlands wieder angesiedelt hatten. Weil das Gelände zu Fuß nur schwer zugänglich ist, kamen die Parkranger auf die geniale Idee, die Tiere vom Hubschrauber aus zu zählen, weil sie die Zahlen für ihre Statistiken brauchten. Aber die Tiere erschraken vor dem Geknatter der Rotoren. Sie rannten in panischer Angst davon und viele von ihnen stürzten in eine Schlucht, wo sie sich das Genick brachen.«

»So was Idiotisches«, sagte ich kopfschüttelnd.

»Allerdings. Viele von uns haben geweint, als sie davon erfuhren.«

»Es war so irre heiß in den Badlands«, sagte ich. »Ich konnte erst gar nicht glauben, dass dort überhaupt Leben existiert.«

»Oh, in den weißen Bergen gibt es viele verschiedene Tierarten. Im Herbst, wenn es kühler ist, werde ich mit dir und deiner Mutter eine Tour machen und euch dies und das zeigen. Ich kenne eine Stelle, an der die Erosion Fossilien freigelegt hat und die von den Parkrangern noch nicht entdeckt worden ist.«

»Wieso gehst du in die Badlands?«, fragte ich Rodney.

»Aus demselben Grund wie mein Vater. Um Heil- und Gewürzpflanzen zu sammeln und manchmal auch um nachzudenken. Dort stört einen keiner dabei.«

»Außer ein Berglöwe vielleicht«, sagte ich.

»Ja«, Rodney lachte. »Wie war eigentlich eure Ausbeute? Vater schwört auf die Red-Cedar-Büsche am Cedar Butte. Dort gibt es immer Beeren, auch wenn sie woanders längst von den Vögeln geholt worden sind.«

»Wir haben viel gepflückt. Was macht er eigentlich damit?«

»Die Beeren eignen sich hervorragend als Gewürz für Fleisch und Suppen. Aus den Beeren und den Nadeln kann man einen Tee kochen oder einen Sud, der antiseptisch wirkt. Mein Vater kennt sich gut aus mit Pflanzen. Als Alvina und ich Kinder waren, mussten wir nie zum Arzt. Dad hatte für alles ein Heilmittel. Außer als mein Blindarm rausmusste.« Rodney schmunzelte. »Großvater Joe mag dich übrigens sehr.«

Ich sagte nichts. Ich mochte den alten Mann auch.

»Vielleicht solltest du jetzt eine kalte Dusche nehmen, dann geht es dir besser«, meinte Rodney.

»Ja, werd ich machen.«

»Und Oliver!«

»Ja?«

»Du musst deiner Mutter ja nicht haarklein erzählen, was heute passiert ist. Könnte sein, sie macht sich unnötige Sorgen, und ich kann mir wieder ein Donnerwetter anhören, weil ich dich mit Joe und Ryan in die Badlands gehen lassen habe.«

»Ist schon okay«, sagte ich. »Sie wird es nicht erfahren.«

Ich ging nach oben und duschte. Es war nicht zu unterscheiden, ob ich nun Sonnenbrand auf den Armen hatte oder ob ich mit dem Saft des Giftefeus in Berührung gekommen war. Aber es war mir auch egal. Ich hatte etwas, das mich noch eine Weile schmerzhaft an den Ausflug in die Badlands erinnern würde. Doch auch ohne brennende Haut würde ich den gestrigen Abend und den heutigen Tag nicht so schnell vergessen. Etwas hatte sich verändert. Ich hatte mich verändert. Ich war jetzt voll da. Ich meine, ich war hier, im Res, mit meinem Körper *und* meinen Gedanken.

Bisher war nur mein Körper hier gewesen. Ich war herumgewandelt wie eine Hülle. Doch nun ging das nicht mehr – selbst wenn ich es wollte. Auf einmal gehörte ich hierher. Das Land hatte mich auf seine eigene, raue Weise willkommen geheißen. *Mutter Erde*. Ganz langsam begann ich zu begreifen, was das bedeutete. Was es für die Lakota bedeutete. Und seit dem heutigen Tag bedeutete es auch für mich etwas.

Ich setzte mich an meinen Schreibtisch und begann zu zeichnen. Den Puma – aus dem Gedächtnis. Ob ich je wieder solch ein Tier sehen würde? Rodney hatte mir erzählt, dass Berglöwen sehr scheu sind. Und sie sind Meister im Unsichtbarmachen. Es kann einer ganz in deiner Nähe sein und du ahnst nicht mal, dass er da ist. Genauso musste es gewesen sein. Er war hinter den Bergschafen her gewesen und dabei an Ryan geraten.

Die Geister der Badlands waren auf meiner Seite gewesen. Sie hatten Ryan in die Schranken verwiesen. Ich glaube, auch für ihn hatte sich dadurch einiges verändert.

Es drängte mich danach, Nina von meinen Erlebnissen zu erzählen. Aber sie war so weit weg, dass ich sie nicht mehr spürte. Ihre Gestalt, ihr Geruch, ihre Stimme, alles erschien mir nur noch wie in einem Nebel. Meine große Liebe war zerplatzt wie eine Seifenblase, weil sie der Entfernung nicht gewachsen war. In der Backofenhitze der Badlands ist mir vieles klarer geworden. Und es war nur fair, Nina davon zu erzählen. Ich würde ihr schreiben, aber nicht heute. Nicht heute.

Beim gemeinsamen Abendessen musste ich meine Geschichte noch einmal erzählen – für Mom. Ich verschwieg die Geistertänzer und den Berglöwen, aber dass Ryan ins Giftefeu gerutscht war und sich dabei den Knöchel verstaucht hatte, erzählte ich ihr. Sie hätte es sowieso erfahren. Der Buschfunk im Reservat funktionierte schnell und zuverlässig, das war eine der ersten Lektionen, die ich hier gelernt hatte.

»Was habt ihr denn dort gepflückt?«, fragte Mom, die sich schon immer für Kräuter und Gewürze interessiert hat.

»Wacholderbeeren«, sagte ich.

»Es sind die Beeren der Red Cedar«, verbesserte mich Rodney. »Das ist eine Wacholderart. Man kann die Beeren und die Nadeln sammeln. Wenn dich das interessiert, dann besuche doch mal meinen Vater. Er kann dir eine Menge darüber erzählen.«

»Das werde ich bestimmt«, sagte Mom gut gelaunt. »Und wie lief es mit Ryan?«

Irgendwoher hatte sie also doch erfahren, dass wir so unsere Schwierigkeiten miteinander hatten. »Ganz gut«, sagte ich. »Nur dass er jetzt an Krücken geht.«

»Na ja, das wird schon wieder.«

Ich wusste: Wenn sie ihn gesehen hätte, mit seinen vom Giftefeu verbrannten Armen und Händen, in Unterhosen und auf Krücken humpelnd, dann wäre das Abendessen nicht so entspannt gelaufen. Dessen war ich mir sicher.

In der nächsten Woche zeichnete ich viel und schrieb Nina einen langen Brief, in dem ich ihr von meinem Abenteuer in den Badlands erzählte. Er war vier Seiten lang, und als ich fertig war, tat mir die Hand weh vom Schreiben. Davon, dass meine Träume von ihr in der Hitze der Badlands zerplatzt waren, erzählte ich Nina nichts. Auch nicht von meinem Gefühl, sie immer mehr zu verlieren. Ich brachte das einfach nicht fertig.

Es war der erste Brief, in dem ich nicht über das Reservat und die Indianer schimpfte oder mich beklagte, und sie würde sich ihre eigenen Gedanken machen. Mein Selbstmitleid hatte ich abgeschüttelt und kam mir auf einmal ganz leicht und befreit vor.

Ich kümmerte mich jeden Tag um die Pferde. Das machte mir Spaß und meine Furcht vor Tatanka, dem Hengst, verschwand immer mehr. Langsam freundeten wir uns an. Ich brachte den Pferden ab und zu einen Leckerbissen, trockenes Brot oder eine Karotte, wobei ich Moon immer ein bisschen bevorzugte, denn die Stute war mein Reitpferd und ich wollte, dass sie mich mochte. Inzwischen war ich viel mit ihr unterwegs, erkundete die Gegend und wagte mich dabei immer weiter weg von zu Hause. Die Schmerzen im Hintern und den Oberschenkeln waren erst stärker geworden, sodass ich eine Zeit lang etwas steifbeinig durch die Gegend gestakst war. Aber nun, wo ich den Dreh heraushatte, ließen sie langsam nach. Reiten konnte durchaus ein Vergnügen sein, wenn man es beherrschte.

Einmal besuchte ich Großvater Joe zu Pferde. Ich fand ihn, wie er in einem Kreis von 50 Metern um seine Hütte mit einem Benzinrasenmäher über die Prärie tobte und den Rasen stutzte. Großvater Joe mähte die Prärie! Ich musste lachen, als ich ihn sah, und er lachte, als er mich sah.

Er unterbrach seine Arbeit und wir führten Moon auf die Koppel zu Tom und Jerry. »Schön, dass du mal kommst«, sagte der Alte. »Ich hoffe, du hast das kleine Abenteuer in den Badlands gut verkraftet.«

Ich nickte. »Wie geht es Ryan?«

»Besser. Er ist ein zäher Bursche.« Großvater Joe holte seine legendäre Zitronenlimonade aus dem Kühlschrank und wir setzten uns auf die Bank auf der Veranda. Die Grillen zirpten und für einen Augenblick genossen wir die Gemeinsamkeit in der Stille, während wir kalte Limonade nippten.

Schließlich fragte Joe: »Kommst du jetzt besser zurecht?«

»Ja«, sagte ich. »Aber ich verstehe so vieles nicht.«

»Du bist woanders aufgewachsen, Oliver. Es wird noch lange dauern, bis du verstehst, was in den Menschen hier vorgeht. Vielleicht verstehst du es nie.«

»Weil ich weiß bin?«

»Vielleicht.« Der alte Mann nahm einen Schluck von der Limonade und ich betrachtete seine großen dunklen Hände. Sie waren abgearbeitet und kräftig. Dicke Adern wuchsen über die Sehnen wie blaue Schlangen.

»Das macht nicht gerade Mut«, sagte ich. Bei ihm konnte ich offen sein, dieses Gefühl hatte ich gleich bei unserer ersten Begegnung gehabt.

»Dann hast du nicht verstanden, was ich meine, Oliver. Wir Lakota sind mit diesem Boden verbunden durch das vergossene Blut und das Leid unserer Vorfahren. Geht einer von uns hier fort, um woanders zu leben, wird er immer leiden. Seine Wurzeln finden woanders nicht den richtigen Boden, die richtigen Nährstoffe und er wird diesen Mangel spüren und krank werden.«

»Mom hat gesagt, man kann überall Wurzeln schlagen und sie wieder ausreißen.«

Joe lächelte kopfschüttelnd, nachsichtigen Spott in den Augen. »Ihr Weißen, ihr glaubt immer alles zu wissen. Aber vielleicht hat deine Mutter ja Recht, was euch Europäer betrifft. Mit uns Indianern ist das was anderes. Das Land gehört zu uns und wir gehören zu ihm. Und es gehört noch eine Menge mehr dazu. Die Geister, von denen ich in meinen Geschichten erzählt habe, unsere Gebete, unser Glaube. Alles ist eins. Aber wenn ich versuche dir das alles mit Worten zu erklären, geht der tiefere Sinn verloren. Du musst es fühlen, Oliver. Vergiss den Verstand und sieh mit dem Herzen.«

»Ich habe in den Badlands die Geistertänzer gesehen«, sagte ich.

Großvater Joe nickte und lächelte. »Da hast du es. Das Erlebnis Natur ist die Quelle unserer Weisheit.«

War ich tatsächlich weiser geworden, nur weil ich im Hitzetaumel gefiederte Gestalten tanzen gesehen hatte? »Meine Freunde fehlen mir«, sagte ich. »Ich habe in Deutschland ein Mädchen, sie heißt Nina. Ich glaube, ich habe sie verloren.«

»Das tut sicher weh«, sagte Joe. »Aber wenn du etwas loslässt, bekommst du auch etwas dafür. Dass es so ist, merkt man manchmal erst viel später. Trauer endet und wird zu etwas anderem. Glaub mir, ich weiß, wovon ich rede.«

Er erzählte mir von seiner Kindheit im Reservat und von seiner Frau, Rodneys Mutter. Davon, dass sie ein Kind verloren hatten, Rodneys und Alvinas Schwester Lori, die sterben musste, weil in einer stürmischen Winternacht der Arzt die Hütte nicht erreichen konnte. Und ich hörte vom Aufstand am Wounded Knee im Frühjahr 1973, als aufständische Indianer vom FBI und US-Militär belagert wurden und 73 Tage lang durchhielten. Rodney war damals 15 und er war dabei gewesen – zusammen mit seinem Vater.

Joe Bad Hand konnte auf ein ereignisreiches Leben zurückblicken, in dem es viel Freude und viel Leid gegeben hatte. Ich versuchte mich in eine Vergangenheit zu versetzen, die nicht die meine war, und entdeckte eine vollkommen andere Welt.

Ganz sicher würde ich irgendwann wiederkommen, um noch mehr zu hören. Ich hatte einen Großvater bekommen, obwohl ich Nina noch gar nicht losgelassen hatte. Ich konnte es nicht. Noch nicht. Es schmerzte viel zu sehr.

15. Kapitel

Es kam das Wochenende, an dem wir zu Boos 22. Geburtstag eingeladen waren. Ich freute mich drauf. Am meisten freute ich mich natürlich auf Tammy, denn ich hatte sie einige Tage nicht gesehen. Aber ich freute mich auch auf Boo. Ich hatte ein Geschenk für ihn gebastelt, ein Windspiel aus bemalten Holzstücken und kleinen Blechteilen. Rodney hatte mir sein Werkzeug dafür geliehen.

Wir holten Großvater Joe ab und fuhren zusammen nach Kyle. Tammy war die Erste, die uns entgegenkam, als wir hinter den anderen Fahrzeugen parkten. Als sie mich anlachte und die Lücke zwischen ihren Schneidezähnen zum Vorschein kam, begann mein Herz zu flattern. Sie trug ausgewaschene Jeans und ein sonnengelbes Top, das ihre Haut noch dunkler aussehen ließ.

»Hi Olli«, begrüßte sie mich. »Ich dachte schon, du würdest nicht mitkommen.«

»Warum sollte ich nicht mitkommen?«, fragte ich verwundert.

»Na ja, ich dachte . . .«, sie wand sich ein bisschen. »Wegen der Sache mit der Klapperschlange.«

»Vielleicht bin ich nur ein dussliger *Wasicun*«, sagte ich, »aber nachtragend bin ich nicht.«

Tammy lachte froh, aber dann zeigten sich Sorgenfalten auf ihrer Stirn. »Ryan ist auch da.«

»Das dachte ich mir«, sagte ich grinsend. »Ich habe keine Angst mehr vor ihm.«

»Er humpelt und seine Arme sind voller Grind. Er ist in Giftefeu gefallen.«

»Ich weiß. Ich war dabei.«

Tammy musterte mich neugierig. »Wirst du mir alles erzählen?«

»Vielleicht.«

Tammy nahm mich an der Hand und zog mich zu den übrigen Gästen. »Boo ist ganz glücklich«, versicherte sie mir. »Er freut sich so sehr, dass er Geburtstag hat. Mom und Dad haben ihm einen kleinen Hund geschenkt.«

Als ich Boo gratulierte, entwischte ihm der hamsterbraune Mischlingshund und rannte bellend über die Wiese. Scheinbar war er froh, Boos Umklammerung entkommen zu sein. Das Geburtstagskind ließ sich von mir grinsend die feucht-klebrige Hand schütteln und nahm mit leuchtenden Augen sein Geschenk entgegen. Tammy nahm es ihm gleich wieder ab, damit die Fäden sich nicht verhedderten, und Boo wandte seine Aufmerksamkeit wieder dem Hündchen zu, das er Chip getauft hatte, obwohl es ein Mädchen war.

Nachdem ich Tante Alvina, Onkel George und Jaron begrüßt hatte, durfte ich schnell noch eines von diesen klebrig süßen Kuchenstücken in mich hineinstopfen, das mit faszinierend hellblauem Zuckerguss bedeckt war, dann zog Tammy mich von den Gästen weg zur Koppel.

»Whirlwind hat ihr Fohlen bekommen«, eröffnete sie mir. »Es sieht wunderschön aus.«

Tammy sah wunderschön aus und ich fragte mich, ob sie das wusste. Ihr langes Haar flatterte im warmen Wind, und wie sie so vor mir hereilte, sah sie selbst wie ein junges Fohlen aus. Ich hatte sie mächtig gern, viel mehr, als ich bisher geglaubt hatte. War es möglich, zwei Mädchen gleichzeitig zu lieben? Noch dazu, wenn sie so verschieden waren wie Tag und Nacht?

Als wir bei der Koppel ankamen, war ich völlig außer Atem, während Tammy der schnelle Trab nichts ausgemacht zu haben schien. »Schau nur!«, sagte sie fröhlich.

Das Fohlen der Appaloosastute stand noch etwas unbeholfen auf seinen langen Beinen und schaute zu uns herüber. Vom Kopf bis zum Bauch hatte es ein dunkelgraues Fell, während der hintere Teil weiß war und große graue Punkte hatte.

»Ein richtiges Indianerpferd«, sagte ich.

Tammy lachte. »Ja, das stimmt. Ich habe ihn Greyeyes genannt, wegen der grauen Punkte auf seiner Hinterhand. Früher wäre er ein gutes Pferd für einen Krieger gewesen.«

»Wieso das?«, fragte ich.

»Weil unsere Krieger ihre Pferde mit Symbolen bemalt haben, bevor sie auf die Jagd ritten oder zu einem Kriegszug aufbrachen. Das sollte ihnen Glück bringen und sie vor Unheil schützen. Aber manchmal musste es schnell gehen und dann hatte der die besten Karten, dessen Pferd schon vom Großen Geist bemalt war.«

Ich schüttelte den Kopf und lachte.

»Was ist?«, fragte Tammy schmollend. »Du glaubst mir mal wieder nicht.«

»Doch, na klar glaube ich dir. Ich wusste nur nicht, dass der Große Geist in seiner Freizeit Pferde bemalt.«

Tammy legte den Kopf schief und musterte mich. »Deine Haare wachsen wieder«, sagte sie. Ich merkte, wie ich rot wurde, weil mir ein heißes Kribbeln über die Wangen und den Nacken lief. Ich wusste, ich sah aus wie einer, der unglücklich die Treppe hinabgestürzt war, so standen meine Haare nach allen Seiten vom Kopf ab. Aber daran war im Augenblick nichts zu ändern. Ich war fest entschlossen sie wieder wachsen zu lassen, nachdem mir klar geworden war, dass hier die meisten Jungs in meinem Alter mit einem Bürstenhaarschnitt herumliefen.

»Ich lasse sie wieder wachsen«, sagte ich. »Aber das wird nichts daran ändern, dass ich weiß bin, oder?«

Tammy streichelte die Stute, die an den Zaun gekommen war, gefolgt von ihrem Fohlen. Sie sah mich an, einen seltsamen Ausdruck in den Augen. Was denkt sie jetzt, fragte ich mich. Sah sie in mir nur ihren weißen, angeheirateten Cousin aus Deutschland, der ein paar Nachhilfelektionen in Sachen Reservatsleben brauchte, oder mochte sie mich richtig? Ich meine so, wie ich sie mochte.

»Ist irgendwas?«, fragte Tammy.

Ich fasste nach ihrem Haar und rieb es vorsichtig zwischen meinen Fingern. Es war seidig weich und glänzte. »Ich weiß nicht«, sagte ich leise.

Tammy kletterte auf den Zaun.

»Tammy, ich . . .«

»Ich weiß«, sagte sie. »Du bist immer noch in Nina verliebt. Ich verstehe das.«

»Gar nichts verstehst du«, sagte ich. Sie stand auf dem Zaun und ich auf der Wiese und mein Kopf war ungefähr da, wo ihr Bauch war. Ich sah zu ihr hinauf und blinzelte im Sonnenlicht. Tammy legte erst eine Hand auf meine Schulter, dann auch die andere. Der Wind blies mir ihr weiches Haar über das Gesicht und ich roch den Duft von wildem

Thymian. Ich hätte sie gerne geküsst, aber ich wusste nicht, wie sie reagieren würde. Sie war wie die Pflanzen, die in den Badlands wuchsen. Sie konnte wunderbare Kräfte in sich bergen oder mich verbrennen, wenn ich sie berührte. Ich musste erst mehr über sie wissen.

»Du bist mein Cousin«, sagte sie, als hätte sie meine Gedanken erraten.

Ich senkte den Kopf. Dass das ein Problem sein könnte, daran hatte ich mit keiner Silbe gedacht. Schlagartig war ich wach. »Aber ich bin doch nur dein angeheirateter Cousin«, sagte ich bestürzt. »In Wirklichkeit sind wir so verwandt wie Präsident Bush und Wilhelm Busch.«

»Wer ist Wilhelm Busch?«, fragte Tammy ernst.

Ich war kurz davor, ihr die Geschichte von Max und Moritz zu erzählen, aber das würde nur vom Thema ablenken. Einem enorm wichtigen Thema. »Ach, vergiss es«, brummelte ich.

»Rodney hat dich adoptiert und er ist mein richtiger Onkel«, sagte Tammy traurig. »Wir Lakota haben da sehr strenge Regeln.«

»Rodney hat mich nicht adoptiert, Tammy, er hat mir nur seinen Namen gegeben«, sagte ich. »Wenn er mich adoptiert hätte, dann bräuchte mein Vater keine Alimente mehr für mich zahlen, und das wollte meine Mutter nicht. Sie ist der Meinung, dass er für mich aufkommen sollte, wo er sonst schon nicht für mich da ist. Rodney wollte mich adoptieren. Er sagte, er würde für mich sorgen wie ein richtiger Vater. Aber meine Mutter blieb hart und ich fand das ganz in Ordnung.«

Tammy kletterte vom Zaun und setzte sich ins Gras. »Und was ist mit Nina?«, fragte sie.

»Sie hat da jemanden kennen gelernt«, log ich und setzte mich neben sie.

»Oh«, Tammy verzog mitleidig das Gesicht. »Hat dich das schlimm getroffen?«

»Nein«, ich lächelte. »Ich habe ja dich. Langsam finde ich mich damit ab, dass mein Leben in Zukunft hier stattfinden wird, im Reservat.«

Ich hatte das Falsche gesagt. Tammy zog ihre Knie fest an die Brust und schlang die Arme darum. »Ist es hier so schrecklich?«, fragte sie traurig. »Ich liebe das Land und finde es wunderschön. Ich kann mir nicht vorstellen, woanders zu leben als hier.«

Ich zupfte an einem Grashalm und sagte: »Du bist hier zu Hause, Tammy. Aber ich musste mein Zuhause unfreiwillig verlassen. Man kann eure Kultur nicht vergleichen mit der, aus der ich komme. Das Res ist . . .«

»Das Res ist das Res«, unterbrach sie mich. »Man kann es mit gar nichts vergleichen.«

Da hatte sie allerdings Recht. Pine Ridge ließ sich mit keinem anderen Ort auf der Welt vergleichen. Jedenfalls mit keinem, den ich kannte. Ich hatte noch nie so viel Hässliches und Schönes auf einmal gesehen. Es gab eine Menge Dinge, die ich nicht verstand, auch nach den vielen Wochen nicht, die ich nun schon hier war. Warum tranken so viele Lakota, obwohl sie doch wussten, dass der Alkohol sie umbrachte? Warum nahmen sie ihren Kindern damit die Zukunft, wo sie doch immer sagten, ihre Zukunft wären die Kinder? Warum lebten so viele von der Wohlfahrt, anstatt ihr Leben in die eigenen Hände zu nehmen?

Ich war nicht blöd und auch in Deutschland nicht mit geschlossenen Augen durchs Leben gegangen. Ich wusste, dass die Vergangenheit eine Last sein kann, die von den Eltern an die Kinder weitergegeben wird. Aber irgendwann muss die Vergangenheit doch aufhören die Gegenwart zu beherrschen. Man kann die Schuld nicht irgendwelchen Leuten in die Schuhe schieben, die vor vielen Jahren gelebt hatten, und sich damit jeglicher Verantwortung entziehen. Mir kam wieder in den Sinn, was Großvater Joe erzählt hatte.

»Ich werde für dieses Land nie dasselbe empfinden wie du, Tammy«, sagte ich. »Das geht gar nicht.«

»Warum nicht?«

»Weil . . . weil ich hier keine Wurzeln habe.« Mir fiel nichts Besseres ein als dieser abgenutzte Ausdruck und Tammy hatte mich sofort am Wickel.

»Ich dachte, du bist ein Mensch und kein Baum«, sagte sie und lachte.

Ich war froh, dass sie lachte, und der Druck auf meiner Brust verschwand. Ich legte den Arm um ihre Schultern und gab ihr einen Kuss auf die Wange.

»Wir sollten wieder zu den anderen zurückgehen«, sagte Tammy. »Sie werden uns sicher schon vermissen.«

Als wir zum Haus zurückkamen, hatte Boo seinen kleinen Hund auf dem Schoß und sah sehr glücklich aus. Er strahlte über das ganze Gesicht, was alle um ihn herum seine Behinderung und seine Launen für einen Augenblick vergessen ließ. Chip ließ sich von Boo kraulen, und obwohl die Zärtlichkeiten, die der Junge austeilte, manchmal grob waren, ließ das Hündchen sie sich gefallen.

Tante Alvina und Tammy hatten sich große Mühe gegeben, diesen Tag für Boo zu etwas Besonderem zu machen.

Überall hingen bunte Luftballons in den Zweigen, es gab seine Lieblingsspeisen und Boo war ganz nach seinem eigenen Geschmack eingekleidet worden: silbern glänzende Skaterhosen, ein weißes T-Shirt und darüber ein golden glimmerndes Netzhemd. Er sah ein bisschen aus wie ein Marsmensch, aber auch wenn alle dasselbe dachten, sagte es ihm keiner. Boo Fool Bear war glücklich und seine Familie freute sich mit ihm.

Inzwischen war auch Sadie mit ihren Kindern eingetroffen und Timmy hing mir sofort am Hosenbein. Ich gab dem kleinen Kerl einen Kuss und er grinste mich mit schokoladenverschmiertem Mund an.

»Na«, fragte Sadie, »schon ein bisschen eingelebt?«

Ich hob die Schultern. »Es geht so.«

Sadie lachte. Meine indianische Schwester hatte ein warmes Lachen. Und als sie den Arm um mich legte, fühlte ich mich geborgen wie lange nicht. Woher kam dieses Gefühl auf einmal? Es durchströmte mich und ich wusste nicht, weshalb. Auf einmal gab es da nicht mehr nur meine Mutter und mich, ich hatte eine Familie. Mir wurde klar, dass ich sie alle vermissen würde, wenn ich nach Deutschland zurückkehren sollte. Sie würden mir fehlen und ich würde Sehnsucht nach ihnen haben, genauso, wie ich jetzt Sehnsucht nach meinen Freunden in Deutschland hatte. Ich musste ein komisches Gesicht gemacht haben, denn Sadie fragte: »Was ist denn los mit dir?«

»Ach nichts.«

»Es wird gemunkelt, du hättest Ryan aus einer misslichen Lage geholfen, obwohl er dich immer gepiesackt hat.«

»Woher wisst ihr bloß immer alles?«, fragte ich.

»Wir sind Lakota, Olli. Der Wind erzählt es uns, das Gras flüstert uns die Geheimnisse zu.«

Chip kam uns entgegengerannt und Timmy ließ mein Hosenbein los, um mit dem Hündchen herumzutollen.

»Ihr seid immer fröhlich«, sagte ich zu Sadie.

»Und du fragst dich, warum.« Sie blieb stehen und sah mich mit ernsten Augen an. »Das Lachen ist unsere Waffe gegen den Tod, Olli. Es ist unsere Waffe gegen die Apathie, gegen Trauer, gegen den Hunger und die Kälte. Unser Humor macht uns stark, um die Geringschätzung vieler weißer Amerikaner zu ertragen. Wenn wir unser Lachen nicht hätten, würden wir vertrocknen wie die Bäche im Res, wenn die Sonne sie ausleckt. Aber«, sagte Sadie und auf einmal sah ich Trauer in ihrem Blick, »es gibt auch viele, die ihr Lachen verloren haben. Sie haben es eingetauscht gegen Alkohol, weil sie geglaubt haben, er wäre das bessere Mittel, um zu vergessen. Doch der Alkohol tötet uns und unsere Kinder. Er ist ein Gift. Wer sein Lachen gegen Alkohol eingetauscht hat, der ist verloren.«

Sadie hatte Ryan entdeckt, der mit Krücken in der Hand an einen Baumstamm gelehnt stand und das Treiben beobachtete. Ich blieb an ihrer Seite, als sie auf ihren Bruder zuging. Sie umarmte ihn, was ihm sichtlich peinlich war. Mich grüßte er mit einem kaum merklichen Nicken. Obwohl es mächtig heiß war, trug Ryan ein langärmliges schwarzes T-Shirt und ich sah den Grind auf seinen Handrücken. Die Blasen waren eingetrocknet und heilten langsam.

»Was macht der Fuß?«, fragte Sadie.

»Bald brauche ich die Krücken nicht mehr«, antwortete Ryan.

»Wie geht es Mama?«

»Ganz gut. Sie wollte nicht mitkommen.«

Er sagte nicht, warum, aber ich konnte es mir denken. Ryans Mutter war nicht mitgekommen, weil sie wusste, dass Mom und ich hier waren.

Etwas später machte dann jemand den Vorschlag, an einen Teich ganz in der Nähe zu fahren, um ein paar Runden zu schwimmen. Die Kids waren begeistert und sprangen gleich in die Autos, die zum Transport zur Verfügung standen. Ich hatte keine Badehose, weil ich nicht damit gerechnet hatte, dass wir schwimmen gehen würden. Also lief ich ins Haus, um Jaron zu fragen, ob er noch eine für mich hatte.

Im Flur hörte ich Männerstimmen, die aus der Küche kamen. Es waren Rodney und Onkel George, die sich leise unterhielten. Ich ging näher heran, um zu hören, was sie sagten.

»Susan hat erzählt, sie hätte auf einem ihrer Ausritte zum Hanffeld zwei Männer in Uniform gesehen«, sagte Rodney.

»Und mich hat Sandy Weasel Bear gestern angerufen und dasselbe erzählt«, sagte George.

»Irgendetwas ist da im Gange, verdammt noch mal. Sie schleichen um unsere Felder, um festzustellen, wie weit die Pflanzen gediehen sind. Ich ahne Schlimmes.«

»Das können sie nicht tun, Rodney«, hörte ich Georges aufgeregte Stimme. »Unser ganzes Geld steckt in diesen Hanfpflanzen.«

»Sie können alles tun«, sagte Rodney. »Es ist ihnen egal, wenn wir hungern oder frieren.«

»Wir müssen Wachen bei den Feldern aufstellen.«

»Das ist ein ganz schöner Aufwand.«

»Es sind ja nur noch drei oder vier Wochen bis zur Ernte.«

»Wirst du Susan und Oliver sagen, dass es gefährlich werden kann?«, fragte George.

»Ich weiß nicht. Für beide ist es so schon hart, sich einzugewöhnen. Susan ist ungeheuer tapfer, aber manchmal merke ich, wie sie ihre Verzweiflung zu verbergen versucht. Oliver scheint sich langsam zurechtzufinden. Ich will die beiden nicht unnötig in Panik versetzen.«

»Aber meinst du nicht, es wäre besser, sie vorzubereiten?«

»Vielleicht passiert ja gar nichts«, erwiderte Rodney.

»Daran glaube ich nicht«, hörte ich George sagen.

Jaron erschien im Flur und ich verschwand schnell im Bad. Jaron klopfte und fragte: »Willst du nicht mit schwimmen kommen?«

»Doch, aber ich habe keine Badehose.«

»Ich hole dir eine.«

Kurz darauf klopfte es wieder. Ich schob den Riegel zurück und Jaron reichte mir bunte Shorts herein. Ich zog sie schnell an und ging nach draußen, wo Mom im Pick-up auf mich wartete. Die Ladefläche war voller Kinder und Jaron und ich, wir kletterten noch dazu.

Der Badesee lag nur zwei Meilen entfernt in einer Senke und ich war schwer enttäuscht, als ich das Wasser sah. Es war eine schlammig braune Brühe. Nicht sonderlich einladend, aber den anderen schien das nichts auszumachen. Sogar Ryan war im Wasser und gab seiner Nichte Cilla

Schwimmunterricht. Wenn er wollte, konnte er also ein richtig netter Kerl sein.

Ich stand am schlammigen Ufer, die Arme vor der Brust verschränkt und ließ den Lehm durch meine Zehen flutschen.

»Na was ist?«, rief Tammy mir zu. »Bist du wasserscheu?«

Ich watete langsam hinein. Das Wasser war warm wie Pissbrühe und vermutlich war es auch zur Hälfte welche. Aber was machte das schon. Es gab schließlich Schlimmeres, das wusste ich inzwischen. Was ich in der Küche belauscht hatte, ging mir nicht aus dem Kopf. Irgendetwas hing wie eine Bedrohung über allem und ich konnte es nicht einordnen, mir kein Bild davon machen, weil ich zu wenig wusste. Die Feinde waren gesichtslose Männer in Uniformen. Ich hatte keine Ahnung, wozu sie fähig waren. Rodney hatte gesagt, sie konnten *alles* tun. Aber was bedeutete *alles?*

»Hey, träumst du, Olli?«, fragte Tammy und spritzte mich nass.

Sie trug einen gelb-blau gestreiften Badeanzug und sah hübsch aus darin. Mein Blick hing an ihren wohlgeformten braunen Beinen, den runden Armen und ihren Brüsten. Ihr nasser Zopf flog wie eine glänzende Schlange durch die Luft und ich ließ mich schließlich in die braune Brühe fallen und tobte mit den anderen herum, als gäbe es nichts Schöneres als diesen Badeteich.

Später saß ich im Gras, das am Ufer des Sees weich und grün war. Chip kam aus dem Wasser und schüttelte sich genau neben mir, was fröhliches Gelächter auslöste. Dann ließ er sich erschöpft fallen und legte seinen Kopf auf meinen Oberschenkel. Ich hatte wieder mal einen neuen

Freund gefunden. Meine Abneigung gegen Hunde löste sich in Luft auf. Ich streichelte den kleinen Burschen durch das nasse Fell und er genoss es ebenso wie ich.

Der Abend verging mit Handspielen und Hufeisenwerfen. Als es dunkel wurde, saßen alle um ein Lagerfeuer, rösteten Fleisch oder aßen Suppe aus einem großen schwarzen Kessel. Großvater Joe erzählte Geschichten. Ein oder zwei kannte ich schon, aber die meisten hörte ich zum ersten Mal. Tammy saß dicht neben mir, sodass unsere Arme sich berührten. Ich konnte ihre Wärme spüren und hatte zum ersten Mal seit langer Zeit das Gefühl, dass alles in Ordnung war. Die Umstände hatten mich aus meinem gewohnten Leben herausgerissen und an einen völlig fremden Ort versetzt. Ich hatte viel verloren und einiges dafür bekommen, genau so, wie Großvater Joe es gesagt hatte. Mein Leben war nicht zu Ende, wie es mir erst vorgekommen war. Ich musste andere Wege gehen, Wege, die mir fremd waren und die zu betreten ich mich fürchtete. Aber ich war nicht allein.

16. Kapitel

Genau sieben Tage später waren wir wieder alle bei Familie Fool Bear versammelt. Diesmal lachte niemand. Fast alle weinten, auch ich. Diesen Tag werde ich mein Leben lang nicht vergessen.

Es geschah zwei Wochen, bevor die Schule anfing. Ich hatte den Nachmittag bei den Pferden verbracht und war mit Moon ein Stück geritten. Seit ich das Gespräch zwischen Rodney und Onkel George belauscht hatte, ritt ich jeden Tag einmal zum Hanffeld und kontrollierte, ob alles in Ordnung war und kein Fremder auf unserem Land herumschlich. Aber es war nie jemand dort. Der Hanf stand gut und Mitte September würden Rodney und seine Leute die Pflanzen ernten, um sie an einen Mann zu verkaufen, der ihm viel Geld dafür geboten hatte.

Der Unterrichtsbeginn rückte näher, und obwohl ich nun schon einige Leute aus Kyle und Umgebung kannte, graute mir vor der Schule. Ich zählte die Tage und sie wurden schnell weniger. Trotzdem war ich an diesem Tag guter Laune und hatte auch schon Pläne für das Wochenende. Tammy würde zu Besuch kommen und gemeinsam wollten wir zu Grandpa Joe reiten, um ihm ein wenig zu helfen.

Aber als ich ins Haus kam und Rodney und meine Mutter in der Küche fand, Mom vollkommen in Tränen aufgelöst und Rodney mit versteinertem Gesicht, da wusste ich, dass etwas Furchtbares passiert war.

»Was ist denn los, Mom?«, fragte ich erschrocken. Eine eisige Hand griff nach mir und ließ mich frösteln. Beim Hanffeld war ich eben gewesen, dort war alles in Ordnung. Das konnte es nicht sein. Aber was war es dann? Was war passiert?

Meine Mutter schüttelte nur den Kopf. Wenn sie weinte, dann konnte sie nicht sprechen. Ich sah Rodney fragend an.

»Boo ist tot«, sagte er.

»Was?« Ich konnte nicht glauben, was ich gehört hatte.

»Er ist gestern Abend nicht nach Hause gekommen und sie haben überall nach ihm gesucht. Heute, gegen Mittag, hat man ihn dann gefunden. Kopfüber in einem Müllcontainer. Alvina hat eben angerufen. Sie sagt, von allein ist er da nicht reingekommen.«

Ich setzte mich, weil meine Knie nachgaben. Ein dicker Kloß wuchs in meinem Hals und verhinderte, dass ich irgendetwas sagen konnte. Boo, der vor ein paar Tagen erst 22 geworden war, war tot. Das wollte nicht in meinen Kopf. Mein Verstand sperrte sich dagegen.

»Ich fahre jetzt rüber zu meiner Schwester«, sagte Rodney.

»Ich komme natürlich mit«, sagte meine Mutter, die ihre Sprache wieder gefunden hatte.

»Ich auch«, sagte ich.

»Okay«, meinte Rodney. »Dann lasst uns gleich fahren.«

Im Haus von Alvina und George hatten sich ein paar Leute versammelt und es kamen immer mehr dazu. Jene, die geholfen hatten Boo zu suchen. Familienmitglieder, die Beistand leisten wollten, und Leute aus der Nachbarschaft. Alvina weinte. Sie war immer wie eine Sonne gewesen – jetzt war alles Leuchten aus ihr gewichen. Mom umarmte sie stumm.

Tammy saß ganz klein in einem alten Sessel. Sie hatte Boos Hündchen auf dem Schoß und ich sah ihren dunklen, verzweifelten Blick. Tränen liefen wie ein unversiegbarer Strom über ihre Wangen. Onkel George und Jaron standen mit finsteren Mienen stumm an der Wand. Zwei indianische Polizisten saßen auf der Couch und waren dabei, ein Protokoll aufzunehmen.

Dadurch erfuhren wir, was sich vermutlich zugetragen hatte: Jaron hatte Boo mit vier weißen Farmerjungs gesehen, mit denen er sich des Öfteren herumtrieb.

»Sie sind noch nicht volljährig und haben Boo dazu benutzt, ihnen Alkohol zu kaufen«, sagte Jaron. »Aber schlimmer war, dass sie den Fusel dann mit ihm teilten und sich einen Spaß daraus machten, wenn er vollkommen außer Kontrolle geriet.«

»Kennst du die Namen der vier?«, fragte der dicke Polizeibeamte und wischte sich mit einem Taschentuch den Schweiß von der Stirn.

Jaron nickte. »Wayne Muller, Clayton Ross, Archie Conelli und Bruce . . .«, er zögerte . . .»Seinen Nachnamen weiß ich nicht so genau. Warren oder Waldon . . .«

»Weldon«, sagte Tammy. »Er heißt Bruce Weldon, ich kenne ihn. Eigentlich ist er ein ganz netter Junge . . .« Ihre Stimme verebbte in rauem Schmerz.

Der Officer notierte die Namen und wollte wissen, was weiter passiert war.

»Ich sah Boo zu den Jungs in den Wagen steigen«, sagte Jaron. »Ich rief ihm noch hinterher, aber das hatte wenig Zweck. Er hatte eine schlechte Phase und hörte auf niemanden, nicht mal auf mich. Wahrscheinlich sind sie mit ihm nach Scenic gefahren, um Alkohol zu kaufen. Was passiert ist, wissen nur die vier.« Jaron presste die Lippen zusammen.

»Jedenfalls haben sie mir den Jungen nicht wieder zurückgebracht«, schluchzte Alvina und schnäuzte sich in ihr Taschentuch.

»Sie haben nach ihm gesucht?«

»Ja«, sagte George. »Wir haben nach ihm gesucht, aber es war dunkel und wir fanden ihn nicht. Erst heute gegen elf Uhr. Boos Beine hingen über den Rand des Müllcontainers draußen am Ende der Straße. Sie haben ihn weggeworfen wie ein Stück Abfall.« Zorn blitzte in Georges Augen auf.

Jeder Anwesende wurde noch kurz befragt, ob er etwas gesehen oder gehört hatte, dann fuhren die Polizisten weg.

Tammy ging nach draußen und ich folgte ihr. »Wo ist Boo denn jetzt?«, fragte ich sie.

»In der Gerichtsmedizin in Rapid City. Sie wollen eine Autopsie machen, um die genaue Todesursache bestimmen zu können.« Tränen liefen über Tammys Gesicht und ich hätte sie gerne in den Arm genommen. Aber ich war wie gelähmt.

»Es ist schlimm«, sagte ich. Gleichzeitig wurde mir klar, dass es keine Worte gab, um zu beschreiben, wie schlimm das alles war und was ich fühlte. Wie durcheinander musste es erst in Tammy aussehen.

»Ich habe ihn gestern angeschrien«, sagte sie. »Es ging mal wieder was nicht nach seinem Kopf und er hat sich aufgeführt wie ein Verrückter. Jaron war nicht da und ich wurde nicht mit Boo fertig. Ich habe ihn angeschrien und ihm gesagt, er solle verschwinden, weil keiner es mit ihm aushalten könne.« Sie schluchzte und ich entdeckte in ihren Augen eine untröstliche Traurigkeit.

Chip winselte und kläffte zwischen unseren Füßen herum. Tammy hob das Hündchen hoch und verbarg ihr Gesicht in seinem Fell.

»Es ist doch nicht deine Schuld, dass Boo tot ist«, sagte ich.

»Aber wenn ich ihn nicht fortgejagt hätte . . .«

»Tammy, das ist großer Unsinn.« Ich schrie beinahe, als ich das sagte.

»Was weißt du denn schon«, sagte sie und lief mir davon.

Ich hatte keine Erfahrung mit dem Tod. Meine Großeltern starben, als ich noch ganz klein war und nichts davon begriff. Ich hatte noch nie jemanden verloren, der mir nahe stand. Ich wusste nicht, was ich zu Tammy sagen sollte, ohne sie noch mehr zu verletzen. Aber ich wollte sie auch nicht allein lassen.

Also lief ich ihr nach und fand sie auf den Knien, das Gesicht in ihren Händen verborgen. Ich hockte mich neben ihr nieder und streichelte ihren bebenden Körper. Bis sie sich aufrichtete und ihre Arme um meinen Hals schlang. Ihre tränenfeuchte Wange an meinem Hals, ihr jagendes Herz an meiner Brust, ihr von Schluchzern geschüttelter Körper. Noch nie hatte ich so intensiv empfunden. Ich spürte ihren Schmerz, als wäre er mein eigener. In meinen Schläfen pochte das Blut.

Ich küsste Tammys Tränen weg, immer drauf bedacht, ihren Lippen nicht zu nahe zu kommen. Ich streichelte ihren Rücken und wiegte sie, wie man ein Kind wiegt. Langsam wurde Tammy ruhiger und irgendwann löste sie sich von mir.

Ich strich ihr vorsichtig eine nasse Haarsträhne aus dem Gesicht. »Sag einfach, was ich tun kann«, flüsterte ich.

»Halt mich nur fest«, bat sie und lehnte sich wieder gegen mich.

In diesem Augenblick wuchs ich. Mein Verstand wuchs, meine Kraft wuchs und wahrscheinlich wurde sogar mein Körper ein paar Zentimeter größer. Ich würde Tammy beschützen. Deshalb war ich hier. Das war meine Aufgabe. Ich würde sie beschützen und ihr das Lachen wiederbringen, das sie verloren hatte.

Wir saßen noch eine ganze Weile zusammen im Gras und Tammy erzählte mir von Boo. »Als ich geboren wurde, war er schon da«, sagte sie. »Für mich war er nie etwas anderes gewesen als mein richtiger Bruder. Und jetzt soll er tot sein. Ich kann es nicht begreifen.«

»Kanntest du die Jungs, mit denen er zusammen war?«

Tammy nickte. »Es sind weiße Bauernjungs. Nicht besonders helle, aber clever genug einen behinderten Indianer für sich auszunutzen. Mein Vater hat die vier schon lange auf dem Kieker und er wird nicht eher Ruhe geben, bis sie für ihre Tat bestraft worden sind. Sie wussten genau, wo Boo wohnt. Aber anstatt ihn nach Hause zu bringen, haben sie ihn in einen Müllcontainer gesteckt.« Tammy verbarg ihr Gesicht, weil neue Tränen kamen.

»Jaron hat der Polizei ja die Namen gegeben, also werden sie sicher schnell verhaftet werden«, sagte ich.

Tammy hob den Kopf und musterte mich mit einem merkwürdigen Blick. So als wüsste ich nicht, wovon ich rede. »Ja«, sagte sie, »vielleicht werden sie tatsächlich schnell verhaftet. Aber ich wette, genauso schnell sind sie auch wieder draußen. Wenn ihre reichen Daddys die Kaution bezahlen, dürfen sie gehen. Und bis es zu einer Gerichtsverhandlung kommt, kann es ewig dauern.«

»Aber sie müssen doch ihre Strafe bekommen«, sagte ich empört. »Immerhin haben sie ein Menschenleben auf dem Gewissen.«

Tammy sah mich traurig an. »Du weißt nicht, wie das hier läuft, Olli. Hier wird der Wert eines Menschenleben nach der Hautfarbe gemessen. Wäre Boo ein Weißer und die vier Jungs Indianer, sähe alles ganz anders aus.«

»Was ist mit Gerechtigkeit?«

»Für uns Indianer gibt es keine Gerechtigkeit, Olli.«

»Das ist nicht fair.«

»Nein, ist es nicht. Aber eines Tages wird es auch für uns Gerechtigkeit geben. Habe ich dir schon gesagt, dass ich Anwältin werden will? In ein paar Jahren werde ich mich gut auskennen mit den Gesetzen unseres Landes und ich werde mein Wissen dazu nutzen, der Gerechtigkeit zum Sieg zu verhelfen.«

»Da hast du dir einen schwierigen Weg ausgesucht«, sagte ich, beeindruckt von Tammys großen Plänen.

»Ja, ich weiß. Aber das bin ich meinem Volk schuldig«, sagte sie. »Ich bin es meinem Bruder Boo schuldig und den vielen anderen, die vor ihm gestorben sind.«

»Hast du gar keine Angst?«

»Doch. Ich habe große Angst. Aber mein Zorn ist größer.«

Es tat Tammy gut, zu reden, das spürte ich. Ihre Tränen versiegten und ihre Stimme bekam wieder einen festeren Klang. Ich empfand es als unglaubliches Glück, dass sie ausgerechnet mit mir redete; dass sie einem *Wasicun* ihr Herz ausschüttete. Meine Hände suchten nach ihren. Sie waren kalt, obwohl es warm war.

In den nächsten Tagen war der sinnlose Tod von Boo Fool Bear das Gesprächsthema Nummer eins im Reservat. Auch bei uns zu Hause wurde kaum über etwas anderes gesprochen. Die Obduktion seines Leichnams hatte ergeben, dass Boo an einer Alkoholvergiftung gestorben war. Nun war da die Frage, ob Boo nicht hätte gerettet werden können, wenn die Jungs ihn an diesem Abend nach Hause gebracht hätten und er gleich in ein Krankenhaus gekommen wäre. Tammy hatte mir erzählt, dass sie gewusst hatten, wo Boo wohnte. Sie hätten bloß zwei Straßenecken weiterfahren müssen und hätten ihn vor seiner Haustür abladen können.

Neuigkeiten erreichten uns jedes Mal sehr schnell. Man hatte Wayne Muller, Bruce Weldon, Archie Conelli und Clayton Ross noch am Tag nach Boos Tod verhaftet. Der 19-jährige Wayne Muller wurde angeklagt Boo Fool Bear in den Müllcontainer gesteckt zu haben. Er wurde des Totschlags beschuldigt und der schweren Misshandlung eines behinderten Erwachsenen. Alle vier wurden beschuldigt Zeugen eines Verbrechens gewesen zu sein, ohne Hilfe geholt oder Meldung gemacht zu haben.

Als Boo eine Woche später auf dem Friedhof von Kyle

beerdigt wurde, waren die vier wieder auf freiem Fuß, so wie Tammy es vorhergesagt hatte. Ihre Väter hatten die Kaution bezahlt und die Jungs mitgenommen. Ihr Fall würde irgendwann vor einem Zivilgericht verhandelt werden.

So voller Zorn hatte ich die Indianer noch nie gesehen. George und Rodney sprachen über die ausstehende Verhandlung, Jaron und Ryan schmiedeten Rachepläne. In der Haut der vier Jungs wollte ich jetzt nicht stecken. Aber ich hatte auch kein Mitleid mit ihnen. Was sie getan hatten, war menschenverachtend und musste bestraft werden. So oder so, da war ich ganz Jarons und Ryans Meinung. Allerdings war ich auch froh, dass ich in ihrem Rachfeldzug keine Rolle bekommen sollte. Solche Sachen kannte ich nur aus Büchern und Filmen und mit dem wirklichen Leben hatte das nichts zu tun. Das hatte ich jedenfalls geglaubt. Genauso, wie ich an Gerechtigkeit geglaubt hatte.

Ein trockener Präriewind wehte über den Hügel auf dem Friedhof und wirbelte gelben Staub auf. George hatte sich geweigert den Priester der katholischen Kirche, zu der Tante Alvina gehörte, an Boos Grab sprechen zu lassen. Und er hatte es geschafft, sich damit durchzusetzen.

Auch Ryans Mutter war diesmal gekommen. Tammy zeigte sie mir unauffällig. Sie war eine hagere Frau mit Pferdeschwanz und einem verbitterten Gesicht. Ryan stand mit finsterer Miene an ihrer Seite. Seine Hände waren zu Fäusten geballt und ich ahnte den Hass, der in ihm wühlte.

Der einfache Holzsarg wurde in die Grube gesenkt und Großvater Joe, der Boo sehr gemocht hatte, sprach ein paar Worte. Er erzählte von einem Jungen, dessen Mutter, als sie ihm das Leben schenkte, ihm gleichzeitig ein Teil seines Lebens genommen hatte.

»Boo hatte es immer schwer gehabt«, sagte Joe, »und es war ein Glück für ihn, dass Alvina und George ihn aufgenommen haben. Auch für sie war das nicht leicht, denn Boo war kein einfaches Kind, und als aus dem Jungen ein Mann wurde, war es noch schwieriger geworden, mit ihm auszukommen.

Ich wusste, wovon der alte Mann da sprach, denn ich hatte Boos Eigenheiten kennen gelernt. Doch obwohl es mit ihm oft anstrengend gewesen war: Ich war froh ihn gekannt zu haben.

Erde fiel auf den Sarg. Es war die erste Beerdigung, die ich erlebte, und ich war sehr aufgewühlt. Ich hatte etwas verloren. Es war die offene Zuneigung eines Menschen, für den eine andere Hautfarbe keinen Unterschied machte. Seine Gutgläubigkeit, sein Wunsch nach Anerkennung, waren Boo zum Verhängnis geworden.

Tammy trat mit einem großen Zettel ans Grab und las ein langes Gedicht vor, das sie für Boo geschrieben hatte. Als sie damit fertig war, weinten alle, auch ich. Das war in Ordnung so. Ich nahm mir vor Boo nicht zu vergessen, niemals.

Rodney und George schaufelten das Loch wieder zu, in das Boos Sarg gesenkt worden war. Alle anderen machten sich auf den Weg zum Haus der Fool Bears, wo zu Ehren von Boo ein *Give-away* stattfinden sollte. Tammy klärte mich auf, was ein *Give-away* bedeutete. Es war ein Schenkungsfest, bei dem jeder Anwesende etwas bekam, das ihn an den Verstorbenen erinnern sollte.

»*Give-aways* gibt es aus verschiedenen Anlässen«, sagte sie. »Früher kam es vor, dass eine Familie nach einem Schenkungsfest vollkommen ruiniert war, weil sie alles weggegeben hatten. Bei uns wird sich das Ganze im Rahmen halten, da passt meine Mutter schon auf.«

Niemand dachte an Spiele an diesem Tag. Aber es gab Essen in Hülle und Fülle. Jeder Gast bekam etwas geschenkt, das einmal Boo gehört hatte und das an ihn erinnern sollte: ein T-Shirt, die silberne Hose, sein goldenes Netzhemd, eine seiner Baseballkappen, seine Stifte, sein Musikgerät, seine Kassetten, die Poster an seinen Wänden.

Auch ich bekam etwas. Mir war Chip zugedacht worden, das kleine gelbbraune Hündchen. Alvina wollte Chip nicht behalten, weil der Hund sie zu sehr an Boo erinnerte. Sie hielt ihn einen Augenblick hoch und drückte ihn mir schließlich an die Brust.

Zuerst wollte ich das Geschenk ablehnen. Denn dass ich Chip gut leiden konnte, hieß noch lange nicht, dass ich auch für ihn sorgen wollte. Aber ein Blick in Tammys schwarze Augen sagte mir, dass ich die Gabe nicht ausschlagen durfte.

Nun gehörte Chip also mir und meine Verantwortung wuchs. Ich nahm ihn von Alvina entgegen und er leckte mir gleich freudig über das Gesicht. Alle, die es gesehen hatten, lachten.

Auch später, in der Nacht, lachten die Lakota. Alvina erzählte lustige Geschichten aus Boos Leben und in diesem Augenblick begriff ich, was Sadie gemeint hatte, als sie das Lachen als Waffe bezeichnete. Es war eine gute Waffe, eine, die keine Wunden schlug, sondern Wunden heilte.

Irgendwann an diesem Abend lachte auch ich und endlich verschwand der Druck von meiner Brust. Es gab allerdings einige, die konnten nicht lachen. Dazu gehörten Onkel George, Rodney, Ryan und Jaron und auch Tammy. Ich ahnte, dass es nicht Trauer war, die sie davon abhielt. Es war furchtbare Wut. Und ich musste immerzu daran denken, was Sadie gesagt hatte: »Wenn sie ihr Lachen nicht mehr haben, sind sie verloren.« Eiseskälte kroch mir den Rücken hoch und lähmte meinen Atem. Das durfte nicht passieren. Niemals.

17. Kapitel

Bis zum Schulanfang blieben nur noch zwei Tage und ich schaute dem, was auf mich zukam, mit banger Erwartung entgegen. In Thüringen hatte unterdessen der Unterricht in den Schulen wieder begonnen. Es ging auch ohne mich weiter.

Als ich am Wochenende mit Markus telefonierte, merkte ich sofort, dass etwas nicht stimmte. Er war anders als sonst, dafür kannte ich ihn zu gut, als dass er es vor mir verbergen konnte.

»Du kannst es mir ruhig sagen.«

»Was soll ich dir sagen?«, fragte Markus nervös.

»Wenn Nina einen anderen hat. Ich habe es kommen sehen und werde es überleben.« Was redete ich da?

»Wirklich?«

»Wirklich. Ist es Sebastian?«

»Ja, Sebastian.«

»Das hab ich mir gedacht.« Ich versuchte mir Sebastians Bild vor Augen zu holen, aber es gelang mir nicht. Nur Nina war noch da, wenn ich die Augen schloss. Sie war noch da, aber nicht mehr für mich. Es tat nicht weh, was mich wunderte. Was war bloß los mit mir? War ich ein anderer geworden?

»Olli? Bist du noch dran?«

»Ja, ich bin noch dran.«

»Sie will dir schreiben.«

»Okay.«

»Du tust dir doch jetzt nichts an, oder?«

Unfreiwillig musste ich lachen. »Es gibt Schlimmeres, als von einem Mädchen verlassen zu werden.«

Nun schwieg Markus eine Weile. Dann fragte er: »Bist du das wirklich? Rede ich mit *dem* Oliver Blumert?«

»Oliver Bad Hand«, verbesserte ich ihn.

»Ja, natürlich, das hätte ich beinahe vergessen.«

»Ich kann es nicht vergessen, Markus.«

»Was ist nur los mit dir, du klingst so komisch.«

»Ich schreibe dir, okay?«

»Ist alles in Ordnung mit dir? Ist was passiert?«

»Hier passiert ständig was, Markus«, sagte ich. Ich wusste noch nicht, ob ich ihm von Boo erzählen wollte, weil ich ahnte, dass er es nicht begreifen würde. »In zwei Tagen beginnt die Schule und ich habe mörderischen Bammel davor. Ich schreib dir, wie es gelaufen ist, okay?«

»Alles klar.«

»Grüß Nina von mir.«

»Ist das dein Ernst?«

»Ja.« Ich legte auf.

Mein erster Tag an der Büffelkopfschule war eine Katastrophe. Mom brachte mich zur Haltestelle für den Schulbus, wo bereits zwei indianische Jungs und ein Mädchen warteten. Ich hatte meiner Mutter ausdrücklich verboten, mich mit Umarmungen oder Ähnlichem vor den anderen zu blamieren. Aber sie konnte es natürlich nicht lassen, mich im Auto zu küssen, als sie mir einen guten Schulanfang wünschte.

Die beiden Jungs mit Bürstenschnitt und weiten Kniehosen grinsten mich hämisch an, als ich mich zu ihnen gesellte. Ich kannte sie nicht. Obwohl sie unsere Nachbarn waren, hatte ich sie bisher nur von weitem gesehen.

»Hi«, sagte ich und wenigstens das Mädchen grüßte zurück. Sie war älter als ich, während die beiden übergewichtigen Burschen in XXL-T-Shirts in meinem Alter zu sein schienen. Ich hörte das Wort *Wasicun* fallen und kam mir vor wie ein Langhaariger, der auf einsamer Flur in Gegenwart von zwei Skinheads auf seinen Bus warten musste. Was hatten die beiden Fettklopse eigentlich gegen mich?

Aber immerhin, das Mädchen war auch noch da und sie sah nett aus. Ich rückte ein wenig näher an sie heran und sagte ihr meinen Namen, worauf ich erfuhr, dass sie Shauna hieß. Mehr hatten wir uns allerdings nicht zu sagen. Die beiden Dicken fingen an zu lachen und sahen zu mir herüber. Aber bevor wir auf irgendeine Weise in näheren Kontakt treten konnten, kam der Schulbus und ich setzte mich neben einen kleinen braunen Burschen mit langem Zopf, der mich freundlich von der Seite angriente. Na also, tröstete ich mich.

Bis wir in Kyle ankamen, was ungefähr 20 Minuten dauerte, war der Bus ziemlich voll geworden und ich immer noch der einzige Weiße inmitten der Indianer. Verdammter Mist, dachte ich, das fängt ja gut an.

Dann waren wir da – vor der Büffelkopfschule. Mein Weg vom Bus bis zum Schulgebäude glich einem Spießrutenlauf. Jeder drehte sich nach mir um und ich hörte immer wieder das Wort *Wasicun*. Es gab auch ein paar freundliche Gesichter, vermutlich Leute, die mich von irgendwoher kannten oder was Nettes über mich gehört hatten. Vor mir kreisten die braunen Gesichter mit den schwarzen Haaren und den weißen Zähnen wie in einem Kaleidoskop. Es waren zu viele. Ich erkannte niemanden wieder, obwohl ich manchmal meinen Namen fallen hörte. Auf einmal fühlte ich mich schwach, als hätte ich keine Knochen mehr im Leib. Ein Gefühl des Fremdseins überschwemmte mich und ich zweifelte daran, dass ich der Sache gewachsen war.

Ich trieb einfach mit. Sämtliche Schüler mussten den Seiteneingang des Schulgebäudes benutzen, da der Haupteingang baufällig war und Verletzungsgefahr durch herabfallende Bauteile bestand. Mich traf fast der Schlag, als ich sah, dass jeder Schüler von einem Stammespolizisten in Uniform mit einem Metalldetektor abgetastet wurde, bevor er das Schulgebäude betreten durfte. Ich machte da keine Ausnahme. War das vielleicht ein seltsames Gefühl. Ich wollte nicht irgendwohin fliegen oder ein Regierungsgebäude betreten, ich wollte nur zur Schule gehen. Das heißt: Ich musste zur Schule gehen.

Es waren nur zwei Polizeibeamte da und so dauerte es entsprechend lange. Ich wurde Zeuge, wie ein unscheinbar aussehender Bursche herausgefischt wurde, weil er einen Holzstock mit einer Metallspitze bei sich trug. Befremdet und fasziniert zugleich, stand ich da und beobachtete die Polizisten bei ihrer Arbeit. Ich hörte auf die Reaktionen der Schüler, die von Belustigung über Aggression bis Langeweile reichten.

Als mich jemand am Arm berührte, fuhr ich erschrocken zusammen. Es war Tammy, die hinter mir stand. »Hi Olli«, sagte sie. »Bist du okay?«

Ich war überglücklich, sie zu sehen. »Ja, ich bin okay. Aber was ist eigentlich hier los?«

»Das ist eine blöde Geschichte«, erzählte Tammy. »Kurz vor den Ferien rannte einer von den Großen im Schulgebäude herum und drohte alle umzubringen. Er hatte ein Messer bei sich und die Schulleitung nahm die Sache sehr ernst. Ich weiß nicht, ob du von Littleton gehört hast?«

Ich nickte. Wohl jeder auf der Welt, der einen Fernseher oder ein Radio besaß, hatte von Littleton gehört. Im April 1999 hatten zwei Schüler der Columbine High-School in Littleton zwölf Schüler, einen Lehrer und sich selbst umgebracht. Die Bilder des Massakers waren um die Welt gegangen. Damals dachte ich: Scheiß-Amerika mit seinen idiotischen Waffengesetzen. Aber drei Jahre später erschoss in Erfurt ein Gymnasiast 16 Menschen an seiner Schule und tötete sich danach selbst. Niemand konnte mehr mit dem Finger nach Amerika zeigen.

»Es ist nicht nur Littleton«, fuhr Tammy fort. »Es sind ähnliche Dinge an anderen Schulen passiert, nur dass dabei nicht so viele getötet wurden. Jetzt gibt es Anti-Gewalt-Programme an den Schulen. Auch hier bei uns.«

Mein Magen krampfte sich zusammen. Wenn einige Schüler der Büffelkopfschule darauf aus waren, jemanden zu ärgern, wer würde das wohl sein? Ich natürlich, der Fremde mit der Brille und der weißen Haut.

Tammy konnte vermutlich Gedanken lesen oder ich war auf einmal blass geworden. Sie sagte: »Keine Angst, an unserer Schule ist noch nie ernsthaft etwas passiert.«

»Da war ich auch noch nicht da«, erwiderte ich kläglich. Es klang nur halb so elend, wie ich mich fühlte.

Tammy lachte: »Du bist hier nicht der einzige Weiße«,

klärte sie mich auf. »Und die anderen haben ihre Schulzeit bisher auch überlebt.«

Na herzlichen Glückwunsch.

Es klingelte und ich schrak zusammen. Nun musste ich mich von Tammy trennen, leider, denn sie war eine Klassenstufe unter mir. Aber sie zeigte mir noch, in welchen Raum ich gehen musste, dann war sie im Getümmel verschwunden und ich mir selbst überlassen. Ich konnte mich nicht erinnern mich jemals so einsam und verlassen gefühlt zu haben, nicht mal in den Badlands. Doch es gab kein Entkommen. Ich musste diesen Schritt gehen und so betrat ich klopfenden Herzens das Klassenzimmer.

Ich hatte es geahnt. Vielleicht war ich ja nicht der einzige Weiße in der Little Wound High-School, aber in meiner neuen Klasse war ich das schon. Und natürlich – wie konnte es anders sein – waren da auch die beiden Dicken aus dem Bus. Schlimmer hätte es nicht kommen können.

Ich setzte mich irgendwo in die Mitte der Bänke und der Platz neben mir blieb leer. Etwas anderes hatte ich auch nicht erwartet. Wer wollte schon neben einem *Wasicun* sitzen.

Mit mir waren 19 Schüler im Raum, als die Lehrerin ihn betrat. Sie hieß Amelia Blackbear und war so Anfang vierzig, jedenfalls schätzte ich das. Sie trug ein weißes T-Shirt und einen dunkelgrünen Rock und sah sympathisch aus, was mir ein wenig den Druck von den Schultern nahm. Im Klassenzimmer war ich erst einmal sicher, jedenfalls solange sie hier drin war.

Außer mir waren noch zwei neue Schüler dazugekommen und wir mussten unsere Namen nennen und ein bisschen was von uns erzählen. Ich war zuerst dran und stotterte erbärmlich herum. Als ich ein paar Worte zu Deutschland sagte, hörte ich, wie hinter mir jemand *»Fucking Nazi«* zischte. Ich fuhr herum wie von der Tarantel gestochen und blickte in die grinsenden Gesichter der beiden Dicken, die sich sehr ähnlich sahen und alles synchron zu tun schienen. Ich war wütend und fühlte mich gleichzeitig furchtbar hilflos. Die Narbe auf meinem Jochbein, dort, wo mir vor einem Jahr ein Typ aus der rechten Szene seine beringte Faust ins Gesicht geschlagen hatte, pochte und glühte. Niemand konnte nachfühlen, was ich in diesem Augenblick empfand. Die Beschimpfung klang noch in meinen Ohren, als ich in die verschlossenen Gesichter meiner neuen Klassenkameraden blickte und ihren verschwiegenen Vorbehalt zu spüren bekam. All meine Energie war weg, mein neu gewonnenes Selbstwertgefühl dahin. Ich fühlte mich benommen und unfähig auch nur ein Wort dazu zu sagen.

Mrs Blackbear schien zu ahnen, was in mir vorging. Sie sagte ein paar Takte über rechte Gruppierungen in Deutschland, die es in Amerika allerdings ebenso gäbe. Sie verteidigte mich, aber ich war ihr nicht dankbar dafür, denn das war nicht der richtige Weg. In den letzten Wochen hatte ich eine Menge über Indianer gelernt und hatte angefangen zu verstehen, in welchem Dilemma sie steckten. Aber dass es unter ihnen welche gab, die ihren Rassismus so stolz zur Schau trugen wie ein Marken-T-Shirt, das hatte ich einfach nicht erwartet. Sie hatten keine noble Gesinnung, nur weil sie Indianer waren. Sie waren Jugendliche wie überall auf der Welt und damit musste ich von nun an zurechtkommen.

Als ich auf dem Pausenhof stand, wurde mir klar, dass

mich noch einiges erwartete und der eigentliche Kampf erst begonnen hatte. Ich fragte mich, ob sie ihr Misstrauen gegen alles, was eine weiße Haut hatte, wohl jemals besiegen würden?

Ich suchte nach Tammy, konnte sie aber nirgends entdecken. Wo war sie bloß? Ich fühlte mich allein und fehl am Platz. Wo waren sie alle, die auf Moms und Rodneys Hochzeit gewesen waren und sich bei uns durchgefuttert hatten? Wo waren sie, mit denen ich zusammen am Teich baden gewesen war? Warum kannte mich plötzlich niemand mehr?

Als die beiden Dicken aus meiner Klasse, Louis und Ricky Little Soldier mit feistem Grinsen auf mich zukamen und mich in einer Ecke von den anderen abdrängten, da wusste ich, dass mein letztes Stündlein geschlagen hatte. Klapperschlangen, Killermücken und die Badlands waren nichts gegen diese beiden fetten Idioten.

Louis boxte mir vor die Schulter und ich flog in den Dreck. »Na du blödes Bleichgesicht«, sagte er. Mehr fiel ihm dazu nicht ein.

»Solche wie du haben uns hier gerade noch gefehlt.« Ricky lachte dämlich. Von einem, der Ricky hieß, hatte ich auch nichts anderes erwartet. Ich versuchte mich aufzurappeln und machte mir mehr Sorgen um meine Brille als um mich. Louis trat mir mit seinen riesigen Nike-Turnschuhen vors Knie und ich fiel wieder um. Schmerzpfeile jagten mein Bein hinauf und schossen bis ins Gehirn. Auch wenn ich inzwischen einiges dazugelernt hatte, Prügeleien lagen mir immer noch nicht und anscheinend war ich auch noch dasselbe friedfertige Lamm. Ich war ein Blödmann, ein Idiot, da hatten die beiden vollkommen Recht.

Tammys Bruder Jaron hatte mir beigebracht, wie die Dinge hier liefen. *Put up or shut up!* Leiste Widerstand oder halte den Mund.

Ich hielt den Mund.

Louis trat noch mal nach mir und traf mich in den Magen. Ich krümmte mich vor Schmerz und sah weiße Spiralen vor meinen Augen, so weh tat es. In mir braute sich etwas zusammen. Es war Wut, rasende Wut. Nicht ich war der Idiot, sie waren welche. Fest entschlossen, mich von nun an zu wehren so gut es ging, versuchte ich mich erneut aufzurappeln. Es klingelte und Ricky schubste mich ein letztes Mal in den Dreck. Dann verschwanden die beiden.

Ich krümmte mich auf der Erde und verfluchte mein Schicksal. Es würde niemals aufhören, denn sie waren nicht auf Versöhnung eingestellt. Wenn ich die Achtung von einem gewonnen hatte, standen zwei neue da, denen mein Gesicht nicht passte. Unter diesen Menschen war ich ein Fremder, ein Alien, ein Ausländer. Zum ersten Mal spürte ich am eigenen Leib, was das bedeutete: nicht wie alle anderen zu sein. Und dabei war es doch nur die Hautfarbe, mehr nicht.

Nach der Schule hätte ich mich am liebsten im Zimmer verkrochen und dort mein Selbstmitleid samt meiner körperlichen Schmerzen gepflegt. Aber Mom und Rodney waren zu Hause und ich konnte ihnen nicht aus dem Weg gehen.

Ricky und Louis hatten geschickt zugeschlagen. Äußerlich sah man mir nichts an.

»Wie war dein Tag?«, fragte meine Mutter.

»Ganz okay«, log ich, obwohl ich die ganze beschissene

Wahrheit am liebsten herausgeschrien hätte. Dass ich von zwei Gorillas verprügelt worden war und man mich als *Fucking Nazi* beschimpft hatte. Aber inzwischen hatte ich gelernt meine wahren Gefühle zu verbergen. Das hatte ich mir von den Indianern abgeguckt.

»Danke für das Gespräch«, sagte Mom.

»Lass ihn.« Rodney legte meiner Mutter eine Hand auf den Arm. »Er wird schon reden, wenn er so weit ist.«

Ich ging auf mein Zimmer und hörte Musik. Dass es nicht einfach werden würde, darauf war ich vorbereitet gewesen. Ich hatte mit einer Menge gerechnet, nur nicht damit, dass ich gleich am ersten Tag verprügelt werden würde. Na gut, Ryan hatte mich auch verprügelt, aber er hatte wenigstens einen Grund gehabt, mich zu hassen. Louis und Ricky hatten keinen. Ich hatte ihnen nichts getan, ich nahm ihnen auch nichts weg. Sie hatten einfach so, ohne Grund, ihre Wut an mir ausgelassen.

An diesem Nachmittag stürzte alles mit neuer Wucht auf mich ein: Dass ich hier im Reservat leben musste, obwohl ich das nicht gewollt hatte. Dass ich Nina verloren hatte, nur damit meine Mutter Rodney haben konnte. Dass ich einsam war und unglücklich.

Da half auch das tolle Essen nicht, das Mom extra für mich gekocht hatte – zur Feier des Tages sozusagen. Rodney hatte am Sonntag ein Kaninchen geschossen und Mom es nach einem alten Lakota-Rezept zubereitet, das sie von Tante Alvina bekommen hatte. Sie kniete sich da richtig rein. Es machte ihr Spaß, nach den alten Lakota-Rezepten zu kochen, weil sie merkte, wie Rodney sich darüber freute. Mir war das Recht, denn was die Reservatsindianer üblicherweise aßen, wenn niemand in der Familie

Lust hatte, zu kochen, war absolut ungesund und einfallslos.

Es gab also in Möhren und Zwiebelsud geschmortes Kaninchen mit gegrillten Topinamburs. Sunchokes, wie die Lakota sie nannten. Gegrillt schmeckten sie wie Kartoffeln, sollen aber angeblich viel gesünder sein. Wie auch immer, das Essen sah gut aus und schmeckte hervorragend. Aus diesem Grund blieb es mir auch nicht im Hals stecken nach diesem Tag, wie ich erst befürchtet hatte.

Während der gemeinsamen Mahlzeit fragte Mom mich weiter aus, über meine Lehrerin und wie viele Jungs und Mädchen in meiner Klasse waren. Ich antwortete einsilbig. Ich hatte null Bock auf ein Gespräch und wollte einfach nur schlechte Laune haben.

Nach dem Essen verkrümelte ich mich auf die Koppel zu den Pferden. Ich klopfte Moon, die mich freudig begrüßte, den Hals, legte meine Wange an ihre weichen Nüstern und erzählte ihr von meinem Kummer. »Die haben mich als Nazi beschimpft«, sagte ich, »obwohl sie überhaupt nichts von mir wissen. Sie fragen auch nicht, es ist ihnen egal. Sie mögen mich nicht, weil ich weiß bin. Bestenfalls bin ich ihnen gleichgültig.«

Moon legte ihren Kopf auf meine Schulter, als wollte sie mich trösten und irgendwie tat sie das auch. Ihr Atem roch nach frisch gekautem Gras. Ich erzählte ihr von Louis und Ricky, den beiden dicken Jungs, die nur ein paar Meilen von uns entfernt wohnten und die mich aus irgendeinem Grund nicht ausstehen konnten. Moon war eine geduldige Zuhörerin. Manchmal schnaubte sie leise, als wolle sie mir ein paar hilfreiche Worte zukommen lassen. Vermutlich wartete sie darauf, dass ich mit ihr ausritt. Aber mir taten sämtliche Knochen weh und ich musste sie enttäuschen.

Auf einmal spürte ich, dass ich nicht mehr allein war mit der Stute und den anderen Pferden. Ich drehte mich um und da stand Rodney. Er beobachtete mich.

»Schleichst du dich immer so an?«, fragte ich ärgerlich.

»Ich bin nicht geschlichen«, erwiderte er. »Du hast mich nur nicht kommen gehört. Ich habe gemerkt, dass dich etwas bedrückt, und dachte, vielleicht willst du darüber reden.«

Ach verdammt, er meinte es ehrlich, und obwohl ich wollte, konnte ich nicht sauer auf ihn sein. Die ganze Stiefvatergeschichte war großer Blödsinn, weil Rodney sich viel mehr Gedanken um mich machte als mein eigener Vater. Ich hatte das Gefühl, als würde er immer das Richtige tun. Und vielleicht brachte es ja auch eher etwas, mit Rodney über die ganze Sache zu reden, als mit einem Pferd. Ein Gefühl von Hilflosigkeit machte sich in mir breit. Ich ließ die Arme hängen wie ein erschöpfter Vogel seine Flügel.

»Es gibt da ein paar Leute in meiner Klasse, die was gegen mich haben«, sagte ich und schniefte.

»Irgendjemand, den du kennst?«

»Die beiden Fettklopse von dort drüben.« Ich zeigte in die Richtung, in der der Trailer von Louis und Ricky stand.

»Louis und Ricky Little Soldier?«, fragte er mit gerunzelter Stirn.

Ich nickte und hoffte, er würde nicht gleich in seinen Pick-up springen und die beiden zur Rede stellen, denn dann wäre ich morgen endgültig erledigt.

Rodney zog die Schultern nach oben und schob die Hände in die Vordertaschen seiner Jeans. »Die beiden sind Cousins. Rickys Eltern leben nicht mehr und Louis' Vater sitzt im Gefängnis. Louis' Mutter kümmert sich um die beiden Jungs und versucht sie so gut es geht großzuziehen.«

»Ist ja alles schön und gut«, sagte ich. »Aber warum müssen sie ihren Frust an mir auslassen? Ich habe ihnen nichts getan.«

»Du bist fremd und du bist weiß.«

»Genügt das hier, um jedermanns Feind zu sein?«, fragte ich.

»Du bist nicht jedermanns Feind, Oliver«, versuchte Rodney mich zu beschwichtigen. »Erwarte nur nicht zu viel für den Anfang.«

Das hatte ich irgendwann schon mal gehört. Es war eine ganze Weile her.

»Sie haben mich *Fucking Nazi* genannt«, spuckte ich es endlich aus. »Dass sie mich *Wasicun* nennen, kann ich ertragen. Aber ich lasse mich nicht als Nazi beschimpfen, nur weil ich blaue Augen habe und aus Deutschland komme.«

Rodney legte mir seine große Hand auf die Schulter und ich ließ es geschehen, weil mir die Wärme und der leichte Druck seiner Finger gut taten.

»Ich verstehe deine Wut, Olli. Gib ihnen ein wenig Zeit, sich an dich zu gewöhnen. Viele von uns sind verbittert und geben ihren Hass auf die Weißen an ihre Kinder weiter. Louis und Ricky haben gelernt feindselig gegenüber Nichtindianern zu sein. Rickys Eltern starben, weil ihnen ein betrunkener Weißer die Vorfahrt genommen hat. Das kann er nicht vergessen. Zeige ihnen, dass es keinen Grund gibt, dich zu hassen.«

»Ich habe keine Lust, mich vor irgendjemandem zu beweisen. Scheißegal, wer es ist.« Ich stieß wütend Luft durch die Zähne und sagte: »Was, wenn sie mich verprügeln? Meine Chancen stehen da ziemlich schlecht.«

»Das werden sie bestimmt nicht«, lenkte Rodney ein. »Die beiden wissen, wo du hingehörst, und ich bin der Einzige hier in der Nähe, der Louis' Mutter hilft, wenn sie Hilfe braucht.«

»Ich würde da nicht drauf bauen«, sagte ich.

»Was?«

»Schon gut.« Rodney war eben auch einer von denen, die an das Gute im Menschen glaubten. Ich hätte ihm erzählen können, dass Louis mich mit seinen XXL-Turnschuhen in den Magen getreten hatte, aber dann würde er sofort zu Louis' Mutter fahren und ihr alles brühwarm erzählen. Dann wäre ich morgen tot.

»Und sonst? Was ist mit den anderen aus deiner Klasse?«, fragte Rodney.

»Ich kann nicht sagen, dass ich sonderlich beliebt bin«, erwiderte ich. »Aber irgendwann werden sie mich in Ruhe lassen.«

18. Kapitel

In der Nacht plagten mich Alpträume. Louis und Ricky Little Soldier in wilder Kriegsbemalung waren mit Pfeil und Bogen hinter mir her. Ich rannte um mein Leben. Ich stolperte, stürzte lang hin und machte mir vor Angst in die Hosen, während ich über mir höhnisches Gelächter hörte. Ich rappelte mich auf und versuchte erneut wegzurennen. Aber meine Knie gaben nach und in meinen Ohren hörte ich das Summen des Pfeils, nachdem er den gespannten Bogen verlassen hatte. Als er mich zwischen die Schulterblätter traf und die blutige Spitze aus meiner Brust herausragte, wachte ich endlich auf.

Schweißgebadet lag ich da, froh dem Heldentod noch einmal entkommen zu sein. Ich schmiedete Pläne, wie ich Louis und Ricky dazu kriegen könnte, mich in Ruhe zu lassen. Gleichzeitig wusste ich, dass es nicht funktionieren würde. Mit dem Verstand war den beiden nicht beizukommen. Ich sehnte mich nach Tammy und war gleichzeitig sauer auf sie, weil sie sich in der Pause nicht hatte blicken lassen. Mein Stolz hatte mich davon abgehalten, sie nach der Schule anzurufen und ihr von allem zu erzählen. Ich hatte mich schon wieder verprügeln lassen, ohne mich zu wehren. Auf diese Weise kam man nicht weit, jedenfalls nicht hier, im Reservat. Da musste man stark sein, wenn man durchkommen wollte. Ich dagegen war ein Schwächling, und wer schwach ist, stört.

Am nächsten Morgen brach ich schon mit Magenschmerzen auf. Ein schwerer dunkler Klumpen lag in meinem Bauch, als hätte ich Zement geschluckt. Diesmal lief ich zur Straße. Ich brauchte dafür eine Viertelstunde und wollte es in Zukunft als Konditionstraining ansehen.

Weil ich mich beeilte, war ich der Erste an der Bushaltestelle. Wenig später kam Shauna. Sie hatte inzwischen erfahren, wer ich war, und fragte mich nach den neuesten Neuigkeiten über Boos Tod aus. Ich war froh mit ihr reden zu können. Als Louis und Ricky kamen, beachtete ich sie überhaupt nicht. Sie machten blöde Witze über Shauna und mich, aber das war zu verkraften, wenn sie nur ihre hohlen Kräfte nicht an mir ausließen.

Der maisgelbe Schulbus kam und ich ließ Shauna höflich den Vortritt. Als ich meinen Fuß hob, um in den Bus zu steigen, bekam ich von hinten einen Stoß und krachte dem Fahrer vor die Füße. Ich stieß mir mörderisch das Schienbein an der metallenen Treppenkante und es kostete mich ungeheure Kraft, vor Schmerz nicht loszujaulen wie ein Hund.

»Na he, nicht so stürmisch, junger Mann«, sagte der Busfahrer kopfschüttelnd.

Shauna half mir auf die Beine, was mir ungeheuer peinlich war. Louis grinste wie ein fetter Pfannkuchen und mir wurde klar, dass das noch nicht alles gewesen war, was er mir für diesen Tag an Boshaftigkeiten zugedacht hatte.

Vor dem Schulgebäude traf ich Tammy und sie merkte sofort, das etwas nicht mit mir stimmte. War ja auch nicht zu übersehen.

»Was ist los mit dir?«, fragte sie.

»Ach nichts«, ich winkte beleidigt ab. »Nur dass ich gestern in der Pause von zwei Idioten verprügelt worden bin und heute dem Busfahrer die Füße geküsst habe, weil einer von ihnen mich von hinten gestoßen hat.«

Tammy entdeckte mein lädiertes Schienbein, das langsam dick und blau wurde. Mitleidig sah sie mich an. Genau das wollte ich: bemitleidet werden. Ich brauchte ein paar Streicheleinheiten, die hatte ich mir verdient.

»Weißt du, wer es war?«

»Was tut das zur Sache?«

Sie zuckte die Achseln.

»Wo warst du eigentlich gestern in der Pause?«, fragte ich. »Ich habe dich gesucht.«

»Meine Lehrerin wollte mich sprechen, wegen Boo«, sagte Tammy. »Sie will eine Aufklärungskampagne über FAS starten und ich soll ihr dabei helfen.«

Es klingelte und wir mussten uns trennen. In den ersten beiden Stunden hatte ich Mathe und stellte fest, dass ich da einen ansehnlichen Vorsprung verbuchen konnte. Außerdem war nicht zu übersehen, dass Ricky und Louis ziemliche Nieten in Mathe waren. Die beiden hatten echt keinen Schimmer und wurden einige Male zum Gespött der Klasse. Das verschaffte mir Genugtuung und ich lachte mit. Auch wenn mir klar war, dass es Folgen haben würde.

In der ersten großen Pause schloss ich mich auf der Toilette ein und aß mein Pausenbrot auf dem Klodeckel sitzend. Das war absolut unappetitlich, denn die Toiletten waren nicht die saubersten. Ich las die Schmierereien an den Wänden und an der Tür und ahnte, dass ich es nicht durchhalten würde, jede Pause auf dem Klo zu verbringen.

In der zweiten Pause ging ich todesmutig wieder nach

draußen und suchte verzweifelt nach Tammy. Sie musste doch da sein, verdammt noch mal. Aber bevor ich sie finden konnte, hatten Louis und Ricky mich entdeckt. Sie drängten mich ins Abseits und blieben erst stehen, als ich eine Wand im Rücken hatte. Ich spürte den rauen Putz durch mein T-Shirt hindurch und wusste: Es gibt kein Entkommen. Louis legte mir seine Wurstfinger um den Hals und drückte ein bisschen zu. »Na, du blödes weißes Arschloch! Jetzt ist dir das Lachen vergangen, was?«

Mir wurde die Luft knapp und ich versuchte gar nicht erst, etwas zu erwidern. Schon erstaunlich, wie beweglich Louis bei seiner Leibesfülle doch war. Zack, hatte ich sein Knie im Magen und gab einen rauen Laut des Schmerzes von mir. Bestimmt wäre ich zu Boden gegangen, wenn mich sein eiserner Griff um die Gurgel nicht festgehalten hätte.

Schließlich lockerte er seine Klammer ein wenig, wohl, um mich besser winseln hören zu können. Aber den Gefallen tat ich ihm nicht. Ich sagte: »Wieso sucht ihr euch nicht jemanden in eurer Gewichtsklasse, ihr Feiglinge?«

»Halt's Maul!«, zischte Ricky. Die beiden blickten sich grinsend an und ich sah Louis' fleischige Faust auf meine Nase zufahren, als er plötzlich mit einem überraschten »Oh« vor mir in die Knie ging.

Hinter ihm stand Ryan Bad Hand und musterte mich besorgt.

Ricky holte zum Schlag aus, aber Ryan fing seinen Arm geschickt ab. Ich sah Ryans harte Muskeln spielen, als er Ricky ebenfalls in die Knie zwang. Ryan verschränkte die Arme vor der Brust und sagte: »Wenn ihr diesen *Wasicun* noch einmal anfasst, bekommt ihr es mit mir zu tun. Kapiert?«

Louis und Ricky nickten synchron.

»Und jetzt haut bloß ab hier.«

Die beiden verkrümelten sich eiligst.

Ryan zupfte meine Kleider zurecht, als wäre er meine Mutter und ich sein kleiner Junge. Er fragte: »Alles in Ordnung mit dir?«

Ich schniefte und nickte. Wenigstens konnte ich wieder atmen. Ungläubig musterte ich meinen unerwarteten Retter.

»Jetzt sind wir quitt, kleiner Bruder.« Ryan grinste. »Vor denen brauchst du keine Angst mehr zu haben.«

»Danke«, stotterte ich. Ich konnte es immer noch nicht fassen. Er hatte mir geholfen. Ryan Bad Hand, der mich noch vor ein paar Tagen am liebsten skalpiert hätte, hatte seine starke Hand schützend über mich gehalten. Es geschahen also doch noch Wunder.

Tammy und Jaron fanden uns und Tammy dachte wohl das Falsche, denn sie sah Ryan mit funkelnden Augen an und fragte: »Was war denn hier los?«

»Ricky und Louis haben ihn verkloppt«, sagte Ryan.

Tammy warf mir einen »Ist-das-auch-wahr-Blick?« zu und ich nickte.

»Ich habe mir schon so was gedacht«, sagte Jaron. »Am ersten Schultag gebärden sich einige wie große Krieger und warten nur drauf, dass ein neues Bleichgesicht auf dem Schulhof auftaucht, dem sie ihre Überlegenheit zeigen können.« Er klopfte mir auf die Schulter. »Wir müssen eben ein bisschen besser auf dich aufpassen.«

Mann, tat das gut.

»Ich habe den beiden deutlich zu verstehen gegeben, dass sie sich nicht noch mal an ihm vergreifen sollen, sonst bekommen sie es mit mir zu tun.«

Tammy grinste, und als ich ihre Zahnlücke sah, wusste ich, dass ich dieses Mädchen mehr liebte, als ich je für möglich gehalten hatte. »Na dann hast du nichts mehr zu befürchten, Olli«, sagte sie. »Es wird nicht lange dauern und sie sehen dich gar nicht mehr.«

Na toll, dachte ich. Gab es wirklich nur diese zwei Möglichkeiten: verprügelt oder übersehen zu werden?

Es klingelte und wir mussten in unsere Klassen zurück. Der Rest des Tages verlief ohne handgreifliche Zwischenfälle. Und auch wenn mir nicht unbedingt Sympathie entgegenströmte, man ließ mich wenigstens in Ruhe.

Da ich in diesen Tagen so sehr mit mir selbst beschäftigt war, spürte ich nicht, dass auch für andere die Dinge nicht so gut liefen. Die Gerichtsverhandlung der vier Jungen, die Boos Tod zu verantworten hatten, war auf Mitte September festgesetzt worden. Rodney hatte Onkel George einen Anwalt empfohlen und der hatte den Mann engagiert, weil er kein Vertrauen in das Justizsystem von South Dakota hatte. Der Anwalt hieß Corwin Bagola und war ein Sioux aus dem Cheyenne-River-Reservat, das in der Mitte des Staates South Dakota lag. Er war Indianer und würde George Fool Bear nicht ausnehmen, aber er musste bezahlt werden.

Seit Boos Tod hatte ich Tammy nicht mehr lachen hören. Und da ich selbst nicht gut drauf war, wusste ich nicht, wie ich das hätte ändern können, obwohl ich nichts lieber getan hätte.

Rodneys Grinsen, an das ich mich inzwischen gewöhnt hatte, war auch verschwunden. Wenn ich ihm begegnete, war seine Stirn von Sorgenfalten umwölkt und er machte keine Späße mehr, wie ich es von ihm gewohnt war.

Sogar Mom lief umher wie Falschgeld. Wenn ich sie ansprach, wirkte sie zerstreut und war mit ihren Gedanken ganz woanders. Boos schrecklicher Tod hatte die gesamte Familie in einen Schock versetzt, von dem sie sich nur langsam wieder zu erholen schien.

Eines Abends hörte ich wieder einmal, wie Rodney und meine Mutter in der Küche miteinander sprachen. Ich setzte mich auf die Treppe und lauschte.

»Boos Tod hat uns völlig durcheinander gebracht«, sagte Rodney. »Alle scheinen wie gelähmt. So kann es nicht weitergehen, Susan. Es muss etwas passieren, das uns aus diesem Loch wieder herausholt.«

»An was hast du denn gedacht?«, fragte meine Mutter.

»Es muss etwas sein, das uns eint und uns neue Kraft gibt«, antwortete Rodney. »Kraft, um die Verhandlung im Gericht durchzustehen, um mit unserer Trauer fertig zu werden und uns auf den Winter einzustellen. Ich habe da schon eine Idee. Der Hanf ist so weit. Ihn noch länger stehen zu lassen wäre ein Risiko. Nächstes Wochenende werden wir alle zusammenkommen und ihn ernten. Wir werden beten und ein kleines Fest feiern.«

»Das ist eine gute Idee«, hörte ich meine Mutter sagen.

Ich hielt das auch für eine gute Idee. Dann waren wir wenigstens eine Sorge los, denn Rodney hatte erst vor zwei Tagen einen Anruf von Dustin Shortbull bekommen, dass wieder ein Fremder um das Hanffeld der Deer-Creek-Genossenschaft geschlichen war.

Die Hanfernte wurde auf den nächsten Samstag festgesetzt und ich freute mich darauf. Sonntagnachmittag kam Großvater Joe mit seinem eigenen, endlich reparierten Pick-up zu uns, dessen Motor gefährlich röchelte. Als er aus seiner froschgrünen Klapperkiste stieg, musste ich lachen. Das Auto war mindestens so alt wie er selbst. So sah es jedenfalls aus. Kein Wunder, dass die Reparatur mehrere Wochen gedauert hatte. Wahrscheinlich hatte der Mechaniker die Ersatzteile in ganz Amerika aufspüren müssen.

Der alte Mann war gekommen, um mit uns im Hanffeld für eine gute Ernte zu beten und das Feld zu segnen. Auch Familie Fool Bear und Ryan waren gekommen. Zusammen fuhren wir zum Feld, dessen Pflanzen unsere Köpfe weit überragten.

Großvater Joe sprach seine Gebete auf Lakota, weil der Hanf diese Sprache besser verstand, wie er behauptete. Tammy übersetzte für mich. Der alte Mann dankte der Mutter Erde, dass sie die Pflanzen so prächtig habe gedeihen lassen. Er dankte dem Regen und der Sonne und den Geistern, die die Pflanzen beschützt hatten. Dass sie sich so gut entwickeln konnten, sei ein gutes Zeichen.

»Nach der Zerstörung unserer traditionellen Lebensweise ist Armut zur neuen Tradition im Reservat geworden«, sagte Großvater Joe. »Das darf nicht das Ende sein. Wir müssen wieder anfangen unser Leben selbst in die Hände zu nehmen. Wer nur andere verantwortlich macht, ändert selber nichts. Dieses Hanffeld ist ein neuer Anfang und wird unsere Zukunft sein.«

Später fassten wir einander bei den Händen und beteten für eine reibungslose Ernte. Ich hatte noch nie gebetet, aber jetzt tat ich es. Ich wusste, wie viele Hoffnungen an diesen grünen Stängeln hingen, und so fiel es mir nicht schwer, das Beste zu hoffen und zu wünschen.

Danach gab es ein Picknick am Feldrand, bei dem

auch die Geister nicht leer ausgingen. Als ich Tammys glucksendes Lachen hörte, wurde mir warm ums Herz. Konnte es ein gutes Leben im Schlechten geben? War so etwas möglich? Konnte es etwas geben, das wirklicher war als das, was ich sah oder hörte?

Es ging mir gut an diesem Abend. Ich blickte in den fremden Himmel über mir und fühlte mich dennoch eins mit dieser Erde, auf der ich saß. Ich hatte keine Angst mehr vor der Schule. Nicht dass ich mich dort besonders wohl fühlte, aber ich sah Hoffnung, dass es besser werden würde.

Als es dunkel wurde, fuhren die anderen und Mom, Rodney und ich blieben noch eine Weile allein auf dem Hügel zurück.

19. Kapitel

Am Donnerstag vor dem geplanten Erntewochenende schreckte mich ohrenbetäubendes Geknatter aus dem Schlaf. Der Motorenlärm war direkt über mir und einen Augenblick war ich wie gelähmt, weil ich dachte, jetzt ist Krieg im Reservat und gleich schießen sie, und das war's dann. Aber niemand schoss und der Lärm entfernte sich, sodass ich mich aus dem Bett traute und mit weichen Knien zum Fenster wankte.

Was ich sah, war unglaublich: Über Rodneys Hanffeld kreisten zwei schwarze Hubschrauber wie angriffslustige Libellen. Und jetzt sah ich auch geschlossene Lastwagen zum Feld hinauffahren. Ich warf einen Blick auf meine Armbanduhr. Es war fünf Uhr morgens. Was da draußen vor sich ging, konnte nichts Gutes sein.

Ich sprang in Jeans und T-Shirt und rannte nach unten, um Rodney zu wecken. Als ich auf der letzten Stufe ankam, rannte er mit flatterndem Haar und nur halb angezogen an mir vorbei. »Bleibt im Haus und rührt euch nicht«, schrie er mir zu. Zwei Minuten später raste Rodney mit dem Pick-up über den Feldweg den Hügel hinauf. Ich stand vor dem Haus, sah ihm nach und mein Herz schlug gegen die Brust wie die Faust eines Boxkämpfers gegen den Sandsack. Au Kacke, dachte ich, jetzt gibt es Ärger. Und zwar richtigen.

»Oliver!«, hörte ich meine Mutter rufen. Ihre Stimme hatte einen hysterischen Unterton, der mir Angst machte. Ich eilte zurück ins Haus und fand sie in der Küche, wie sie völlig aufgelöst versuchte zu telefonieren. Nachdem sie drei Nummern gewählt und jeweils kurz durchgegeben hatte, was vor sich ging, sagte sie zu mir: »Wir nehmen den Van.«

Erst verstand ich sie nicht. Ich dachte, sie wollte abhauen und Rodney den ganzen verdammten Mist alleine durchstehen lassen, aber da kannte ich meine Mutter schlecht. In den Wochen, die wir nun schon hier lebten, hatte sie sich zur wahren Kämpfernatur entwickelt.

»Na los, komm schon, Olli. Wir müssen Rodney helfen!«

»Er hat gesagt, wir sollen das Haus nicht verlassen«, erwiderte ich lahm.

Ihre blauen Augen blitzten mich verärgert an.

»Schon gut«, sagte ich und folgte ihr. Chip, der mir schon die ganze Zeit zwischen den Beinen umhersprang, bellte aufgeregt. »Du bleibst hier«, sagte ich und streichelte ihn. »Ist besser für einen kleinen Hund wie dich.«

Mom am Steuer, düsten wir mit dem Van den Hügel zum Hanffeld hinauf. Die Hubschrauber kreisten immer noch und nun sah ich, dass Männer in schwarzen Overalls dabei waren, unsere Ernte zu zerstören. Dem Hanf wurde mit Unkrautvernichtungsmaschinen zu Leibe gerückt und danach wurde er auf die beiden Lastwagen geladen. Das ganze Feld war von uniformierten, schwer bewaffneten FBI-Beamten umstellt, die die Aktion bewachten.

Mom parkte den Van neben dem Pick-up. Wir stiegen aus und ich sah Rodney barfuß, mit offenem Hemd und erhobenen Händen dastehen. Zwei FBI-Beamte hatten ihre halbautomatischen Gewehre auf ihn gerichtet.

Das Ganze war filmreif, aber ein Blick in Rodneys Augen

sagte mir, dass es kein Witz war, sondern bitterer Ernst. Reservatsalltag sozusagen, der blitzschnell lebensgefährlich werden konnte, jedenfalls für die Indianer. Um hier zu leben, braucht man Mut, hatte Rodney mal zu mir gesagt. Nun begriff ich, was er meinte.

Plötzlich hatte ich Angst um ihn. Na gut, ich hatte ihn mir nicht ausgesucht, aber so ein schlechter Ersatzvater war er nun auch wieder nicht. Er nahm mich immer ernst, auch wenn ich mich wie ein Idiot aufführte, was mehr als einmal vorgekommen war. Er mochte mich. Vielleicht nicht, weil ich so ein netter Kerl war, aber weil ich Susans Sohn war. Er hatte sich immer alle Mühe gegeben, mir den Einstieg in diese abgefahrene Kultur zu erleichtern, und ich hatte mich oft bockbeinig gestellt. Aber jetzt, wo die schwarzen Mündungen zweier Gewehre auf ihn gerichtet waren, wurde mir klar, dass ich ihn mochte und ihn auf keinen Fall verlieren wollte. Er war im Augenblick der einzige Vater, den ich hatte.

Meine Mutter überlegte nicht lange und stellte sich neben Rodney, ebenfalls mit erhobenen Händen. Mir blieb bald das Herz stehen. War sie von allen guten Geistern verlassen? Wollte sie mich zur Vollwaisen machen und unter all den Indianern hier allein im Res zurücklassen? Das würde ich keine Woche überleben.

Ich sah die Augen meiner Mutter angriffslustig blitzen. Und in Rodneys schwarzen Augen, die eben noch voller Sorge gewesen waren, tauchte ein zufriedenes Grinsen auf. Sein Feld, seine Hoffnung, ein Beispiel für andere sein zu können, wurde gerade zerstört, aber er hatte die Liebe meiner Mutter. Sie war ihm wichtiger als alles, was er besaß. Und verdammt, sie gaben ein tolles Paar ab, die beiden. Rodney mit im Wind wehendem Haar, ein Hemdzipfel in der Hose, einer draußen hängend. Und meine Mutter im roten Hippiekleid, ebenfalls mit offenen Haaren, die in der aufgehenden Sonne zu leuchten anfingen.

Ich beneidete sie um ihr Glück. Darum, dass sie einander hatten, bis ich begriff, dass ich ein Teil von ihnen war. Ich brauchte bloß aufhören mich dagegen zu wehren. Ganz langsam hob auch ich meine Hände hinter den Kopf und stellte mich auf die andere Seite neben Rodney. So fanden uns später Sandy Weasel Bear, die Schatzmeisterin der Deer-Creek-Genossenschaft, die mit einem Reporter von der Zeitung *Indian Country Today* auf den Hügel gefahren kam, und George Fool Bear, der sich sofort in seinen Wagen gesetzt hatte und aus Kyle zu uns gekommen war.

Tom Eagle, der Reporter, schoss Unmengen Fotos und schließlich kamen sich die beiden FBI-Beamten komisch vor und nahmen ihre Gewehre herunter. Ein hörbares Aufatmen ging durch unsere geschlossene Kampflinie und auf einmal spürte ich, wie Rodney seinen Arm auf meine Schultern legte. Er zitterte, das spürte ich ganz deutlich. Ich konnte ihn nicht ansehen, denn ein furchtbar dankbares Gefühl drückte meine Kehle zu und trieb mir das Wasser in die Augen. Ich war stolz wie ein junger Krieger, der seine erste Feindberührung hinter sich hatte. In Gedanken sah ich die Skalps der beiden FBI-Beamten an meinem Gürtel baumeln. Ich wünschte, Ryan wäre hier und könnte uns so sehen.

Zwischen Rodney und Sandy kam es zu einem kurzen Wortwechsel, in dem sie ihn informierte, dass das FBI und die Drogenbehörde dabei waren, auch das andere Hanffeld der Genossenschaft abzuernten und zu beschlagnahmen. Der Triumph, der eben noch in Rodneys Augen gestanden hatte, wich dumpfer Verzweiflung. Wieder einmal war die Hoffnung der Lakota zerstört worden, dass es eine Perspektive für die Zukunft gab. Und was mich am meisten verblüffte: Ich fühlte genauso wie er. Als wäre es meine Zukunft, die dort auf Laster geladen und abtransportiert wurde.

Rodney sah seiner Ernte hinterher, mit Trauer, Groll und Bedauern im Blick. Ich hörte, wie er mit den Pflanzen sprach. Sie sollten mutig und stark sein und im nächsten Jahr wieder kommen.

Es war schlimm. Schlimmer als alles, was ich bisher im Reservat erlebt hatte. Aber es sollte noch dicker kommen, vor allem für unsere Familie. Als das Feld nach drei Stunden ratzekahl abgeerntet war und der letzte Laster mit unserer Ernte davonfuhr, richteten die FBI-Agenten ihre Gewehre wieder auf Rodney. Er war verhaftet. Als meine Mutter das begriff, sah ich eine furchtbare Angst in ihren Augen. Aber sie schrie nicht oder zeterte, sie brüllte auch nicht wütend herum, wie ich es erwartet hatte: Sie schien am ganzen Körper wie gelähmt.

Rodney konnte Mom nicht mehr umarmen, weil sie ihm bereits Handschellen angelegt hatten, aber er ging ganz nah an sie heran und raunte ihr etwas zu. An mich gewandt, sagte er: »Kümmere dich um deine Mutter!« Dann zerrten sie ihn weg und schoben ihn unsanft in den Jeep der Bundespolizei.

So plötzlich, wie der Spuk begonnen hatte, war er auch wieder vorbei. Die Lastwagen der Drogenbehörde waren längst außer Sichtweite, die Hubschrauber drehten ab und das FBI verschwand mit Rodney als Gefangenem. Nun standen nur noch fünf einsame Gestalten auf dem Hügel vor dem abgeernteten Feld. Tom Eagle, Sandy, George, Mom und ich. Eine ganze Weile sagte niemand etwas, dann ging Sandy zu meiner Mutter und berührte sie am Arm.

»Mach dir keine Sorgen, Susan«, sagte sie. »Sie haben nichts gegen ihn in der Hand und müssen ihn spätestens nach drei Tagen wieder freilassen.«

Meine Mutter schien gar nicht zu hören, was Sandy sagte. Ihr starrer Blick fixierte einen Punkt in der Ferne, irgendetwas, von dem ich nicht wusste, was es war. Vielleicht unsere Zukunft.

Sandy redete aufgeregt weiter: »Vor fünf Jahren hat die Stammesregierung ein Gesetz verabschiedet, das den Anbau von Nutzhanf im Reservat in Zukunft erlaubt. Mit diesem Einsatz hat die Drogenkontrollbehörde ihre Befugnisse überschritten und unsere Stammessouveränität verletzt. Tom wird einen großen Artikel schreiben und ich werde mich darum bemühen, Leute zu finden, die uns unterstützen.«

Meine Mutter nickte nur mechanisch. Sandys Worte schienen gar nicht zu ihr durchzudringen. Ich ging zu ihr hin und legte den Arm um sie. Da fing sie an zu weinen und klammerte sich an mich, als wäre ich jetzt ihr einziger Halt auf dieser Welt. Dabei war ich selbst noch wie gelähmt von dem, was soeben passiert war. Dieses wunderbare Gefühl von Stärke, das mich vor wenigen Augenblicken noch durchströmt hatte, war verschwunden.

Tom und Sandy verabschiedeten sich, nachdem sie sich mehrmals versichert hatten, dass wir zurechtkommen würden. George machte sich auf den Weg, um Corwin Bagola zu treffen, in der Hoffnung, dass der Anwalt auch Rodneys Fall übernehmen würde. Ich fuhr den Van zurück zum Haus und Mom den Pick-up. Dann saßen wir uns in der Küche gegenüber und grübelten, was wir für Rodney tun konnten; was in dieser Situation das Klügste sein würde. Ich hatte Chip auf dem Schoß, der froh war, dass wir wieder da waren. Ihn zu streicheln tat unendlich gut.

Irgendwann hörte der Tränenstrom auf Moms Wangen auf und sie blickte mich seltsam an. »Ich muss dir was sagen, Oliver.« Ihre Stimme klang brüchig, zitternd, wie die einer alten Frau.

Ich war ganz Ohr, denn ich ahnte bereits, dass es etwas war, was mein Leben erneut verändern würde. Ich wollte es nicht hören, denn mein Leben war schon genug durcheinander. Noch mehr Chaos konnte ich im Augenblick nicht gebrauchen.

»Was ist los?«, fragte ich. »Werden sie Rodney einsperren? Hat er was Verbotenes getan?«

»Ich hoffe, dass es nicht so ist«, seufzte meine Mutter. »Vor allem für das Baby.«

»Das *Baby?«* Verdammt, das haute mich jetzt doch um, denn ich hatte mit allem Möglichen gerechnet, nur damit nicht.

»Ich bin schwanger«, sagte Mom und ihre Hände fielen kraftlos auf die Tischplatte. »Rodney weiß noch nichts davon. Ich habe gestern einen Schwangerschaftstest gemacht und wollte es ihm heute sagen. Ich war so glücklich, Olli. Und nun?«

Sie fing wieder an zu weinen und es dauerte eine Weile, bis ich zu ihr gehen und sie in den Arm nehmen konnte. In ihrem Bauch wuchs Rodneys Kind. Es war derselbe Bauch, aus dem ich gekommen war. In ein paar Monaten würde es in diesem Haus ein kleines, schreiendes Etwas geben, das an den Brüsten meiner Mutter saugen und ihre ganze Zeit beanspruchen würde. Sie würde es genauso lieben wie mich. Oder vielleicht noch mehr, weil es klein und hilflos war.

Für einen Moment vergaß ich das abgeerntete Feld und Rodneys Verhaftung. Ich dachte, dass ich hier im Res auch so verdammt klein und hilflos war wie ein Baby. Dass ich meine Mutter brauchte, mehr denn je. Aber ich durfte es nicht zeigen. Ich musste stark sein, und das passte mir ebenso wenig wie der Gedanke, einen Bruder oder eine Schwester zu bekommen.

»Ich wage nicht, daran zu denken, was aus uns wird, wenn sie Rodney wirklich einsperren«, sagte sie, als wir einander wieder losließen.

»Hast du schon mal daran gedacht, nach Deutschland zurückzugehen, wenn alles hier schief läuft?«, fragte ich meine Mutter.

Sehr schnell schüttelte sie den Kopf. »Ich weiß, im Augenblick sieht es so aus, als ob eine Menge schief läuft. Aber ich könnte Rodney nicht verlassen, Oliver. Ich liebe ihn wirklich.«

»Und wenn er eingesperrt wird?«

»Dann braucht er mich erst recht.«

»Ich weiß«, sagte ich mit enger Kehle. »Wir werden das schon schaffen. Schließlich haben wir ja noch Tante Alvina, Onkel George und Großvater Joe. Sie werden uns schon nicht im Stich lassen.«

»Nein, sie werden uns nicht im Stich lassen«, sagte sie, wie um sich selbst davon zu überzeugen. »Ich will jetzt versuchen nachzudenken und dann werde ich ein paar Leute in Deutschland anrufen. Ich muss auch Rodneys Kindern Bescheid sagen, Ryan und Sadie.«

Ich sah auf die Küchenuhr. Die Schule hatte längst angefangen und ich nahm an, dass man mein Fehlen entschuldigen würde, wenn sie erst erfuhren, was sich hier zugetragen hatte. Außerdem war die Schule jetzt völlige Nebensache.

Während Mom telefonierte, ging mir eine Menge Dinge durch den Kopf. Wovon sollten wir leben, wenn der Ernährer unserer Familie im Gefängnis saß? Bevor wir ausgewandert waren, hatte meine Mutter eine Erklärung unterschreiben müssen, dass sie und ich in den USA keinen Anspruch auf Sozialhilfe stellen würden. Sonst hätte sie Rodney gar nicht heiraten dürfen.

Mom würde nicht nach Deutschland zurückgehen, auch dann nicht, wenn uns das Wasser bis zum Hals stand. Ich würde die Schule sausen lassen müssen und mich nach einem Job umsehen. Aber wie sollte ich das bewerkstelligen? Im Res gab es keine Jobs. Nicht für Indianer, geschweige denn für einen wie mich.

Ich kam mir hilflos vor, jetzt, da Rodney meine Mutter und mich nicht mehr beschützen konnte. Was würden sie mit ihm machen, im Gefängnis? Großvater Joe hatte mir da einiges erzählt, was mich sehr beunruhigte.

Kaum dass ich an den alten Mann dachte, hörte ich auch schon seinen klapprigen Pick-up den Feldweg heraufröcheln. Mom und ich liefen Joe entgegen, und als ich sah, wie herzlich er meine Mutter umarmte, da wuchs in mir die Hoffnung, dass vielleicht doch noch alles gut werden würde.

»Wo ist Rodney?«, fragte Joe.

Mom schüttelte nur weinend den Kopf. In meinem ganzen Leben hatte ich sie nicht so viel weinen sehen wie jetzt.

»Sie haben ihn verhaftet«, sagte ich. »Das FBI hat ihn mitgenommen.«

»Was ist hier eigentlich los? Ich habe kaum verstanden, was du am Telefon gesagt hast.«

»Es ist alles schon vorbei«, klärte ich ihn auf. »Sie haben das Hanffeld abgeerntet und Rodney verhaftet.«

»Das Hanffeld ist . . .«

Ich sah den Kummer in den Augen des alten Mannes und drehte mich weg, weil ich es nicht ertragen konnte.

Joe holte tief Luft und sagte: »Lasst uns nach drinnen gehen und über alles sprechen.«

Da saßen wir nun an unserem Küchentisch, an dem so viel gelacht worden war. Ich erzählte Großvater Joe bis ins Kleinste, was passiert war. Dann berichtete meine Mutter, wen sie bereits informiert hatte und dass Onkel George auf dem Weg zu seinem Anwalt war.

Schließlich erzählte sie Rodneys Vater von ihrer Schwangerschaft. Die Sorgenfalten auf der Stirn des alten Mannes glätteten sich und seine Augen begannen zu leuchten. Er freute sich. Tränen traten in seine Augen.

»Was für eine wunderbare Nachricht an so einem furchtbaren Tag«, sagte er und legte seine große braune Hand auf Moms Hände. »Weiß Rodney es schon?«

Mom schüttelte den Kopf. »Ich weiß es selbst erst seit gestern. Ich wollte es ihm heute sagen.«

»Und das wirst du auch«, tröstete Joe. »Er muss es wissen. Damit er einen Grund hat, durchzuhalten.«

Ich weiß nicht, wie lange wir so saßen, als ein weiteres Auto vor unserem Haus hielt und Tante Alvina mit einem großen Topf Suppe erschien. Danach kamen immer mehr Leute. Sie brachten Essen oder Geld, blieben da oder fuhren wieder. Mom erzählte, Joe erzählte und ich auch. Immer wieder mussten wir berichten, wie sich alles zugetragen hatte.

Wir löffelten Suppe, ich nahm das Geld in Verwahrung und kümmerte mich um das schmutzige Geschirr. An diesem Tag begriff ich, dass das Sprichwort »Geteiltes Leid ist halbes Leid« seine Berechtigung hatte. Für den Augenblick linderte es unsere Furcht, dass so viele Menschen Anteil nahmen an dem, was uns widerfahren war.

Irgendwann tauchte auch Ryan in der Küche auf, mit Tammy und Jaron im Schlepptau. Sie hatten es nach der Schule erfahren und sich gleich auf den Weg zu uns gemacht. Ryan schnappte mich am Arm und zog mich aus der Küche ins Freie. Tammy und Jaron kamen uns nach.

Chip sprang um unsere Beine herum und freute sich, dass Tammy und Jaron da waren.

»Was war nun eigentlich los?«, fragte Ryan und seine schwarzen Augenbrauen zogen sich zusammen wie die Schwingen eines Vogels, der zum Flug ansetzte.

Zum x-ten Mal erzählte ich von den Hubschraubern, den FBI-Beamten mit ihren halbautomatischen Gewehren und den Lastwagen der Drogenbehörde.

»Die ganze Ernte ist weg?«, fragte Ryan mit gepresster Stimme.

Ich nickte und sah, wie er mit den Tränen rang. Er schaffte es, sich zu beherrschen, aber Tammy drehte sich zur Seite und weinte. Dieses Feld war nicht nur Rodneys Hoffnung gewesen. Die Träume vieler hingen daran und wir waren alle betroffen. Als mir das bewusst wurde, wuchs ein dunkler Klumpen Hass in mir, Hass auf jene, die uns das angetan hatten.

»Und was nun?«, fragte ich beklommen.

»Wir sind noch nicht erledigt, oder?«, bemerkte Ryan.

»Nun wird Dad wieder ein Pferd verkaufen müssen«, sagte Tammy. Sie weinte nicht mehr. Doch ihre Stimme klang wie Eis, das bricht. Ein kalter Schauer rann mir den Rücken hinunter.

Jaron legte seiner Schwester den Arm um die Schulter. »Das wird er bestimmt nicht. Ich opfere mein Preisgeld vom Powwow, wenn es in der Haushaltskasse eng wird.«

»Diese verdammten Schweine«, sagte Ryan. Seine Hände waren zu Fäusten geballt. »Sie machen alles kaputt, was wir anfangen. Es genügt ihnen nicht, was sie uns bisher angetan haben, es muss immer und immer weitergehen. Wie ich sie hasse, die *Wasicun.«*

Bei seinem letzten Wort zuckte ich zusammen. Es war wie ein Hieb in den Magen. Ryan hatte es bemerkt und er legte mir eine Hand auf die Schulter. »Ich meine nicht dich, Bruder. Du hast dich längst als einer von uns bewährt. Und mit der Zeit werde ich mich schon noch an dich gewöhnen.«

Er grinste breit und bohrte mir gleichzeitig seine kräftigen Finger in die Schulter. »Wir müssen jetzt zusammenhalten, sonst bricht diese Sache unserer Familie das Genick.«

»Da ist noch was«, sagte ich.

Drei schwarze Augenpaare richteten sich erwartungsvoll auf mich. »Meine Mutter ist schwanger.«

Eine Weile war es schrecklich still. Tammy war die Erste, die lächelte. Ich sah ihre Zahnlücke und mir wurde warm ums Herz. »Na, wenigstens eine gute Nachricht an diesem Tag.«

Ryan war die Kinnlade nach unten geklappt und Jaron schlug ihm auf die Schulter. »Kopf hoch, alter Junge, auf einen kleinen Bruder mehr oder weniger kommt es nun auch nicht mehr an.«

Tammy lachte. Ich umarmte und küsste sie. Es musste sein. Das brauchte ich jetzt. Und sie schien nicht mal was dagegen zu haben.

»He, he, nun mal langsam«, sagte Jaron. »Das heißt nicht, dass ich scharf drauf bin, Onkel zu werden.«

Nun lachten wir alle und ich war mächtig froh. Wir hatten das Lachen wieder gefunden. Es war ein schrecklicher Tag und keines unserer Probleme war verschwunden, nur weil wir lachten. Aber wir würden die nächsten Wochen und Monate meistern, irgendwie. Wir würden uns nicht unterkriegen lassen.

20. Kapitel

Das Wochenende verging wie im Fluge. Dauernd waren Leute da, um ihre Hilfe anzubieten, und manche kamen auch nur, weil sie neugierig waren. Am Montag erschien Tom Eagles Foto von Rodney, meiner Mutter und mir mit erhobenen Händen in fast allen Zeitungen und wurde sogar im lokalen Fernsehsender gezeigt. KILI-Radio sendete die Geschichte mehrmals am Tag, erzählt von Großvater Joe.

Am Nachmittag hielt ein schwarzer Wagen mit verspiegelten Scheiben vor unserem Haus und Rodney stieg aus. Sie hatten ihn gehen lassen, wie Sandy es vorhergesagt hatte. Aber nun drohte ihm ein Gerichtsverfahren, das ihn für zehn Jahre hinter Gitter bringen konnte.

Rodney sah blass aus und hager, als ob er viel länger im Gefängnis gewesen wäre als nur drei Tage. Er umarmte Mom und mich und dann ging er in sein Arbeitszimmer, weil er eine Menge zu erledigen hatte.

Nach dem Abendessen traf ich ihn bei seinen Pferden. Er redete mit Tatanka, so wie ich mit Moon geredet hatte, als ich unglücklich war. Vielleicht waren wir ja gar nicht so verschieden. Auf jeden Fall mochte ich Rodney und ich hatte Achtung vor ihm.

Als er mich kommen sah, kletterte er über den Koppelzaun und wir standen einander gegenüber. »Es tut mir Leid, Oliver«, sagte er.

Ich versuchte in seinen Augen zu lesen, in denen ich großen Kummer sah. »Was tut dir Leid?«

»Dass ich euch in diese Lage gebracht habe, dich und deine Mutter. Ich war immer fest der Überzeugung gewesen, es könnte funktionieren.«

Mir wurde mulmig zu Mute. »Es funktioniert doch, oder?«

Rodney schüttelte den Kopf. »Die Ernte ist vernichtet. Damit wollte ich uns über den Winter bringen. Ich hatte einen festen Abnehmer für den Hanf.«

»Dann müssen wir uns eben etwas anderes einfallen lassen«, sagte ich und wunderte mich selbst, woher meine Worte plötzlich kamen.

»Ist das dein Ernst?« Er musterte mich eindringlich. »Ich dachte immer, du hasst es, hier zu sein.«

Verlegen senkte ich den Kopf und scharrte mit der Schuhspitze im trockenen Gras. »Lange war das so. Und auch jetzt ist das Res für mich nicht unbedingt der Ort, an dem ich gerne leben möchte«, sagte ich. »Aber du lebst hier und wir sind jetzt eine Familie. Also müssen wir versuchen das Beste daraus zu machen.«

»Du machst mir Mut, Junge«, sagte er. »Ich habe nicht mehr zu hoffen gewagt, dass du eines Tages so denken würdest. Es war schwer für dich und ich habe das wohl bemerkt. Ryan hatte seinen Anteil daran.«

»Ryan ist in Ordnung«, sagte ich.

»Er hat dich gequält.«

»Er war verletzt und hatte keinen Grund, mir zu trauen.«

»*Du* bist in Ordnung, Olli.«

Rodney legte seine Arme auf den Koppelzaun und streichelte Tatanka die Nüstern. »Aber wenn ich für lange Zeit ins Gefängnis muss, Olli, was dann? Ich kann nicht von dir und deiner Mutter erwarten, dass ihr euch allein durchschlagt. Schon gar nicht mit einem Baby.« Er seufzte.

»Wir sind ja nicht allein«, entgegnete ich. »Da sind eine Menge Leute, die uns helfen werden. Denkst du, ich habe nicht begriffen, wie das hier läuft?«

Rodney lächelte traurig. »Das stimmt. Meine Familie würde euch niemals im Stich lassen. Aber ich kann von deiner Mutter nicht verlangen, dass sie zehn Jahre auf mich wartet.«

Zehn Jahre, dachte ich. Da würde ich 25 sein. Ich konnte Mom nicht allein hier lassen, also würde sich meine Rückkehr nach Deutschland noch um ein paar Jahre verschieben.

»Ich glaube, diese Entscheidung müssen wir schon ihr selbst überlassen«, sagte ich.

In der Nacht, als ich noch mal auf die Toilette musste, hörte ich Rodney in der Küche weinen. Das hätte ich nie von ihm gedacht. Für mich war er immer der starke Rodney gewesen, den nichts umhauen konnte. Ich hörte, wie er Mom vom Gefängnis erzählte. Er war schon mehrmals drin gewesen, einmal für zwei Jahre.

»Es ist die Hölle«, hörte ich ihn sagen. »Im Knast nehmen sie dir alles, deine Kraft, deine Würde und am Ende auch deine Seele. Ich schaffe das nicht, Susan. Nicht zehn Jahre lang.«

Ich konnte nicht verstehen, was Mom ihm antwortete, aber es hörte sich wie Trost an. Meine Mutter war stark, aber wie stark, das begriff ich erst jetzt. Sie hatte von Anfang an gewusst, dass so etwas passieren konnte, und trotzdem hatte sie Rodney geheiratet.

Ich ging wieder ins Bett und grübelte darüber nach, was wir tun konnten, um zu verhindern, dass Rodney ins Gefängnis kam. Was er brauchte, war ein Anwalt, und zwar ein guter. Aber wer sollte den bezahlen?

Später, es war kurz nach Mitternacht, hörte ich leisen Donner grollen. Das war schon öfter so gewesen, aber meistens hatte sich das Gewitter wieder verzogen und der Regen war ausgeblieben. Diesmal kam die Gewitterfront sehr schnell näher. Es krachte und blitzte und das Weiß der Blitze erhellte mein Zimmer. Dann regnete es in Strömen. Auf diesen Regen hatten alle lange gewartet. Es donnerte wieder und ich dachte daran, was Großvater Joe über den Donnervogel erzählt hatte. Er war ein mächtiges Wesen und ich hoffte, dass dies ein gutes Zeichen war.

Am nächsten Morgen musste ich durch eine Schlammrinne waten, um zur Straße zu kommen. Ricky, Louis und Shauna waren schon da und ich merkte, dass etwas anders war als sonst. Shauna fragte mich ein bisschen aus und Louis und Randy verschonten mich mit ihrem dämlichen Grinsen, weil sie neugierig lauschten, was ich zu erzählen hatte. In der Schule lief dann alles ganz easy, ich konnte es überhaupt nicht fassen. Mit einem Mal kannte mich jeder, wusste, wie ich hieß, woher ich kam und dass Rodney Bad Hand mein Stiefvater war. Die Mädchen steckten auf dem Schulhof die Köpfe zusammen und tuschelten und manchmal passierte es, dass mir jemand freundlich zunickte, als wäre es eine Ehre, mich zu kennen.

In meiner Klasse war das Eis ganz plötzlich gebrochen. Meine Mitschüler umringten mich und fragten mich bis ins kleinste Detail darüber aus, was am Donnerstag auf Rodneys Nutzhanffeld vorgefallen war und was jetzt mit meinem Stiefvater geschehen würde.

Ich erzählte ihnen, dass sie ihn zwar freigelassen hatten, dass ihm aber nun eine lange Haftstrafe drohte, dafür, dass er die Gesetze des Staates South Dakota nicht eingehalten hatte. Die Anteilnahme an unserem Schicksal erstaunte mich und wirkte wie eine ungeheure Kraftquelle.

Auf dem Schulhof warteten Ryan und Tammy auf mich. Ryan war immer noch gefasst darauf, mich beschützen zu müssen, bis ihm klar wurde, dass es nicht mehr notwendig war.

Er legte seine Hand auf meine Schulter und sah eine Weile zu, wie ich auf meinem Pausenbrot herumkaute. Schließlich sagte er: »Du brauchst mich jetzt nicht mehr, oder? Kannst ganz gut auf dich selbst aufpassen.«

»Sieht so aus«, sagte ich. »Tut trotzdem gut, zu wissen, dass du hin und wieder ein Auge auf mich hast.«

Ryan lachte. »Na klar, kleiner Bruder, das werde ich.« Er zwinkerte Tammy zu und schlenderte davon, die Hände in den Hosentaschen und die Schultern leicht nach vorn gebeugt. Es war derselbe Gang, den auch sein Vater und Großvater Joe draufhatten.

Da standen wir nun und Tammy war genauso verlegen wie ich. »Hätte nie gedacht, dass der dich irgendwann akzeptiert«, sagte sie. »Aber du hast es geschafft.«

»Was habe ich geschafft?«, fragte ich und sah ihr dabei in die Augen, damit sie mir nicht ausweichen konnte.

»Du hast dir seine Achtung erarbeitet.«

»Ich habe mir gar nichts erarbeitet«, erwiderte ich.

»Du hättest seinem Vater einiges erzählen können.«

Ich zuckte die Achseln. »Vielleicht bin ich nicht so stark wie Ryan, aber blöd bin ich auch nicht.«

»Stimmt«, sagte Tammy und grinste, dass ihre Zahnlücke zum Vorschein kam.

»Und was würde passieren, wenn ich dich küsse«, fragte ich, »hier, vor all den anderen?«

»Dann würden sie sagen ›Hey, der küsst seine Cousine‹ und würden dich verhauen.«

»Dann wäre ich doch blöd.«

»Stimmt.«

»Aber du bist nicht meine richtige Cousine.«

»Bin ich doch.«

»Bist du nicht.«

Es war das Klingelzeichen, das unsere Diskussion beendete.

Am Samstag sattelte ich Moon und ritt zu Großvater Joe, um ihm zu helfen. Chip durfte mich begleiten und war ganz aus dem Häuschen. Der alte Mann freute sich über meinen Besuch und Chip freute sich über Skippy, die beiden hatten sich längst angefreundet.

Ich hackte Holz für Großvater Joe. Inzwischen konnte ich es besser und außerdem hatte ich festgestellt, dass meine Oberarme Konturen bekamen, weil sie jeden Tag auf irgendeine Weise im Einsatz waren.

Irgendwann hörte ich Joe drinnen telefonieren. Später kam er heraus, setzte sich auf seine Bank und beobachtete mich, Skippy zu seinen Füßen. Gegen Mittag wurde es noch mal richtig heiß. Ich gönnte mir eine Pause und setzte mich zu Joe, der mir ein Glas Zitronenlimonade eingoss.

»Du hast begriffen, worum es geht«, sagte er und ich

wusste, er meinte die Handhabung des Beils, aber gleichzeitig ahnte ich, dass er noch etwas anderes meinte.

»Ich fühle mich gut dabei«, sagte ich.

Er nickte. »Dann ist es in Ordnung.«

Am Nachmittag, wir waren dabei, den Koppelzaun zu reparieren, kam Ryans alter Buick den Hügel herunter. Ich war überrascht, Großvater Joe schien es nicht zu sein.

»Genug für heute«, sagte er zu mir. »Wir haben Besuch.«

Ich wunderte mich noch mehr, als ich nicht nur Ryan, sondern auch Tammy aus dem Wagen steigen sah. Chip begrüßte sie mit übermütigem Gebell und ich beneidete den kleinen Hund darum, dass er seiner Freude so ungehemmt Ausdruck verleihen konnte.

Großvater Joe grinste zufrieden. »Dann mal los, machen wir einen Ausflug.«

Es war später Nachmittag und ich wunderte mich, wo er jetzt noch mit uns hinwollte, zumal sich am Himmel eine dunkle Regenwolke zeigte, die sehr schnell bedrohliche Ausmaße annahm. Und auch wenn das Res mir keine Angst mehr einjagte, vor einem Präriegewitter hatte ich mächtigen Respekt.

Aber meine Bedenken wurden ignoriert. Ich wusch mir noch Hände und Gesicht, dann ging es los. Ryan am Steuer, Joe und Skippy auf dem Beifahrersitz und Tammy, Chip und ich auf der Rückbank.

Ryan fuhr bis zur Schotterstraße, dann sah er seinen Großvater fragend an. Der zeigte nach links und sagte: »Sheep Mountain.«

Wir fuhren in Richtung Sharps Corner, immer verfolgt von der riesigen Wolke, die drohend über uns hing und ab und zu ein paar Tropfen verlor. In Sharps Corner tankte Ryan, dann ging es weiter auf der 27 Richtung Scenic, raus aus dem Reservat.

Kurz hinter der Reservatsgrenze stand ein unscheinbares Schild am Straßenrand mit der Aufschrift »Sheep Mountain Table«. Ryan bog nach links auf eine weiße Schotterpiste und nach einer Viertelmeile waren wir mittendrin im Land der Geister. Die Gewitterwolke hatten wir hinter uns gelassen, aber es war nicht klar, ob sie abziehen oder uns einholen würde.

Wir waren mitten in den Badlands. Keine Farben diesmal, alles war weiß und grau, die Kalktürme, der Boden, sogar der Himmel. Ich fühlte mich wie auf der Hauptstraße einer Geisterstadt. Zwischen den Kalkhügeln weiße Wirbel aus Wind und Lehmteilchen. Merkwürdige Gestalten, die nicht von dieser Welt schienen. Ein kalter Schauer rann mir den Rücken herunter. Ryan fuhr Schritt, sodass wir alles sehen konnten, aber er hielt nicht an, als ob er Angst hätte, dass sein Buick eingekreist werden könnte von den grauen Windwesen, eingekreist und einverleibt.

Niemand sprach, nur Skippy winselte leise und drückte sich in Großvater Joes Schoß. Chip schwieg. Als die Schotterpiste bergan ging, gab Ryan Gas und wenig später war schlagartig alles vorbei. Wir waren oben auf dem Plateau. Keine Gewitterwolke mehr, keine grauen Windgeister. Blauer Himmel und gelbes Gras bis zum Horizont. Eine unendlich weite Ebene erstreckte sich vor uns. Kaum zu glauben, dass wir uns eben noch im Land der Geister befunden hatten.

Ryan fuhr den unbefestigten Weg so zielstrebig, als wolle er heute noch den Horizont erreichen. Bis es nicht mehr weiterging. Wir standen vor einem Abgrund, die Fahrt war zu Ende.

Ich stieg aus und lief die wenigen Schritte bis zum Rand. Vor mir öffnete sich eine tiefe Schlucht, die in ein weites Tal überging. Direkt vor mir und zu beiden Seiten schmal aufragende Türme aus rötlichem Gestein, durchzogen von schier endlosen farbigen Bändern. Eine Märchenwelt orientalischer Türme inmitten der Prärie. In der Talebene gelbgrünes Gras, durchbrochen von ausgedörrten weißen Bachläufen. Ein paar dunkle Sträucher, nur vereinzelt, dann wieder die bizarren Hügel, bis zum Horizont.

Noch nie hat mein Blick so weit gereicht wie an diesem Ort. Das Gefühl, nur die Arme ausbreiten zu müssen, um fliegen zu können, war übermächtig. Wie um mich zurückzuhalten, legte Großvater Joe seine schwere Hand auf meine Schulter. Tammy und Ryan standen neben ihm.

Ich war froh, dass er mich hielt. Tränen füllten meine Augen, aber ich schämte mich nicht dafür. Ich atmete tief ein und dieser Atemzug schien endlos.

»Das ist unser Land«, sagte Joe leise, »auch wenn es nicht zum Reservat gehört.«

Aus den Augenwinkeln heraus sah ich, wie Ryan seine Fäuste ballte.

»Sie haben euch alles weggenommen«, sagte ich. Etwas schnürte mir die Kehle zu.

»So sieht es aus«, sagte Joe. »Aber wir müssen aufhören jeden Tag daran zu denken und die Weißen dafür zu hassen. Sonst gibt es nie ein Ende für diesen Kreislauf aus Schuld und Hass und Hass und Schuld. Ich glaube, es musste so kommen, dass die Weißen sich hier breit gemacht haben, auch wenn wir dagegen gekämpft haben bis zuletzt. Es musste so kommen und jetzt ist alles aus dem Gleichgewicht. Aber auch wenn das so seine Zeit braucht, wir können es wieder finden, das Gleichgewicht. Wenn Indianer und Weiße es wollen, können wir miteinander auskommen.«

Ryan schüttelte unmerklich den Kopf. »Aber wie sollen wir miteinander auskommen, wenn ihnen das alles gehört.« Er machte eine weit greifende Geste.

»Sie glauben bloß, dass es ihnen gehört, mein Junge«, sagte Joe. »In Wahrheit gehören wir dem Land. Und das kann uns keiner nehmen, keiner.«

Ich hörte, wie die Wagentür klappte, und als ich mich umdrehte, sah ich, wie Tammy eine Decke auf der Wiese ausbreitete und einen Picknickkorb darauf stellte. Joe nickte grinsend, klopfte mir auf die Schulter und ging zu Tammy, die, von Skippy und Chip bettelnd umkreist, die beiden Hunde immer wieder von der Decke scheuchte.

Ryan stand neben mir, schweigsam, aber es war kein Groll in diesem Schweigen. »Darf ich dich mal was Persönliches fragen?« Ich schob verlegen die Hände in meine Hosentaschen.

»Schieß los!«, sagte er.

»Du hast den Sonnentanz mitgemacht?«

»Ja. Einmal bisher, kurz bevor du mit deiner Mutter ins Reservat gekommen bist. Es war das erste Mal für mich und nun bin ich verpflichtet, auch in den nächsten drei Jahren daran teilzunehmen.«

Ich traute mich nicht weiterzufragen, aber Ryan konnte meine Gedanken lesen. »Du willst wissen, warum, nicht wahr?«

Ich hob die Schultern.

»Du hast nicht gefragt, das ist gut. Ich will es dir trotzdem sagen. Ich habe ein Fleischopfer dargebracht, in der Hoffnung, dass meine Mutter und mein Vater wieder zusammenkommen.« Er sah mich an und ich senkte den Kopf. »Es sollte nicht sein und irgendwer wird sich etwas dabei gedacht haben.«

»Wenn du das nächste Mal tanzt«, fragte ich und fasste mir erschrocken auf den Mund, weil ich drauf und dran gewesen war, ihn etwas zu fragen, was ich lieber nicht fragen sollte.

Aber Ryan lachte kopfschüttelnd. »Schon gut«, sagte er, »als dein großer Bruder werde ich dir deine Neugier verzeihen. Ich werde für unsere Familie tanzen, die *Tiospaye*. Für das Baby und für den Hanf.«

Ich nickte beruhigt.

»Wenn du willst, kannst du dabei sein, das nächste Mal«, sagte er.

»Was?« Ich sah ihn mit weit aufgerissenen Augen an.

Ryan grinste. »Nicht, was du denkst. Du sollst nicht tanzen. Aber du kannst zusehen und helfen.«

»Okay«, sagte ich und fühlte mich mächtig geehrt.

Ryan sagte: »Danke, kleiner Bruder«, dann ließ er mich stehen und ging zu den anderen.

Ich wollte fragen, wofür, aber dann wusste ich es auch so. Es war ein gutes Gefühl, einen großen Bruder zu haben, noch dazu einen wie Ryan Bad Hand. Ich blickte noch einmal in das Tal, das vor mir lag, versuchte mir vorzustellen, wie sie gelebt hatten, bevor die weißen Siedler gekommen waren und ihr Leben so vollkommen verändert hatten.

Langsam begann ich zu verstehen, was Großvater Joe

meinte, wenn er sagte: »Wir gehören dem Land.« Für die nächsten Jahre würde auch ich zu diesem Land gehören. Vielleicht nicht auf dieselbe Weise, wie sie es taten, aber doch auf meine ureigenste Weise. Ich dachte an das Baby, das in ein paar Monaten geboren werden würde, und dass ich mir keine Sorgen machen musste, weil es in eine *Tiospaye,* in eine Großfamilie hineingeboren wurde, in der einer für den anderen sorgte.

Mein Magen fing an zu knurren, und als ich mich umdrehte zu den anderen, sah ich Tammy mit einem halb angeknabberten Hühnerbein winken. Ich lächelte, als ich ihre Augen sah. Ich war zu Hause. Wer hätte das gedacht. Aber das war erst der Anfang und ein Ende würde es niemals geben.

Antje Babendererde

Libellensommer

An einer Tankstelle am Highway begegnet Jodie dem jungen Indianer Jay zum ersten Mal. Ein paar Tage später ist sie mit ihm auf einer Reise, die ihr Leben verändern wird. Die beiden erleben einen Sommer voller Liebe und Magie fernab von jeder Zivilisation inmitten der kanadischen Wildnis – und bald steht Jodie vor der schwersten Entscheidung ihres Lebens.

Arena

272 Seiten
Arena-Taschenbuch
ISBN 978-3-401-50910-5
www.arena-verlag.de